S. FISCHER

Ulises A. Mejias
Nick Couldry

DATENRAUB

Der neue Kolonialismus von Big Tech und wie wir uns dagegen wehren können

Aus dem Englischen von Thomas Wollermann

S. FISCHER

MIX
Papier | Fördert gute Waldnutzung
FSC® C014496

Erschienen bei S. FISCHER

First published as DATA GRAB in 2024 by WH ALLEN, an imprint of EBURY. EBURY is part of the Penguin Random House group of companies.

Für die deutschsprachige Ausgabe:

Hedderichstr. 114, 60596 Frankfurt am Main

Satz: Fotosatz Amann, Memmingen
Druck und Bindung: GGP Media GmbH, Pößneck
ISBN 978-3-10-397580-2

Den engagierten Mitgliedern von Tierra Común

Inhaltsverzeichnis

EINLEITUNG

VOM LANDRAUB ZUM DATENRAUB

Die Berater von König Lobengula waren misstrauisch gegenüber den Telegraphendrähten, die von der British South Africa Company Ende des 19. Jahrhunderts über ihr Land gespannt wurden. Sie befürchteten, die Weißen könnten mit den Drähten ihren König, den Herrscher des Volks der Nord-Ndebele im Matabele-Land, fesseln und so seiner Macht berauben. Auch als man ihnen den Zweck der Telegraphenleitung erklärte, blieben sie skeptisch. Wozu brauchte man so etwas, wo man doch auch mit Trommeln und Rauchzeichen über weite Entfernungen kommunizieren konnte?

Wir alle kennen solche Geschichten über vormoderne Menschen, die sich dem unvermeidlichen Fortschritt in den Weg stellten, oder vom törichten Widerstand gegen eine Technologie, die den Weg in eine bessere Welt ebnen sollte.

Doch der Argwohn der Berater von König Lobengula war keineswegs aus der Luft gegriffen. Die British South Africa Company unter der Führung von Cecil Rhodes erklärte den Ndebele 1893 den Krieg und schlug 1896 Aufstände im Matabele- und Mashona-Land nieder. Einer der Vorwände für diese kriegerischen Handlungen war der Vorwurf, die Einheimischen hätten den Kupferdraht der Überlandleitung gestohlen, um daraus Schmuck und Jagdwerkzeuge herzustellen. Der Telegraphenverbindung kam unter anderem große militärische Bedeutung für die Kolonisierung des südlichen Afrikas zu, wozu auch das Gebiet gehörte, das später Südrhodesien (heute Simbabwe) werden sollte. Sie erleichterte außerdem die Koordination von Truppenbewegungen und ermöglichte ein effektives Frühwarnsystem. Infolge dieser Kriege fielen bis 1930 etwa 50 Prozent des Landes – 49 Millionen Hektar – an europäische Einwanderer, die nur 5 Prozent der Bevölkerung ausmachten.[1]

Mit anderen Worten: Was dort vor sich ging, war ein Landraub. So sehr der Kolonialismus zu verschiedenen Zeiten und an verschiedenen Orten mit unterschiedlichen Methoden vorging, sein Ziel war stets dasselbe: die Aneignung von Land durch Gewalt und Betrug, um sich die Kontrolle über dessen Reichtümer und Arbeitskräfte zu sichern.

Zwei Dinge unterschieden den Kolonialismus von anderen Raubzügen der Geschichte. Erstens hatte dieser Landraub wahrhaft globale Dimensionen, er erstreckte sich über den gesamten Planeten. Von 1800 bis 1875 verleibten sich die europäischen Kolonisatoren weltweit rund 215 000 Quadratkilometer pro Jahr ein. Von 1875 bis 1914 stieg diese Zahl sprunghaft auf 622 000 Quadratkilometer pro Jahr an. Am Ende dieser Periode verfügte Großbritannien über 55 Kolonien, Frankreich über 29, Deutschland über 10, Portugal und die Niederlande über jeweils 8, Italien über 4 und Belgien über eine.[2] Der Kolonialismus betraf nicht nur die Ndebele in Simbabwe, sondern ebenso die Bororo in Brasilien und zahlreiche andere Völker, die sich auf einmal mit Telegraphenleitungen, Schusswaffen und dem Kreuz konfrontiert sahen – oder durch welche spezifische Kombination von kolonialer Technologie, Waffen und Glaubensvorstellungen auch immer sie kolonisiert wurden. Frieden und Fortschritt brachte das keinem von ihnen, Enteignung und Ungerechtigkeit hingegen allen.

Der zweite Unterschied besteht darin, dass die Kolonialgeschichte lange nachwirkt. Sie besteht nicht aus einem Krieg hier oder der Einführung einer Technologie dort. Der Kolonialismus ist ein Prozess, der Jahrhunderte dauerte und dessen Auswirkungen noch immer zu spüren sind. Anders ausgedrückt: Der historische Landraub mag Vergangenheit sein (bekanntlich ist das südliche Afrika heute keine britische Kolonie mehr), aber seine Folgen reichen bis in unsere Tage. Vergleicht man das heutige England und Simbabwe, wird man kaum übersehen können, dass die Vorteile in Form von akkumuliertem Reichtum nach wie vor bei der Nation der Kolonisatoren liegen, während die Lasten in Form von Armut, Gewalt und fehlenden Lebenschancen weiterhin den Kolonisierten zufallen. Zunehmend wird uns auch bewusst, wie dringend notwendig es ist, unsere Vergangenheit und Gegenwart im Lichte dieses kolonialen Landraubs neu zu interpretieren.

Dabei wird etwas übersehen, das über diese notwendige Abrechnung mit der Vergangenheit hinausreicht. Der Kolonialismus lebt in neuer Gestalt und mittels einer neuen Art von Landraub fort. So jung dieses Phänomen noch ist, es zeichnet sich bereits ab, dass dieser Raubzug das Zeug hat, unserer Gegenwart und Zukunft seinen Stempel ebenso stark aufzudrücken wie der alte.

Geraubt wird heute allerdings nicht Land, sondern Daten – potenziell ein nicht weniger wertvolles Gut, eröffnen Daten doch den Zugang zu einem unbezahlbaren Rohstoff: der Privatsphäre unseres Alltags als einer neuen Wertschöpfungsquelle. Aber ist die Ausbeutung des menschlichen Lebens ein gänzlich neues Phänomen? Nein, natürlich nicht. Dieser neue Ressourcenraub sollte uns jedoch alarmieren, weist er doch einige sehr koloniale Züge auf. Er ist global: Nirgendwo ist das menschliche

Leben vor dieser Form der Ausbeutung sicher. Er erfolgt in großem Maßstab: Die weltweiten Nutzerzahlen von Facebook, YouTube, WhatsApp und Instagram übersteigen jede für sich genommen die Bevölkerungszahlen von China und Indien, den einwohnerreichsten Ländern der Erde, die chinesischen Plattformen WeChat und TikTok liegen nicht weit dahinter.[3] Er schafft einen beispiellosen Reichtum, der auf Extraktion beruht: Big-Tech-Unternehmen gehören zu den finanzstärksten der Welt (Apples Börsenwert von 2,9 Billionen Dollar[4] übertrifft den Aktienmarkt jedes Staates weltweit, abgesehen von Japan und den USA).[5] Sie prägen die Struktur der weltweiten Kommunikation, und Experten befürchten, dass die beiden größten Datenmächte der Welt, die USA und China, bereits darauf zusteuern, sich ihre eigenen Netze von Überseekabeln zu schaffen.[6] Vor allem aber setzen sie das Erbe der Enteignung und Ungerechtigkeit fort, das der Kolonialismus begründet hat.

Dieses Buch erzählt die Geschichte dieses Datenraubs und zeigt, in welchem Sinne er eine Umverteilung der Ressourcen der Welt darstellt, die sich durchaus mit dem Landraub des historischen Kolonialismus vergleichen lässt. Anders ausgedrückt, der Datenkolonialismus setzt praktisch den historischen Landraub mit einem Datenraub fort.[7] Wir wissen bereits, wie sich die Geschichte des Kolonialismus entfaltet hat. Wenn wir einen Ausblick auf die langfristigen Auswirkungen des Datenkolonialismus versuchen wollen, müssen wir uns also nicht mit bloßen Vermutungen abgeben, sondern brauchen nur die historische Entwicklung zu betrachten. Unsere Gegenwart, und nicht nur unsere Vergangenheit, ist hoffnungslos kolonialistisch geprägt, und das neue Phänomen des Datenkolonialismus steht dazu in enger Beziehung.

Der Kolonialismus als »4X-Spiel«

Stellen Sie sich vor, Sie sind der König oder die Königin von England. Genauso gut könnten Sie aber auch das Oberhaupt des kolonialen Spaniens, Frankreichs oder der Niederlande sein. Für welches Land Sie sich auch entscheiden, die Aufgabe, die vor Ihnen liegt, ist im Wesentlichen stets dieselbe: Es gilt, Territorien zu besiedeln, mit Rohstoffen zu handeln, Städte zu gründen und die einheimische Bevölkerung unter Kontrolle zu halten. Eine gehörige Portion Ehrgeiz und Habgier sind für diesen Job sicherlich nützlich.

Entdecken, Expandieren, Ausbeuten und Ausrotten – das sind die strategischen Mittel Ihres Handwerks. Mit ein paar Klicks wenden Sie diese vier Strategien nacheinander an und errichten sich so Ihr Imperium. Und dann wenden Sie sie wieder an. Und wieder. Und sollte Ihr Reich untergehen, der Konkurrenz unterliegen oder in einem Krieg vernichtet werden, so ist das kein Problem. Sie fangen einfach von vorne an, schließlich ist alles nur ein Videospiel: *Sid Meier's Civilization*, ein rundenbasiertes Strategiespiel aus dem Jahr 1994 (Neuauflage 2008).

Entdecken, expandieren, ausbeuten, ausrotten – oder eXplorieren, eXpandieren, eXtrahieren, eXterminieren –, das ist die bewährte Strategieformel für sogenannte »4X-Spiele«. Aber sie fasst auch sehr treffend zusammen, wie die europäischen Kolonialherren vorgingen, als sie riesige Vermögen für sich selbst, aber gewaltiges Elend für alle anderen schufen und nebenbei die Organisation der Ressourcen dieser Welt völlig neu ordneten.

Der Kolonialismus war ein vielschichtiges Projekt, geführt

von hochkomplexen Unternehmen. Bereits erwähnt wurde die British South Africa Company, und natürlich gab es auch die East India Company. Die Spanier hatten die Casa de la Contratación de Indias, die Portugiesen ihre Companhia do Commércio da Índia. Die Niederländer gründeten die Vereenigde Oostindische Compagnie, die im 17. und 18. Jahrhundert mehr als eine Million Europäer in Asien beschäftigte und von dort 2,5 Millionen Tonnen Waren exportierte. Sie war rechtlich befugt, Kriege zu erklären, Piraterie zu betreiben, Kolonien zu gründen und Münzen zu prägen.[8] Alle diese Unternehmen waren eng mit den Herrschern ihrer jeweiligen Nation verbunden und unterhielten komplexe Bürokratien.

In all ihren Operationen folgten sie getreulich dem 4X-Modell. Sie rüsteten »Entdeckungsfahrten« aus, um neue Orte ausfindig zu machen, die sich mit militärischen und technologischen Mitteln kontrollieren ließen; sie sorgten für die »Expansion« ihres Herrschaftsgebiets, indem sie Kolonien gründeten, aus denen sich mit Gewalt Ressourcen fortschaffen ließen und deren Bevölkerung sie zur Arbeit zwingen konnten; sie betrieben die »Ausbeutung« dieser Kolonien, indem sie ein globales Handelsnetz errichteten, das diese Ressourcen zum Vorteil des Kolonisators in Reichtum verwandelte; und schließlich brachen sie durch »Ausrottung« jeden Widerstand der Kolonisierten und zerstörten deren besondere Lebensweise. So könnte man die Geschichte des Kolonialismus von 1492 bis etwa Mitte des 20. Jahrhunderts in aller Kürze zusammenfassen. Mit Hilfe des 4X-Modells gelang es den europäischen Kolonisatoren, über 84 Prozent des Globus zu kontrollieren, obwohl ihr Kontinent nur 8 Prozent der Landmasse des Planeten ausmacht.[9]

Schauen wir einmal, inwiefern dies mit dem Vorgehen der großen Technologieunternehmen zusammenpasst.

Die Entdeckungs- und Expansionsbemühungen von Big Tech richten sich heute nicht mehr auf ferne Länder, sondern auf die virtuellen Territorien unseres datifizierten Lebens: natürlich unsere Einkaufsgewohnheiten, aber auch unsere Interaktionen mit Familie, Freunden, Partnern und Kollegen, den privaten Raum unserer Wohnungen und den öffentlichen unserer Städte, unsere Hobbys und Freizeitvergnügungen, unsere Sportvorlieben, politischen Meinungen, Gesundheitsdaten, unsere täglichen Wege, unsere Bildung und so weiter und so fort. Kaum ein Bereich oder eine Tätigkeit bleibt von dieser Art Kolonisierung verschont, und bald ist der letzte Winkel der Welt von ihren Technologien und Plattformen infiltriert.

Aber wie beim historischen Kolonialismus ist die Inbesitznahme des Territoriums nur der Anfang. Waren die Kolonien einmal gegründet, wurde ein System zur kontinuierlichen Ausbeutung und Verwandlung ihrer Rohstoffe in Reichtum errichtet. Big Tech hat ein ganz ähnliches Ausbeutungssystem geschaffen; es funktioniert durch Geschäftsmodelle, die »unsere« Daten – also die Daten, die sich aus dem Tracking unseres Lebens generieren lassen – in Reichtum und Macht (allerdings nicht für uns) verwandeln. Auf der Mikroebene bedeutet dies, dass unsere Daten verwendet werden, um uns durch gezielte Werbung und Profilerstellung individuell anzusprechen. Auf der Makroebene hat es zur Folge, dass unsere Daten in aggregierter Form dazu verwendet werden, Entscheidungen zu fällen oder Prognosen zu treffen, die sich auf große Gruppen von Menschen auswirken, beispielsweise, wenn ein Algorithmus darauf trainiert wird, Unterscheidungen anhand von ethnischer Zugehörigkeit, Geschlecht, Einkommen oder Gesundheitszustand durchzuführen. Möglich wird dies dadurch, dass viele Aspekte unseres täglichen Lebens so umgestaltet worden sind, dass wir pausenlos Daten hinterlassen.

Das bringt uns zum vierten X, wo sich ein etwas komplexeres Bild ergibt. »Ausrottung« nahm in der Geschichte des Kolonialismus vielfältige Formen an. Todesfälle gab es hauptsächlich durch Krieg, Massensuizid, Krankheiten, Hunger und andere Formen der Gewalt. Spanier, Portugiesen, Briten und Amerikaner sind für den Tod von 175 Millionen Ureinwohnern Amerikas verantwortlich, in Indien starben 100 Millionen Menschen unter der Kolonialherrschaft des Vereinigten Königreichs. Während des transatlantischen Sklavenhandels kamen 36 Millionen Afrikaner ums Leben (darin nicht eingerechnet jene, die nach ihrer Ankunft in Amerika als Sklaven zugrunde gingen). Eine Million Tote in Algerien gehen auf das Konto der Franzosen, in Indonesien wurden Hunderttausende von den Niederländern getötet. Viele weitere Millionen bleiben wohl für immer ungezählt.[10]

Aber rohe physische Gewalt war nicht die einzige Option. Der Kolonialismus trägt zwar auch schon immer die Vernichtung menschlichen Lebens in sich, doch schon früh verstanden die Kolonisatoren, dass sie auch jegliche wirtschaftliche und gesellschaftliche Alternative zum Kolonialismus eXterminieren mussten. Eine ihrer Strategien war die Einführung von Monokulturen, die für den Kolonisator hochprofitabel waren, aber den Kolonisierten die Möglichkeit nahmen, selbst für ihre Ernährung zu sorgen. Man denke nur an den Aufbau einer Kaffeeproduktion durch die Niederländer in Ostindien, die von einer Ernte von 45 Kilogramm im Jahr 1711 auf 5,4 Millionen Kilogramm im Jahr 1723 anwuchs.[11] Oder an die Zuckerplantagen, die in der Karibik zu großer Armut und Elend führten, während sie auf dem Höhepunkt ihrer Produktion im 18. Jahrhundert beachtliche 5 Prozent zum britischen Bruttoinlandsprodukt beitrugen (ohne die Sklaverei hätten sich die meisten Briten einfach keinen Zucker leisten können).[12]

Zu den Strategien der (wirtschaftlichen) Vernichtung gehörte auch die Verhinderung möglicher Konkurrenz durch die Überschwemmung der Märkte mit billigen Waren, die die heimische Produktion ruinierten. Ein Beispiel dafür ist der britische Baumwollhandel, der konkurrenzlos preiswerte, maschinell hergestellte Textilien auf die Weltmärkte warf. In Kolonien wie Indien entzog dies der Lebensweise und den Verdienstmöglichkeiten der indigenen Bauern, Spinner und Weber den Boden, ganz zu schweigen von dem unendlichen Leid, das dadurch über die Sklaven auf den Plantagen in Amerika kam.[13] Überall in der kolonialen Welt gab es Anweisungen wie die folgende, die 1763 von London an den Gouverneur von Québec erging, um die lokale Industrie kleinzuhalten: »Es ist unser ausdrücklicher Wille und Wunsch, dass auf keinen Fall … Zustimmung zu einem Gesetz oder Gesetzen zur Einrichtung von Manufakturen … gegeben wird, da sich diese schädlich und nachteilig auf unser Königreich auswirken.«[14]

Die monopolistischen und wettbewerbsfeindlichen Praktiken von Big Tech haben vergleichbar disruptive Auswirkungen. Das Ausmaß, in dem sie eingesetzt werden, lässt sich schwerlich ignorieren: Lebte 1945 noch jeder dritte Mensch auf der Welt unter kolonialer Herrschaft, so hat heute etwa jeder dritte ein Facebook-Konto und fast jeder nutzt in irgendeiner Form Suchmaschinen. Das Umfeld, in dem dies stattfindet, und die Auswirkungen sind natürlich völlig andere, aber die Vergleichbarkeit der Größenordnung heißt auch, dass Konzernen wie Meta – zu dem Facebook, Instagram und WhatsApp gehören – oder OpenAI große Macht über das Leben vieler Menschen zukommt. Metas herausragende Stellung, so wurde vielfach kritisiert, hat dazu geführt, dass in Myanmar inmitten einer sich zum Genozid ausweitenden Unruhesituation Hetze und Falschinformationen verbreitet werden konnten. Auf das Konto von Meta gehen auch Fake News über Impfungen, was die Bekämpfung von Krankheiten erschwerte, sowie politische Einflussnahme, wie sich im Cambridge-Analytica-Skandal zeigte. Sam Altman, der CEO von OpenAI, glaubt unterdessen so fest an die Möglichkeit der KI, die Probleme der Menschheit zu lösen, dass es ihn nicht schreckt, wenn sie die gesamte Welt umkrempelt.[15] Mit anderen Worten: Selbst wenn sich die KI am Ende als so disruptiv für unsere gesellschaftlichen Werte und Institutionen erweisen sollte, wie viele Experten befürchten, wäre nach Altman ihr Einsatz dieses Risiko wert, da sie in diesem Prozess auch zu positiven Veränderungen führt. Das sehen viele anders und fragen sich, ob Big Tech wirklich die Macht haben sollte, darüber zu befinden, was für uns relevant, normal, akzeptabel oder wahr ist.

Formen der wirtschaftlichen und kulturellen Ausrottung brauchen immer eine gewisse Zeit, um ihre Wirksamkeit zu entfalten, aber sie sind mögliche Folgen eines Wandels, den wir bereits vor Augen haben: eine gewaltige Verschiebung der Machtverhältnisse, die sich aus der Eroberung virtueller Territorien ergibt. Währenddessen wird uns eine ganz andere und viel positivere Geschichte über Daten erzählt. Und auch dazu gibt es eine historische Parallele. Der Kolonialismus gab sich stets einen stark zivilisationsfördernden Anstrich, er verbreitete ein alternativloses Weltbild, das jede andere Entwicklung ausschloss und sämtliche Beiträge der Kolonisierten unsichtbar machte. Diese Weltanschauung ermöglichte es den Kolonisatoren, nicht nur über die Körper der Menschen, sondern auch über ihre Herzen und Köpfe die Kontrolle zu erlangen. Die Eckpfeiler dieser zivilisatorischen Mission waren in der Vergangenheit das Christentum und die westliche Wissenschaft. Sie zeichneten den Weg zur Erlösung der kolonisierten Seelen vor und versprachen ihnen eine Teilhabe am wissenschaftlichen Fortschritt der Menschheit – sofern sie bei der ihnen zugewiesenen Rolle blieben.

Als Beispiel für diese historischen Missionierungsbestrebungen kann die New England Company gelten. Die 1649 gegründete Gesellschaft widmete sich der »Erziehung« der »heidnischen« Bevölkerung in den britischen Kolonien durch anglikanische Missionsarbeit, die Errichtung von Schulen und die Übersetzung der Bibel in die Sprachen der indigenen Bevölkerung. Ihr erster Präsident war der Wissenschaftler Robert Boyle, der vor allem für das nach ihm benannte Gesetz bekannt ist, das die Beziehung zwischen Druck und Volumen von Gasen beschreibt. Weniger bekannt ist er für seine Theorien über die Natur der Hautfarbe und den Ursprung dunkelhäutiger Menschen. Boyle setzte sich zwar für eine bessere Behandlung von zum Christentum konvertierten Sklaven ein, lehnte jedoch wie viele seiner Zeitgenossen die Sklaverei nicht grundsätzlich ab. Wie alle Mitglieder der Royal Society profitierte auch er von den Investitionen dieser Institution in Aktien der Royal African Company und damit vom Sklavenhandel.[16]

Auch Big Tech wähnt sich heute auf einer zivilisatorischen Mission, die sich mit ihren Technologien und Geschäftszielen vermischt. Zum Teil dreht sie sich nach wie vor um die westliche Wissenschaft: Netzwerkwissenschaft, Datenwissenschaft, Computerwissenschaft und dergleichen. Um das Christentum ist es ihr nicht mehr zu tun, dafür geht es um so hehre Vorstellungen wie Komfort und Vernetzung, die uns angeblich allen das Leben versüßen und zu einer wundervollen neuen Gemeinschaft führen sollen, sowie um neue Wege der Wissenschaft und der Künstlichen Intelligenz mit revolutionären Maschinen, die, so die Prophezeiung, Probleme besser als der Mensch lösen können. Manche dieser Träume mögen tatsächlich in Erfüllung gehen – zumindest für einige wenige. Für alle anderen drohen sie mit möglicherweise sinkenden Einkommen, neuen Arten der Ausbeutung am Arbeitsplatz oder dem Verlust der Kontrolle über ihre persönlichen Daten zum Albtraum zu werden.

Zivilisatorisches Sendungsbewusstsein, ökonomische Motive, Machtausübung und die Einführung spezifischer Technologien waren in der Geschichte des Kolonialismus seit jeher eng miteinander verwoben. Allerdings wirkten sie sich stets sehr ungleich aus, begünstigten einige, benachteiligten andere. Wir haben dies bereits an unserem Beispiel der Telegraphenverbindung im südlichen Afrika gesehen. Ein weiteres Beispiel ist der Aufbau eines Stromnetzes in der indischen Provinz Madras zu Beginn des 20. Jahrhunderts. Die Elektrizität galt als Triumph der westlichen Wissenschaft über den »Teufel der Finsternis«, und während sie anfangs ausschließlich dazu diente, das Leben der Weißen komfortabler zu machen und damit deren kulturelle Überlegenheit unter Beweis zu stellen, versprach man sich von ihrer Verbreitung schließlich auch eine Art Werbeeffekt für die propagierten Vorteile des Kolonialismus, die man nun gnädig auch der indigenen Bevölkerung zugutekommen lassen wollte. Elektrizität brachte nicht nur Kinos, Straßenbeleuchtung und Straßenbahnen, sie versorgte auch Einrichtungen wie Krankenhäuser mit Energie – und generierte ganz nebenbei Einnahmen für britische Unternehmen. Aber über diese Annehmlichkeiten, Vergnügungen und öffentlichen Dienstleistungen hinaus diente die Elektrizität auch dem Betrieb von Waffenfabriken und Leuchttürmen, die Schiffen mit Kolonialwaren

Orientierung gaben, und mit elektrischem Stacheldraht ließ sich die Bevölkerung noch besser in Schach halten. Elektrifizierung ermöglichte auch verlängerte Betriebszeiten von Büros und Druckereien, die die Verwaltungsarbeit der Kolonisatoren erledigten. All dies steigerte die Gewinne durch beschleunigte industrielle und landwirtschaftliche Produktion. Es ermöglichte auch den Aufbau eines Kommunikations- und Transportnetzes, welches das reibungslose Funktionieren des Kolonialreiches garantierte. Mit anderen Worten: Unter dem Deckmantel der zivilisatorischen Mission der Kolonisatoren trug die als »Geschenk« verpackte Elektrizität dazu bei, das Kerngeschäft des Kolonialismus aufrechtzuerhalten,[17] das alles andere als friedlich war (wie bereits erwähnt, wurden während der britischen Herrschaft 100 Millionen Inder getötet – eXterminiert).

Man braucht bloß »Elektrizität« durch »Daten« zu ersetzen, um zu sehen, wie sich bei Unterschieden im Detail manche Elemente der Geschichte auf geradezu gespenstische Weise wiederholen. Auch die Methoden der Datenverarbeitung werden als wissenschaftliche Errungenschaft gepriesen, als ein Geschenk, das Komfort, Vernetzung und neue Formen der Erkenntnis verspricht. Man braucht jedoch nur einmal ein wenig hinter die Fassade dieses zivilisatorischen Geschenks zu schauen, um festzustellen, dass es auch neue Formen der Kontrolle (Gesichtserkennung und Arbeitsplatzüberwachung), der Diskriminierung (Algorithmen, die über den Zugang zu Diensten auf der Grundlage von Persönlichkeitsprofilen entscheiden) und der Ausbeutung (ins Bodenlose fallende Löhne von Beschäftigten der Gig Economy) mit sich bringt.

Die Diskussion über das koloniale Erbe der westlichen Wissenschaft soll einer der roten Fäden dieses Buches sein. Dies ist ein heikles Thema, keine Frage. Ständig herauszustreichen, wie die westliche Wissenschaft auch dazu benutzt wurde, soziale und ökologische Schäden zu rechtfertigen, könnte wie eine pauschale Ablehnung der vielen Errungenschaften und Leistungen der Wissenschaft wirken, die nicht zuletzt auch gebraucht werden, um eben diese Schäden zu erfassen und mögliche Lösungsversuche zu finden und zu überwachen. Wir stehen der Wissenschaft keineswegs abweisend gegenüber, und wir wollen gewiss kein Wasser auf die Mühlen von Wissenschaftsleugnern lenken. Doch wir müssen uns der berechtigten Kritik der kolonisierten Völker stellen, dass sich während und nach dem Kolonialismus auch die westliche Wissenschaft an der Kontrolle und Ausbeutung von Natur und Gesellschaft beteiligt hat. Tatsächlich können wir diese Kontinuitäten, die bis zu den Ursprüngen der modernen Wissenschaft und der Moderne im Allgemeinen zurückreichen, nur dann erkennen, wenn wir die konventionelle Wissenschaft unter dem kolonialistischen Aspekt betrachten. Das ist umso wichtiger, als dieses problematische Erbe weiterhin Entwicklungen in den Bereichen der Datenwissenschaft und der künstlichen Intelligenz prägt, die enorme Auswirkungen auf unsere Gegenwart und unsere Zukunft haben. Der kamerunische Philosoph Achille Mbembe stellte sehr richtig fest: »Wir leben in einer Zeit, in der versucht wird, den alten Mythos vom Monopol des Westens auf die Zukunft wiederzubeleben.«[18]

Nutzungsbedingungen

Unsere neue koloniale Realität bringt neue Prozesse der Datenextraktion mit sich. Diese verändern das Bildungs- und Gesundheitswesen, die Landwirtschaft, die Arbeit der Polizei, wie wir miteinander reden, uns gegenseitig beurteilen und vieles mehr. Deshalb erfordert diese neueste Entwicklungsstufe des Kolonialismus einen neuen Begriff: *Datenkolonialismus*, eine Gesellschaftsordnung, in der die kontinuierliche Extraktion von Daten aus unserem Leben einerseits massiven Reichtum, aber auch Ungleichheit erzeugt – beides auf globaler Ebene.

Diese neue Gesellschaftsordnung geht mit einem neuen Gesellschaftsvertrag einher, der auf der Prämisse beruht, dass die Datenspur, die unsere Online-Aktivitäten hinterlassen, den Unternehmen kostenlos zur Verfügung gestellt werden sollte. Aber warum eigentlich? Weil, so wird uns gesagt, die von uns erzeugten Daten nur mit riesigen Rechen- und Speicherkapazitäten verarbeitet und aufbereitet werden können, über die wir selbst nicht verfügen. Der Fortschritt der Menschheit, so wird behauptet, erfordere von uns eben die Preisgabe unserer Daten. Und überhaupt geschehe all dies mit unserem vollen Einverständnis, werden wir belehrt, oder haben wir etwa nicht auf »Zustimmung« geklickt, als wir diese Apps auf unseren Smartphones installiert oder jene Plattformen genutzt haben?

Wir wollen einen Moment innehalten und überlegen, was passiert, wenn wir auf »Zustimmung« klicken. Oder besser gesagt, was passierte, als wir im Jahr 2007 in den Nutzungsbedingungen von Google Chrome auf »Zustimmung« klickten. Die meisten Menschen lesen die Nutzungsbedingungen nicht im Detail. Daher lohnt es sich, einige der Punkte zu erläutern, denen wir 2007 bei der Installation des Webbrowsers zugestimmt haben. Wenn Sie, wie die meisten Menschen, die Nutzungsbedingungen vor der Installation des Webbrowsers nicht gelesen haben, hier ein Teil dessen, was uns 2007 zur Zustimmung vorgelegt wurde:

> Durch Übermittlung, Einstellung oder Darstellung der

> Inhalte gewähren Sie Google eine dauerhafte, unwiderrufliche, weltweite, kostenlose und nicht exklusive Lizenz zur Reproduktion, Anpassung, Modifikation, Übersetzung, Veröffentlichung, öffentlichen Wiedergabe oder öffentlichen Zugänglichmachung und Verbreitung der von Ihnen in oder durch die Services übermittelten, eingestellten oder dargestellten Inhalte.[19]

Neuere Versionen klingen etwas weniger raffgierig – sie haben es einfach nicht mehr nötig. Denn auch wenn die wenigsten von uns jemals die ursprünglichen Nutzungsbedingungen gelesen haben, so haben wir längst unser Leben nach den Regeln umgestaltet, die Google uns auferlegt. Google kann es sich heute leisten, seine Regeln etwas freundlicher zu formulieren, weil die Datenextraktion längst in vollem Gange ist – man muss den Nutzern also nicht mehr so deutlich die Pistole auf die Brust setzen. Jedenfalls hat Google im Juli 2023 seine Datenschutzbestimmungen aktualisiert, um darauf hinzuweisen, dass es sich das Recht vorbehält, »öffentlich verfügbare Informationen zu nutzen, um mit ihnen Googles KI-Modelle zu trainieren und Produkte und Funktionen wie Google Translate, Bard und Cloud-KI-Funktionen zu entwickeln«.[20] Das bedeutet nichts anderes, als dass Google einseitig und ohne jemanden um Erlaubnis zu fragen beschlossen hat, dass jeder von uns, der etwas öffentlich online stellt, dies als Trainingsmaterial für Googles KI-Modelle zur Verfügung stellt.

Vergleichen wir nun die ursprünglichen Nutzungsbedingungen von Chrome mit einem viel älteren Dokument, dem *Requerimiento* (was im Spanischen »Aufforderung« oder »Mahnung« bedeutet), das 1513 verfasst wurde, also in einer recht frühen Phase des ersten kolonialistischen Landraubs. Dieses Dokument wurde von den spanischen Konquistadoren verlesen, wenn sie mitten in der Nacht eine Siedlung in Amerika überfielen, um sie zu verwüsten und zu plündern. Sie verlasen dieses Dokument auf Spanisch – vor den Angehörigen der indigenen Bevölkerung, die überhaupt kein Spanisch sprachen! Sicherlich hätte auch keine noch so gute Übersetzung vermocht, den Bewohnern die ihnen völlig fremde Weltanschauung verständlich zu machen, die hinter diesem Text steckte:

> Wenn ihr es aber nicht tut [d. h., euch nicht der spanischen Herrschaft unterwerft] oder es in boshafter Weise aufschiebt, so tue ich euch kund, dass ich mit der Hilfe Gottes mit Gewalt eindringen werde gegen euch und euch bekriegen werde in jeder Art und Weise, wie ich kann, und euch unterwerfen werde unter das Joch und den Gehorsam der Kirche und ihrer Hoheiten. Und eure Personen und eure Frauen und Kinder werde ich gefangen nehmen und zu Sklaven machen und als solche sie verkaufen und über sie verfügen, wie seine Hoheit es gebietet, und werde euch eure Güter nehmen und euch allen Schaden und Böse antun, wie ich kann …[21]

Wir wollen damit keineswegs behaupten, dass das, was auf die Verlesung des *Requerimiento* folgte, mit den Konsequenzen einer Installation von Google Chrome vergleichbar ist. Google wird uns oder unsere Kinder nicht versklaven, und der Preis für die Ablehnung der Nutzungsbedingungen von Chrome ist sicherlich nicht unsere Ausrottung. Es geht hier darum, mit welchen Tricks und Drohungen eine solche ursprüngliche Enteignung durchgeführt wird. Wichtig ist vor allem eine unverständliche Sprache, denn die Extraktion setzt voraus, dass die

Bedingungen, unter denen sie erfolgt, von den Betroffenen nicht vollständig verstanden werden. Falls sie ihnen dann doch jemals klar werden sollten, ist es längst zu spät.

Die Spanier setzten wie alle nachfolgenden Kolonisatoren darauf, dass der Akt der Enteignung nicht verstanden wurde. Ihnen war bewusst, dass das *Requerimiento* lediglich ein Feigenblatt war, das ihre Gräueltaten rechtlich, politisch und religiös bemänteln sollte. Auch der indigenen Bevölkerung blieb das nicht lange verborgen. Sie flohen, anstatt die Verlesung abzuwarten und mussten schließlich erst eingefangen und an Bäume gefesselt werden – sofern sie sich nicht durch billige Geschenke verlocken ließen –, damit die Spanier ihre Prozedur durchführen konnten. Belegt ist ein Fall, in dem ein Häuptling des Volks der Zénu darauf bestand, dass ihm die Sache erklärt werde. Als ihm schließlich die Bedeutung aufging, sagte er, ein Papst, der Land verschenke, das ihm nicht gehöre, müsse ein Säufer sein, und ein König, der ein solches Geschenk annehme, ein Verrückter. Der Mönch Bartolomé de Las Casas, der die Conquista scharf kritisierte und sich für die Sache der indigenen Bevölkerung einsetzte, meinte zum *Requerimiento*, er wisse nicht, ob er darüber lachen oder weinen solle.[22]

Rohmaterial

Vielleicht werden auch wir uns eines Tages fragen, ob wir lachen oder weinen sollen, wenn wir die Nutzungsbedingungen unserer heutigen Apps lesen, die alle ganz ähnlich wie die von Google Chrome klingen. Unterdessen geht die Enteignung unserer Daten nahezu ungebremst weiter. Zwar geraten in diesem Zusammenhang vor allem die großen Technologieunternehmen in die

Schlagzeilen, aber der Datenklau geht nicht nur von einigen wenigen skrupellosen Konzernen aus: Er findet auf allen Ebenen statt, teils im Verborgenen, teils vor unser aller Augen.

Nehmen Sie zum Beispiel Lasso, einen führenden Vermarktungsdienstleister im US-Gesundheitssektor, von dem Sie mit Sicherheit noch nie etwas gehört haben. Während die meisten davon ausgehen, dass ihre persönlichen Gesundheitsdaten rechtlich geschützt sind, hat Lasso Mittel und Wege gefunden, Analysewerkzeuge wie Blueprint™, Connect™ oder Triggers™ anzubieten, die es Marketingunternehmen erleichtern, Kunden im Gesundheitssektor zu erreichen. Natürlich beteuert Lasso, sämtliche Vorschriften über den Umgang mit Gesundheitsdaten zu beachten. Dafür sind die Versprechungen, was Blueprint™ leisten soll, beeindruckend. Ein Zitat von der Webseite:

> Lasso Blueprint ermöglicht es Marketingunternehmen, auf der Grundlage einer Auswertung von Diagnosen, Rezepten, medizinischen Eingriffen, Versicherungsdaten, demographischen Informationen und vielem mehr hochwertige Zielgruppen zu ermitteln, die sich aus Gesundheitsdienstleistern und Verbrauchern zusammensetzen. Unser Produkt liefert Zielgruppenzahlen in Echtzeit … Zielgruppen lassen sich auch wöchentlich dynamisch mit neuesten Daten aktualisieren, so dass Sie [das Marketingunternehmen] niemals eine Kontaktmöglichkeit mit Ihrem Kundenkreis versäumen.[23]

Selbst wenn Gesundheitsdaten streng anonymisiert bleiben, sie werden in Paketen zusammengefasst, die dann verwendet werden, um Sie als Verbraucher mit einer bestimmten medizinischen Vorgeschichte gezielt anzusprechen. Letztlich spielt es kaum eine Rolle, ob Ihr Name auf dem Datenpaket steht. All dies beruht auf der ausgeklügelten Datenverarbeitung von Xandr, einem Unternehmen, das 2022 für eine Milliarde Dollar von Microsoft übernommen wurde und fernab der Schlagzeilen operiert.

Bis vor kurzem erschien die Erfassung von Daten durch Überwachung zum Zwecke des Marketings oder der algorithmischen Profilerstellung noch das Bedenklichste an der KI. Doch die schwindelerregende Entwicklung, die sich in den letzten Jahren in diesem Bereich vollzogen hat, lässt inzwischen befürchten, dass der Datenkolonialismus unser gesamtes Denken und Schaffen verändern könnte – oder, genauer gesagt, unser Denken und Schaffen komplett Maschinen überantwortet. Man denke nur daran, was in den Bereichen Kunst, Kultur und Medien mit der Entwicklung natürlicher Sprachgenerierung und generativer KI-Tools möglich ist. Diese Programme ahmen unsere kreative Schaffensweise mit Hilfe von Algorithmen der künstlichen Intelligenz nach, und das mit zunehmend authentisch wirkendem Ergebnis. Mit ein paar Anweisungen – den sogenannten »Prompts« – können KI-Tools wie ChatGPT, DALL-E, DeepDream oder DeepMind (die beiden ersteren gehören zu OpenAI, die anderen zu Google) Texte, Bilder, Töne oder menschliche Stimmen produzieren, die nicht nur so wirken, als stammten sie von echten Menschen, sie können sogar den Stil von bestimmten Malern, Autorinnen oder Musikern imitieren, wie zum Beispiel Salvador Dalí, Jane Austen oder Fela Kuti.

Damit das möglich ist – damit die KI imitieren kann, was Austen, Dalí oder Kuti schrieben, malten oder komponierten und sangen –, muss sie lernen, wie andere Künstler oder wir alle schreiben, malen, komponieren und singen. Mit anderen Worten: Sie muss nicht nur die Romane von Jane Austen analysieren, sondern die Werke vieler Autorinnen und Autoren und auch das, was Sie geschrieben haben; sie muss nicht nur Kutis Stimme analysieren, sondern auch Ihre Stimme. Dafür greift sie unter anderem auf die Videos zurück, die wir auf Social-Media-Plattformen hochladen, sowie auf die Sprachnachrichten, die wir auf den Handys unserer Freunde hinterlassen.

Manche Leute halten die KI-generierten Imitate von Werken, Stimmen oder Bildern berühmter oder weniger berühmter Personen vielleicht für harmlos. Man kann sie als unterhaltsame und teils nützliche Spielerei abtun – wäre es nicht praktisch, Sprach- oder Videonachrichten bearbeiten zu können, ohne sie neu aufnehmen zu müssen? Doch gerade jetzt, da die generative KI noch in den Kinderschuhen steckt, lohnt sich das Nachdenken über Authentizität, den Wert von Originalen und unsere Fähigkeit, manipulierte Film- und Tonaufnahmen zu erkennen. Und auch die Frage, wer all das kontrollieren soll, muss gestellt werden.

Ein weiterer Aspekt verdient in dieser Sache unsere Aufmerksamkeit: Unsere kollektiven kulturellen und sozialen Schöpfungen sind zum extrahierten Rohmaterial dieser KI geworden. So wurde beispielsweise die Software MusicLM von Google, die auf der Grundlage von Prompts wie »meditativer Song, entspannend, mit Flöten und Gitarren« Musikstücke generieren kann, anhand von 280 000 Stunden Musik trainiert. Hat Google eine Lizenz für die Nutzung der Unmengen von Musik erworben, die dazu benutzt wurde? Wohl kaum. Wahrscheinlich hat Google deshalb auch die Zugänglichmachung dieses Dienstes eine ganze Weile zurückgehalten. Denn wenn computergenerierte Musik zu sehr nach dem Quellmaterial klingt, das ihr als Vorbild diente, öffnet dies potenziellen Klagen Tür und Tor.[24] Aber schließlich gab Google das Programm doch wie die meisten seiner Produkte zur kostenlosen Nutzung frei. In ihrer veröffentlichten Form kommt die KI Prompts, bestimmte Künstler oder Gesangsstücke zu kopieren, nicht nach, was Google mögliche Klagen wegen Urheberrechtsverletzungen erspart. Dennoch bleibt Google ein Konzern, der Kulturschöpfungen enteignet und als Trainingsmaterial einer Maschine benutzt, die die Arbeit von Menschen übernimmt – einfach deshalb, weil eine solche Maschine diese Arbeit schneller und billiger erledigen kann.[25]

Von der Internetrecherche über Cloud-Dienste bis hin zur generativen KI – Google braucht für die Nutzung seiner Produkte kein Geld von uns zu verlangen, weil *wir das Ausgangsmaterial für Produkte des Konzerns liefern*. Doch die Bereitstellung der unentgeltlichen Nutzung solcher Dienste (zur »Förderung des kreativen Prozesses«, wie MusicLM vollmundig behauptet)[26] kann nicht über die Natur und das Ausmaß dieses »Raubzugs« hinwegtäuschen, wie Naomi Klein es genannt hat.[27]

Ob sich dies nun irgendwie im Verborgenen oder vor unser aller Augen abspielt, ändert nichts daran, dass es sich um einen schwerwiegenden Akt der Aneignung handelt. Er beinhaltet die Erfassung und Monetarisierung der Daten, die sich aus unseren Begegnungen mit anderen Menschen, unseren Interaktionen in Raum und Zeit und all dem ergeben, was wir mit anderen teilen. Dass man die generative KI als »cool« darstellt, soll im Grunde nur davon ablenken.

Willkommen im Datenkolonialismus. Er ist allgegenwärtig, eine Aneignung von Ressourcen in wahrhaft kolonialem Ausmaß. Ein Datenraub, der den Lauf der Geschichte kaum weniger verändern wird als der ursprüngliche kolonialistische Landraub vor fünf Jahrhunderten.

Die Gegenwart unter dem Aspekt des Kolonialismus betrachtet

Vergleiche zwischen dem alten und dem neuen Kolonialismus sind zweifelsohne aufschlussreich, doch gleichsetzen darf man sie nicht. Dafür ist die Geschichte zu komplex und vielschichtig. Es lässt sich keine Liste mit Punkten zum Abhaken erstellen, die einen simplen Eins-zu-Eins-Vergleich zwischen der Niederländischen Ostindien-Kompanie und Alphabet-Google ermöglichte. Geschichte mag sich gelegentlich wiederholen, aber nicht so direkt. Dieses Buch bemüht sich daher um eine besondere Perspektive, durch die sich erkennen lässt, dass der Datenraub unserer Tage in Wirklichkeit tatsächlich eine Fortsetzung des kolonialen Landraubs ist, der vor fünf Jahrhunderten die Kontrolle über die Ressourcen der Welt neu organisierte und die Möglichkeiten ihrer Ausbeutung in die Hände einiger weniger legte. Aus ihr betrachtet lassen sich sechs wichtige Gemeinsamkeiten zwischen dem historischen Kolonialismus und dem Datenkolonialismus ausmachen.

Erstens, und das ist das Wichtigste, beruhen beide Systeme auf der Aneignung der Ressourcen der Welt, die sie als etwas behandeln, das man sich einfach so nehmen darf. In der Vergangenheit wurden unter dieser Prämisse beispielsweise die natürlichen Ressourcen und Arbeitskräfte Amerikas, Afrikas und eines Großteils von Asien sowie des Pazifiks geplündert. Und in unserer heutigen Zeit ist es das Leben der Menschen, das in Form von Daten geplündert wird.

Zweitens dient diese Aneignung immer einem umfassenderen Zweck: dem Aufbau einer neuen Gesellschafts- und Wirtschaftsordnung, die diesen Landraub letztlich rechtfertigt. Unabhängig davon, ob die Entwicklung über Jahrhunderte (wie beim historischen Kolonialismus) oder nur über Jahrzehnte (wie beim Datenkolonialismus) verlaufen ist, Ziel war und ist stets eine Neuordnung aller Lebensaspekte, die eine bestimmte, ausschließlich dem Kolonisator zugutekommende Form von Ausbeutung etabliert.

Drittens arbeiten beim Aufbau dieser kolonialistischen Ordnung und diesem globalen Landraub Staaten und Konzerne Hand in Hand. In der Vergangenheit waren Kolonialstaaten Monarchien, die Privilegien an eigens für den Zweck der kolonialen Extraktion geschaffene Unternehmen wie die British South Africa Company vergaben. Heute spielen Konzerne eine noch viel größere Rolle in komplexen Allianzen mit Nationalstaaten und ihren Regierungen, wie wir am Beispiel Chinas und Indiens, aber auch in unterschiedlicher Weise in den USA und in Europa sehen können. Tatsache bleibt jedoch, dass sowohl der historische Kolonialismus als auch der Datenkolonialismus von Partnerschaften zwischen Staaten und Konzernen getragen wird.

Viertens wirkt sich der Kolonialismus heute wie damals verheerend auf die Umwelt aus. Die globale Erderwärmung ist zwar eine direkte Folge des industriellen Kapitalismus, doch war es der Kolonialismus, der dafür die Voraussetzungen schuf, indem er die natürliche Welt wie einen billigen, nur unter dem Aspekt des Profits betrachteten Wegwerfartikel behandelte. Einige Formen der Umweltzerstörung sind so alt wie der Kolonialismus selbst, so der Abbau von Metallen und Erzen, auf den auch der heutige Elektroniksektor angewiesen ist. Andere sind zwar jüngeren Datums, haben aber enge Verbindungen zu früheren Zeiten des Kolonialismus: Man denke nur an die Verwüstungen, die heutzutage Öl- und Agrarriesen anrichten, die sich auf die Kontrolle ursprünglicher Kolonialgebiete stützen. Andere wiederum sind völlig neue Auswirkungen des Datenkolonialismus, wie zum Beispiel der Energie- und Wasserverbrauch von Rechenzentren, die CO_2-Emissionen, die der Online-Versandhandel verursacht oder die wachsende Zahl von Satelliten, die unsere Erde umkreisen.

Fünftens, ein sehr wichtiger Punkt, ist es ein kennzeichnendes Merkmal des Kolonialismus, dass er eine tiefe gesellschaftliche Kluft schafft, die die Ausbeutereliten von der ausgebeuteten Bevölkerungsmehrheit trennt. Zur weiter oben erwähnten Vorstellung, dass das Kolonialland nur auf Inbesitznahme wartete, gehörte auch die Annahme, dass den Menschen, die bereits dort lebten, kein Wert zukam. Der Datenkolonialismus führt neue, mit der Ausbeutung von Daten verbundene Formen der Ungleichheit ein, die nicht selten die älteren Ungleichheiten, einschließlich der Diskriminierung aufgrund ethnischer Zugehörigkeit oder Geschlecht, wiederholen und vertiefen. Und sämtliche Entwicklungen im Zusammenhang mit der Datenextraktion, auf die in späteren Kapiteln noch eingegangen wird, spielen sich von vornherein in einer durch große Ungleichheiten geprägten globalen Wirtschaft und Geopolitik ab, die maßgeblich vom Kolonialismus geprägt sind.

Und schließlich sechstens: Die räuberischen Handlungen des Kolonialismus waren und sind so offenkundig ungerecht, dass sie stets durch positivere Narrative des »Zivilisationsfortschritts« bemäntelt werden müssen. In vergangenen Jahrhunderten waren diese Narrative von eurozentrischer Fortschrittsgläubigkeit oder christlichen Erlösungsidealen geprägt. In der Ära von Big Tech orientieren sich diese Narrative eher an Werten der kapitalistischen Wirtschaftsordnung, bewahren aber auch Elemente des alten zivilisatorischen Sendungsbewusstseins. Jedenfalls kann man sich nur schwer vorstellen, dass Facebook den Aufbau einer Internet-Infrastruktur in über dreißig afrikanischen Ländern betreibt, ohne an eine solche Mission zu glauben.[28]

Trotz dieser sechs Gemeinsamkeiten bestehen auch erhebliche Unterschiede zwischen dem historischen Kolonialismus und dem Datenkolonialismus. Schließlich geht es hier um Daten und nicht um Land, mithin um eine völlig andere Art von Vermögenswert. Während die Ressourcen, die aus einem Stück Land extrahiert werden können, begrenzt sind, kann derselbe Datensatz von einer unbegrenzten Anzahl von Parteien unendlich oft genutzt werden. Genau das ist es, was Ökonomen meinen, wenn sie Daten – im Gegensatz etwa zu Land – als ein nicht rivalisierendes Gut bezeichnen.

Doch auch wenn sowohl der historische Kolonialismus als auch der Datenkolonialismus durch erhebliche Ausbeutung geprägt sind, dürfen wir nicht vergessen, dass die Extraktion nur den ersten und nicht den letzten Schritt beim Aufbau einer sozialen und wirtschaftlichen Ordnung darstellt und dass diese Ordnung unweigerlich durch den für ihre Zeit typischen Grad an organisatorischer Komplexität geprägt ist. Zweifelsohne sind unsere Wirtschaft und ihre Organisationsstrukturen heute erheblich komplexer, als sie es im 16. oder 18. Jahrhundert waren.

Will man also genauere Aussagen über den Datenkolonialismus machen, sollte man ihn nicht bloß anhand ähnlicher oder unterschiedlicher Auswirkungen des historischen Kolonialismus beschreiben, sondern aufzeigen, wo er ihn noch *verschlimmert*. Die haarsträubenden Ungerechtigkeiten des historischen Kolonialismus (Diebstahl, Sklaverei, Diskriminierung) werden keineswegs durch die neuen Ungerechtigkeiten des Datenkolonialismus ersetzt, sondern noch verstärkt. Dies ist ein wichtiger Punkt, denn unsere Verwendung der Begriffe »historischer Kolonialismus« und »Datenkolonialismus« könnte den falschen Eindruck erwecken, dass wir glauben, eine Art des Kolonialismus sei nun Geschichte, während eine neue beginnt. Wenn wir den Datenkolonialismus als neue Form des Kolonialismus bezeichnen, dann meinen wir damit, dass er eine Weiterentwicklung und keine spontane Neubildung darstellt. Daher sollte der Datenkolonialismus auf einer Stufe mit Begriffen wie Plantagenkolonialismus oder Siedlerkolonialismus verstanden werden. Sie alle beschreiben unterschiedliche, sich jedoch überschneidende Aspekte und Auswirkungen eines Phänomens, das eine lange und bis heute anhaltende Geschichte hat: den Kolonialismus.

Unsere Betonung der Gefahren des Datenextraktivismus könnte vielleicht den Eindruck erwecken, dass wir generell Daten kritisch sehen oder bestreiten wollen, dass es gute Gründe für ihre Erhebung und Verarbeitung geben könnte. Das ist nicht unser Standpunkt. Es gibt natürlich viele sinnvolle Anlässe für die Erhebung und Nutzung von Daten, die wir nicht zuletzt für das Verständnis und die Verbesserung der Welt benötigen. Bedenklich finden wir jedoch die Nutzung von Daten zum ausschließlichen Zweck der Gewinnerzielung ohne jede gesellschaftliche Validierung und öffentliche Kontrolle, insbesondere dann, wenn Konzerne uns diese Nutzung in ein Narrativ der Rettung und des Fortschritts verpacken. Aber warum sollten wir glauben, dass alle sinnvollen Verwendungsmöglichkeiten von Daten an Bedingungen der Extraktion geknüpft sind, wie wir sie in diesem Buch erörtern? Nicht die Daten selbst, sondern ihre Nutzungsbedingungen definieren und prägen derzeit die Welt von Big Tech und KI. Gegen diese Nutzungsbedingungen müssen wir etwas unternehmen, hier braucht es ein Umdenken, und dabei kann uns die Perspektive der Kolonialgeschichte helfen.

Ein Leitfaden für dieses Buch

Wir sind uns bewusst, dass das Thema Kolonialismus gewisse Schwierigkeiten mit sich bringt. Menschen kommen mit unterschiedlicher Vorgeschichte und unterschiedlichen Standpunkten zu diesem Thema und haben sehr verschiedene Beziehungen zur Geschichte und Realität dieses Phänomens. Daher haben wir auch Verständnis dafür, dass unsere Darlegungen manche mehr, manche weniger überzeugen werden. Wir respektieren das, denn auch wir als Autoren nähern uns dem Thema von unterschiedlichen Seiten, ist doch einer von uns in London, der andere in Mexiko aufgewachsen.

Im ersten Kapitel (»Eine neue Form des Kolonialismus«) werden wir uns mit den Zweifeln auseinandersetzen, die vielen Menschen bei dem Gedanken kommen könnten, unsere heutige Datenwelt mit dem Kolonialismus zu vergleichen. In Kapitel 2 (»Datenterritorien«) werden wir detaillierter darlegen, welche Arten von Daten erfasst werden, wie ihre Verarbeitung funktioniert und welche Lebensbereiche davon betroffen sind. Wir werden feststellen, dass so ziemlich alle Sektoren der Wirtschaft, der Gesellschaft und der Regierung betroffen sind, was wichtige Fragen darüber aufwirft, wie sich die Machtverhältnisse in den heutigen Gesellschaften verändern. In Kapitel 3 (»Die neue zivilisatorische Mission der Daten«) beschäftigen wir uns näher mit den Narrativen, mit denen uns die Datenextraktion und ihr angeblicher Nutzen schmackhaft gemacht und zugleich die Folgen des Datenkolonialismus verschleiert werden. In Kapitel 4 (»Die neue Kolonialistenklasse«) gehen wir der Frage nach, wer sich dieser Daten bemächtigt. Dazu betrachten wir näher die Art der beteiligten Konzerne, die Motivationen ihrer Mitarbeiter und die Unternehmerpersönlichkeiten, die das Datenterritorium ständig zu erweitern suchen.

In den letzten beiden Kapiteln des Buches machen wir uns Gedanken über möglichen Widerstand. Solange das schmerzhafte und die Gesellschaft entzweiende Erbe des historischen Kolonialismus fortlebt, ist nur schwer vorstellbar, unter welchen Umständen man der neuen Phase des Kolonialismus, die sich vor unseren Augen entfaltet, Widerstand entgegensetzen könnte. Doch Gegenwehr wird durch Phantasie beflügelt. Wie man sich gegen den Datenkolonialismus wehren könnte, lässt sich vielleicht besser erahnen, wenn wir, wie in Kapitel 5 (»Es regt sich Widerstand«) geschehen soll, uns mit inspirierenden Persönlichkeiten beschäftigen, die sich in der Vergangenheit dem historischen Kolonialismus widersetzten, ergänzt durch Persönlichkeiten aus den Anfängen der Informatik, die bereits vor den gefährlichen Tendenzen der heutigen digitalen Welt warnten. In Kapitel 6 (»Anleitung zum Widerstand«) wenden wir uns dann, gestützt auf Beispiele aus der ganzen Welt, Ansätzen einer bereits existierenden Praxis des Widerstands zu.

Die Informationsquellen der Welt teilen sich heute Konzerne untereinander auf, hinter denen häufig Regierungen stehen, die sich nicht wesentlich anders verhalten als die Länder der historischen Kolonisatoren. Wie üblich im Kolonialismus sind die Folgen sehr ungleich verteilt. Man kann allerdings mit Sicherheit davon ausgehen, dass dieser neue Datenraub die Lebensbedingungen aller Menschen unseres Planeten auf die eine oder andere Weise beeinflussen wird. Dieser Datenraub findet jetzt und heute statt. Er ist weder ein Unfall noch das Werk einiger weniger skrupelloser Kapitalisten. Und es ist ein globaler Prozess, wenn auch die eingesetzten Techniken und zivilisatorischen Missionen, mit denen er gerechtfertigt wird, nicht überall völlig identisch sind.

Ja, die Datenextraktion scheint oft eine sehr technische Angelegenheit fernab von unserem Alltag zu sein. Doch ihre Folgen können uns sehr direkt betreffen, weshalb wir jedes Kapitel mit einer individuellen Geschichte beginnen werden. Die Protagonisten dieser Geschichten sind zwar fiktiv (so allgegenwärtig die Auswirkungen der Datenextraktion sein mögen, als individuelle Geschichten werden sie selten niedergeschrieben), ihre Erlebnisse orientieren sich jedoch an realen Fakten.

In ihrer Gesamtheit genommen bieten die Kapitel des Buches eine Karte, die uns Orientierung in dieser ungewohnten und beunruhigenden neuen Landschaft der Datenextraktion geben kann. Am Ende unserer Reise durch diese Landschaft werden wir zurückblicken und uns fragen: Können wir es uns *wirklich* leisten, Widerstand nicht wenigstens zu versuchen?

KAPITEL 1

EINE NEUE FORM DES KOLONIALISMUS

Tracy kann sich gar nicht vorstellen, wie sie als alleinerziehende Mutter in den USA ihren Alltag ohne Internet und all die nützlichen Apps auf ihrem Smartphone bewältigen sollte. Sie schätzt sich glücklich, in unserem digitalen Zeitalter zu leben. Ihr Mobiltelefon und ihr Laptop sind ihre ständigen Begleiter, und gerne nutzt sie die von Big Tech bereitgestellten kostenlosen Apps, um Arzttermine zu vereinbaren, Lebensmittel und andere Waren zu bestellen, Rechnungen zu begleichen, Unterstützungszahlungen von ihren Eltern zu erhalten, die Kinderbetreuung zu organisieren, mit den Lehrern ihrer Tochter zu kommunizieren und vieles mehr. Wenn sie, was nicht zu häufig vorkommt, mal Zeit für ein Päuschen hat, nutzt sie solche Apps auch gerne für unterhaltsame Spielchen oder zum Austausch mit Freunden und Familie.

Auf dem College war in einem Seminar auch einmal von den Gefahren für die Privatsphäre die Rede gewesen, die mit der Nutzung solcher Dienste einhergehen. Doch Tracy hat kein Problem damit, dass Daten von ihr gesammelt werden, schließlich tut sie nichts Verbotenes und hat nichts zu verbergen. Sie ist gewiss keine Terroristin, warum sollte es ihr also etwas ausmachen, dass ein Unternehmen Informationen über sie zusammenträgt, wenn sie dafür kostenlos dessen Dienste in Anspruch nehmen darf?

Sicher, persönlich zugeschnittene Werbung kann manchmal etwas unheimlich wirken. Wenn ihr plötzlich Dinge angepriesen werden, die sie gerade gegenüber Freunden in einem Telefongespräch erwähnt hat, beschleicht sie das Gefühl, dass ihr Telefon abgehört wird. Aber das scheint ihr einfach Teil unseres kapitalistischen Systems zu sein, das zwar gewiss nicht perfekt, aber immer noch das beste ist, das man bekommen kann.

So dachte Tracy zumindest, bis der Oberste Gerichtshof der Vereinigten Staaten die aus dem Jahr 1973 stammende Grundsatzentscheidung *Roe v. Wade* aufhob, die einer Frau das Recht zusprach, selbst über einen Schwangerschaftsabbruch zu entscheiden. Plötzlich konnte jeder US-Bundesstaat per Gesetz Abtreibungen kriminalisieren. Tracy, die selbst bereits eine Abtreibung hinter sich hat, weiß, wie wichtig dieses Thema ist. Plötzlich macht sie sich Sorgen, dass bestimmte Daten, die von ihr genutzte Apps und Dienste sammeln, womöglich vor Gericht gegen sie verwendet werden könnten. In Zeitungsartikeln wird ihr empfohlen, ihren Menstruationskalender zu löschen und keinen Fitnessmonitor mehr zu benutzen. Eine Freundin erzählt, ihr smarter Wasserzähler, der seit zwei Jahren in ihrer Wohnung installiert ist, könne allein durch die Analyse der Veränderungen des Verbrauchs feststellen, ob die Bewohnerin schwanger sei – oder eben nicht mehr. »Stell dir das mal vor«, empört sich ihre Freundin. Smarte Wasserzähler registrieren, wie oft jemand die Toilettenspülung betätigt. Da schwangere Frauen häufiger auf die Toilette müssen, kann dies verräterisch sein. Und wenn die Toilettenspülung plötzlich wieder seltener betätigt wird, kann dies als Hinweis auf einen erfolgten Schwangerschaftsabbruch gewertet werden. Tracy wird auch klar, dass ihre Shopping-Apps anhand der von ihr gekauften Produkte eine ziemlich genaue Einschätzung darüber erlauben, was in ihrer Gebärmutter vor sich geht, und ihr sind auch schon Geschichten von Frauen zu Ohren gekommen, die berichteten, Facebook habe bereits vor ihnen von ihrer Schwangerschaft gewusst.

Plötzlich fühlt sich Tracy nicht mehr wie jemand, der nie etwas Verbotenes tut, sondern sie fürchtet, dass ihre Datenspur gegen sie verwendet werden könnte, um zu beweisen, dass sie doch etwas Unerlaubtes getan hat, nämlich einen Schwangerschaftsabbruch. Dergleichen ist zwar in ihrem Bundesstat bislang nicht passiert und wird hoffentlich auch nie passieren, aber erst vor kurzem hat sie in den Nachrichten gehört, dass Facebook der Polizei im Bundesstaat Nebraska Zugriff auf die Direktnachrichten einer Teenagerin gegeben hat, die wegen einer Abtreibung belangt wird, und dass Abgeordnete im Bundesstaat Texas an einem Gesetz arbeiten, das es unter Strafe stellen soll, auch nur Informationen über die Möglichkeiten eines Schwangerschaftsabbruchs zu verbreiten. Schon kursiert die Befürchtung, soziale Medien könnten Postings zum Thema Abtreibung zensieren, sollte dies Gesetz werden.

Tracy beginnt sich zu fragen, wozu sie eigentlich ihr Einverständnis gegeben hat, als sie in den Dutzenden von Apps, die sie auf ihrem Mobiltelefon installiert hat, auf »Zustimmen« klickte. Welche Daten wurden schon von ihr gesammelt, und wie könnten sie verwendet werden? Warum werden sie überhaupt gesammelt, und wer profitiert am Ende davon? Sie findet es schwierig, Antworten auf solche Fragen zu finden, auch Google hilft ihr hier kaum weiter. Sicher, das Suchmaschinen-Unternehmen hat erst kürzlich erklärt, keine Standortdaten von Frauen, die Abtreibungskliniken aufsuchen, aufzuzeichnen, aber bedeutet das denn nicht zugleich, dass Google Daten über *alle anderen* Aufenthaltsorte von Frauen sammelt? Später liest sie dann, dass Google trotz dieser Beteuerung weiterhin Besuche bei Abtreibungskliniken trackt.[1]

Auf einmal kommen Tracy all die kostenlosen Dienste gar nicht mehr so wunderbar vor. Die politische Wetterlage braucht sich nur ein klein wenig zu ändern, und etwas, das eben noch zum normalen Leben gehörte, gilt auf einmal als kriminell, und ihre Datenspur lässt sie verdächtig erscheinen.

Viele von uns kennen jemanden wie Tracy, manche sind vielleicht selbst in einer ganz ähnlichen Lage wie sie. Aber kann man Tracy deshalb schon ein Opfer des Kolonialismus nennen? Sklaven waren Opfer des Kolonialismus, kein Zweifel. Unterdrückte und entrechtete Menschen, die vor Jahrhunderten für riesige Imperien schufteten, waren Opfer des Kolonialismus. Auf Tracy hingegen scheint das nicht so richtig zuzutreffen. Sieht man einmal von ihren Sorgen um Datenschutz ab, führt sie ein relativ komfortables Leben und weiß die Annehmlichkeiten digitaler Geräte zu schätzen. Ja, es ist beängstigend, dass ihre persönlichen Daten im strafrechtlichen Sinne gegen sie verwendet werden könnten. Aber müsste man eine derartige Verfolgung nicht eher der böswilligen Regierung statt den eigentlich wohlmeinenden Unternehmen ankreiden? Ist es daher nicht völlig unangebracht, ja sogar eine Verhöhnung, zu behaupten, Tracy sei das Opfer eines neuen Kolonialismus?

In diesem Buch soll nicht behauptet werden, dass digitale Plattformen uns den brutalen Kolonialismus vergangener Jahrhunderte mit seiner Zwangsarbeit und seinen unmenschlichen Lebensbedingungen zurückbringen.

Wir wollen hier etwas anderes zeigen: dass unser heutiges digitalbestimmtes Leben und die Art der Beziehungen, die wir mit Unternehmen eingehen, die dieses Leben ermöglichen, fundamentale Veränderungen der Machtverhältnisse zur Folge haben, die nur im Rahmen des Kolonialismus und der tiefgreifenden Veränderungen in der Ressourcenverteilung der Welt, die dieser mit sich brachte, verstanden werden können.

Kein Kapitalismus ohne Kolonialismus

Um diese sich entfaltende Realität zu erkennen, müssen wir jedoch die koloniale Vergangenheit und die kapitalistische Gegenwart aus einem anderen Blickwinkel betrachten. Wir leben heute in einem System der Bewirtschaftung der Weltressourcen, das sich Kapitalismus nennt und in dem die ökonomischen Belange weitgehend durch Märkte geregelt werden. Wenn wir nun darauf hinweisen, dass inmitten dieser Ordnung ein neuer Kolonialismus entsteht, stellen wir eine neue Art von Beziehung zwischen Kolonialismus und Kapitalismus her.

Bevor wir dies vertiefen, ist es vielleicht hilfreich, mit einer grundsätzlichen Definition der Begriffe Kolonialismus und Kapitalismus zu beginnen. Wikipedia sagt:

> Kolonialismus bezeichnet eine Praxis oder Politik der Kontrolle eines Volkes oder einer Staatsmacht über andere Völker oder Gebiete, oft durch die Gründung von Kolonien und im Allgemeinen mit dem Ziel der wirtschaftlichen Vorherrschaft. Im Zuge der Kolonisierung zwingen die Kolonisatoren den Kolonisierten oft ihre Religion, Sprache, Wirtschaft und andere kulturelle Praktiken auf. Die fremden Verwalter herrschen über das Gebiet in Verfolgung ihrer eigenen Interessen und mit der Absicht, von den Menschen und Ressourcen der kolonisierten Region zu profitieren.[2]

Zum Kapitalismus ist auf Wikipedia zu lesen:

> Der Kapitalismus ist ein Wirtschaftssystem, das auf Privateigentum an Produktionsmitteln und deren gewinnorientierter Nutzung beruht … Die Entscheidungen und Beschlüsse über Investitionen fällen in einer kapitalistischen Marktwirtschaft Vermögenseigentümer, Grundbesitzer oder Personen mit der Fähigkeit, Kapital oder Produktionsmittel auf den Kapital- und Finanzmärkten zu bewegen, während die Preise und die Verteilung von Waren und Dienstleistungen hauptsächlich durch den Wettbewerb auf den Waren- und Dienstleistungsmärkten bestimmt werden.[3]

Geht man von diesen Definitionen aus, sind Kolonialismus und Kapitalismus zwei völlig unterschiedliche Phänomene.

Der Kolonialismus wird hier als eine Praxis (oder Politik) beschrieben, während der Kapitalismus ein ganzes System darstellt. Wichtiger noch: Der Kolonialismus ist ausbeuterisch, er nimmt Menschen Dinge mit Gewalt weg und übt aus der Ferne Macht aus, unter anderem um sicherzustellen, dass die Kolonisierten die Denk- und Handlungsweisen des Kolonisators akzeptieren und übernehmen. Im Gegensatz dazu scheint der Kapitalismus weniger brutal vorzugehen. Er gibt sich geradezu zivilisiert, organisiert die Ressourcen und trifft bessere ökonomische Entscheidungen. Ja, auch der Kapitalismus gibt einer Gruppe von Menschen die Kontrolle (den Eigentümern der Produktionsmittel), aber Gewalt und Zwang übt er nicht aus. Die Konkurrenz im Kapitalismus wird auf Märkten ausgetragen, was Missbrauch verhindern und für die Wirtschaft insgesamt von Vorteil sein soll.

Uns ist natürlich bewusst, dass diese Definitionen unvollständig und – je nach weltanschaulichem Standpunkt – auch strittig sind. Aber ob man sie nun im Ganzen akzeptiert oder nicht, sie fassen recht gut das Allgemeinverständnis zusammen: Im Kolonialismus ging es um ausbeuterische *Extraktion*, während es im Kapitalismus um die gemeinschaftliche *Produktion* geht. Wir verwenden hier ganz bewusst einmal die Vergangenheitsform »ging« und einmal die Gegenwartsform »geht«, denn nach gängiger Auffassung liegt der Kolonialismus historisch gesehen *vor* dem Kapitalismus. Demzufolge musste die extraktivistische Brutalität des Kolonialismus erst ein Ende finden, um die zivilisiertere Produktionsweise des Kapitalismus zu ermöglichen. Diese weitverbreitete Ansicht der Geschichte müssen wir in Frage stellen.

Der Kapitalismus ist ohne den Kolonialismus nicht zu verstehen

Der Kapitalismus, den Tracy als ihre tägliche Realität erlebt, ist nicht ohne die Rolle zu verstehen, die der Kolonialismus bei dessen Ermöglichung spielte und immer noch spielt. Um dies zu erklären, müssen wir über den engeren historischen Kontext hinausblicken und uns in Erinnerung rufen, dass der Reichtum, der in den Bergwerken und auf den Plantagen des Kolonialismus erwirtschaftet wurde, die Fabriken des frühindustriellen Kapitalismus finanzierte.

In manchen Fällen geschah die Umwandlung von kolonialem Reichtum in kapitalistische Ressourcen in nur einer Generation. Ein Beispiel dafür ist der britische Unterhausabgeordnete Richard Pennant, erster Baron Penrhyn, ein Befürworter der Sklaverei, der sechs Zuckerplantagen und Hunderte Sklaven auf Jamaika besaß und gleichzeitig aktiv an der Entwicklung der walisischen Schieferindustrie beteiligt war. Oder der schottische Textilhändler John Pender, der sein Vermögen mit Baumwollprodukten von den Sklavenplantagen in den USA machte und dann einen Großteil dieses Reichtums in Überseekabel investierte, die eine Telegraphenverbindung zwischen dem Vereinigten Königreich, Amerika und Indien herstellten. Natürlich verlief der Transfer von Reichtum oft viel komplizierter, umfasste mehrere Beteiligte sowie verschiedene Institutionen und Nationen. Tatsache ist jedoch, dass der Kolonialismus den Übergang Europas vom Feudalismus zum Kapitalismus erheblich erleichterte.

Wie genau? Einer Schätzung zufolge führte der Kolonialismus mit seinen extraktiven Unternehmungen in den letzten 300 Jahren dazu, dass das Pro-Kopf-Einkommen der Kolonisatorenländer zwischen 14 und 78 Prozent stieg. Es war der Kolonialismus, der es den europäischen Protokapitalisten (Kaufleuten, Handwerkern, Großgrundbesitzern) ermöglichte, die Bauern von ihrem Land zu vertreiben, Kapital anzuhäufen, die Produktion zu erhöhen, jederzeit Lohnarbeiter anheuern zu können, und das alles mit Unterstützung des Staates. Diese Akkumulation von Reichtum und Macht sicherte den Europäern einen Vorsprung gegenüber konkurrierenden Protokapitalisten in Afrika, Asien und China, was Europas globale Vorherrschaft festigte und es dem Kontinent ermöglichte, seinen Reichtum in weitere Kolonialunternehmen zu investieren. Ohne den akkumulierten Reichtum der Extraktion hätten die Unternehmer nicht über den sicheren Zugang zu Ressourcen verfügt, der es ihnen erlaubte, die Produktionsmittel zu besitzen und so überhaupt erst zu Kapitalisten zu werden.[4]

Wie immer man es auch sieht, es ergibt keinen Sinn, den

Kolonialismus als primitive, zu überwindende Vorstufe des Kapitalismus zu betrachten. »An die Stelle der Peitsche des Sklaventreibers tritt das Strafbuch des Aufsehers«,[5] schrieb Karl Marx über den Kapitalismus, doch er hatte damit unrecht. Sklaverei war im Kolonialismus eine wichtige Form der Arbeitsorganisation auf globaler Ebene, die gerade während der Wachstumsphase des Industriekapitalismus im 19. Jahrhundert ihre Blütezeit erlebte. Beispielsweise dehnten sich in dieser Zeit die Sklavenplantagen im Süden der USA erheblich aus. Zwar hatte das Vereinigte Königreich die Sklaverei gesetzlich verboten, doch dies hinderte die britische Wirtschaft keineswegs daran, hohe Profite mit den Produkten der Sklaverei zu machen, etwa über ihre Hafenstädte Bristol und Liverpool. Die Wirtschaftswissenschaftler Thomas Piketty und Gabriel Zucman argumentieren, dass in den USA während des 19. Jahrhunderts mehr mit dem Handel und dem Besitz von Sklaven erwirtschaftet wurde als durch Fabriken und das Transportwesen zusammen. Heutige Historiker sind zunehmend davon überzeugt, dass die kolonialistischen Produktionsmethoden keineswegs organisatorisch rückständig waren, sondern dass sie die modernsten Formen der Buchhaltung, des Finanzwesens und ganz allgemein des »rationalen« Managements menschlicher Körper anwendeten, alles mit dem Ziel, die Wirtschaftsleistung zu den geringstmöglichen Kosten zu erhöhen.[6]

Diese Argumentationslinie reicht sogar noch weiter. Die heutige enorme Wohlstandskonzentration im Globalen Norden sowie die dominante Position der USA in der Weltwirtschaft können nicht losgelöst von dem ungleichen historischen Erbe der Kolonialreiche des 19. und 20. Jahrhunderts verstanden werden. Dieses Erbe ist der Grund für die nach wie vor sehr unterschiedlichen Möglichkeiten, die sich den Volkswirtschaften der Welt bieten: Eine ihrer Folgen ist die sogenannte »neue internationale Arbeitsteilung«, zu der die Verlagerung eines Großteils der Produktion im niedrigen Preissektor vom Globalen Norden in den Globalen Süden gehört.[7] Zu nennen ist hier auch die Struktur multilateraler Organisationen wie der Weltbank und des Internationalen Währungsfonds, die vom Westen dominiert werden, der den sogenannten »Entwicklungsprozess« leitet.[8]

Gewöhnlich wird die Geschichte der vergangenen fünf Jahrhunderte nur unter einem Blickwinkel betrachtet, obwohl wir immer zwei benötigen, die sich überschneiden: Kolonialismus und Kapitalismus. Es verfälscht die Wahrnehmung, den Kolonialismus und den Kapitalismus als zeitlich voneinander getrennte Perioden zu betrachten, die lediglich ein historischer Entwicklungsprozess miteinander verbindet, und dabei den Kolonialismus (dessen brutale Phase glücklicherweise beendet ist) als erste und den Kapitalismus (unter dem wir glücklicherweise leben) als spätere zu sehen. Der Kolonialismus gehörte schon immer mit dazu, er hat zunächst die Grundlagen für den zukünftigen Kapitalismus geschaffen und dann in der wachsenden Weltwirtschaft den rebellischen Industriekapitalismus beflügelt. Der Kapitalismus trägt seit jeher die Gene des Kolonialismus in sich. Und das gilt bis heute, auch wenn es in großen Teilen der Welt keine Kolonialreiche mehr gibt. (Die Menschen in Puerto Rico, Palästina und Amerikanisch-Samoa sehen das allerdings womöglich anders.)

Damit kein Missverständnis aufkommt: Wir wollen nicht behaupten, der Kapitalismus sei lediglich ein verkappter Kolonialismus – er ist ein eigenständiges Phänomen mit ganz eigenen Merkmalen der wirtschaftlichen und gesellschaftlichen Organisation. Trotzdem müssen wir Kolonialismus und Kapitalismus als parallele, miteinander verbundene Prozesse betrachten. Genau betrachtet hing das Organisationssystem der Profiterzeugung, das den Kapitalismus ausmacht, stets vom kolonialen Landraub ab, der zwei Jahrhunderte vor dem Kapitalismus begann. Dieser koloniale Landraub setzte sich im 19. und 20. Jahrhundert fort (man denke an die Ölförderung und die Extraktion immer seltenerer Minerale), und er hält bis heute an.[9] Dass der Kapitalismus eine kolonialistische Dimension hat, ist kein Zufall, es liegt in seinem Wesen.

So wie Kolonialismus und Kapitalismus – Extraktivismus und Produktion – stets Hand in Hand gehen, zeigen die heutigen neuen Methoden des »Datenschürfens«, dass weiterhin ähnliche Prozesse am Werk sind. Autoren, die *ausschließlich* unter dem Aspekt der Dynamik des Kapitalismus beschreiben, was heute mit unseren Daten geschieht, schätzen aus diesem Grund auch Ausmaß und Stärke der Datenextraktion, die heute im Gange ist, falsch ein. Zahlreiche Theorien gehen davon aus, dass wir eine neue Form des postindustriellen Kapitalismus erleben – einen Datenkapitalismus, einen Informationskapitalismus, einen Plattformkapitalismus oder, um einen von Shoshana Zuboff geprägten und häufig angeführten Begriff zu nennen, einen Überwachungskapitalismus.[10] Diese Analysen sind in vielerlei Hinsicht nützlich, helfen sie uns doch, die besondere Art und Weise zu verstehen, wie Daten innerhalb des Kapitalismus unsere Produktionsweise und unseren Konsum verändern. Aber ein entscheidender Punkt fehlt all diesen Erklärungsversuchen: eine den historischen Kontext berücksichtigende Darstellung des schieren Ausmaßes und der scheinbar unaufhaltsamen gesellschaftlichen und kulturellen Kraft des Datenraubs, der derzeit stattfindet.

Der gewaltige Transfer der im Verlauf der Geschichte des

Kolonialismus weltweit extrahierten Ressourcen ist der entscheidende Bezugspunkt zum Verständnis dieses globalen Datenraubs. Der Raub an den Daten der Welt ist keine Fehlentwicklung der jüngeren Zeit (kein Nebeneffekt einer irgendwie aus dem Ruder gelaufenen technologischen Entwicklung), wie es Zuboff und andere prominente Kritiker zu behaupten scheinen,[11] sondern die Fortsetzung einer bereits sehr alten Geschichte der Extraktion. Dies zu ignorieren und so zu tun, als hätte die heutige gewaltige Akkumulation von Reichtum durch Big Tech keine extraktivistische Ader, die den kolonialen Landraub widerspiegelt, hieße, in Geschichtsvergessenheit zu verfallen. Anzuerkennen, was nicht zu leugnen ist, dass nämlich in vielen Teilen der Welt der Kapitalismus immer noch vom Erbe der historischen kolonialistischen Enteignung profitiert, sollte uns nicht daran hindern, den neuen kolonialen Raubzug zu sehen, der sich direkt vor unseren Augen abspielt.

Nur wenn wir Kolonialismus und Kapitalismus auf diese Weise durchdenken, enthüllt sich uns die erschreckende Realität hinter Tracys Sorgen: *Ja, es gibt eine neue Kolonie, eine neue Zone der Extraktion, die der Datenkolonialismus ausbeutet. Und was er aus ihr herausholt, sind wir selbst und unser Leben. Immer und überall.* Heutzutage ist es das Leben aller Menschen, das einfach so darauf wartet, dass jemand es sich aneignet. Und diese Ausbeutung ist in unsere Geräte und die von uns genutzten Plattformen eingearbeitet, die genau so funktionieren, wie es beabsichtigt ist: Es steckt weder irgendein Bösewicht noch ein Fehler dahinter. Diese Ausbeutung ist ein Merkmal des Routinebetriebs unserer elektronischen Geräte.

Bedeutet dies, dass die großen Leidensunterschiede, die der historische Kolonialismus hinterlassen hat, keine Rolle mehr spielen? Ganz und gar nicht. Bedeutet es, dass dieser neue Kolonialismus etwas Grundlegendes im Leben aller Menschen bedroht, unabhängig von ihrer Herkunft, Klasse, ihrem Geschlecht oder ihrer sexuellen Orientierung? Ja, allerdings. Was es hier zu begreifen gilt, ist diese seltsame Art und Weise, wie der Kolonialismus die ererbten Ungleichheiten fortführt und sie mit neuen Werkzeugen kombiniert, die einen möglicherweise radikal neuen Einfluss auf das menschliche Leben haben. Genau diese Kombination bezeichnete der aus Kamerun stammende Sozialtheoretiker Achille Mbembe provokant und für viele sogar kontraintuitiv als »das Schwarzwerden der Welt«,[12] ein Ausdruck, auf den wir in Kapitel 5 noch zurückkommen werden.

Aber was bedeutet das für unsere Sicht des Kolonialismus als eines sich entwickelnden historischen Phänomens?

Genau wie der Kapitalismus ist auch der Kolonialismus in ständigem Wandel begriffen

Wenn der Kolonialismus von Relevanz dafür ist, wie wir den Umgang mit Daten unseres heutigen Kapitalismus interpretieren, was bedeutet das dann für unser Verständnis des Kolonialismus als eines langfristigen historischen Prozesses?

Kolonialismus und Kapitalismus verändern sich ständig und passen sich an, wie es historische Kräfte generell tun. Gesellschaftliche Bewegungen, wissenschaftliche Erkenntnisse, kulturelle Trends oder Religionen »beginnen« und »enden« nicht einfach. Sie sind nicht statisch. Sie entwickeln und wandeln sich. Jedenfalls gilt das ohne Zweifel für den Kapitalismus – und wir behaupten, dass es beim Kolonialismus nicht anders ist.

Die offensichtlichste Veränderung des Kolonialismus besteht im Übergang vom Landraub zum Datenraub. Dies ist eine relativ neue Entwicklung, und sie kann die Organisation des menschlichen Zusammenlebens noch bis weit in die Zukunft verändern, so wie die Auswirkungen des ursprünglichen kolonialen Landraubs bis heute nachhallen. Der Datenraub verändert bereits jetzt in immer mehr Teilen der Welt die Art und Weise, wie wir Bildung, den Gesundheitsbereich und unsere Arbeitswelt erleben.

Eine weitere wichtige Veränderung des Kolonialismus ist die veränderte Rolle, die die Gewalt in seiner neuen Erscheinungsform spielt. Der historische Kolonialismus war brutal und unmenschlich. Aber wie wir im letzten Kapitel gesehen haben, fand er auch Mittel und Wege, ohne direkte physische Gewalt auszukommen, vor allem durch kulturelle und wirtschaftliche Gewalt. Das bringt uns zu einer wichtigen Frage: Wenn physische Gewalt dem Datenkolonialismus im Grunde fremd ist, ist es dann überhaupt sinnvoll, dieses Phänomen als Kolonialismus zu bezeichnen?

Dabei ist zu bedenken, dass sich der Kolonialismus, wie wir bereits dargelegt haben, im Einklang mit den gesellschaftlichen Beziehungen entwickelt, die Teil des Kapitalismus sind. In früheren Jahrhunderten hatten die Kolonisatoren nur zwei Mittel zur Verfügung, um sich Land und Gold anzueignen: Gewalt und Lügen. Oft griffen sie zu beidem: Sie mordeten, plünderten und tauschten wertlosen Tand gegen Gold. Andere Möglichkeiten, das koloniale Ziel der Aneignung von Ressourcen in dem von den Kolonisatoren gewünschten Umfang, Tempo und mit der von ihnen erhofften Gewinnspanne zu erreichen, gab es damals nicht, da zwischen den Kolonisatoren und den Kolonisierten keinerlei soziale Beziehungen bestanden.

Aber heute, nach fünf Jahrhunderten Kolonialismus und zwei Jahrhunderten Kapitalismus, ist diese Art von Gewalt nicht mehr nötig, oder besser gesagt, sie hat sich weiterentwickelt und eine eher symbolische Gestalt angenommen. Unsere Enteignung (der Verlust der Kontrolle über unsere persönlichen Daten in all ihren Facetten, wie wir ihn am Arbeitsplatz erleben, wenn wir einen Kredit beantragen, ja selbst bei der Erziehung unserer Kinder) mag nicht weniger absolut sein, aber es ist keine Gewalt nötig, um uns dazu zu bringen, auf »Zustimmung« zu klicken, bevor wir eine App installieren. Angesichts der gewaltigen rechtlichen und praktischen Infrastruktur der kapitalistischen gesellschaftlichen Beziehungen genügt ein einziger Klick, um uns in die endlosen Spiralen der Datenextraktion zu stürzen. Mit anderen Worten: Die heutigen Formen der Datenextraktion funktionieren nahezu reibungslos, was jedoch keineswegs bedeutet, dass sie in ihren langfristigen Auswirkungen völlig gewaltfrei sind, wie Tracy nun befürchten muss, wenn sie an die Auswirkungen ihrer Menstruations-App auf die Kontrolle über ihren Körper denkt. Der springende Punkt ist, dass hier ein mit dem Kolonialismus vergleichbarer Akt der Aneignung vollzogen wird, Gewalt hin oder her. Dies führt uns zu einer weiteren Beobachtung über die Verbindung zwischen Kolonialismus und Kapitalismus.

Die Kernaufgabe des Kolonialismus ist im Grunde dieselbe geblieben

Wenn sich der Kolonialismus ständig weiterentwickelt, ist natürlich nicht zu erwarten, dass seine heutigen Erscheinungsformen ein exaktes Abbild der kolonialen Praktiken sind, die wir in den letzten 500 Jahren erlebt haben. Daher ist es so sinnlos wie unsensibel, danach zu fragen, wo denn hier die Gewalt bleibt und ob die Nutzung von Facebook uns tatsächlich genau wie einst die Plantagenarbeiter zu Sklaven macht. Natürlich ist dem nicht so, und das muss es auch nicht, um von kolonialistischer Ausbeutung sprechen zu können.

In fünf Jahrhunderten hat sich eine Menge geändert. Daher ist auch zu erwarten, dass sich der heutige Datenkolonialismus in seinen Erscheinungsformen deutlich von früheren Versionen kolonialistischer Aneignung unterscheidet. Dies lässt sich am besten erklären, wenn wir Form, Inhalt und Funktion des Kolonialismus im Verlauf der Geschichte getrennt voneinander betrachten.

Da der Kolonialismus ein sehr komplexer, sich über Jahrhunderte entwickelnder Prozess ist, haben sich seine Form und sein Inhalt im Laufe der Zeit verändert und angepasst. Mit *Form* meinen wir die gesellschaftlichen und wirtschaftlichen Merkmale des Kolonialismus zu einem bestimmten Zeitpunkt. Man beachte, dass sich der Kolonialismus der Plantagenbesitzer (die sich Land aneigneten, um Nutzpflanzen anzubauen, aber nicht unbedingt auch auf ihm lebten) stark vom Kolonialismus der Siedler (für die das geraubte Land den Mittelpunkt ihrer Existenz bildete) unterscheidet. Mit *Inhalt* meinen wir die spezifische Art und Weise, wie sich diese bestimmte Form an verschiedenen Orten und zu verschiedenen Zeiten manifestierte. Der Kolonialismus der Spanier in Mexiko sah ganz anders aus als der Kolonialismus der Briten in Indien. Alle diese historischen Formen des Kolonialismus unterscheiden sich natürlich wiederum stark vom Datenkolonialismus. Wir wollen diese Unterschiede keineswegs leugnen.

Wichtiger ist die Ähnlichkeit, die Gemeinsamkeit dieser Formen des Kolonialismus, die sie alle zu Formen eines historisch gewachsenen Kolonialismus macht. Es handelt sich dabei um die *Funktion* – oder, wenn man so will, die *Kernaufgabe* – des Kolonialismus. Der letztendliche Zweck all dieser historischen Formen des Kolonialismus war es, zu extrahieren, zu enteignen. Deshalb ist das Bild des Landraubs immer noch passend, wenn man verstehen will, was heute mit den Daten geschieht, denn Kolonialismus bedeutet immer und überall, anderen das zu nehmen, was ihnen gehört, und zwar ohne Rücksicht auf ihre Rechte. Unabhängig von der Nationalität des Kolonisators, unabhängig von der geographischen Lage oder der Zeit, im Kolonialismus ging es immer darum, dass sich die Kolonisatoren etwas, das ihnen nicht gehörte, mit Gewalt aneigneten.

Wir wollen nicht bloß sagen, dass das, was mit unseren Daten geschieht, Züge des historischen Kolonialismus trägt oder ihm oberflächlich ähnelt. Uns geht es vielmehr darum, zu zeigen, dass durch die Beziehungen zu digitalen Plattformen, die wir eingehen, tatsächlich eine neue und erweiterte koloniale Ordnung errichtet wird. Diese neue koloniale Ordnung, die auf der Extraktion von Daten beruht, wird langfristig fast alle Menschen der Möglichkeit berauben, die Urteile zu kontrollieren, die über sie gefällt werden, und sie wird dies auf der Grundlage von Daten tun, die man sich über ihr Leben beschafft hat, genau wie Tracy es befürchtet.

All dies löst bislang keine großen Proteste aus. Ein Hauptgrund dafür ist, dass wir mit Narrativen gefüttert werden, die die Realität verschleiern. Zu diesen Narrativen gehört die Wiederholung der kolonialistischen Mär, dass Ressourcen *billig* sind.

Die kolonialistische Ökonomie der »billigen« Ressourcen

Wirtschaftsvertreter bringen oft vor, die Daten, die sie aus unseren Online-Aktivitäten extrahieren, seien »einfach so da«. Es sind die Daten, die wir, ganz nebenbei und ohne dass es uns Mühe kostete, generieren, wenn wir im Internet unterwegs sind, und die einfach verlorengingen, wenn sie (die Konzerne) sie nicht durch sorgfältige Datenveredelung guten Zwecken zuführen würden. Wäre es nicht schade, wenn all dieses Wissen verlorenginge, Daten, die zur Lösung so vieler Probleme der Menschheit beitragen könnten? Warum also sollte die Kontrolle über diese gewaltige Menge an »Datenabfall« nicht kostenlos an die Wirtschaft abgegeben werden?

Es ist verblüffend, wie sehr diese Argumentation der Rechtfertigung der einstigen Kolonialherren für die Aneignung von fremdem Land gleicht. Sie behaupteten einfach, das Land mit seinen natürlichen Ressourcen, das sie sich unter den Nagel rissen, sei im Überfluss vorhanden, werde von niemandem beansprucht und »warte einfach nur darauf«, dass es sich jemand nehme – mit anderen Worten, es sei *billig* zu haben. Eine ganze »neue« Welt stehe bereit, vom Kolonisator erschlossen zu werden, dessen bloßes Auftauchen als Besitzerklärung genüge. Um dies zu bemänteln, bediente man sich einfach einer alten Rechtsdoktrin: Das geraubte Land wurde als herrenlos betrachtet, als *terra nullius*, wie es im Lateinischen heißt, was nichts anderes bedeutet als Niemandsland.

Dumm nur für die Kolonisatoren, wenn das Land dann teilweise bewohnt war! Doch aus ihrer eurozentristischen Perspektive hatten diese Bewohner keine Rechte an dem Land, unter anderem, weil sie es einfach nicht richtig nutzten (dazu waren sie, so die Behauptung, nicht »zivilisiert« genug). Dass die Kolonisatoren das Land mit Sicherheit produktiver nutzen würden (jedenfalls gemäß ihrer Definition von Produktivität), gab ihnen ihrer Meinung nach das Recht, sich das Land einfach unter den Nagel zu reißen und damit zu schalten und zu walten, wie sie wollten.[13] Spätere Kolonisatoren, insbesondere die Engländer, entwickelten dann die Idee, die kolonisierten Völker gehörten einem »von Natur aus unterwürfigen« Menschentypus an, während sie sich selbst als Kolonisatoren eine vermeintlich natürliche Eignung zur Herrschaft zusprachen.[14]

Schnell erkannten Kolonisatoren, dass sie eine weitere wichtige Ressource brauchten, um die natürlichen Reichtümer nutzen zu können: menschliche Arbeitskraft. Kurzerhand wurde die Arbeitskraft der Kolonisierten vom Kolonisator ebenfalls als billig und im Überfluss vorhanden dargestellt – analog zur billigen Natur. Nach dem Weltbild des Kolonisators waren einige Menschen dazu prädestiniert, solche Arbeit zu verrichten, und dieses Schicksal ergab sich hauptsächlich aus ihrer ethnischen Zugehörigkeit, ihrer »Rasse«. Die Arbeit der indigenen oder in die Kolonien verschleppten Schwarzen Menschen war tatsächlich billig, zumindest wenn man die Kosten für die Gewalt, mit denen sie unter Kontrolle gehalten wurden, außer Acht lässt. Jan Pieterszoon Coen, Generalgouverneur der Niederländischen Ostindien-Kompanie und Gründer von Batavia (dem heutigen Jakarta), rechtfertigte die niederländische Ausbeutung der indigenen Bevölkerung folgendermaßen: »Darf ein Mann in Europa etwa nicht mit seinem Vieh umgehen, wie es ihm beliebt? Genau dasselbe gilt für den Master und seine Leute.«[15] Auf diese Weise verwandelte die billige Arbeit die billige Natur in eine einfach zugängliche und reichhaltig sprudelnde Quelle des Wohlstands.

Wenn wir dem Kolonialismus in seiner historischen Entwicklung folgen, sehen wir einen kontinuierlichen Übergang bis heute von billiger Natur zu billiger Arbeit zu billigen Daten.

Diese Vorstellung der billigen Daten ergibt sich aus derselben extraktivistischen Rationalität, die wir bei der Idee billiger Natur und billiger Arbeit am Werk gesehen haben. Man denke nur daran, wie viele Daten wir durch unsere Online-Aktivitäten generieren, indem wir Inhalte hochladen, etwas markieren, Beiträge liken oder teilen. Auf all dies verwenden wir Zeit und Mühe, sicherlich manchmal zu viel. Doch die Plattformen kommen absolut kostenlos an diese Daten, ohne jegliche Bezahlung. Es heißt, diese Daten seien im Überfluss vorhanden, hätten keinen Eigentümer, sie seien »einfach so da«, für jeden, der sie sich nehmen will. Ja, wir mögen sie individuell produzieren, aber sobald sie aggregiert sind, gelten sie als herrenloses Abfall- oder Nebenprodukt, auf das wir keine Ansprüche mehr erheben können.

Wie viele andere koloniale Rohstoffe bedürfen jedoch auch Daten der Verarbeitung und Veredelung. Aber das erfordert hochspezialisierte Technologie, wie sie nur Spitzenunternehmen zur Verfügung steht. Unser einziger Beitrag besteht offensichtlich darin, das Rohmaterial dafür zu erzeugen. Man erzählt uns, dies sei nun mal eben der Fortschritt, es gehe darum, uns stärker zu vernetzen und eine bessere Gemeinschaft aufzubauen und außerdem die KI zu füttern, damit sie die Probleme der Menschheit lösen kann. Doch bislang sind die wahren Nutznießer nicht wir, sondern die Eigentümer der Plattformen und KI-Modelle, die ihnen helfen, ihre Gewinne zu maximieren.

Daten und die Fortsetzung der kolonialen Gewalt mit anderen Mitteln

Wir haben gesagt, dass der kolonialistische Datenraub der Wirtschaft des 21. Jahrhunderts ohne physische Gewalt auskommt, und erklärt, warum das so ist. Das heißt aber nicht, dass mit dem Datenkolonialismus keine Gewalt verbunden ist. Ganz im Gegenteil.

Der Datenkolonialismus offenbart andere Formen von Gewalt, als sie in der Vergangenheit angewendet wurden. Bekanntlich wurden die Bewohner der kolonisierten Länder zu Millionen vertrieben und ermordet. Anstelle der brutalen körperlichen Gewalt des historischen Kolonialismus ermöglicht der Datenkolonialismus neue *symbolische* Formen der Gewalt[16] wie Diskriminierung, Beschneidung von Lebensmöglichkeiten und die Einstufung von Menschen in ungünstige Kategorien durch die Algorithmen der KI. Diese Formen symbolischer Gewalt können ineinandergreifen und langfristig auch negative körperliche Folgen haben. Die Ablehnung einer Bewerbung für einen Job oder die Verweigerung von Sozialleistungen durch ein automatisiertes Entscheidungssystem sind zwar zunächst symbolische Akte, haben aber unter Umständen sehr konkrete Folgen für die Gesundheit und die Lebensqualität von Menschen.

Mit anderen Worten: Der Datenkolonialismus hat seine ganz eigenen Formen der Unterdrückung. Gewalt wurde im historischen Kolonialismus sehr direkt ausgeübt und über rassistisch geprägte Hierarchien vermittelt. Auch wenn im Datenkolonialismus die Gewalt neue, weniger brutale Mittel und Techniken nutzt, so betrifft sie wie eh und je bestimmte Bevölkerungsgruppen stärker und enthält nach wie vor rassistische, sexistische und klassenbezogene Elemente, die ein Erbe des historischen Kolonialismus darstellen. Gerade die am wenigsten widerstandsfähigen Bevölkerungsgruppen innerhalb dieser Kategorien sehen sich am ehesten den um sich greifenden Formen der Überwachung am Arbeits- und Ausbildungsplatz ausgesetzt, sind auf prekäre Formen der Gig-Ökonomie angewiesen oder werden aufgrund ihrer Identität oder ihres Status Opfer von algorithmisch begünstigter Hetze.

Diskriminierung durch Algorithmen ist nicht die einzige Form symbolischer Gewalt, die der Datenkolonialismus ausübt. Als soziale Ordnung greift der Datenkolonialismus alternative Formen des Denkens und des Seins an und untergräbt sie. Dies ist ein komplexer Punkt, der im Verlauf dieses Buches weiter analysiert werden soll. Eine unserer Kernthesen ist, dass die Kolonisierung des menschlichen Alltags durch Big Tech und digitale Plattformen leicht vergessen lässt, dass es vor dem Aufkommen extraktivistischer Plattformen andere Möglichkeiten des sozialen Lebens gab. Ebenso vergessen wir, warum wir uns genötigt sehen, Apps auf unseren Handys zu installieren, oder warum wir nicht hinterfragen, wer die Daten sammelt, die von unseren smarten Autos oder Geräten erzeugt werden. Schließlich machen das alle anderen doch auch! Niemand möchte sich ausgegrenzt fühlen. Niemand möchte von den Big-Tech-Anhängern als Schwarzseher oder Spielverderber bezeichnet werden. Aber wenn wir uns abgewöhnen, die vermeintlichen Vorteile dieser Produkte kritisch zu betrachten, laufen wir Gefahr, zu vergessen, warum es sinnvoll sein könnte, Widerstand gegen diese neue Ordnung zu leisten.

Was sind nun die spezifischen Schäden, die der Datenkolonialismus anrichtet?

Warum die Auswirkungen des Datenkolonialismus nie für alle gleich sein werden

Manche von uns verfügen über mehr Möglichkeiten zum Schutz ihrer Privatsphäre als andere. Vielleicht können wir uns ein Apple-Gerät leisten, das zwar teurer ist, aber weniger Daten sammelt als Geräte anderer Marken (oder zumindest diese Daten innerhalb des Apple-Konzerns behält, anstatt sie an Dritte zu verkaufen). Oder vielleicht wissen wir einfach, wie man Werbeblocker und ein VPN nutzt. Vielleicht sind wir aber auch einfach nur die Art von wohlhabenderen Konsumenten, für die das System eigentlich gedacht ist: Die zielgerichtete Werbung versorgt uns mit Schnäppchen, die Algorithmen treffen Entscheidungen, die unseren Wünschen entgegenkommen. Mit anderen Worten: Vielleicht gehören wir nicht zu Gig-Arbeitern, sondern zu jenen, die sie beschäftigen.

Solche Ungleichheit ist natürlich nichts Neues. Schon dem historischen Kolonialismus ging es nicht einfach darum, viel Geld zu machen, sondern auch jene zu bevorzugen, die ohnehin schon größeren Zugang zu den Ressourcen der Welt hatten. Dasselbe lässt sich auch im Datenkolonialismus beobachten. Schon existiert eine fest etablierte koloniale Datenelite, deren Zusammensetzung vom Erbe der historischen kolonialen Elite geprägt ist.

Aber auch wer das Gefühl hat, im Großen und Ganzen persönlich vom Deal mit Big Tech zu profitieren, sollte sich bewusst machen, dass Plattformen und Algorithmen nicht zu allen so freundlich sind. Doch wer sind eigentlich diese anderen, die nicht in gleichem Maße wie wir von der Teilnahme am Datenkolonialismus profitieren? Auf absehbare Zeit werden dazu genau jene Menschen gehören, die schon während des historischen Kolonialismus immer den höheren Preis gezahlt haben: die Armen, People of Color und Frauen. Der Kolonialismus mag sich weiterentwickeln, aber sein Erbe der Ungleichheit und seine Ungerechtigkeiten werden fortbestehen.

Diese Kontinuität ergibt noch mehr Sinn, wenn wir uns an ein anderes zentrales Element des Kolonialismus erinnern: die gesellschaftliche Klassifizierung. Dies ist ein generelles Phänomen von Gesellschaften, und wenn es auf neue Weise mittels automatisierter Entscheidungsprozesse in Erscheinung tritt, so betrifft dies alle. Da Daten zu nichts anderem als zur Unterscheidung von Dingen und Menschen dienen, sollte es nicht überraschen, dass Voreingenommenheit und Vorurteile reproduziert werden, wenn Daten gesammelt und in ein System eingespeist werden, das automatisierte Entscheidungen über das Wohlergehen bereits benachteiligter Gruppen treffen kann. Diese Art der systematischen Diskriminierung, die es einer Gruppe von Menschen ermöglicht, die anderen zu klassifizieren und zu kontrollieren, ist in der Tat eine Erfindung des Kolonialismus. Gemäß der Devise »teile und herrsche« haben die Kolonialherren jahrhundertelang Gesellschaften entlang der künstlichen Linien von Klasse, Geschlecht und »Rasse« aufgeteilt. Sie haben Reiche über Arme gestellt, Männer über Frauen und nicht geschlechtskonforme Personen, Weiße über die anderen – und zusätzlich noch alle gegen alle in Stellung gebracht, da Hierarchien Wettbewerb fördern. Diese hierarchische Struktur lief auf eine Figur an ihrer Spitze hinaus: den Kolonisator mit seiner überlegenen rationalen Autorität, selbstverständlich ein weißer Mann. Die Rassentrennung, die den Jim-Crow-Gesetzen in den USA zugrunde lag, die Apartheid in Südafrika oder die »colour bar«, die »Farbschranke« des britischen Empire (die in den Kolonien perfektioniert und dann im Zentrum des

Kolonialreiches übernommen wurde), sind sämtlich Beispiele für Hierarchien, in denen reiche weiße Männer an der Spitze stehen.

Klasse, Geschlecht und Herkunft haben schon seit jeher an der Illusion mitgewirkt, dass Unterschiede zwischen Menschen von einer universellen westlichen Rationalität kategorisiert und verwaltet werden müssen. Und Daten sind seit langem ein wichtiger Bestandteil dieses Projekts, da sie die Mittel zur Quantifizierung und Verwaltung von Unterschieden liefern, seien es Volkszählungsdaten oder Überwachungsdaten.[17] So gesehen frischt der Datenkolonialismus die Mission des historischen Kolonialismus mit neuen Instrumenten wie algorithmischer Entscheidungsfindung und digitalem Plattformdesign auf, die noch raffinierter und schwerer zu erfassen sind als zuvor. Schließlich sind Daten von ihrem Wesen her diskriminatorisch. Man kann keine Datenbank über X, Y und Z anlegen, wenn man nicht zuvor entschieden hat, was als X und nicht als Y oder Z gelten soll.[18]

Die kolonialen Kontinuitäten der Datendiskriminierung

Algorithmische Diskriminierung auf der Grundlage von Datenextraktion wird häufig gegen Menschen eingesetzt, die bereits mit Armutsproblemen zu kämpfen haben. Dies kann man bereits in reichen Ländern beobachten, und es wird sich wahrscheinlich noch weiter ausbreiten, da Unternehmen und Regierungen Entscheidungsfindungen immer öfter Algorithmen überlassen. In ihrem 2018 erschienenen Buch *Automating Inequality* analysiert Virginia Eubanks Elemente des US-amerikanischen Wohlfahrtssystems wie Medicaid (die Gesundheitsfürsorge für Menschen mit geringem Einkommen), Hilfen für Obdachlose, Lebensmittelbeihilfen und Unterstützungsprogramme für armutsgefährdete Kinder. Viele dieser Systeme verwenden bei ihren Entscheidungen über die Bezugsberechtigung solcher Leistungen Algorithmen, deren Funktionsweise nicht nur intransparent ist, sondern teilweise sogar willkürlich erscheint. Eubanks beschreibt die dramatischen Folgen, die das für jene haben kann, denen die Beihilfen gestrichen werden. Für diese Menschen akkumulieren sich rasch die Probleme von sozialer und ethnischer Herkunft und Geschlecht, was ein bezeichnendes Schlaglicht auf die erniedrigende und maßlose Datenüberwachung wirft, die den Armen (und insbesondere armen Schwarzen Frauen) zugemutet wird.

Im Ergebnis sind es die Menschen auf den unteren Stufen der gesellschaftlichen Leiter, die einen befristeten Arbeitsvertrag haben und auf ihr billiges Smartphone angewiesen sind, um ihren nächsten prekären Job zu finden, die keinerlei Chance haben, sich gegen die Einschränkungen ihrer Privatsphäre, die die Apps auf ihrem Handy und ihr Arbeitgeber ihnen auferlegen, zur Wehr zu setzen. All dies kann selbst bei besten Absichten der Entwickler dieser Datensysteme geschehen, einfach aufgrund des bestehenden gesellschaftlichen Machtgefälles im Umfeld ihrer Nutzung und der enormen Informationsasymmetrie, die in diese Plattformen eingebaut ist.[19]

Die schädliche Gewalt extraktivistischer Plattformen macht sich auch unter dem Gender-Aspekt bemerkbar. Sie geht über den negativen Einfluss hinaus, den Social-Media-Algorithmen auf das Körpergefühl von Mädchen im Teenageralter haben können und gegen den Plattformen wie Facebook, obwohl sie sich dessen voll und ganz bewusst sind, offensichtlich nichts unternehmen, um ihre Gewinne nicht zu schmälern, wie

Whistleblowerin Frances Haugen im Oktober 2021 vor dem US-Kongress darlegte.[20] Zu dieser Gewalt zählt auch die zunehmend dystopische Ausmaße annehmende Überwachung am Arbeitsplatz, der Frauen und Angehörige von Minderheiten ausgesetzt sind,[21] ganz abgesehen davon, dass diese Gruppen auch in der Online-Welt häufig Belästigung und Mobbing erleben, weil die Plattformen nicht einmal einfachste Schutzmaßnahmen ergreifen.

Nehmen wir als Beispiel die Pornoindustrie. Hier wird der Zusammenhang mit dem Datenkolonialismus vielleicht erst deutlich, wenn wir uns vor Augen führen, wie die Datafizierung es hochprofitablen Unternehmen (Pornhub verzeichnete 2020 rund 4,5 Milliarden Aufrufe pro Monat)[22] ermöglicht hat, der Monetarisierung von Inhalten Vorrang vor dem Wohlergehen von Frauen einzuräumen. Auf solchen Plattformen ist es üblich, dass missbräuchliche Inhalte (teils sogar mit Minderjährigen) anonym und ohne Zustimmung der Betroffenen gepostet werden können. Wirksame Rechtsmittel zur Entfernung solcher Inhalte gibt es nicht. Dort trifft man auch auf die verbrecherische Praxis sogenannter Deepfake-Pornos, die mittels KI die Gesichter von Frauen in pornographisches Material kopieren.

Digitale Gewalt gegen Frauen geht jedoch weit über die nicht einvernehmliche Verbreitung sexueller Inhalte hinaus. Grecia Macías berichtet aus Mexiko, wo im Schnitt jeden Tag zehn Frauen ermordet werden, von den zahlreichen Formen digitaler Gewalt, denen Frauen ausgesetzt sind. Unter anderem sind dies »unbefugter Zugriff auf ihre Geräte, digitale Drohungen, Verleumdungskampagnen, Erpressung, Einschüchterung, Identitätsdiebstahl, Manipulation von Informationen, Überwachung und Stalking«.[23] Daten aus aller Welt liefern zahlreiche Beispiele: Laut einer Studie haben 70 Prozent der Frauen aus

Ghana, Kenia und Vietnam schon einmal Zensur, Beschimpfungen, Stalking, Erpressung und Gewalt erlebt, wenn sie soziale Medien zur Unterstützung oder zum Informationsaustausch im Gesundheitsbereich nutzten;[24] 73 Prozent aller Journalistinnen haben Online-Gewalt erfahren; jede zweite junge Frau im Vereinigten Königreich wurde schon mit der Zusendung sexueller Bilder belästigt;[25] und in den USA sind nicht-weiße Kandidatinnen für politische Ämter doppelt so häufig Ziel von Fehlinformationen oder Desinformation und viermal häufiger Opfer von Online-Attacken als weiße.[26] Es ist zwar richtig, dass die meisten dieser Gewalttaten von Einzeltätern begangen werden (wo allerdings Überwachung und Zensur im Spiel sind, kann man oft den Staat als Übeltäter ausmachen). Aber wie man am Beispiel der Zusendung unerwünschter sexueller Inhalte sieht, neigen Plattformen stark dazu, das Risiko, das ihre Technologien und Geschäftsmodelle für Frauen darstellen, herunterzuspielen oder schlicht zu ignorieren. Erst kürzlich haben zwei Frauen Apple verklagt, weil AirTags es Stalkern erleichtert haben sollen, sie zu belästigen.[27]

Nicht genderkonforme Menschen sind von all dem noch stärker betroffen. Zusätzlich zu den erwähnten Formen von Gewalt leiden sie unter der Grundidee datenextrahierender Unternehmen, Menschen in Kategorien einzuordnen. Die Informationswissenschaftlerin Anna Lauren Hoffmann spricht in diesem Zusammenhang von »Datengewalt«, der automatisch alle ausgesetzt sind, die sich nicht einfach in gängige Geschlechterkategorien einordnen lassen wollen.[28]

Aus all diesen Gründen ist es wichtig, die Entwicklung, Produktion und Evaluierung digitaler Technologien im Rahmen einer Datenwissenschaft zu vollziehen, die mit feministischen Werten und Praktiken im Einklang steht und dazu beitragen kann, Ungleichheiten aufzudecken und die bestehenden Machtverhältnisse zu verändern, wie Catherine D'Ignazio und Lauren F. Klein fordern.[29]

Wie gerade in letzter Zeit sehr deutlich geworden ist, spielen auch ethnische Zugehörigkeit und Hautfarbe eine große Rolle dabei, ob man von der Datenkolonialisierung profitiert oder nicht. Es gibt viele Beispiele für die Diskriminierung von People of Color durch Algorithmen – unter anderem bei Versicherungstarifen, gezielter Werbung, Gerichtsurteilen und Polizeikontrollen. Manchmal wirkt sich dies auch eher indirekt aus. So deckte ProPublica vor kurzem auf, wie ein Algorithmus Vermietern in den USA dabei hilft, möglichst hohe Mieteinahmen zu generieren. Zu erwarten ist, dass dies die bestehende Wohnungskrise verschärft – mit sehr ungleichen Folgen für Mieter unterschiedlicher ethnischer Herkunft.[30]

Ähnlich ein anderer Algorithmus, den Krankenhäuser und Versicherungsgesellschaften in den USA häufig zur Planung der medizinischen Versorgung von Patienten einsetzen. Eine 2019 in der Fachzeitschrift Science[31] veröffentlichte Studie kam zu dem Schluss, dass dieses Computerprogramm, mit dem die Versorgung von über 200 Millionen Menschen verwaltet wird, eine rassistische Verzerrung aufweist. Offenbar empfahl der Algorithmus trotz identischer Vorgeschichte häufiger bei weißen als bei Schwarzen Patienten zusätzliche Behandlungsmaßnahmen. Anders ausgedrückt: Schwarze mussten kränker sein, um die gleiche medizinische Versorgung zu erhalten wie Weiße.

Wie konnte das passieren? Der Algorithmus führte auf der Grundlage der Kosten, die die Krankenversicherung bisher für den Patienten aufgewendet hatte, eine Risikobewertung durch, die Grundlage für die weitere Behandlungsempfehlung war. Allerdings führt der institutionelle Rassismus in den USA unter anderem auch dazu, dass Schwarze dem Gesundheitssystem misstrauen und es daher seltener in Anspruch nehmen als Weiße – in diesem Fall mit der Folge, dass der Algorithmus ihnen einen niedrigeren Risikowert zuerkannte, selbst wenn sie in Wahrheit schwerer erkrankt waren als ihre weißen Mitbürger. Im Endergebnis wurden für Schwarze Personen seltener zusätzliche medizinische Maßnahmen empfohlen.

Haben hier rassistische Programmierer bewusst ein rassistisches System geschaffen? Das muss nicht sein. Auch ein Computerprogramm arbeitet nicht in einem Vakuum. Damit ein KI-System »lernen« kann, muss es mit vielen Beispielen aus der realen Welt trainiert werden. Und wenn diese Beispiele die Voreingenommenheit und Diskriminierung der realen Welt widerspiegeln, muss man sich über solche Ergebnisse nicht wundern. Prognosen reproduzieren dann schnell die den Trainingsbeispielen zugrunde liegende Diskriminierung. Hinter den Ergebnissen von datengesteuerten Systemen stecken daher nicht unbedingt Einstellungen oder Absichten Einzelner, sondern unter Umständen tiefer sitzende Strukturen der Gesellschaft wie Rassismus.

Es ist inzwischen nicht mehr zu übersehen, dass Datensysteme jeglicher Art Stereotype und institutionalisierte Diskriminierung verstärken. Die Datenwissenschaft hat selbst bewiesen, dass zu eng gefasste Ansätze zur Reform der KI-Ethik strukturelle Faktoren, die den Input der Entscheidungsalgorithmen betreffen, einfach übersehen. Jedenfalls sollten wir keinesfalls davon ausgehen, dass Algorithmen automatisch zu mehr Entscheidungsgerechtigkeit führen.[32] Zudem bedeutet die Tatsache, dass die Entwicklung und der Einsatz solcher sehr komplexen Systeme weitgehend in den Händen einer kleinen Anzahl privilegierter weißer Menschen liegt (auch ein langfristiges Erbe des Kolonialismus), dass Stimmen aus der übrigen Gesellschaft tendenziell nicht gehört werden – oder erst, wenn der Schaden bereits angerichtet ist.

Dass die meisten von uns gar nicht auf die Idee kommen, dass auch Klassen-, Geschlechts- und rassistische Diskriminierung in Datensysteme einfließen kann, zeigt, wie tief die ererbten kolonialen Sichtweisen auf die Welt in unserem Denken verankert sind. Im Verein mit dem unerschütterlichen Glauben an die Richtigkeit der Datenextraktion und die vermeintlich überlegene Rationalität von Big Data führt dies dazu, dass jeder zivilisatorischen Mission, die die Informatiker zur »Verbesserung« unseres Lebens vorschlagen, blindes Vertrauen entgegengebracht wird.

Dabei sind Daten an sich natürlich nichts Schlechtes – wie könnten sie das auch sein? Wir brauchen Daten und Informationen über Krankheiten, über die Sterne, über die Flora und Fauna, auch über die Schäden, die die Menschheit unserem Planeten zufügt. Die Frage ist jedoch, *wie* diese Daten gewonnen werden, und von wem und unter welchen Bedingungen.

Es hat keinen Sinn, generell Daten zu verteufeln. Eine ganz andere Sache ist eine Gesellschaftsordnung, die eine Abschöpfung von Daten aus dem Leben der Menschen unter Bedingungen zulässt, die nur einigen wenigen und nicht der Allgemeinheit zugutekommen: So etwas ist Datenkolonialismus.

Die kolonialen Wurzeln der KI

Die gesellschaftlichen Strukturen, die heute die kontinuierliche Extraktion von Daten aus unserem Leben so einfach machen, dass sie uns geradezu natürlich vorkommt, sind seit Jahrhunderten in der Entwicklung. So plötzlich und wie aus dem Nichts die Geschäftsmodelle und wissenschaftlichen Prinzipien von Big Tech und KI aufgetaucht scheinen, sie sind fest in viel älteren, gut etablierten Prozessen verankert. Wie wir bereits bei der Diskussion über billige Daten gesehen haben, verschwinden kolonialistische Impulse nicht einfach eines Tages: Sie werden stetig neu konfiguriert und angepasst.

Um diese Kontinuitäten nachzuvollziehen, müssen wir verstehen, wie sich die westliche Wissenschaft und der Kapitalismus Seite an Seite mit dem Kolonialismus entwickelt haben. Dies ist ein Thema, das bereits viele Bände gefüllt hat, daher wollen wir hier nur darauf hinweisen, dass die Notwendigkeit, die Kolonien zu beherrschen und zu verwalten, zur Entwicklung von Wissensformen geführt hat, die diese Aufgabe erleichterten. Und diese Formen des Wissens – die modernen westlichen Wissenschaften wie Botanik, Geologie, Anthropologie und Zoologie – führten zu technologischen Durchbrüchen, die es den Konzernen ermöglichten, die Welt zu beherrschen. Schauen wir uns genauer an, wie sich dieser Prozess entwickelt hat.

Steven Harris beschreibt die erheblichen Investitionen in die Wissenschaft, die getätigt wurden, damit Kolonialeinrichtungen aus der Ferne operieren konnten.[33] Mit dieser Aufgabe waren Gesellschaften wie die Casa de la Contratación de Indias oder die East India Company betraut. Mexiko musste von Madrid, Delhi von London aus gesteuert werden, und das zu einer Zeit, als man noch weitgehend handschriftlich oder allenfalls gedruckt miteinander kommunizierte. Wissenschaftler und Erfinder entwickelten im Auftrag dieser Gesellschaften die dazu nötigen neuen Instrumente.

Während die gängige Geschichtsauffassung uns die Wissenschaft als Ergebnis der Bemühungen einzelner männlicher Genies (Galileo, Bacon, Newton usw.) darstellt, zeigt Harris, dass der Kolonialismus eine Art Big Science förderte, die von weniger bekannten Wissenschaftlern getragen wurde. Ihre Leistungen sind sicherlich nicht von geringerer Bedeutung als die ihrer weltberühmten Kollegen, wenn sie auch weniger Würdigung finden. Ein globales Netzwerk von Wissenschaftlern und Spezialisten arbeitete zum Nutzen verschiedener Institutionen und Auftraggeber zusammen, häufig in den Kolonien. So importierte Spanien zwischen 1717 und 1738 jährlich 45 Tonnen Heilpflanzen aus Amerika, zwischen 1747 und 1778 stieg diese Menge auf 155 Tonnen pro Jahr an. Das Wissen über die Verwendung dieser Pflanzen stammte von den indigenen Völkern, wurde jedoch von medizinisch bewanderten Missionaren in den Kolonien systematisch gesammelt und kommerzialisiert – nicht umsonst wurde die Chinarinde, aus der man damals den fiebersenkenden Stoff Chinin gewann, auch »Jesuitenrinde« genannt.[34]

Gegen Ende des 17. Jahrhunderts hatten diese Big Sciences (medizinische Botanik, Astronomie, Geographie, Naturgeschichte, Meteorologie, Navigation usw.) ihre Arbeitsweise schon so »modernisiert«, dass man von verteilten oder virtuellen Teams sprechen könnte, wie sie heute üblich sind. Für die verschiedensten Disziplinen waren königliche Gesellschaften oder Akademien gegründet worden. Sie arbeiteten an neuen Technologien und Werkzeugen, die teils von präkolumbianischen Erfindungen in der Medizin, der Architektur, der Astronomie, dem Transportwesen übernommen oder inspiriert waren – von Kabelhängebrücken über Injektionsspritzen bis hin zu oralen Verhütungsmitteln.[35] Dabei erzeugten sie große Datenmengen, die in Berichten, Tabellen, Karten und Handbüchern gespeichert wurden. In den botanischen Gärten von Amsterdam und Leiden oder den Royal Botanic Gardens im

Londoner Stadtteil Kew wurden neue Sorten von Kaffee, Kakao, Mais und Früchten gezüchtet, die für die Ernährungsgewohnheiten der europäischen Bevölkerung optimiert waren.[36]

Mit anderen Worten: Die kolonialistische Expansion und Verwaltung wurde von globalen Konzernen (Big Tech) betrieben. Sie beschäftigten Hunderte von Wissenschaftlern und Fachleuten (Big Science), die in ihrem Auftrag die geistigen und technologischen Strukturen für die politische, militärische und kulturelle Unterwerfung der Welt im Interesse der Profitmaximierung schufen. Dies erforderte die Sammlung und Analyse riesiger Mengen von Informationen aus den Kolonien (Big Data), die zu einem wichtigen Aktivposten für ihre Steuerung und Verwaltung wurden.

Ein großer Teil der von den Kolonisatoren gesammelten Informationen wurde zur Überwachung und Kontrolle der kolonisierten Völker verwendet (Big Brother). Diese dehnte sich auch auf die politische Verwaltung der Bevölkerung aus und führte zum Bau von Sicherheitszäunen zur Trennung von Bevölkerungsgruppen, der panoptischen Anlage von Gefängnissen, um eine lückenlose Überwachung der Gefangenen zu ermöglichen, und verschiedenen Frühformen der biometrischen Datenerfassung. Dies alles wurde in den Kolonien zum Standard, bevor es in europäischen Städten eingeführt wurde.[37]

Daher bildet die lange Geschichte des Kolonialismus, nicht nur die letzten Jahrzehnte der digitalen Revolution, den beste Ausgangspunkt, um zu verstehen, wie diese Prozesse konvergieren. Schon vor Jahrhunderten – lange vor GAFA (Google, Apple, Facebook und Amazon), seinen chinesischen Entsprechungen BATX (Baidu, Alibaba, Tencent und Xiaomi) und all den anderen, die heute zur Klasse der Datenkolonialisten gezählt werden müssen – konnte man also von Big Tech sprechen, das mit Hilfe der gesammelten Innovation von Big Science und Big Data als Big Brother auftrat. Das bedeutet nichts anderes, als dass das, was mit unseren Daten geschieht, weder kapitalistisches *business as usual* noch eine problematische neue Variante des Kapitalismus ist, die es zu zähmen gilt. Die heute praktizierte massive Datenextraktion, sei es zum Betrieb von Plattformen oder zur Fütterung der generativen KI, ist nur die Fortsetzung einer schon lange geübten Organisation der Welt durch Volkswirtschaften, Gesellschaften und Machtverhältnisse, die schon immer zutiefst von Ungleichheit und Ausgrenzung geprägt war.[38] Betrachtet man die Dinge in diesem größeren Kontext, wird deutlich, dass der enorme Umfang und die Folgen des heutigen Phänomens Datenextraktion eine klare Parallele in der Geschichte haben: den Beginn des historischen Kolonialismus.

Die Widerstandsfähigkeit des Kolonialismus

Dieser historische Rahmen hilft uns, über die Skandale und Marktunsicherheiten, die üblicherweise das Thema Big Tech beherrschen, hinauszuschauen.

Aktuell wird diskutiert, dass es mit dem »Freifahrtschein« für Big Tech bald zu Ende gehen könnte. Zwar haben Amazon, Apple, Facebook, Google und Microsoft während der Pandemie Rekordgewinne erzielt – 1,4 Billionen Dollar im Jahr 2021, ein Anstieg um 55 Prozent von einem bereits recht hohen Niveau[39] –, doch die jüngsten Trends sprechen nicht nur für eine Verlangsamung des Wachstumstempos, sondern legen eine Reihe weiterer Probleme von Big Tech offen.

Verstärkt wird diese Tendenz durch eine weltweite Verschärfung der Datenschutzbestimmungen, die dem Extraktivismus engere Grenzen setzt. Die Datenschutzgrundverordnung (DSGVO) der Europäischen Union ist dafür ein gutes Beispiel, aber auch 35 der 50 US-Bundesstaaten erwägen neue Datenschutzbestimmungen.[40] Tatsächlich scheint die Vormachtstellung von Meta (Facebook) und Alphabet (Google) auf dem Markt für digitale Anzeigen zu schwinden. Lag der Marktanteil dieser beiden Konzerne im Jahr 2017 noch bei 54,7 Prozent, wird er für 2024 auf nur noch 43,9 Prozent prognostiziert.[41] Das ist zwar immer noch beachtlich, aber dennoch ein Rückgang, womöglich auch ein Zeichen für gesunden Wettbewerb. Darüber hinaus werden die Tech-Konzerne von juristischen Problemen geplagt. Meta gelang es erst kürzlich, den Rechtsstreit um den Cambridge-Analytica-Skandal gegen eine Zahlung von 725 Millionen US-Dollar beizulegen, musste sich aber sogleich wieder vor europäischen Gerichten über die Verwendung seiner Nutzerdaten für Werbezwecke streiten.[42] Sämtliche großen Tech-Unternehmen haben weltweit laufende Gerichtsverfahren, die mal das Wettbewerbsrecht, mal den Datenschutz betreffen oder in denen es um Falschinformation und Manipulation geht. Vorwürfe wegen sexueller Ausbeutung und algorithmischer Diskriminierung stehen ebenfalls im Raum.[43]

Auch für Start-ups, deren Finanzierung angesichts knapper werdenden Risikokapitals teurer geworden ist, sieht es inzwischen nicht mehr so rosig aus.[44] Experten sind weniger optimistisch, dass sich die hohen Wachstumsraten in diesem Sektor endlos fortsetzen werden, auch wenn viele dieser Unternehmen nach wie vor äußerst profitabel sind.[45]

Bedeutet dies vielleicht, dass es mit Big Tech bereits zu Ende geht und der Datenkolonialismus zusammenbricht, bevor er überhaupt sein volles Ausmaß erreicht hat? Wohl kaum. Zu den

Reaktionen auf diese Krise gehört eine Entlassungswelle. In den USA ansässige Tech-Unternehmen kündigten im Jahr 2023 131 000 Beschäftigten (Stand März, weitere Kündigungen werden im weiteren Verlauf des Jahres erwartet) und mehr als 93 000 im Jahr 2022.[46] Allerdings finden viele dieser Entlassenen eine neue Beschäftigung.[47] Nach dem Kauf von Twitter entließ Elon Musk 50 Prozent der Belegschaft.[48] Dies zeigt wieder einmal, dass im Auf und Ab der Wirtschaft stets die Arbeitnehmer und nicht die Aktionäre das Nachsehen haben. Nichts macht dies augenfälliger als die ärmlichen Slums aus Blech, Pappe und Plastik der Amazon-Beschäftigten rund um die hochmodernen Verteilzentren, wie sie beispielsweise im mexikanischen Tijuana aus dem Boden geschossen sind. Ein ähnliches Bild bietet sich vielerorts, wo Amazon tätig ist, auch wenn die Gehälter und Lebensbedingungen im Globalen Norden generell etwas besser sind. Amazon erhält nicht selten Steuererleichterungen und andere Anreize für den Bau seiner Logistikzentren unter der Prämisse, neue Arbeitsplätze zu schaffen. Allerdings sind diese häufig nicht nur schlecht bezahlt (in Tijuana erhalten die Amazon-Beschäftigten beispielsweise nur 2,60 Dollar pro Stunde), sondern bieten auch in der Regel weniger Vorteile als die Jobs, die sie ersetzen.[49]

Eine andere Reaktion auf die Krise könnte einfach darin bestehen, die derzeitigen extraktivistischen Praktiken noch zu verstärken, um die Folgen auch auf die Verbraucher und Bürger statt bloß die eigenen Arbeitnehmer abzuwälzen. Naomi Klein diagnostizierte hier bereits einen »Katastrophen-Kapitalismus«, in dem Unternehmen und Regierungen unter dem Vorwand von Natur- und Finanzkatastrophen noch repressivere Maßnahmen durchsetzen.[50] Die Covid-Pandemie liefert ein gutes Beispiel für diese Dynamik. Nach Untersuchungen des European Center for Not-for-Profit Law, des International Network of Civil Liberties Organizations und Privacy International wurden Überwachungstechnologien während des Covid-Notstands von Regierungen zum Missbrauch persönlicher Daten, der Unterdrückung abweichender Meinungen, und zur Umwidmung von Maßnahmen zur Terrorismusbekämpfung für die Überwachung von Bürgern genutzt.[51] Hinzu kam als neuer Trend, dass extraktivistische Technologien zunehmend auch vom privaten Sektor angeboten werden.[52]

Daraus muss man die Lehre ziehen, dass der Technologiesektor angesichts wirtschaftlicher Schwierigkeiten in Zusammenarbeit mit Regierungen wahrscheinlich jederzeit Mittel und Wege finden wird, seine Probleme zu externalisieren und an die Öffentlichkeit weiterzugeben, womöglich in Form von verstärktem Datenextraktivismus auf Kosten von Arbeitnehmern und Verbrauchern. Deshalb wird der derzeitige Wirtschaftsabschwung auch kaum das Ende des Datenkolonialismus einläuten. Selbst der Zusammenbruch großer sozialer Medienplattformen wie Meta oder gar das Ende des Überwachungskapitalismus, das manche vorhersagen (wir selbst sind da eher skeptisch),[53] werden nicht das Aus für den Datenkolonialismus bedeuten, reicht dieser doch, wie wir noch zeigen werden, weit über diese beiden Phänomene hinaus.

Wir können uns wehren

Wir haben in diesem ersten Kapitel die Probleme des Datenkolonialismus gerade erst angerissen, und schon hat es den Anschein, als seien sie unüberwindlich. Was bleibt uns anderes übrig, als entsetzt die Hände über dem Kopf zusammenzuschlagen und dann so weiterzumachen wie bisher? Befinden sich unsere Daten nicht ohnehin schon in den Händen der Konzerne?

Dergleichen bekommen wir oft zu hören. Denn wenn wir heute vor denselben Problemen stehen, die die Menschheit in 500 Jahren Kolonialismus nicht lösen konnte, warum sollte es dann uns gelingen, gegen diese neuen Formen des Kolonialismus anzukommen? Wir werden die schlimmen und teilweise katastrophalen Auswirkungen des Datenkolonialismus in den nächsten Kapiteln noch näher analysieren, die schlechten Nachrichten reißen also leider nicht so schnell ab. Aber wir wollen zumindest auch Ansatzpunkte für möglichen Widerstand gegen diese neue Gesellschaftsordnung aufzeigen.

Schon der historische Kolonialismus traf von Anfang an auf Kritik und Widerstand. Die Fähigkeit dazu lag seit jeher in den Händen der kolonisierten Subjekte, und so konnten sie schließlich den Sturz der politischen Strukturen des Kolonialismus erreichen. Wir sind in dieser Hinsicht heute nicht schlechter gestellt. Der Kolonisator kann einfach nicht ohne die Kolonisierten existieren, was diesen immer die Macht gibt, sich zu verweigern (wenn auch unter Umständen zu einem hohen Preis, der mitunter das eigene Leben betragen kann). Beginnen wir die Erforschung dieser Widerstandskraft, indem wir unsere eigene Rolle in diesem System betrachten.

Mit der Entwicklung des Kolonialismus bekam die eurozentrische Weltsicht enormen Einfluss, prägte das Bewusstsein der Kolonisierten und nährte in ihnen die Überzeugung, dass die westliche Macht unanfechtbar sei und die westliche Wissenschaft allein die Welt erklären könne, nur die westliche Religion das Seelenheil retten könne und die westliche Kultur die höchstentwickelte Ausdrucksform der Menschheit sei. Mit anderen

Worten: Der Kolonialismus vermittelte den Kolonisierten ein Minderwertigkeitsgefühl, dessen Überwindung sie viel Mühe und Zeit kostete und noch heute kostet.

Ähnlich verhält es sich mit dem neuen Datenkolonialismus: Man hat leicht das Gefühl, dass wir gar nicht anders können, als diese neue Weltordnung zu akzeptieren, keine andere Wahl haben, als auf »Zustimmung« zu klicken. Aber auch wenn wir mit noch so viel Täuschung und Druck dazu gebracht werden, auf »Ja« zu klicken, und einigen von uns tatsächlich keine andere Wahl bleibt, wenn sie nicht ihren Lebensunterhalt verlieren wollen, so bleibt es doch eine Tatsache, dass wir nicht hilflos sind. Einfach ausgedrückt: Jedes einmal gegebene Einverständnis lässt sich widerrufen.

Und dafür gibt es einen unabweisbaren Grund. Letztendlich ist der Datenkolonialismus auf uns angewiesen, denn ohne unsere Daten kann er nicht funktionieren. Die meisten Daten werden nicht ohne unsere Zustimmung extrahiert, somit haben wir am Akt der Extraktion teil. Es stimmt zwar, dass die Beendigung unserer Zustimmung uns nur gegen künftige Datenextraktionen schützen kann, nicht gegen das, was mit unseren bereits extrahierten Daten geschieht, aber das bedeutet nicht, dass Big Tech nie mehr unsere Zustimmung braucht. Big Tech verlässt sich darauf, dass wir die Auswirkungen unserer Komplizenschaft in seine extraktivistischen Systeme nur unvollständig verstehen, und so bleiben wir einstweilen, je nach unserer Lebenssituation, in unterschiedlichem Maße Komplizen. Damit sich daran etwas ändert, müssen wir zunächst das volle Ausmaß dieser Komplizenschaft verstehen.

Zur Geschichte des Kolonialismus gehört auch die Rolle des »einheimischen Informanten«. Darunter versteht man Angehörige der kolonisierten Klasse, die schnell erkannten, wer auf der

»Gewinnerseite« der Geschichte stand, sich mit den Kolonisatoren verbündeten und sich als Sprach- und Kulturvermittler nützlich machten. Ein gutes Beispiel dafür ist La Malinche (auch Malintzin oder Doña Marina genannt), die Nahua-Sklavin, die dem Eroberer Hernán Cortés geschenkt worden sein soll und ihm bei der Eroberung Mexikos als Übersetzerin, Gefährtin und Beraterin zur Seite stand. Es ist leicht, solche Informanten als Verräter abzutun. Wir können nicht wissen, was tatsächlich in ihnen vorging und welche Absichten sie hegten. Wahrscheinlich versuchten sie nur, den Zusammenbruch ihrer Welt und das Auftauchen einer fremden neuen zu überleben. In den kulturellen Überlieferungen (zumindest in Lateinamerika) werden Informantinnen wie sie als die einheimischen Mütter angesehen, die zusammen mit den europäischen Vätern Menschen einer neuen, hybriden Kultur hervorbrachten.

Im Datenkolonialismus *sind wir alle Informanten*. Wir übersetzen für den Kolonisator unser Leben, indem wir es auf seinen Plattformen offenlegen. Das ist die beunruhigende Erkenntnis, zu der Tracy nach einiger Überlegung kam. Aber das ist nicht die ganze Geschichte. Immerhin haben wir heute den Vorteil, bereits zu wissen, was das koloniale System will und wie es funktioniert. Wir haben viele Beispiele dafür, wie man sich gegen den Kolonialismus wehren kann, und wir können immer noch Widerstand leisten, wenn wir uns darüber im Klaren sind, was wirklich vor sich geht.

Aber zunächst wollen wir einen genaueren Blick darauf werfen, wie sich diese Enteignung in unserem täglichen Leben abspielt.

KAPITEL 2

DATENTERRITORIEN

Michael, ein Mann in seinen Vierzigern, hat sich vorgenommen, etwas abzunehmen und gesünder zu leben. Als sein Arbeitgeber ihm anbietet, ihm ein Gesundheitsprogramm zu finanzieren, und ihm einen digitalen Fitnesstracker schenkt, überlegt er nicht lange. Für das coole, elegante Gerät an seinem Handgelenk erntet er viele positive Kommentare von seinen Freunden. Sie staunen, dass er es kostenlos bekommen hat. Auch sein Arzt findet es gut, er meint, damit könne er prima seinen Blutdruck überwachen, auf den er als Schwarzer besonders achten sollte. »Tolle Sache, das Informationszeitalter«, denkt Michael.

Schon bald schaut er alle paar Minuten auf sein Handgelenk, um die Werte für seine sportlichen Aktivitäten, seine Schlafgewohnheiten, seinen Kalorienverbrauch, seinen Blutdruck und vieles mehr abzulesen. Wenn das Gerät ihm meldet, dass er sein tägliches Aktivitätssoll nicht erfüllt hat, ist er unzufrieden. Arbeitssoll, Trainingssoll, ständig gibt es irgendein Soll zu erfüllen! Aber vielleicht hat es auch sein Gutes, denkt er. »Es hilft mir, bei der Stange zu bleiben.«

Doch bald fallen Michael seltsame Dinge auf. Warum sieht er plötzlich Online-Werbung für die Bio-Smoothie-Bar, an der er immer vorbeijoggt? Außerdem kündigt sein Arbeitgeber eine Initiative zur Stressbekämpfung am Arbeitsplatz an, der laut Daten gerade in seiner Abteilung zugenommen hat. Aus welchen Daten soll sich das ergeben haben? Doch nicht etwa aus den Daten der an die Mitarbeiter verteilten Fitnesstracker?[1] Ein anderes Mal, nach einer durchzechten Nacht, die ihm ein schlechtes Gewissen bereitet, wundert er sich, dass sein Fitnesstracker einen hohen Kalorienverbrauch anzeigt. »Ach«, sagt sein Kollege Fred, »das hatte ich auch schon. Das kommt wahrscheinlich daher, dass Alkohol den Puls beschleunigt. Das Ding weiß wahrscheinlich, wenn du einen zu viel getrunken hast.« Schon ein bisschen unheimlich, denkt Michael. Und dann liest er in einer Facebook-Gruppe, das von ihm verwendete Gerät sei »rassistisch«, weil es die Pulsfrequenz optisch mit grünem Licht messe, was bei Benutzern mit dunkler Hautfarbe zu weniger zuverlässigen Messwerten führe – ein Konzeptionsfehler, an dessen Behebung der Hersteller kein großes Interesse zeige.

Aber das ist noch nicht alles. Irgendwo in den Nutzungsbedingungen, die er sich nicht wirklich durchgelesen hat, steht offenbar auch, dass Michael seine Zustimmung dazu gebe, *all* seine Gesundheitsdaten – genauer gesagt all seine »gesundheitsbezogenen« Daten – weiterzugeben. Das heißt womöglich nichts anderes, als dass sämtliche vom Fitness-Tracker gesammelten Daten, auch jene, die gar nichts mit Michaels Gesundheit zu tun hatten (beispielsweise sein Standort oder seine momentane Aktivität) nicht nur an seinen Arbeitgeber, sondern auch an Marketingunternehmen und Behörden weitergegeben und vielleicht auch von Hackern gestohlen werden können.[2]

Wie Michaels Geschichte zeigt, ist es nichts Neues, dass das Sammeln und die Verwendung persönlicher Daten problematisch sein kann. Wir hören von so etwas oft erst, wenn über

Hackerangriffe oder Datenlecks berichtet wird. Im Jahr 2017 führte eine solche Panne bei Equifax, dem führenden Kreditvermittler in den USA, zur Offenlegung der Datensätze von 147 Millionen Bürgern des Landes und Millionen weiterer im Vereinigten Königreich und in Kanada. Zahllose ähnliche Vorfälle haben sich in den vergangenen zehn Jahren in vielen Ländern ereignet.[3] Die Problematik der Datensammelei offenbart sich auch, wenn wieder einmal publik wird, dass ein schlecht durchdachter Algorithmus Diskriminierung zur Folge hat. Selbst führende Wirtschaftsmedien wie die *Financial Times* sprechen kritisch vom »Überwachungsmodell« der Big-Tech-Konzerne, die ihr Geld damit machen, der Datenspur unserer Aktivitäten zu folgen.

Kann man das als Kinderkrankheiten abtun, wie sie jeder neue Wirtschaftszweig aufweist? Oder stecken dahinter bloß die Machenschaften einiger unseriöser Akteure, denen man das Handwerk legen sollte? Wäre es nicht das Beste, nie irgendetwas Persönliches auf Facebook zu veröffentlichen, sein Android-Gerät gegen ein iPhone einzutauschen (sofern man sich das leisten kann) und ansonsten darauf zu setzen, dass der Gesetzgeber Big Tech durch vernünftige Datenschutzkontrollen endlich an die Kandare nimmt?

Die Antwort darauf lautet nein. Solche Maßnahmen sind allenfalls Stückwerk, die am grundsätzlichen Problem, dem flächendeckenden Datenraub, der in der heutigen Gesellschaft stattfindet, völlig vorbeigehen.

Der historische Kolonialismus konnte ohne Kontrolle über die neu einverleibten Gebiete keinen Bestand haben. Diese territoriale Kontrolle ermöglichte die Extraktion neuer Ressourcen im globalen Maßstab und die Schaffung riesiger neuer globaler Märkte zum Vorteil der Kolonisatoren. Die Regionen, die wir heute Süd- und Mittelamerika, die Karibik und Nordamerika nennen, erschienen den europäischen Kolonisatoren als »Neue Welt«. Aber sie waren nicht neuer als Europa, und sie wurden bereits von Menschen bewohnt, die in der Regel erst vertrieben werden mussten, um den kolonialistischen Prozess der Extraktion in Gang setzen zu können. Es gab mehrere Modelle, um an die Arbeitskräfte zu gelangen, die für die umfängliche Ausbeutung dieser neuen Gebiete nötig waren: Sklavenarbeit auf den Plantagen in der Karibik und in Teilen Süd- und Nordamerikas und Siedler aus Europa, die auf dem kolonisierten Land lebten. Mit der Einverleibung Indiens durch Großbritannien entwickelte sich ein weiteres koloniales Modell: die absolute Kontrolle über Handelsbeziehungen und die Steuerung der lokalen Wirtschaft durch militärische Gewalt. Eine Kombination dieser verschiedenen Modelle verbreitete sich in Asien, Afrika und im Pazifik. Doch wie auch immer die Arbeit organisiert war, der historische Kolonialismus beruhte stets auf der Herrschaft über ein Territorium.

Die Kolonialisten erhoben Ansprüche auf riesige Landmassen: Auf dem Höhepunkt ihrer Kolonialmacht kontrollierte Spanien jenseits seiner eigenen Landesgrenzen an die 13 Millionen Quadratkilometer, das Vereinigte Königreich 35,5 Millionen Quadratkilometer.[4] Die Ausbeutung so großer Landflächen hatte erheblichen Einfluss auf die Wirtschaft in Europa. Die Schätzungen schwanken, manche gehen davon aus, dass die nutzbare Landfläche für die Europäer um das Sechsfache zunahm.[5] Diese territoriale Expansion bildete nicht nur die Grundlage für die wirtschaftliche Ausbeutung, sondern für die vollständige Umgestaltung des Alltagslebens in den kontrollierten Gebieten.

Aber Daten sind etwas anderes als Land: Sie sind nicht greifbar und man kann nicht darauf leben. Es mag daher seltsam erscheinen, den Raub immaterieller Daten mit dem materiellen Landraub der früheren Kolonisatoren zu vergleichen. Schließlich können Daten endlos kopiert und immer wieder verwendet werden; Ökonomen sprechen hier von einem »nicht-konkurrierenden Gut«, also etwas, das problemlos und sogar zeitgleich von mehreren genutzt werden kann, ohne sich dabei zu verbrauchen. Das ist ein wesentlicher Unterschied zwischen Daten und realen Dingen wie Land oder Gegenständen.

Wenn Daten also die neue Art kolonialer Ressource darstellen, wie kann dann ein kontrollierbares »Territorium« geschaffen werden, das die maximale Ausbeute dieser Daten garantiert? Ganz einfach, durch Computerprogramme. Genauer gesagt, indem man spezifische Programme für Räume schreibt, die nur über Computer zugänglich sind, und jegliche Interaktion innerhalb dieser Räume mit einer Extraktion von Daten verknüpft. Wir wollen diese Räume *Datenterritorien* nennen.[6]

Im Alltag begegnen uns diese Datenterritorien im Allgemeinen als digitale »Plattformen« – Facebook, Amazon und Konsorten. Aber wie wir sehen werden, gibt es noch viele andere Arten von Datenterritorien. Die Eingabemaske einer Suchmaschine wie Google ist ebenso ein Datenterritorium wie die Schnittstellen unzähliger »smarter« kleiner Helfer und Geräte. Sie alle verschaffen uns Zugang zu einem kommerziell kontrollierten Raum, in dem pausenlos Daten extrahiert werden. Im Grunde sind es auch keine separaten Räume, sondern ganze Netzwerke von Datenterritorien: Durch Software und ohne physische Einschränkungen kann jedes Datenterritorium mit zahllosen anderen verbunden werden, so dass ein riesiger Archipel miteinander verknüpfter Datenterritorien entsteht. Je mehr solcher Verbindungen entstehen, desto mehr wird das gesamte gesellschaftliche Leben durch einander vielfach überlappende Beziehungen der Datenextraktion überwuchert.

Auch wenn Daten etwas ganz anderes als Land sind, können Herrscher über Datenterritorien doch eine Macht ausüben, die kaum weniger umfassend ist als die der einstigen Kolonialherren oder sie sogar übertrifft. Die Inbesitznahme von Datenterritorien stellt daher den Beginn einer umfassenderen wirtschaftlichen und gesellschaftlichen Transformation dar, die auf diesen neuen Beziehungen aufbaut. So wie die kolonialen Gebiete ihren Bewohnern neue Gesetze auferlegten, so haben auch die Datenterritorien ihre eigenen »Gesetze«, niedergelegt in Programmen, die die Plattform am Laufen halten.

Wenn die Gesellschaft zum Territorium wird

Wie fing der Datenkolonialismus an, sein Territorium zu erobern? In der Geschichte gibt es kaum etwas Dramatischeres als die Entdeckung (vermeintlich) neuer Kontinente. Datenterritorien haben ihre Grundlage in der Software, die tief in die von uns verwendeten Geräte und die virtuellen »Räume« (Apps, Plattformen oder Websites) eingebettet ist, die wir über diese Geräte betreten.

Der Einzug der Datenterritorien in unser Leben war ziemlich plötzlich und einschneidend. In dieser »Neuen Welt«, in der ständig Informationen extrahiert werden, geht es jedoch nicht bloß um Daten, sondern um eine völlige Neuorganisation der gesellschaftlichen Beziehungen, die sich an den Bedürfnissen der Wirtschaft orientiert. Wie geht das vor sich? Indem wir unsere Aktivitäten in die Kanäle der sozialen Medien verlagern, die vollständig unter der Kontrolle von Unternehmen stehen.

Daten mögen ein nicht-konkurrierendes Gut sein, aber das, was sie erfassen – das menschliche Leben – ist definitiv eine endliche Ressource, weshalb dieser Prozess seinem Wesen nach ausbeuterisch ist.

Wir als Verbraucher digitaler Dienste wissen in der Regel nicht viel über die Prozesse der Datenverarbeitung, die hinter den Kulissen der Datenterritorien ablaufen. Sobald wir aber versuchen, dieses Territorium zu verlassen oder darin etwas zu tun, das nicht mit den dort geltenden Regeln übereinstimmt, werden uns alle möglichen rechtlichen und praktischen Einschränkungen in den Weg gelegt. In diesem Sinne weisen Datenterritorien genau wie reale Gebiete Grenzen auf.

Der Aufbau der Datenterritorien geschieht gemäß den ersten drei Schritten des in der Einleitung erwähnten 4X-Modells: erst EXplorieren, dann EXpandieren, schließlich EXtrahieren; aber auch die vierte Stufe, das EXterminieren, fehlt nicht ganz, wie wir noch sehen werden. Wenden wir noch einmal dieses 4X-Modell an, um die Kontinuitäten der Vergangenheit des historischen Kolonialismus mit der Gegenwart des Datenkolonialismus aufzuzeigen.

Die Entdeckung neuer Welten der Datenerfassung

Die Territorien des Datenkolonialismus wurden nicht gezielt angesteuert – auch das in gewisser Weise eine Parallele zum Frühkolonialismus, denn nicht immer ahnten die Entdecker, dass sie völlig neue ausbeutbare Ressourcen finden sollten. Auch Kolumbus versuchte lediglich, einen neuen Seeweg in das bereits bekannte Indien zu finden.

Alles begann mit einer fundamentalen und banalen Eigenschaft von Computern: Sie erfassen Daten. Um zu erklären, wie Computer das tun, müssen wir die Geschichte des Internets der letzten 30 Jahre unter dem Gesichtspunkt des gesellschaftlichen Wandels und nicht nur der technischen Entwicklung betrachten. Die besondere Leistung von Computern besteht darin, organisierte Informationsmengen zu erfassen und sie in dynamischer und anpassungsfähiger Form zu speichern – beispielsweise das Dokument, das wir durch Eintippen dieses Kapitels in ein Textbearbeitungsprogramm auf unseren Laptops erstellt haben.

Das klingt zunächst wenig spektakulär. Doch der amerikanische Informations- und Datenschutzforscher Philip Agre erkannte bereits 1994 die tiefgreifende gesellschaftliche Bedeutung dieser neuen Art von Informationswerkzeug. Denn Computer erfassen Informationen nicht auf irgendeine abstrakte Weise, sondern *entsprechend ihren eigenen Bedingungen*. Wenn ich mit meinem Computer nicht genauso interagiere, wie seine spezifischen Regeln es erfordern, passiert überhaupt nichts. Eine Tastatur bloß anzulächeln, genügt nicht; ich muss meine Finger auf ganz bestimmte Weise über die Tasten bewegen, um Eingaben zu machen, die den computerspezifischen Regeln entsprechen. Agre spricht in diesem Zusammenhang von der »Handlungsgrammatik« (*grammar of action*) des Computers.[7] Das heißt nichts anderes, als dass Computer jedem, der sie benutzt, ihre Handlungsgrammatik aufzwingen – ihre spezielle Vorgabe für die Interaktion –, und diese Grammatik beinhaltet immer die Erfassung von Daten. Dies ist die Wurzel des häufig zitierten Grundsatzes »Code ist Gesetz«: Die Programmierung einer Plattform legt die Gesetze ihrer Datenterritorien fest.[8]

Dabei kann ein Computer Spuren jeglicher Interaktion aufzeichnen, sofern sie zu seiner Handlungsgrammatik passt, sie also gemäß den Nutzungsregeln des Computers ausgeführt wird. Wenn also in meinem Laptop eine Kamera eingebaut und diese eingeschaltet ist, kann auch mein Lächeln aufgezeichnet und gespeichert werden. Aber Agre dachte über die Erfassung dessen, was einzelne Menschen auf ihren privaten Computern tun, hinaus. Er schrieb zu einer Zeit, als es immer einfacher wurde, Computer über das Internet miteinander zu verbinden. Auch das World Wide Web nahm damals Gestalt an, das bestimmte Arten von erfassten Informationen, die an bestimmten computerbasierten Orten (Websites) platziert waren, für andere Computer durchsuchbar machen sollte.

Agre ahnte schon zu Beginn unseres digitalen Zeitalters ganz richtig, dass jeder Computer im Prinzip die von jedem anderen Computer erfassten Inhalte verfolgen kann, wenn alle Computer miteinander verbunden werden. Je mehr die Menschen im Alltag über das Internet miteinander vernetzte Computer benutzen würden, desto stärkere Auswirkungen würde das für das tägliche Leben haben, sah er voraus.

Im Jahr 1994, in dem Agre seinen Artikel schrieb, erschien auch Netscape, der erste kommerzielle Browser. In diesem Jahr erfand auch Lou Montulli, ein Mitarbeiter von Netscape, das »Cookie«. Ursprünglich war das Cookie ein Hilfsmittel, das es uns ersparen sollte, bei jedem Besuch einer Website immer wieder dieselben Daten eingeben zu müssen – es ist schlicht lästig, wenn sich die Website eines Händlers nicht an die Adresse und Telefonnummer erinnert, die man beim letzten Besuch schon angegeben hat. Doch die Werbewirtschaft erkannte schnell das enorme Datenerfassungs-Potenzial einer Technik, die durch bloßes Anklicken einer Website ein Cookie an den Computer des Nutzers sendet, der dann bestimmte Informationen speichert (auf dessen Computer, aber für einen entfernten, mit der Website verbundenen Computer zugänglich). Dies war der Beginn all der Tracking-Mechanismen, die Vermarkter im Web und auf unseren Telefonen platziert haben und die in letzter Zeit eine Gegenreaktion von Apple und anderen hervorgerufen haben.

Als Agre seinen Artikel veröffentlichte, ahnte noch niemand, wie stark sich das Internet und das World Wide Web kommerzialisieren würden. Aber schon Ende der 1990er Jahre zeichnete sich eine völlig neue Art von Online-Gesellschaft ab, die vom Gewinnstreben kommerzieller Unternehmen dominiert war. Dazu mussten die Menschen nur so viel Lebenszeit wie möglich vor miteinander vernetzten Computern verbringen, und die Unternehmen die auf ihnen hinterlassenen Spuren zu ihren Zwecken nutzen. Heute können wir uns das Leben kaum noch anders vorstellen, aber genau darin liegt der Ursprung der Datenterritorien. Die Entdeckungs- oder EXplorationsphase des Datenkolonialismus hatte begonnen.

Die Ausbeutung von Datenterritorien

Weitsichtige Rechts- und Kommunikationsexperten warnten bereits Ende der 1990er Jahre davor, dass es langfristig zu einer neuen Machtstruktur mit negativen Folgen für die Demokratie und Grundwerte wie den Schutz der Privatsphäre führen würde, wenn man die Vernetzung der Computer gewinnorientierten Unternehmen überließe. Und warum? Sie gingen davon aus, dass eine unter kommerziellen Gesichtspunkten vernetzte Informationswelt Computern keine Grenzen dafür setzen würde, wie sie die Informationen anderer Computer tracken und kommerziell nutzbar machen. Zudem würde sie nicht versuchen, der Anfälligkeit des Menschen für eine kontinuierliche Datenextraktion gegenzusteuern.[9] Sie ahnten bereits, dass der gesamte Alltagsraum in das verwandelt werden könnte, was wir rückblickend als Datenterritorien erkennen.

Die Geschichte, wie diese Möglichkeit Realität wurde, ist schon oft erzählt worden, teils haben wir sie miterlebt. Für all das brauchte es eine Menge Technik. Ein wichtiger Teil dieser Maschinerie wurde der Suchalgorithmus von Google, das sich nicht nur rasant zur weltweit dominierenden Suchmaschine entwickelte, sondern selbst zur Quelle persönlicher Daten wurde, die sein gigantisches Anzeigengeschäft anzutreiben begannen. Die Macher von Google trugen in ihrem Bemühen, uns relevante Suchergebnisse zu präsentieren, viele Informationen über uns zusammen. Sie erkannten schnell, dass diese Informationen viel mehr über uns aussagen als nur, wonach wir online suchen. So entstand mit Google und ähnlichen Suchmaschinen eine völlig neue Art der ökonomischen Ausbeutung.

Nur wenige haben die Chance, die sich damit auftat, so klar in Worte gefasst wie der Chefökonom von Google Hal Varian. In einem nüchternen Paper legte er ganz ungeschminkt dar, was wir heute als die innere Logik der Ausbeutung von Datenterritorien betrachten können: nämlich wie Unternehmen Daten nutzen können, um ihre Kunden exklusiv zu verfolgen und zu beeinflussen. Ein solches der Ausbeutung offenstehendes Territorium hatte es noch zwei Jahrzehnte zuvor nicht nur nicht gegeben, es war nicht einmal denkbar gewesen.

Varians Beschreibung begann mit einer sehr einfachen Feststellung: »Im Zentrum nahezu jeder Transaktion steht heutzutage ein Computer.«[10] Gemeint war natürlich ein *mit dem Internet verbundener* Computer – andere hatten für Google keinen Wert. Im weiteren beschrieb Varian neue gesellschaftliche Prozesse, die er für bedeutsam hielt:

- Datenextraktion und -analyse
- Personalisierung und Individualisierung
- Kontinuierliche Experimente
- Neue Arten von Verträgen aufgrund einer besseren Beobachtung von Kundenaktivitäten[11]

Die Datenextraktion ist offensichtlich: Sie gehört zu den grundlegenden Dingen, die vernetzte Computer ermöglichen. Auch die Personalisierung ist uns vertraut: Marketingunternehmen und Social-Media-Plattformen versichern unablässig, besser auf unsere Bedürfnisse eingehen zu können, wenn wir ihnen mehr Daten liefern.

Aber was ist hier mit Experimenten gemeint? Varian verstand darunter die Möglichkeit von Plattformen, über die Kontrolle computergestützter Transaktionen systematisch effektive Preisgestaltung und andere Parameter auszutesten. Varian erkannte auch, dass jede Online-Transaktion nun direkt beobachtet werden konnte, womit Informationsströme, die zuvor außerhalb der Reichweite von Unternehmen gelegen hatten, auf einen Schlag zu direktem Input wurden, was ganz neue Arten von Verträgen ermöglichte. Damit verschoben sich grundsätzlich die Machtverhältnisse, konnten Unternehmen den Kunden doch nun sämtliche Interaktionen zu ihren Bedingungen diktieren (beispielsweise Rechtsabtretungen für die bloße Nutzung einer Plattform verlangen) und damit sicherstellen, dass unsere Präsenz auf ihrem Territorium zu einer fortgesetzten Datenextraktion wurde.

So entstanden auf der Grundlage von Datenextraktion ein völlig neuer Bereich kommerzieller Macht mitten im alltäglichen Leben und eine neue Art von Machtbeziehungen.

Varian hatte im Grunde nichts anderes getan, als das Geschäftsmodell zu erläutern, das sein eigenes Unternehmen schon seit langem verfolgte. Er gehörte zu den Entwicklern des Google-Systems zur Auktionierung von Anzeigen in Echtzeit, das sich auf die von Google errechnete Wahrscheinlichkeit stützt, dass ein Nutzer eine bestimmte Werbung anklickt – nicht umsonst verfolgt Google kontinuierlich, wonach jemand sucht. Varian erkannte, dass über kurz oder lang sämtliche kommerziellen Transaktionen von Tracking dieser Art begleitet sein würden und die Unternehmen mit dieser neugewonnenen Macht das Datenterritorium ausbeuten würden.

Varian sah auch noch etwas anderes: Dieses neue Modell der ökonomischen Ausbeutung hatte das Potenzial, andere Formen der wirtschaftlichen Interaktion, die weniger Daten benötigten, zu verdrängen. Hier sehen wir, gemäß dem 4X-Modell, den Keim der vierten Stufe des Datenkolonialismus, der Ausrottung. Wir werden darauf zurückkommen, wenn wir näher betrachten, wie es der Datenkolonialismus schaffte, ältere Modelle der ökonomischen und sozialen Interaktion zu verdrängen. Betrachten wir vorerst nur Varians scheinbar harmloses Beispiel: den traditionellen Versicherungsvertrag. Was passiert, fragt er, wenn das Verhalten der Nutzer von den Versicherern kontinuierlich verfolgt werden kann?

> Wenn ich ein Auto miete, steht irgendwo im Kleingedruckten, dass ich mich verpflichte, sorgsam mit dem Wagen umzugehen. Aber wie soll man das kontrollieren? Früher gab es dazu keine Möglichkeit, aber heute können Versicherungsgesellschaften die Fahrzeuge mit Überwachungstechnik ausstatten … Mit solchen Systemen können sie überprüfen, ob die Kunden ihre Vertragsverpflichtungen einhalten. So bekommen die Versi-

cherer eine niedrigere Unfallrate, und ich eine günstigere Prämie.[12]

Das klingt ziemlich nach organisierter Überwachung, und genau das ist es auch. Und sie ist längst gängige Praxis geworden: Die »nutzungsabhängige« Versicherung boomt, gerade im Kfz-Bereich. Varian interessierte sich wenig für die offensichtliche Folge, dass die Vernetzung des Internets für uns alle ständige Überwachung bedeutet, wenn nicht durch den Staat, so doch durch Unternehmen. Auch die Versicherer können nun auf völlig neue Weise alle möglichen Daten über uns in den von ihnen selbst geschaffenen Datenterritorien nutzen.

Aber warum sollten sichere Fahrer nicht in den Genuss günstiger Prämien kommen, die ihrer Fahrweise besser entsprechen als das alte System des Schadenfreiheitsrabatts? Schon, bloß machen alle Fahrfehler, und alle haben einmal einen schlechten Tag. Solche Leistungseinbrüche können in einem Datenterritorium ungeahnte Folgen haben: Während man sich früher bloß über sich selbst ärgern musste und hoffen konnte, nicht aufgefallen zu sein, kann man bei einer smarten Versicherung davon ausgehen, dass dem Auto nichts entgeht und es die Daten zum Nutzen des Versicherers speichert. Wie sich dies dann auf die Bewertung der Fahrweise auswirkt, bleibt für den Versicherten undurchsichtig.

Die Expansion der Datenkolonie

Die Expansion von Daten erfolgt mit technischen Mitteln und durch Software; die Datenterritorien wachsen unaufhaltsam und verändern dabei vollständig unsere Lebens- und Arbeitswelt. Drei technische Entwicklungen waren dafür entscheidend.

Die erste bestand darin, das Spektrum der Computer zu erweitern, die wir für unsere täglichen Interaktionen verwenden. Erinnern wir uns an Varians Feststellung: »Im Zentrum nahezu jeder Transaktion steht heutzutage ein Computer.« Dies zeigte sich besonders in den ersten Jahrzehnten des 21. Jahrhunderts, als immer mehr Menschen kleine Computer mit sich herumzutragen begannen, die eine Internetverbindung herstellen konnten: ihre Mobiltelefone. Inzwischen sind Tablets als leichter tragbare Versionen von Laptops und Desktop-Computern hinzugekommen. Die Einbeziehung von Computern in praktisch jede Tätigkeit ist längst keine Vision von Computerwissenschaftlern mehr, sondern zumindest in den wohlhabenderen Ländern zu einer alltäglichen Realität geworden.

Die zweite technische Entwicklung bestand darin, Plattformen zu schaffen, also spezielle Räume für genau definierte computergestützte Transaktionen und Interaktionen, wo pausenlos Nutzerdaten extrahiert werden. Nichts anderes tut Facebook oder jede beliebige andere App. Als Varian sein Paper schrieb, boomten Plattformen bereits, aber sie standen erst am Anfang, als Google in den frühen 2000er Jahren die Daten von Suchanfragen zu Geld zu machen begann. Plattformen verändern nicht nur die Wertschöpfung, sondern auch, wie wirtschaftliche Macht ausgeübt wird. Sie schaffen softwarebasierte Territorien unter der alleinigen, durch Verwaltung von Daten ausgeübten Kontrolle des Plattformeigentümers.[13] Nicht jeder Versuch der Plattformexpansion ist von Erfolg gekrönt: Metas Bemühungen, mehr Teilnehmer ins Metaverse zu locken, lassen derzeit Investoren, Aktionäre und sogar die eigenen Mitarbeiter ziemlich kalt,[14] und es ist nicht abzusehen, ob Apple oder

Microsoft in dieser Hinsicht erfolgreicher sein werden. Das ändert jedoch nichts am generellen Trend der Plattform-Ökonomie, die Territorien von Wirtschaft und Gesellschaft, aus denen sich Daten extrahieren lassen, ständig zu erweitern.

Der dritte technologische Weg besteht darin, den ersten (Computerzugang) noch auszuweiten, um die Vorteile des zweiten (Plattformen) zu nutzen. Er nimmt sich die realen Räume vor, in denen wir uns zwangsläufig aufhalten (beispielsweise unsere Wohnung oder unseren Arbeitsplatz), und verwandelt sie mittels smarten Geräten und den darauf installierten Apps, die ständig automatisch Daten sammeln, ebenfalls in Datenterritorien.

Das so entstehende Smart Home ist im Grunde nichts anderes als ein Haus, das konsequent zu einem Datenraum umgestaltet wurde. Es steckt voller smarter Geräte, die sämtlich sekundäre Datenterritorien darstellen. Ihre »Smartness« kommt allerdings eher ihren Herstellern als uns zugute, da sie jede Interaktion und die daraus resultierenden Daten für das Unternehmen erfassen, das sie installiert hat. Wir sprechen hier vom Internet der Dinge, oft auch IoT (Internet of Things) genannt, das Wirtschaftstheoretiker als Beginn eines neuen Zeitalters der flächendeckenden Vernetzung begrüßen. Im Unterschied zu einer Welt, in der Werbetreibende uns nur bis zu dem Moment verfolgen, in dem sie uns ihre Werbebotschaft präsentieren können, sind smarte Objekte dazu gedacht, uns permanent zu überwachen und ein zunehmend exakteres Bild unserer Gewohnheiten zu erstellen.[15] Im Smart Home gibt es kein Entrinnen vor der Überwachung mehr, die ein Wesensmerkmal des Datenterritoriums wird, in das sich unser Zuhause verwandelt. Wer heutzutage eine Wohnung mietet oder ein Haus kauft, dem bleibt oft gar nichts anderes übrig, als die eingebauten smarten Funktionen hinzunehmen, die seinen Lebensraum zu einem Datenterritorium machen.[16]

Im Smart Home öffnet sich weder die Haustür noch geht ein Licht an, ohne dass eine App Daten extrahiert. Der Erwerb des Staubsaugerherstellers iRobot durch Amazon im Jahr 2022 für 1,7 Milliarden Dollar zeigte, wohin die Reise geht. Schließlich funktioniert der Roomba (zumindest die teureren Roomba-Modelle von iRobot) nur, wenn er den Wohnungsgrundriss des Käufers in ein Datenterritorium verwandelt, aus dem systematisch Daten extrahiert und von einem externen Unternehmen überwacht werden können. Die dabei erfassten Daten müssen nicht eng eingegrenzt bleiben. Amazons Mehrzweckroboter Astro ist in der Lage, als automatischer Wachmann Daten zu sammeln, Ausgänge und anderes zu kontrollieren und sich mit einer smarten Türklingel zu verbinden.[17] »Das Haus der Zukunft ist ein Roboter«, meinte der CEO von iRobot nach der Übernahme durch Amazon.[18] Das Unternehmen hat größere Ambitionen. Im Oktober 2018 meldete es ein Patent für seinen Sprachassistenten Alexa an, um Emotionen der Nutzer auf der Grundlage von persönlichen biometrischen Daten zu tracken.[19] Wir werden in Kapitel 3 auf das Smart Home zurückkommen – inzwischen kann man sich fragen, wo die Grenzen für Amazons Vision seiner neuen Datenterritorien liegen.

Ähnlich wie in der frühen Expansionsphase des historischen Kolonialismus lässt sich noch nicht sagen, wie viel Profit sich aus den Datenterritorien ziehen lässt. Für unsere Argumentation ist es aber nicht entscheidend, ob es je einen florierenden Markt für Roomba-Daten geben wird oder ob solche Daten in der Bilanz von Amazon auftauchen. Was letztendlich zählt, ist die Schaffung solcher Datenterritorien, aus denen potenziell Gewinn extrahiert werden kann. Das ist die kolonialistische

Grundidee. Das Ergebnis ist die Verwandlung persönlicher und privater Bereiche, in denen sich unser alltägliches Leben abspielt, in ein Territorium, das der Ausbeutung durch Konzerne offensteht, da sie jeden Schritt, den wir darin tun, im Sinne ihrer Geschäftsinteressen auslesen können.[20] Selbst unsere Staubsauger können nun Bilder von uns in intimen Situationen an die Welt weitergeben, wie ein Reporter der *MIT Tech Review* herausfand.[21] Und sogar unser eigener Kühlschrank kann jetzt gehackt werden. Selbst eine »IoT-Forensik« hat sich bereits entwickelt, die unsere Geräte als digitale Spurenträger behandelt.[22]

Was wird passieren, wenn wir weiterhin unsere Wohnungen und andere Räume so umgestalten, dass wir immer mehr auf Geräte, Dienste und Systeme angewiesen sind, die sie in Datenterritorien verwandeln? Mit der Zeit wird die Gesellschaft auf diese Weise zu einer Datenkolonie werden, ein Netzwerk aus zahllosen Datenterritorien, in denen die Regeln herrschen, die ihre Besitzer festgelegt haben. Wirtschaftsexperten stehen diesem Trend teilweise positiv gegenüber, scheinen aber die gesellschaftlichen Auswirkungen nicht zu bedenken. »Ohne Sensordaten geht nichts mehr«, schreibt der Big-Data-Experte Thomas Davenport. Das Internet der Dinge wird in Verbindung mit Cloud Computing, Big Data und künstlicher Intelligenz laut Thomas Siebel eine »digitale Transformation« herbeiführen, die das menschliche Wissen und die Wirtschaft entscheidend verändern wird.[23]

All dem liegt eine Vision zugrunde, die fast zu dreist erscheint, um sie für umsetzbar zu halten – es sei denn, man betrachtet sie unter der kolonialistischen Perspektive. Sie besteht in der Vorstellung, dass das menschliche Leben selbst – der Raum unseres Lebens – eine frei verfügbare Ressource ist, die nur darauf wartet, in Form von Daten kommerziell genutzt und ausgebeutet zu werden und dass es da ein Territorium gibt, das Unternehmen durch Verträge einhegen dürfen, wie Varian es beschreibt. Natürlich erfordert dies einen erheblichen technologischen Aufwand. Die neuen Kolonialgebiete müssen zunächst einmal gründlich eXploriert werden (durch geeignete Software); und sobald man in ihnen Fuß gefasst hat, wird eXpandiert und eXtrahiert. Anders ausgedrückt, man muss eine »Datenpipeline« bauen, wie Varian einmal schrieb, wobei er ganz ohne Ironie Bezug auf einen der wichtigsten Rohstoffe des historischen Kolonialismus nahm.[24] Diese Pipeline wird direkt an den Fluss unseres täglichen Lebens angeschlossen.

Der Prozess der unerbittlichen territorialen Ausdehnung des Datenkolonialismus in immer neue Bereiche des täglichen Lebens wird oft in Form von scheinbaren Vorteilen oder sogar Geschenken getarnt (ähnlich dem »Geschenk« der Elektrizität, von dem in der Einleitung die Rede war). Nicht ohne Grund stellt Amazon seine smarte Assistenz-App Alexa den Nutzerinnen und Nutzern kostenlos zur Verfügung. Aber es ist wichtig, sich nicht von solchen Angeboten blenden zu lassen, sondern sich zu vergegenwärtigen, was es langfristig bedeutet, wenn wir solche Geschenke annehmen. Mit anderen Worten, wir müssen uns den gesamten »Deal« des heutigen neuen Kolonialismus anschauen. Seine Bedingungen werden klarer, wenn wir analysieren, was diese Datenterritorien für die gesellschaftliche Macht im Allgemeinen bedeuten.

Neue Datenbeziehungen bedeuten neue Machtbeziehungen

Jedes Datenterritorium schafft im Rahmen seiner Aufgabe, die Datenextraktion zu maximieren, eine neue Art gesellschaftlicher Beziehungen, die wir *Datenbeziehungen* nennen: Beziehungen zwischen Menschen und Unternehmen oder Staaten, die ausschließlich auf die Maximierung der Datenextraktion ausgerichtet sind. Datenbeziehungen funktionieren unabhängig davon, ob wir etwas über Daten wissen oder nicht.

Aus gesellschaftlicher Perspektive betrachtet fällt als erstes Merkmal von Datenbeziehungen ihre Asymmetrie ins Auge. Auch Kolonialbeziehungen waren stets asymmetrisch: Es gab keinen freien Handel zwischen Kolonisatoren und Kolonisierten, sondern bloß einseitige Extraktion von Gold, Silber, Zucker, Tee und anderem. Genauso asymmetrisch geht es heute zu, wenn sich jemand bei einer digitalen Plattform anmeldet: Sie registriert alles, was die Nutzer tun, für die das Verhalten der Plattform hingegen weitgehend undurchsichtig bleibt. Ihre Daten werden auf jede erdenkliche Weise analysiert, um die Beziehung der Nutzer zur Plattform zu »personalisieren«. Das mag den Nutzern gleichgültig sein, vielleicht finden sie es aber auch gut, dass TikTok ihnen genau die Videos vorschlägt, die sie wahrscheinlich sehen möchten. Dennoch handelt es sich um ein unbestreitbar asymmetrisches Machtverhältnis. Erst nach jahrelangen Protesten und juristischen Auseinandersetzungen kam ein wenig von dem ans Tageslicht, was Plattformen wie Facebook und Instagram hinter den Kulissen treiben. Ohne mutige Whistleblowerinnen wie Frances Haugen (Instagram) und Sophie Zhang (Facebook) wüssten wir noch weit weniger.

Asymmetrische Überwachungsmacht ist im Grunde ein tragendes Element von Datenterritorien. Das erscheint vielleicht weniger seltsam, wenn wir uns daran erinnern, wie diese Art von Beziehungen das gesellschaftliche Leben der Kolonien prägten, ob im öffentlichen Raum oder auf Sklavenplantagen. Kolonien waren in der Regel keine Demokratien; die Kolonialmächte überließen ihren Untertanen gerade so viel Macht, um der Ressourcenextraktion den Anschien von Legitimität zu geben.[25]

Doch Datenbeziehungen sind nicht nur asymmetrisch, sie bringen (und das ist ihr zweites kolonialistisches Merkmal) auch neue Formen von Macht und Überwachung. Bereits der historische Kolonialismus hat die Palette der Techniken erweitert, mit denen Menschen Kontrolle über andere Menschen ausüben: Brandzeichen, Fingerabdrücke und Sicherheitsausweise entstanden als Instrumente der Kolonialverwaltung. Da aber Daten – im Unterschied zu Land, Bodenschätzen und Ernteprodukten – selbst eine Form von Information sind, haben Datenkolonien einige spezielle Möglichkeiten.

Nehmen wir noch einmal das Beispiel von Google. Wie Shoshana Zuboff erklärte, gelingt es Google mit Hilfe der gewaltigen Datenmengen, die es durch Tracking unserer Suchanfragen anhäuft, mit großer Genauigkeit zu prognostizieren, was wir als Nächstes tun werden. Das möchten auch andere Unternehmen gerne wissen – Marketingunternehmen zum Beispiel. Damit lässt sich Geld machen, beispielsweise, indem man ihnen auf der Grundlage dieser Prognosen Werbeplätze verkauft. Aber die absolute Kontrolle über das Territorium einer Plattform erlaubt es ihren Entwicklern, noch einen Schritt weiter zu gehen und mit uns Experimente anzustellen, wie Varian feststellte.

Was könnte das in der Praxis bedeuten? Nun, Plattformbetreiber können Menschen einen Anstoß – oder »Nudge«, wie man das in der Soziologie nennt – in eine bestimmte Richtung geben und herausfinden, ob sie ihm folgen; falls nicht, variieren sie den Versuch, bis sie die effektive Methode für jede Nutzergruppe herausgefunden haben. Multipliziert man dies millionenfach über eine Plattform hinweg, erhält man das, was die Rechtswissenschaftlerin Karen Yeung als »Hypernudge« bezeichnet hat: einen derart von Einflüssen durchzogenen Raum, dass schwer zu sagen ist, ob wir in ihm überhaupt noch frei agieren können.[26]

Dieser Prozess verlangsamt sich keineswegs, sondern beschleunigt sich vielmehr. TikTok würde es nie so ausdrücken, aber der Kunstkniff seiner Algorithmen besteht darin, uns vorzugaukeln, genau das für uns auszusuchen, was wir schon immer sehen wollten.[27] Facebook, das unter Druck geriet, als Apple im Jahr 2021 den iPhone-Nutzern die Möglichkeit eröffnete, Tracking durch Apps anderer Werbetreibender abzulehnen, nutzt nun seine eigene KI, um denselben Werbetreibenden einen experimentellen Dienst zum Testen von Werbung namens Advantage+ anzubieten.[28]

Wir wollen damit keineswegs behaupten, dass die Plattformbetreiber nach Art einer autoritären Regierung sämtliche Aspekte unseres Lebens unter ihre Kontrolle bringen wollen. Auf jeden Fall aber ermöglicht das Territorium der digitalen Plattform diesen Unternehmen, unsere Handlungen sehr stark im Sinne ihrer eigenen Interessen zu steuern. Die Unternehmen nennen diesen Prozess Optimierung: Beeinflussung des Nutzerverhaltens auf der Plattform, um das bestmögliche Ergebnis für die eigenen Geschäftsziele zu erreichen. Das Streben nach Optimierung kennzeichnet nicht nur Plattformen und Apps, sondern sämtliche Bereiche des Internets, die kontinuierlich Daten für kommerzielle Zwecke erfassen. Etwas, was Plattformen immer optimieren wollen, ist die Menge der extrahierten Daten. Es reicht nicht aus, dass eine Plattform oder App nur gelegentlich registriert, was wir tun; sie will uns ständig überwachen. Es genügt nicht, dass sie nur einige wenige Aspekte unserer Handlungen überwacht; sie will alle relevanten Aspekte überwachen.[29] Die Möglichkeit, anstelle einer Stichprobe die Daten der Gesamtpopulation extrahieren zu können (Viktor Mayer-Schonberger und Kenneth Cukier haben das in ihrem Buch *Big Data* auf die Formel »N = all« gebracht), ergibt sich unmittelbar aus der kolonialen Natur des Datenterritoriums: Ein Ereignis ist dort nur, was eine Datenspur hinterlässt.

Das dritte kolonialistische Hauptmerkmal der Datenterritorien ist das Fehlen jeglicher Beschränkungen, denen normalerweise die Ausübung von Macht in einem realen Territorium unterliegt.

Ein Datenterritorium ist durch keine Grenzen in seiner Größe beschränkt. Während reales Land und seine Rohstoffe von Natur aus durch die Oberfläche des Planeten begrenzt sind, lassen sich Territorien unter Kontrolle eines Plattformbetreibers unbegrenzt erweitern, solange es gelingt, Menschen zur Interaktion mit ihnen zu bewegen. Ein Unternehmen muss zur Expansion nicht einmal neue Apps entwickeln, sondern lediglich Verbindungen zwischen bestehenden Plattformen und Apps herstellen. Es gibt keine Grenzen dafür, wie eine Plattform mit anderen Plattformen oder Apps verknüpft werden kann oder wie sie eigene Schnittstellen in offenes Online-Territorium platziert. Längst ist das Internet nahezu vollständig »plattformisiert«,[30] anders ausgedrückt, es wird in seiner Gesamtheit als Datenterritorium verwaltet. Man ahnt es vielleicht, wenn große

Plattformen als Gatekeeper für Websites oder kleinere Plattformen auftreten und man aufgefordert wird, sich über seine Facebook- oder Google-ID (in China über seine WeChat-ID) anzumelden, was sicherstellt, dass die Daten, die man auf diesen neuen Plattform erzeugt, zum Vorteil von Facebook, Google oder WeChat mit deren Daten kombiniert werden. Dahinter können komplexere Vereinbarungen stehen: Große Technologieunternehmen bieten kleineren Websites und Plattformen diverse datenbezogene Dienste an, die einen Anreiz darstellen, die großen Plattformen in ihr eigenes Design einzubauen.[31]

»Plattformisierung« mag zwar wie ein harmloser, rein deskriptiver Begriff klingen, aus der Perspektive der Kolonialgeschichte betrachtet zeigt er jedoch die Umwandlung des offenen Online-Raums in weitere Datenterritorien an, in denen Kontrolle und Extraktion an der Tagesordnung sind.

Das Territorium mancher Plattformen ist inzwischen so riesig geworden, dass es fast unmöglich ist, ihnen zu entgehen. Die Menschen in China können nahezu alles erledigen, ohne je die WeChat-Plattform zu verlassen: Lebensmittel kaufen, einen Kredit beantragen, auf Regierungswebsites zugreifen, checken, ob sie unter den aktuellen Quarantänebestimmungen das Haus verlassen dürfen. Gleichzeitig wächst ihre Abhängigkeit von WeChat, dem sie durch ihre WeChat-ID praktisch ausgeliefert sind. Das bleibt nicht ohne Auswirkungen auf die Wirtschaft, denn ohne Präsenz auf WeChat erreichen Unternehmen ihre Kunden nicht. Auch die chinesische Regierung unterhält spezielle »Programme« auf WeChat, Schnittstellen, die es Nutzern ermöglichen, über die App direkt mit der Regierung in Kontakt zu treten. Vielleicht ist dies die Art von One-Stop-App, an die Elon Musk in seinen vagen Andeutungen über die von ihm geplante Super-App »Project X« denkt. Was auch immer Musks

Pläne sind, Chinas Super-Apps bieten uns einen Einblick in eine allumfassende ökonomische, gesellschaftliche und administrative Macht, wie sie selbst Kolonialmächte nur selten erreicht haben, vielleicht mit Ausnahme der britischen East India Company.

Völlig unbegrenzt ist auch die Tiefe von Datenterritorien: Solange Menschen bereit sind, mit einer Plattform zu interagieren, hängt die Tiefe der Extraktion allein von der Anzahl der durch die Software erfassten Datenkategorien ab.

Dies hat enorme Auswirkungen auf den Alltag der Menschen, auch die Arbeitswelt: Wenn Aufgaben in Plattformformate übersetzt werden, können Manager ihre Erledigung sekundengenau auf jeder Ebene und unter jedem Aspekt beobachten und verfolgen. Ein weiteres Beispiel ist der menschliche Körper. Wir haben uns vielleicht damit abgefunden, dass wir getrackt werden, sobald wir online sind, aber an ein Tracking des menschlichen Körpers denken wir seltener. Gesichtserkennung ist bekanntlich ein kontroverses Thema, aber es gibt viel mehr Formen des Körpertrackings. Schon entsteht eine neue Industrie, die Gespräche trackt und analysiert, die Menschen online und am Telefon führen. CallMiner ist ein auf Sprachanalyse spezialisiertes Unternehmen, das damit wirbt, »Unternehmen in die Lage zu versetzen, aus den Gesprächen ihrer Kunden aussagekräftige und verwertbare Informationen zu gewinnen«.[32]

Eine weitere Eigenschaft von Datenterritorien ist, dass sie ihren Datenoutput samt dessen Nutzwert unbeschränkt weitergeben, teilen oder verkaufen. So wie ich Informationen über das aktuelle Wetter gleichzeitig mit jeder anderen Person nutzen kann, so können auch mehrere Vermarkter Datensätze von Käufern zur selben Zeit verwerten. Es kommt manchmal vor, dass Unternehmen »ihre« Daten künstlich verknappen. Solange es nicht durch Gesetze verhindert wird, gilt für die Plattformnutzer jedoch, dass sie in der Regel den Unternehmen einen Blankoscheck für die von ihnen überlassenen Daten ausstellen. Sie haben keinerlei Kontrolle darüber, wo ihre Daten in der Zukunft landen werden.

Diese Eigenschaften von Datenterritorien mögen zwar rein technisch erscheinen, laufen aber auf eine Neugestaltung der sozialen Beziehungen hinaus, oder zumindest derjenigen sozialen Beziehungen, die wir innerhalb von Datenterritorien ausüben (und das sind bereits eine ganze Menge). In diesen Territorien treten wir – scheinbar freiwillig – in eine Reihe von asymmetrischen Machtbeziehungen ein. Sie durchdringen unser Leben tiefer, als dies vor dem Aufkommen dieser Plattformen denkbar gewesen wäre, mit deren Hilfe Unternehmen nun die Erreichung ihrer Ziele optimieren können. Den Kern dieser neuen gesellschaftlichen Beziehungen bildet eine neue kolonialistische Realität: die Eroberung sozialer Territorien in großem Maßstab und ihre Kontrolle zum Nutzen einiger Weniger.

Doch wie wir in Kapitel 3 sehen werden, wird uns – den Nutzern – diese tiefgreifende Umwälzung des gesellschaftlichen Lebens als schlichte Folge der Bestrebungen von Unternehmen vorgestellt, uns zu bieten, was wir schon immer wollten: mehr Komfort und mehr soziale Kontakte. Zusätzlich soll all dies im Namen der Wissenschaft und Erkenntnis geschehen. Die Verantwortlichen wissen sehr wohl, dass solche Prozesse alles andere als natürlich sind, auch wenn sie dies selten zugeben. »Im Naturzustand ist die Welt *nicht* vernetzt«, bemerkte einmal Andrew Bosworth, Entwickler bei Facebook, mittlerweile Chief Technology Officer von Meta, was in der Tech-Branche großes Aufsehen erregte.[33] Natürlich haben Menschen schon immer soziale Kontakte geknüpft und Dinge gemeinsam organisiert. Aber wenn sie dies über Facebook tun, und auf eine Art und Weise, die dem Geschäftsmodell von Facebook zugutekommt, ist das keineswegs natürlich, sondern fügt sich perfekt in den umfassenden Prozess der territorialen Eroberung ein.

Daten, KI und Umwelt

Daten haben erst dann einen Wert, wenn sie aufbereitet sind, und dazu wird Energie benötigt.

Unsere Plattformnutzung und Vernetzung erfordern riesige Rechenzentren, die für ihren Betrieb und die notwendige Kühlung Unmengen Strom verbrauchen. Besonders intensive Datenverarbeitung wie der massive Einsatz von KI treibt dies noch in die Höhe. Einige Big-Tech-Unternehmen sind sich dessen bewusst und versuchen, grüner zu werden: Apple will bis 2030 CO_2-neutral werden, Microsoft sogar CO_2-negativ. Doch in der öffentlichen Diskussion werden die Umweltkosten unseres digitalen Lebens immer noch heruntergespielt.[34]

Nehmen wir die Datenzentren, die über den ganzen Planeten verteilt sind. Wir denken selten an sie, doch allmählich finden ihre Folgen für die Umwelt Eingang in die Schlagzeilen. Im Westen Londons, einem Gebiet mit Wohnungen und Gewerbe, in dem bis vor wenigen Jahren auch einer der beiden Autoren lebte, verzögert mangelnde Stromversorgung den Bau dringend benötigter neuer Wohnungen mindestens bis 2035. Und warum? Weil die enorm gestiegene Ausbreitung von Rechenzentren in diesem Gebiet dazu geführt hat, dass es »keine ausreichenden Kapazitäten für neue [Strom-] Anschlüsse« mehr gibt. Schätzungen zufolge wird der Anteil von Rechenzentren am weltweiten *Gesamtstromverbrauch* bis zum Jahr 2030 zwischen 3 und 13 Prozent liegen – im Jahr 2010 betrug er noch 1 Prozent.[35]

Das ist nicht alles. Der hohe Stromverbrauch produziert viel Wärme, die durch Wasser gekühlt werden muss. Thames Water, der Londoner Wasserbetrieb, warnte bereits vor einer dramatischen Erschöpfung seiner Vorräte. Ein Grund: Rechenzentren. Es wurde gefordert, dass ein Untersuchungsausschuss des Parlaments sich mit den langfristigen Folgen von Rechenzentren für die knappen Wasserressourcen beschäftigen solle.[36] Dabei ist London nur eines von fünfzehn großen Ballungsgebieten für Rechenzentren auf der Welt, und nicht einmal das mit dem schnellsten Wachstum – in dieser Hinsicht liegen Mumbai, Shanghai und Nord-Virginia vorne.[37]

Auch das »Mining« für Kryptowährungen verbraucht Unmengen Strom mit entsprechenden Folgen für die Umwelt, ein Problem, das viel zu wenig Beachtung findet. Mit »Mining« ist hier nicht der Abbau realer Rohstoffe wie im historischen Kolonialismus gemeint, sondern der Einsatz gigantischer Rechenleistung zur Erzeugung neuer Währungseinheiten wie beispielsweise Bitcoins und die Absicherung der damit getätigten Transaktionen. Bitcoin ist nur eine von zahlreichen Kryptowährungen, derzeit befindet sie sich auf Talfahrt. Trotzdem verbrauchte ihr Mining im Jahr 2020 mehr Strom als mittelgroße, wohlhabende Nationen wie Österreich oder Portugal.[38] Unter dem Gesichtspunkt der Folgen für die Umwelt betrachtet ähneln Bitcoins also stark der klassischen Kolonialbeute.

Die Folgen der Datenverarbeitung und der Daten für die Umwelt werden häufig durch abstrakte und blumige Sprache verschleiert. Zum Beispiel ist die »Cloud« oder »Wolke«, wie der nichtlokale Speicherort unserer Daten gerne genannt wird, keineswegs ein lebenserhaltender Feuchtigkeitsspender, sondern ein riesiges Netz von Datenzentren, das unsere Wasservorräte aufzehrt.[39]

Hinzu kommen die Umweltkosten für die Geräte, mit deren Hilfe wir uns in den Datenterritorien bewegen. Sämtliche Computer sind auf Chips angewiesen, die aus Silizium, Phosphor und vielen anderen Mineralien hergestellt werden. Die Rohmaterialen für diese Geräte stammen gewöhnlich aus Afrika, Asien und Lateinamerika; die Elektronikproduktion verbraucht 36 Prozent des weltweit geförderten Zinns und 15 Prozent des Silbers.[40] Unsere Geräte benötigen weitere, seltener vorkommende Metalle wie Kobalt und Lithium, die häufig unter schwierigen Bedingungen in den Konfliktgebieten Afrikas und Lateinamerikas abgebaut werden.[41]

Der Abbau einiger dieser Rohstoffe erfordert große Mengen anderer natürlicher Ressourcen. So werden beispielsweise für die Produktion von Lithium (das vor allem für Akkus benötigt wird) große Mengen Salzwasser an die Oberfläche gepumpt, das dann in der Sonne verdunstet. In Chile leiden die Atacameños, die indigenen Bewohner der Atacama-Wüste, bereits unter der dadurch entstehenden Wasserknappheit.[42]

Am anderen Ende des Prozesses steht der Umweltmüll, in den sich unsere kurzlebigen elektronischen Geräte verwandeln: Laut Global E-Waste Monitor sind im Jahr 2019 pro Erdenbewohner schätzungsweise 7,3 Kilogramm Elektronikschrott angefallen.[43] Obwohl hauptsächlich im Norden verbraucht, landet er zum größten Teil im Globalen Süden, mit schädlichen Gesundheitsfolgen insbesondere für jene, die ihn verarbeiten.

Es gäbe noch viel mehr zu sagen über die Umweltkosten von Datenterritorien, ihren im Geiste des Kolonialismus geführten Kampf um die Kontrolle über die Ressourcen, die unsere digitale Kommunikation ermöglichen, und darüber, wie sich Big Tech zur Sicherung seiner Macht in der Umwelt ausbreitet – beispielsweise durch die stetige Vergrößerung der Anzahl von Satelliten, was bereits zu einer Überfüllung der erdnahen Umlaufbahnen führt, oder durch die Verlegung immer weiterer Ozeankabel.[44] Aber das Gesamtbild dürfte klar sein. Während die Expansion der Datenterritorien auf das gesamte gesellschaftliche Leben übergreift, beeinträchtigt die reale Infrastruktur, die diese Expansion erst ermöglicht, stark die Umwelt, insbesondere im Globalen Süden. Damit wiederholt sich die aus der Kolonialgeschichte bekannte Zerstörung der »billigen Natur«, vor allem durch den »Extraktivismus«, von dem Naomi Klein spricht.[45]

Der Datenraub ist allgegenwärtig

Datenterritorien können in jedem Lebensbereich eingerichtet werden und eine beliebige Anzahl von Informationsdimensionen ausbeuten.

Zu den uns vertrautesten Datenterritorien gehören jene, in die uns die Werbung zu locken versucht, wenn sie unseren Aufenthaltsort trackt und alle daraus resultierenden Daten zusammenführt, um relevante Anzeigen oder andere Informationen auf unseren Bildschirmen erscheinen zu lassen. Dies ist eine der ältesten Formen von personalisiertem Marketing und wurde von Philip Agre bereits vor drei Jahrzehnten beschrieben, gilt aber in der Branche nicht mehr als besonders wirkungsvoll. Wer klickt schon jede Anzeige an, die auf seinem Bildschirm aufpoppt, oder tut das wenigstens gelegentlich? Darüber hinaus haben einige mächtige Akteure wie Apple und Google Tracking auf der Basis von Cookies, auf das sich die Werbetreibenden bisher verlassen haben, eingeschränkt. Der Grund ist natürlich nicht Selbstlosigkeit oder gesteigertes Datenschutzbewusstsein, vielmehr streben Apple und Google an, mehr eigene Werbung und werbebezogene Daten zu verkaufen. Es ist sicherlich kein Zufall, dass Apple ein Jahr, nachdem es Werbetreibende dazu gezwungen hat, sich bei iPhone-Nutzern eine ausdrückliche Zustimmung zum Tracking einzuholen, ankündigte, die Mitarbeiterzahl seiner eigenen digitalen Werbeagentur zu verdoppeln.[46] Nachdem es so lange das Geschäftsmodell von Facebook war, sehen manche in diesem Ende des Trackings ohne vorherige Zustimmung bereits den Anfang vom Ende des Überwachungskapitalismus gekommen.[47] Doch der Datenkolonialismus operiert in viel mehr Bereichen als nur in dem der gezielten Werbung.

Nehmen wir zum Beispiel die privaten Finanzen. Unberührt von den Datenskandalen im Zusammenhang mit Online-Kreditagenturen gab es ein massives Wachstum im Bereich algorithmisch betriebener Plattformen und Apps, mit denen man seine privaten Bankgeschäfte erledigen kann. Ihre Benutzung ist sicherlich komfortabler, als lange auf einen persönlichen Termin mit einem Bankberater zu warten – man erledigt alles rasch mit dem eigenen Mobiltelefon. Aber diese Apps begnügen sich nicht bloß mit ein paar Daten, die für die gewünschten Aktionen nötig sind, sie lassen sich die Zustimmung geben, nun kontinuierlich alle möglichen Datenströme der Nutzer und selbst Dritter abzusaugen. Auf diese Weise verschaffen sie sich dann lange über den ursprünglichen Anlass einer Kreditvergabe hinaus eine ständig aktualisierte Bonitätsprüfung.[48]

Werbung und private Finanzen sind dabei nur die Spitze des

Daten-Eisbergs. Drei weitere für unsere Lebensqualität relevante Bereiche, die man seltener mit überbordender Datenextraktion in Zusammenhang bringt, auch wenn sie dort längst Realität geworden ist, sind Landwirtschaft, Bildung und Gesundheit.

Daten, soviel man nur kriegen kann

In vielen Teilen der Welt sind die Traktoren auf den Feldern wahrscheinlich nicht nur mit einem Computer ausgestattet, sondern auch mit Systemen zur Online-Datenanalyse in der Cloud verbunden.

Die »Präzisionslandwirtschaft«, wie man heute sagt, wird in großem Stil propagiert. Eine führende Rolle nehmen hier unter anderem der amerikanische Produzent von Landmaschinen John Deere und der Agrarkonzern Monsanto (inzwischen vom deutschen Chemiekonzern Bayer übernommen) ein. Auch wenn die Landwirte sich noch immer frei auf ihren Feldern bewegen können, ihre Arbeit wird ihnen weitgehend von den Programmen vorgegeben, die mit ihren Geräten geliefert werden. In diesem Sinne zählt auch gentechnisch verändertes Saatgut als Ausrüstung. In den FAQ der beim Kauf geschlossenen Vereinbarung mit Monsanto, »Technology Stewardship Agreement« genannt, heißt es: »Jeder Landwirt, der Saatgut kaufen und ausbringen möchte, das Monsanto-Technologie enthält, muss in gültiger Weise den Nutzungsbedingungen [Terms of Service Agreement, TSA] zustimmen.«[49]

Die Präzisionslandwirtschaft verändert auch die Tierhaltung. China versucht seit einigen Jahren, seine Schweinezucht anzukurbeln, um die enorme weltweite Nachfrage befriedigen zu können. Industrielle Landwirtschaft fand bislang ohne KI statt, doch der chinesische Big-Tech-Gigant Alibaba witterte eine Chance für sein Cloud-Geschäft. Er bot die Dienste seiner proprietären Plattform ET Agricultural Brain zur Überwachung der Aufzucht von Millionen Schweinen in riesigen industriellen Zuchtbetrieben an. Zunächst musste der Algorithmus jedoch darauf trainiert werden, das Verhalten und den Gesundheitszustand der Schweine richtig einzuordnen. Dafür entstanden sogenannte »digitale Städte«, in denen Wanderarbeiter auf dem Land den ganzen Tag an Computern sitzen.[50] Dies ist nur einer von vielen Bereichen der Lebensmittelproduktion, an denen Alibaba inzwischen mitwirkt.[51]

Die Datenanalyse, in der Monsanto bereits 2013 das größte Wachstumspotenzial für die Branche ausgemacht hat,[52] steht im Zentrum der Zukunftsvision für die Lebensmittelproduktion. Landwirte leisten dazu einen erheblichen Beitrag, indem sie Fotos von ihren Äckern und verschiedenen Arten von Unkraut für das Training der Algorithmen hochladen. In vielen Fällen handelt es sich dabei um einen einseitigen Informationsfluss; die von einem John-Deere-Traktor gesammelten Daten sind beispielsweise dem Landwirt, der ihn fährt, gar nicht zugänglich.[53] Er hat auch kein eigenständiges Recht auf Reparatur, sondern ist an den Service von John Deere gebunden, was man durchaus als eine Form der territorialen Herrschaftsausübung bezeichnen kann. Solche Praktiken, die an Apples jahrzehntelange Weigerung erinnern, den Käufern seiner Geräte ein unabhängiges Recht auf Reparatur einzuräumen, wurden erst kürzlich im US-Bundesstaat Colorado per Gesetz eingeschränkt.[54] Lässt man solchen Praktiken freien Lauf, sammelt sich eine riesige Menge an Daten und eine enorme Macht bei den Konzernen an, während die Landwirte immer abhängiger von Software wie der FieldView-Plattform von Bayer / Monsanto werden (ursprünglich von The Climate Corporation entwickelt). Wie nicht anders zu erwarten, sind solche Dienste vor allem für landwirtschaftliche Großbetriebe konzipiert, stellen aber dennoch die gesamte Lebensmittelproduktion auf den Kopf. Und es gibt noch einen weiteren Big Player, der davon profitiert: Agrarversicherungen, die nun Satellitenbilder zusammen mit den neuen Datenplattformen nutzen, um die Risiken großer landwirtschaftlicher Betriebe auf ständig aktueller, »personalisierter« Basis zu überwachen[55] – so wie Hal Varian es für die simple Kfz-Versicherung vorausgesagt hat.

KI-gesteuerte Plattformen verändern die über Generationen gewachsene Beziehung der Landwirte zu ihrem bewirtschafteten Land. Dies gilt selbst für einfachste Erzeugnisse wie Heu. Der Grassometer, ein Gerät des irischen Unternehmens Monford, misst nicht nur das Graswachstum, sondern vieles mehr. Über GPS und Sensoren kartiert er den Boden und verfolgt laufend das Wachstum der Pflanzen, um »Präzisionslandwirtschaft für den Graslandwirt« zu ermöglichen. Wie der Gründer des Unternehmens erklärte: »Daten sind der neue Acker: Sie besitzen für den landwirtschaftlichen Betrieb der Zukunft dieselbe Bedeutung wie heute der Traktor«.[56]

Diese Entwicklungen sind zwar längst noch nicht abgeschlossen, doch wir können bereits den territorialen Vorstoß erkennen, das alte koloniale Territorium in einen neuen Vermögenswert zu verwandeln, in dem es in erster Linie um die Kontrolle von Daten geht. Das reale Territorium des landwirtschaftlichen Betriebs und des Ackers wird zu einem hybriden Datenterritorium.

Das Klassenzimmer als Datenterritorium

Einige der wichtigsten Akteure im Bereich Bildungstechnologie tragen bekannte Namen. Google for Education und die zugehörigen Apps werden in vielen Klassenzimmern auf der ganzen Welt eingesetzt, und auch Microsoft versucht auf diesem Gebiet Fuß zu fassen. Pearson, der weltweit führende Bildungsanbieter (seit 2016 Partner von IBM), hat sich dem Leitbild eines »digitalen Ozeans« verschrieben, eines grenzenlosen Raums, in dem kontinuierlich Bildungsdaten in eigens dazu präparierten Klassenzimmern generiert werden, so wie permanent Daten aus der Nutzung von Social-Media-Plattformen abgeschöpft werden.[57] Der globale Markt für Bildungstechnologie wurde 2021 auf über 250 Milliarden Dollar geschätzt, Prognosen gehen davon, dass er sich bis 2027 mindestens verdoppeln wird.[58]

Wichtig für die Höhe des Marktwerts sind unter anderem Daten, mit denen die großen neuen KI-Dienste arbeiten können. Andy Bird, Geschäftsführer von Pearson, antwortete auf die Frage, ob ChatGPT eine Bedrohung für sein Unternehmen darstelle: »Wir sind im Besitz einiger sehr reiner, wertvoller Datensätze, die bei der Einspeisung in generative KI-Modelle hervorragenden Output produzieren.«[59] ChatGPT und generative KI bringen also Unternehmen aus dem Sektor Bildungstechnologie wie Pearson keineswegs in Bedrängnis, sondern eröffnen ihnen im Gegenteil Möglichkeiten, ihre gehorteten Schätze privater Daten noch gewinnbringender zu vermarkten.

Staatliche Regulierung findet in diesem Bereich derzeit kaum statt. Eher sorgt staatliche Unterstützung in vielen Ländern für ein starkes Wachstum des Bildungsdatensektors, beispielsweise in Brasilien und Nigeria.[60] Die Coronapandemie hat diese Entwicklung weiter vorangetrieben. Südkorea organisierte gleich zu Beginn der Pandemie den gesamten Schulunterricht online. Eine Schlüsselrolle spielte dabei das Educational Broadcasting System (EBS), der koreanische Bildungsrundfunk, der auch mit kommerziellen Datenextraktoren wie BlueKai von Oracle zusammenarbeitet.[61]

Der Expansionsdrang im Sektor der Bildungstechnologie wird stark von internationalen Organisationen gefördert, von denen man eigentlich hoffen sollte, dass sie die Wertvorstellungen der Wirtschaft etwas kritischer sehen. Doch auf allen Ebenen, bis hinauf zur Weltbank und zu den Vereinten Nationen, scheinen die multilateralen Organisationen den Befürwortern des weltweiten Datenraubs hörig zu sein.

»Die KI wird den Bildungsbereich entscheidend verändern«, erklärte Audrey Azoulay, Generaldirektorin der UNESCO, im Jahr 2019. In einem UNESCO-Bericht aus demselben Jahr heißt es, man müsse »die Lernenden darauf vorbereiten, Erfolg in einer Zukunft zu haben, in der die KI allgegenwärtig sein wird«. Dem entspricht der allgemeine Tenor in der Wirtschaft, den Einsatz von KI positiv zu bewerten. Die von der Europäischen Kommission eingesetzte hochrangige unabhängige Expertengruppe für KI erklärte: »KI ist … ein vielversprechendes Instrument für das Gedeihen der Menschheit und zur Steigerung des individuellen wie gesellschaftlichen Wohlergehens, zur Verbesserung des Gemeinwohls und der Förderung von Fortschritt und Innovation«.[62] Aber hängt das nicht vor allem davon ab, wie KI implementiert wird? So optimistisch könnte man die Sache vielleicht sehen, wenn die Betroffenen Kontrolle über die KI hätten, aber unter den Regeln des Datenkolonialismus ist mit ganz anderen Folgen zu rechnen.

Unter den Bemühungen von Big Tech, mit Staaten ins Geschäft zu kommen, vor allem mit jenen, die nicht viel Geld für

Bildung ausgeben können, entwickeln sich öffentlich-private Datenpartnerschaften zum Standard im Bildungsbereich. Ein solches öffentlich-privates Partnerschaftsprojekt ist Microsofts Initiative »4Afrika«. Auch Google Cloud unterstützt acht afrikanische Länder im Bildungsbereich, und Facebook hat kürzlich speziell für Afrika eine Bildungs-App namens Sabee entwickelt.

Die Bildungsabteilung von Microsoft setzt in ihrem Bericht »Understanding the New Learning Landscape« (2021) Erfolg im Bildungsbereich kurzerhand mit kommerziellem Erfolg gleich:

> Einzelhandelsgeschäfte, die KI einsetzen, können innerhalb von 24 Stunden Veränderungen des Kaufverhaltens feststellen, wenn sie den Präsentationsort eines Produkts im Regal ändern. *Genauso schnell* sollten Bildungseinrichtungen, die bei der Wissensvermittlung neue Strategien, Werkzeuge und Programme einsetzen, deren Einfluss auf das Wohlbefinden und den Lernerfolg der Schülerinnen und Schüler erkennen können.[63]

Das klingt wie Pearsons Vorstellung vom digitalen Ozean. Aber der Vergleich mit dem Einzelhandel wirft eine wichtige Frage auf: Ist das, worauf es in der Bildung ankommt, wirklich so einfach messbar wie das Umsatzplus eines besser platzierten Schokoriegels? Was, wenn es sich ganz anders verhält? Was geschieht, wenn die Akteure im Bildungswesen – Lehrer, Eltern, Kinder – ständig den asymmetrischen Machtverhältnissen der Datenkolonie ausgesetzt sind? Erst kürzlich schlug ein Bericht der britischen Digital Futures Commission und der 5Rights Foundation Alarm. Er untersuchte den Umgang mit Daten bei zwei bekannten Bildungsplattformen, Google Education und

ClassDojo, die mit mehr als 2 Millionen Downloads im Jahr 2021 in britischen Schulen intensiv genutzt werden.

Trotz der diplomatischen Sprache des Berichts treten deutlich vier Problemfelder zutage. Erstens Undurchsichtigkeit: Es ist sehr schwer auszumachen, was diese Plattformen mit den von ihnen gesammelten Daten machen. Zweitens Expansionsdrang: Die Plattformen verwischen ständig die Grenzen zwischen schulischen und privaten Daten sowie zwischen Kerndienstleistungen und zusätzlichen Angeboten. Drittens unzureichende Definition der Selbstverpflichtung: Die Plattformen üben enorme Macht aus, wobei weitgehend unklar bleibt, wozu sie sich gegenüber Schulen, Eltern und Kindern eigentlich verpflichten. Viertens unklare Regelbefolgung: Der undurchsichtige Betrieb der Plattformen weckt Zweifel, inwieweit sie die bestehenden Datenschutzbestimmungen einhalten – es kam bereits zu ersten Klagen, beispielsweise in den Niederlanden.[64] In keiner Schule, die Google Classroom oder ClassDojo verwendet, scheint dem Lehrpersonal viel Mitspracherecht über den Einsatz eingeräumt zu werden. Wie auch, wenn die entsprechenden Verträge auf Schulebene, wenn nicht höher ausgehandelt wurden? Die Eltern haben noch weniger Mitspracherecht, sie können ihr Kind allenfalls von der Schule nehmen. Und wie man sich denken kann, fragt natürlich auch niemand die Kinder, deren Daten gesammelt und archiviert werden.[65]

Etwa zur gleichen Zeit wie die Untersuchung der Digital Futures Commission nahm Human Rights Watch 163 Bildungsplattformen in neun Ländern unter die Lupe. Die Organisation kam zu dem Schluss, dass während der Pandemie staatlich unterstützte Bildungsplattformen nicht dagegen gesichert waren, Daten an Dritte weiterzugeben, darunter in so wichtigen Märkten wie Brasilien.[66]

Unterdessen schreitet die Bildungsforschung im digitalen Klassenzimmer rasch voran. Ein Bereich ist das Eye Tracking, das Augenbewegungen und Blickrichtung von Probanden erfasst. Man erhofft sich davon, »skalierbare aufmerksamkeitsgesteuerte Systeme« zu entwickeln.[67] Diese Technik verspricht, auf eine bestimmte Art von Augenbewegungen zu achten, die »abschweifende Gedanken« verraten soll, eine besorgniserregende Praxis, kommt sie doch »Gedankenkontrolle« schon recht nahe.

Vielleicht ist es kein Zufall, dass sich Verhaltenssteuerung über Kontrolle der Augenbewegungen in den Klassenzimmern etabliert. An britischen Schulen wird mit Unterstützung der britischen Regierung ein Ansatz namens SLANT verfolgt. Die Worte, für die dieses Akronym steht, sagen schon alles: Sit up, Listen, Ask & answer questions, No talking, Track speaker (Sitz gerade, hör zu, frage und antworte, rede nicht mit deinen Mitschülern, konzentriere dich auf den Sprecher).[68]

Niemand will behaupten, dass das Klassenzimmer vor der Entwicklung solcher Bildungstechnologien ein idealer Ort war. Es gab dort immer viele Probleme, insbesondere in einkommensschwachen Bezirken. Doch sobald man ein Klassenzimmer in ein Datenterritorium verwandelt, verschwinden zuvor selbstverständliche Beschränkungen der Macht. Datenterritorien, ob nun für den Unterricht oder andere Zwecke eingerichtet, sind Räume absoluter Herrschaft, über die kein Lehrer, der seinen Schülern traditionell von Angesicht zu Angesicht gegenübersteht, je verfügt. Das mag für bevölkerungsreiche Staaten, die große Qualifikationslücken zu schließen versuchen, attraktiv sein. Doch im Bildungstechnologiesektor werden Imperien aufgebaut, die auf aggressivem Marketing und kontinuierlicher Datenextraktion beruhen. Ein Beispiel ist die indische Lern-

App BYJU'S, die es in weniger als einem Jahrzehnt geschafft hat, auf einen Schätzwert von mehr als 22 Milliarden Dollar zu kommen, und unter anderem Investoren im Silicon Valley (Zuckerberg / Chan-Stiftung) und China (Tencent) finden konnte.[69] Und BYJU'S ist nur ein Beispiel unter vielen für die globale Welle der Datenextraktion durch Konzerne in Schulen und anderen Bildungseinrichtungen.[70]

Datenschützer und Bildungsexperten zeigen sich alarmiert darüber, dass wir auf dem Weg in eine Welt zu sein scheinen, in der »das Leben von Kindern durch Überwachung bestimmt wird«, und das im Interesse von Konzernen, die sich dem Motto »Je mehr Daten, desto besser« verschrieben haben.[71] Zudem sind die langfristigen Folgen für die Bildung selbst zu bedenken: Wird sie zunehmend auf Fähigkeiten ausgerichtet sein, die für den Bildungssektor leicht zu messen und zu monetarisieren sind?[72]

Meine Gesundheitsdaten und ich

Wie uns Michaels Geschichte zeigte, gibt es kaum intimere Daten als Gesundheitsdaten. Werden sie unsachgemäß verwendet oder unprofessionell gespeichert, kann dies nicht nur zu großen Unannehmlichkeiten führen, sondern sogar lebensgefährlich werden. Deshalb macht es zu Recht Schlagzeilen, wenn Gesundheitsdaten ohne Zustimmung weitergegeben werden, wie im Fall von Deep Mind, einer Tochtergesellschaft von Alphabet, die mit dem Royal Free London NHS Foundation Trust zusammenarbeitete und ohne Zustimmung der Betroffenen Zugang zu großen Patientendatensätzen erhielt.[73] Noch heikler ist es, wenn Gesundheitsdaten – ganz besonders, wenn sie die psychische Gesundheit betreffen – mit Social-Media-Unternehmen geteilt werden, selbst wenn dies unabsichtlich geschieht, wie im Fall des Start-up-Unternehmens Cerebral, das eine App zur Hilfe bei psychischen Problemen entwickelt hat.[74]

Immerhin gibt es in vielen Ländern Gesetze, die Gesundheitsdaten unter besonderen Schutz stellen, zum Beispiel die Allgemeine Datenschutzverordnung der Europäischen Union (GDPR). Manche Gesundheitsdaten, beispielsweise das Genom einer Person, sind allerdings so sensibel, dass sich sogar Philosophen darüber Gedanken machen und besondere Regeln für deren Speicherung fordern.[75] Dies ist das umstrittene Terrain, auf dem in den USA Ahnenforschungs-Apps wie 23andMe auf Konfliktkurs mit einem häufig als unzureichend kritisierten Datenschutz geraten sind.[76] Nicht weniger heikel ist der Umgang mit Daten im Bereich der psychischen Gesundheit, einem wachsenden Sektor, in dem seit 2020 mehr als 8 Milliarden Dollar umgesetzt wurden.[77]

Die Kontroverse über individuelle DNA-Daten betrifft nur einen Teil der Gesamtlandschaft der Ausbeutung von Gesundheitsdaten. Gesellschaften und Einrichtungen *brauchen* Gesundheitsdaten, um uns vor Krankheiten zu schützen. Die Corona-Pandemie hat eindringlich vor Augen geführt, dass Krankheiten vor Grenzen nicht haltmachen; Daten über das Wo und Wie ihrer Ausbreitung sind für die Entwicklung von Impfstoffen und Behandlungsmethoden unerlässlich. Gerade angesichts der unübersehbaren Ungleichheiten bei der Gesundheitsversorgung gibt es gute Argumente für eine intensivere Erfassung nationaler und internationaler Gesundheitsdaten in anonymisierter Form.[78]

Aber alles hängt davon ab, wie Gesundheitsdaten gesammelt, gespeichert und genutzt werden – und von wem. Da es sich in jedem Fall um hochsensible Daten handelt, wird kaum jemand der Forderung widersprechen, dass sie außer zur direkten Behandlung eines Patienten anonym bleiben sollten. Doch Experten befürchten, dass diese Anonymität durch Kombination mit anderen Datenquellen schnell löchrig werden kann – und das völlig unabhängig davon, ob die datensammelnden Geräte ausreichend gegen Hacker geschützt sind.[79]

Wichtig ist auch die Frage, was alles gesammelt wird. Die Sorge um die Anonymität nimmt noch zu, wenn wir außer Gesundheitsdaten auch den viel umfangreicheren und völlig unregulierten Bereich der Fitnessdaten einbeziehen, der zudem schwer einzugrenzen ist. Im Grunde kann man alles dazuzählen, was ein kommerzieller Akteur als relevant für die Gesundheit einer Person erachtet. Aber für welche Zwecke sind sie relevant? Eine Krankenversicherung würde sicherlich gerne wissen, wie wir uns ernähren, ob wir Sport treiben und wie es um unseren Alkoholkonsum steht. Vielleicht interessieren sie auch Daten über unsere mentale Verfassung und alles, was sich darauf auswirken könnte (beispielsweise wie zufrieden wir mit unserer Partnerschaft sind), da psychische Probleme in der Regel langfristige Auswirkungen auf die körperliche Gesundheit haben. Und in den Visionen der personalisierten Medizin, auch »Präzisionsmedizin« genannt, spielt die Nutzung individueller DNA-Daten eine große Rolle.[80] Alles zusammengenommen ergibt das eine gewaltige Menge Daten. Einer Schätzung zufolge wird der Markt für das IoT im Gesundheitsbereich bis 2025 auf mindestens 300 Milliarden Dollar anwachsen.[81]

In den letzten zehn Jahren ist eine riesige Industrie entstanden, die unsere Gesundheits- und Fitnessdaten im engeren und weiteren Sinne ausbeutet, wobei es nur für Letztere gesetzliche Regelungen gibt. Zahllose Apps und Geräte konkurrieren darum, Daten zur Gesundheit und Fitness aus unseren smarten

Geräten zu extrahieren (Fitbit und Apple Watch sind die bekanntesten Beispiele). Diese Expansion ist nicht auf den Globalen Norden beschränkt; Indien ist inzwischen der weltweit größte Markt für Smartwatches.[82] Big-Tech-Unternehmen drängen mit Macht in den Gesundheitssektor und setzen dazu ihre Ressourcen in den Bereichen Big Data, KI und Cloud-Computing ein: Amazon Health, Google Health, Microsoft Cloud for Healthcare. Amazons geplante Übernahme des medizinischen Dienstleisters One Medical für 3,7 Milliarden Dollar positioniert das Unternehmen als potenziell mächtigen Akteur auf dem Markt für »wertorientierte Pflege«, der Unternehmen für das generelle Wohlbefinden der Patienten und nicht nur für erbrachte Behandlungen belohnt. Aber wie sollte sich das ohne kontinuierliche Datenextraktion messen lassen?

Ein vielbeachteter unternehmerischer Schachzug brachte im November 2019 diese beiden unterschiedlichen Welten zusammen: Google kaufte für 2,1 Milliarden Dollar Fitbit. Wie ist dieser hohe Preis zu erklären? Die Finanz- und Tech-Presse ging davon aus, dass es für Google nicht nur auf die Fitbit-Daten ankam, sondern vor allem auf das Potenzial des Fitnesstrackers, ein führendes Portal für die Sammlung von Gesundheitsdaten zu werden. »Fitbit schaltet … den Mittelsmann aus«, stellte das *Wall Street Journal* fest, übermittelt das Gerät die Messwerte doch ganz ohne Arzt und Krankenhaus direkt an das Gesundheitsdatenunternehmen. Gewissermaßen mit kolonialistischem Unterton fügte die Zeitung hinzu: »Gesundheitsdienste erobern weiterhin Neuland.«[83] Genau wie im Bildungsbereich liegen die Probleme nicht nur in der Verwendung dieser oder jener Daten. Sie ergeben sich aus der Verschiebung der Machtverhältnisse im Gesundheitssektor, in dem es zunehmend darum geht, wer über die stetig wachsenden Datenterritorien gebietet. Darum ringen Big-Tech-Unternehmen wie Amazon, Apple und Google derzeit miteinander.[84]

Das Machtgerangel wird jedoch dadurch verkompliziert, dass auch Dritte wie Versicherer und Arbeitgeber mitzumischen versuchen. Wie Michael, mit dessen Geschichte dieses Kapitel begann, feststellte, sind Versicherer sehr an gesundheitsbezogenen Daten interessiert. Und den Arbeitgebern, die die Krankenversicherung ihrer Arbeitnehmer bezuschussen, ist dieses Interesse der Versicherer nur recht, weil sie sich davon Kostensenkungen versprechen. Die Arbeitgeber wollen also, dass ihre Mitarbeiter die Trackinggeräte tragen, die den Versicherern einen kontinuierlichen Strom von Gesundheitsdaten liefern – so wie beispielsweise der britische Versicherer VitalityLife Daten direkt von Apple Watch erhält. Dieser kommerzielle Druck steht im Spannungsverhältnis zu dem Prinzip, Gesundheitsdaten grundsätzlich vertraulich zu behandeln und den Datenfluss zu begrenzen, um das Risiko einer De-Anonymisierung zu minimieren. Je mehr Unternehmen, die mit Daten Geld verdienen wollen, in der Gesundheitsbranche aktiv werden, desto stärker werden diese Spannungen.

Unterdessen ist das Risiko, dass die eigenen Gesundheitsdaten preisgegeben werden, sehr ungleich verteilt. Wer arm und schutzlos ist, wird nicht in der Lage sein, seine Daten mit Rechtsmitteln zu verteidigen. Auf globaler Ebene werden die Länder des Südens in Verhandlungen mit den Big-Tech-Konzernen des Nordens große Schwierigkeiten haben, den freien Abfluss von Gesundheitsdaten zu unterbinden. Die Investitionen von Big Tech in die Gesundheit bleiben nicht auf die IT-Infrastruktur beschränkt, sondern schließen mittlerweile auch die direkte Patientenversorgung mit ein, wo sie sich als Lösung für die historisch ungleiche Verteilung von Gesundheitsressourcen empfehlen. Ein Beispiel dafür ist die chinesische Big-Tech-Plattform Tencent, die sich unter dem Schlagwort »Präzisionsmedizin« anschickt, zu einem der großen Akteure im Gesundheitssektor zu werden. Tencent expandiert in der KI-gestützten Diagnose und in der direkten Gesundheitsversorgung über sein Smart-Hospital-Programm. Eine Schlüsselrolle spielt dabei seine Social-Media-App WeChat.[85] Das chinesische Unternehmen BGI ist während der Corona-Pandemie mit Tests und »personalisierter Medizin« hervorgetreten, und im August 2022 erwarb ByteDance, die Muttergesellschaft von TikTok, für 1,5 Milliarden Dollar ein großes chinesisches Krankenhausunternehmen.[86]

Wir brauchen dringend neue Regeln, um einen Ausgleich zwischen dem individuellen Bedürfnis nach Datenschutz und der gesellschaftlichen Notwendigkeit, gewisse Gesundheitsdaten zum Wohle der Allgemeinheit zu teilen, zu schaffen. Eine kürzlich von der *Financial Times* und der medizinischen Fachzeitschrift *Lancet* gesponserte Commission on Governing Health Futures hat dafür den Begriff »Datensolidarität« geprägt. Sie definierte dies als »gleichzeitigen Schutz der Rechte des Einzelnen, Förderung des Gemeinwohlpotenzials solcher Daten und Aufbau einer Kultur der Datengerechtigkeit und -gleichheit«.[87] Wir sind skeptisch, dass dieses Prinzip von den internationalen NGOs oder den Staaten, die die Politik des Gesundheitsdatensektors bestimmen, aufgegriffen wird. Glücklicherweise gibt es bereits innovative Ansätze wie die Hippo AI Foundation in Deutschland, die ein anderes Modell für die Verwaltung von Gesundheitsdaten anstreben, das auf diesem Grundsatz der Solidarität aufbaut.[88] Wo sie fehlt, gibt es wenig, was die Big-Tech-Akteure davon abhalten könnte, das Neuland der Gesundheitsdaten, weiter auszubeuten.

Datenterritorien und die Transformation der Arbeitswelt

Viele glauben vielleicht noch, ihr Leben sei bislang unberührt von den Datenterritorien der Agrar-, Bildungs- und Gesundheitstechnologie, andere bekommen die Auswirkungen dieser Innovationen schon jetzt zu spüren. Aber in einer Hinsicht wirkt sich der Datenkolonialismus bereits auf die gesamte Gesellschaft aus, und zwar in der Arbeitswelt, und hier insbesondere auf Arbeitskräfte mit niedrigem Status.

Die Arbeitswelt wird durch genau denselben Mechanismus umgestaltet, in dem wir den Kern des Datenkolonialismus ausgemacht haben: die Schaffung neuer Territorien, aus denen kontinuierlich Daten extrahiert und ausgebeutet werden können. Vor allem gering qualifizierte Beschäftigung wird durch digitale Plattformen und Schnittstellen verschiedenster Art in Datenterritorien unter der absoluten Kontrolle von Managern verwandelt, was bereits heute ganze Arbeitswelten bedroht.

Es ist nicht im Geringsten überraschend, dass kapitalistische oder kolonialistische Arbeitgeber so viele Informationen über ihre Arbeitskräfte sammeln, wie sie nur bekommen können. Schon Karl Marx zählte Überwachung zu den wichtigsten Instrumenten des kapitalistischen Managements,[89] und die ständige Beobachtung und Quantifizierung menschlicher Körper war ein Hauptmerkmal der vorkapitalistischen Sklavenplantagen und anderer Orte der kolonialistischen Ausbeutung.[90] Die »quantifizierte Arbeitskraft« (wie es Rechtswissenschaftlerin Ifeoma Ajunwa nennt) ist also nichts Neues.[91] Die Frage ist nun: Wie viel schlimmer wird all dies unter den neuen Kräfteverhältnissen des Datenkolonialismus, die gezielte und lückenlose

Datenüberwachung so viel einfacher machen? Die Antwort lautet: viel schlimmer.

Im einfachsten Fall sind Beschäftigte durch die bloße Nutzung ihres Arbeitsplatzcomputers der ständigen Überwachung durch ihren Arbeitgeber ausgesetzt, unabhängig davon, ob sich dieser am anderen Ende der Welt oder im selben Gebäude befindet. Sogenannte »Bossware« (Plattformen wie Teramind, Veriato Vision und Clever-Control) sperren Arbeitnehmer in Datenterritorien ein, aus denen es kein Entrinnen gibt. Sie können jeden Tastendruck verfolgen, nach bestimmten Schlüsselwörtern suchen (die der Arbeitgeber vielleicht gerne verwendet sehen möchte), Screenshots des Desktops oder in regelmäßigen Abständen Video- und Audioaufnahmen machen und die verwendeten Programme abfragen, um sicherzustellen, dass keine Arbeitszeit vergeudet wird. Diese Systeme können auch E-Mails und Chat-Nachrichten am Arbeitsplatz überwachen. Durch die Corona-Pandemie hat der Einsatz solcher Techniken noch zugenommen. Einer Umfrage zufolge setzten im Jahr 2021 60 Prozent der amerikanischen Arbeitgeber Bossware zur Überwachung ihrer Arbeitnehmer ein (in Branchen wie Marketing und IT sogar deutlich öfter); eine andere Umfrage kam zu dem Ergebnis, dass 70 Prozent der großen Arbeitgeber in den USA dies bis 2025 tun werden.[92]

Es gibt weitere raffinierte Formen der computergestützten Überwachung. Ein Beispiel ist der Niedriglohnsektor mit seinen ohnehin prekären Arbeitsverhältnissen, etwa Reinigungskräfte oder Haushaltshilfen, in der überwiegenden Mehrzahl Frauen. Ihr nächster Job ist häufig nur eine SMS oder WhatsApp-Nachricht entfernt, so dass ein Telefon mit Internet-Verbindung den Unterschied zwischen Beschäftigung und Arbeitslosigkeit ausmachen kann – einer Beschäftigungsplattform wird es nicht entgehen, wenn man öfter unerreichbar ist, was den Rauswurf zur Folge haben kann.[93]

Ein Großteil der Arbeit im Niedriglohnsektor wird heute in Datenterritorien geleistet. Die daraus resultierende verstärkte datengesteuerte Überwachung hat umso mehr Bedeutung, als in den letzten vier Jahrzehnten in vielen Ländern eine tiefgreifende Umstrukturierung der Arbeitswelt stattgefunden hat, die weit über die Kräfte des Datenkolonialismus hinausgeht. Managementexperten sprechen in diesem Zusammenhang inzwischen vom »brüchigen Arbeitsplatz«. Je länger die Lieferketten werden, desto mehr versuchen Unternehmen, ihre direkte Verantwortung als Arbeitgeber zu reduzieren. Wie kaum anders zu erwarten, weist ihnen hierbei das Erbe des klassischen Kolonialismus den Weg, wird doch ein Großteil der Arbeit im Niedriglohnsektor auf Unternehmen im Globalen Süden abgewälzt.[94] Immer mehr Menschen arbeiten nun unter prekären Bedingungen ganz am Anfang der Lieferkette, wo der starke Konkurrenzkampf um Aufträge kleinen Unternehmen abverlangt, genauestens die geforderten Qualitätsstandards, Liefertermine und dergleichen einzuhalten. Wer aber gibt diese Standards vor? Da muss man nicht lange nachdenken: der Konzern an der Spitze der Lieferkette, sei es Apple, Walmart oder Tesco. Und wie werden diese Standards überwacht? Durch ständigen Datenfluss in der gesamten Lieferkette. Damit sind wir bei der Logistik, ein Bereich, der in Diskussionen über die Überwachung durch Big Tech, die sich hauptsächlich auf die sozialen Medien konzentrieren, häufig übersehen wird.

Die Auslieferungszentren der Logistikbranche sind das beste Beispiel. Wir alle wollen pünktlich unsere Pakete von Amazon erhalten, denken dabei aber kaum an die Person, die pausenlos getrackt wird, wenn wir auf »Sendungsverfolgung« klicken.

Hier werden die Territorien der Datenextraktion nicht durch interaktive Plattformen geschaffen, mit denen wir in unserer Freizeit spielen, sondern durch die IT-Systeme von Konzernen. Die Überwachung von Dingen und Menschen in Warenlagern kann extreme Ausmaße annehmen. Bei der »sprachgesteuerten Kommissionierung« werden die Waren sowie die Bewegungen und die Zusammenarbeit der Arbeitnehmer permanent präzise durch GPS überwacht. Die britische Gewerkschaft GMB hat bereits vor mehr als einem Jahrzehnt davor gewarnt, dass die Intensität und Detailliertheit dieser Überwachung zum Gesundheitsrisiko für die Arbeitnehmer wird, da sie ständig unter Druck gesetzt werden, was zu mehr Unfällen und Verletzungen führt.[95] Die Datenerfassung direkt am Körper lässt keinerlei Spielraum, aber auch die scheinbar weniger aufdringliche Verpflichtung der Arbeitnehmer, jeden Arbeitsschritt durch einen Scan für das Workflowmanagement zu dokumentieren, wird gnadenlos eingesetzt. Garfield Hylton, der im Amazon-Verteilzentrum im britischen Coventry arbeitet, meint: »Wir nennen das ›am Scanner kleben‹ – man muss dauernd scannen, um sein konstant hohes Arbeitstempo nachzuweisen.« Andernfalls, so sagte er, taucht bald ein nörgelnder Manager auf.[96] Und die Beschäftigten haben kaum Möglichkeiten, sich zur Wehr zu setzen, wenn die Kontrollsysteme Fehler machen. Auch in Gewerkschaftskreisen sieht man diese Entwicklung zunehmend mit Sorge.[97]

Dabei muss der Tracker nicht einmal direkt mit dem Körper des Arbeitnehmers verbunden sein, es genügt, wenn er an der Maschine oder dem Fahrzeug angebracht ist, das er bedient. Für LKW-Fahrer hat sich die Arbeit durch Geräte, die die Fahrweise des Lkw aufzeichnen und an den Arbeitgeber zurückmelden, völlig verändert. Elektronische Fahrtenschreiber für LKW sind in den USA inzwischen obligatorisch geworden. Der Einbau solcher Geräte in das Führerhaus sorgt für völlig veränderte Machtverhältnisse. Der Fahrer, so die Soziologin Karen Levy, ist nicht mehr wie früher der souveräne Erzähler seiner Zeit auf der Straße, sondern nur noch eine Informationsquelle unter anderen für die Unternehmensdatenbanken.[98] Dies hat auch erhebliche Auswirkungen auf das Selbstwertgefühl der Fahrer. Einer äußerte sich dazu in einer Befragung durch die Regulierungsbehörde folgendermaßen: »Ich will nicht wie ein Kind behandelt werden, das nicht selbst entscheiden kann, wann es Zeit zum Schlafengehen und Zeit zum Aufstehen ist. Unter solchen Bedingungen möchte ich nicht arbeiten.«[99]

Speditionsunternehmen, so berichtet Levy, nutzen allerdings nicht nur Datenquellen aus der Fahrerkabine, sie überwachen auch, wie ihre Fahrer die sozialen Medien nutzen. Daraus ziehen sie beispielsweise Rückschlüsse auf ihre grundsätzliche Eignung oder ihren Gesundheitszustand.[100] In diesem Prozess wird eine wichtige Grenze zwischen dem öffentlichen und dem privaten Leben des Arbeitnehmers eingerissen. Aber die neuen Regeln für das Datenterritorium der Arbeitswelt haben potenziell noch dramatischere Auswirkungen: Sie können ganze Arbeitsbereiche umgestalten und sogar völlig neue Arten von Arbeit schaffen, und das alles allein durch Datenfluss.

Die Gig Economy als Datenterritorium

Damit kommen wir zur sogenannten »Gig Economy«: Plattformen für Crowdworking wie Amazons Mechanical Turk (MTurk), Remotasks und Upwork, Fahrerplattformen wie Uber und DiDi (China) und Online-Lieferdienste für Essen wie

Deliveroo (Vereinigtes Königreich) und Meituan (China). Die führenden Big-Tech-Unternehmen unterhalten sogar eigene Crowdworking-Plattformen: Raterhub (Google) und UHRS (Microsoft). Man könnte auch von »Arbeit auf Abruf« sprechen. Der Prozentsatz der Menschen, die in diesem Bereich Beschäftigung finden, ist nach wie vor relativ gering (unter 10 Prozent), zumindest in reichen Volkswirtschaften wie den USA und dem Vereinigten Königreich. Doch schon gehen einige Schätzungen davon aus, dass freie Mitarbeiter bald etwa die Hälfte der Arbeitskräfte in den USA stellen werden.[101] Für Länder außerhalb des Westens gibt es kaum zuverlässige Zahlen, aber dass es sich um einen rasch wachsenden Sektor handelt, steht außer Zweifel. In der On-Demand-Wirtschaft werden Arbeitsplätze und Jobs über Plattformen verteilt und überwacht. So verändern sich ganze Geschäftsbereiche, und neue entstehen. Solche Plattformen beherrschen nicht nur den Markt, sie »werden zum Markt«, wie es Anita Gurumurthy und Nandini Chami ausdrücken, die die in Indien ansässige NGO IT for Change leiten.[102]

Die Betreiber von Gig-Apps behaupten häufig, ihre Dienste kämen der Gesellschaft als ganzer zugute. So reklamieren beispielsweise Transport- und Ridesharing-Plattformen für sich, Fahrer und Fahrerinnen würden durch sie besser verdienen und gleichzeitig würden die Umweltbelastungen des Autofahrens reduziert, auch wenn manches für das Gegenteil spricht.[103] Die wirklichen Vorteile von Gig-Plattformen *für Manager* ergeben sich jedoch aus der Auflösung traditioneller Beschäftigungsmuster durch den brüchig gewordenen Arbeitsplatz. Nicht nur ist die Rolle der großen Arbeitgeber zunehmend über lange Lieferketten verteilt, sondern alle Arten von Arbeitgebern (von der größten Big-Tech-Plattform bis hin zu Kleinunternehmern am Anfang der Lieferkette) lagern zunehmend Arbeiten aus, die sie nicht intern erledigen wollen. Das ist möglich, weil sie auf der ganzen Welt On-demand-Arbeitskräfte für einzelne Aufgaben gewinnen können, die sie über Plattformen wie MTurk, Cloudfactory, CrowdFlower und LeadGenius erreichen. Sie geben Unternehmen Zugriff auf große Pools von Arbeitskräften, häufig im Globalen Süden (beispielsweise in Kolumbien, Indien oder auf den Philippinen), die für sie genau umrissene Aufgaben zu festgelegten Zeiten und nach klar definierten Standards erledigen. Sie gleichen die Ausweisfotos von Uber-Fahrern ab, wenn deren verändertes Erscheinungsbild eine Systemabfrage ausgelöst hat, oder sie überprüfen die Finanzdaten kleinerer Transaktionen. On-demand-Plattformen umfassen ein breites Spektrum von Arbeiter- und Angestelltentätigkeiten.[104] Die grundlegenden Merkmale einer solchen Arbeit ergeben sich aus den bereits erläuterten Eigenschaften von Datenterritorien. Manager üben seit jeher beträchtliche und unter Umständen sogar tyrannische Macht in Arbeitsverhältnissen aus, doch On-demand-Arbeitsplattformen sind von vornherein so konzipiert, dass jeder Vorgang erfasst und kontrolliert wird. Der Betreiber der Plattform kann die Regeln jederzeit nach Gutdünken ändern, einer Arbeitskraft den Zugang zur Plattform verweigern oder sie willkürlich schlechter bezahlen.[105]

Um einer Person die Teilnahmemöglichkeit an einer solchen Plattform zu entziehen, muss man lediglich die paar Buchstaben und Zahlen in der Datenbank ändern, die sie repräsentieren – die Arbeitskräfte solcher On-demand-Plattformen werden nicht mehr durch Name und Gesicht identifiziert.[106] Das ist insofern stimmig, als Plattformen wie Uber schon seit langem darauf beharren, keine Menschen zu beschäftigen, sondern lediglich eine Datenbank zu verwalten. Glücklicherweise haben Gerichte in verschiedenen Ländern inzwischen begonnen, dies in Frage zu stellen. Im Vereinigten Königreich ist Uber mit seiner Weigerung, sich als Arbeitgeber zu verstehen, inzwischen gescheitert; auch in den USA entwickelt sich die Angelegenheit in diese Richtung.[107] Das ändert nichts an den grundsätzlichen Machtverhältnissen in den Datenterritorien, die die Autoren einer Studie über Shopping-Apps als »algorithmischen Despotismus« bezeichnen.[108]

Solche asymmetrischen Machtverhältnisse bestimmen heute die Arbeitswelt von einigen hundert Millionen Menschen in der ganzen Welt. Nahezu undurchsichtige Herrschaftssysteme gewähren ihren unsichtbaren Arbeitskräften nur wenig Würde, wenn überhaupt. Wenn Gig-Plattformen die Löhne von Arbeitnehmern senken können, die bereitwillig nach jedem angebotenen Job greifen (weil dies als Anzeichen dafür genommen wird, dass sie keine Wahl haben), und die Löhne von Arbeitnehmern erhöhen, die etwas länger überlegen (weil sie es nicht so nötig zu haben scheinen und daher einen Anreiz brauchen), wird deutlich, worauf das System abzielt: Gewinnmaximierung um jeden Preis, und sei es auf Kosten der Schwächsten.[109] Das Resultat: Arbeitnehmer mit niedrigem Status entfremden sich mehr denn je von der Gesellschaft.

Immer stärker tritt so die »algorithmische Grausamkeit« einer Arbeitswelt zutage, die aus der Ferne über Plattformen gestaltet wird. Für die Lebensrealität der Beschäftigten interessiert sich dort niemand – womöglich sind an der Organisation auch gar keine Menschen mehr beteiligt.[110] Bisher beschäftigen sich hauptsächlich wissenschaftliche Studien und journalistische Berichte aus China und anderen Ländern damit, was diese neue Arbeitswelt für die Beschäftigten bedeutet. Der Film *Sorry We Missed You* (2019) des britischen Regisseurs Ken Loach gehört zu den wenigen Ausnahmen. Er erzählt die Geschichte von Ricky, einem Paketboten, der seine sichere Stelle bei einem Lieferunternehmen aufgibt und seine Dienste bei einer Lieferplattform anbietet, die ihm keine Sicherheiten bietet. Die Belastungen seiner datengesteuerten Tätigkeit setzen seinem Familienleben und seiner Gesundheit stark zu. Am Ende erleidet er einen Nervenzusammenbruch. Der Film schildert, wie das Leben eines Menschen an der Gewalt der automatisierten Ausbeutung scheitert.

Die Abhängigkeit von Arbeit in der Gig-Economy ist weder im Globalen Norden noch im Globalen Süden gleichmäßig verteilt: Bevölkerungsgruppen, die unter dem historischen Kolonialismus zu leiden hatten (unter anderem ethnische Minderheiten und Einwanderer), sind tendenziell unter den »Geisterarbeitern« (wie Gig-Arbeiter manchmal genannt werden) häufiger vertreten als andere, zumindest in den USA.[111] Die Realität der Gig-Economy ist zu einem nicht geringen Teil kolonial geprägt. Aber das gilt auch für ihre allgemeine Organisation. Lokale Formen der Ressourcenverwaltung (die natürlich oft ausbeuterisch, aber zumindest lokal verhandelbar sind) werden durch gigantische globale Verwaltungssysteme ersetzt, deren Kern eine neue gesellschaftliche Realität darstellt: das Datenterritorium unter der absoluten Kontrolle seines Schöpfers.

Die Neuauflage der globalen Ungleichheit

Eines ist ganz klar: Die Ungleichheiten der alten kolonialen Ordnung leben weiter. Sie spiegeln sich in den Standorten der weltweit größten Plattformen und Cloud-Dienste oder in den Eigentumsverhältnissen der Unterseekabel wider, die uns das Internet ins Haus bringen,[112] auch in den politischen Verhältnissen, die es Big-Tech-Unternehmen mit Sitz im Globalen Norden ermöglichen, den Staaten des Globalen Südens ihre Bedingungen zu diktieren. Oder in der Struktur globaler Handelsabkommen, die heute dem Rest der Welt die Bedingungen des Globalen Nordens für die Datenextraktion aufzwingen.[113] China mag ein Neuling auf diesem Gebiet sein, aber als das wohl älteste Imperium der Welt verhält es sich in der Ära von Big Data nicht weniger kolonialistisch als der Westen.

Infolgedessen werden die schlimmsten Auswirkungen des Datenkolonialismus wahrscheinlich im Globalen Süden zu spüren sein. Im Globalen Norden werden sie vor allem diejenigen treffen, deren Vorfahren schon auf der Verliererseite des historischen Kolonialismus standen. Dabei sind die Überschneidungen zwischen den Folgen des historischen Kolonialismus und den Effekten des Datenkolonialismus nicht immer einfach auszumachen.

Es ist, als ob zwei Flüsse, der Datenkolonialismus und der historische Kolonialismus – der eine neu, der andere schon alt –, nebeneinanderher laufen. Im Moment können wir den Verlauf der beiden Ströme nur verfolgen und beobachten, wie sie mit der Zeit zusammenfließen. Aber es ist der Beitrag des neuen Flusses, dem wir die größte Aufmerksamkeit schenken müssen, nicht weil er am Ende wichtiger sein wird (wer kann das schon sagen?), sondern weil er gerade jetzt den Fluss der Kolonialgeschichte verstärkt.

KAPITEL 3

DIE NEUE ZIVILISATORISCHE MISSION DER DATEN

»Ich bin enttäuscht, eigentlich hatte ich das Gefühl, das Interview sei gut gelaufen«, sagte Angela aus Manila.

»Ist es auch ganz bestimmt«, antwortete ihr Phil von seinem Büro in Atlanta aus. »Aber nach allem, was du mir erzählst, würde es mich nicht wundern, wenn das KI-System deine Einstellung nicht empfohlen hat.«

Angela war fest davon ausgegangen, die Stelle zu bekommen. Als sie aber bloß eine unpersönliche Absage erhielt, rief sie sofort Phil an, um ihrem Frust Luft zu machen. Phil war mit ihrer Cousine verheiratet, die in den USA lebte, und hatte durch langjährige Arbeit in einer Personalabteilung viel Erfahrung mit Bewerbungsgesprächen.

Angela war gewiss nicht unqualifiziert. In ihrer vorigen Stelle hatte sie für eine große Social-Media-Plattform auf Filipino und Englisch verfasste Hetzbeiträge gekennzeichnet. Es war manchmal ziemlich belastend gewesen, all diesen Schmutz zu lesen. Die Bezahlung war nicht gut gewesen, aber dafür hatte sie von zu Hause aus arbeiten können. Doch dann führte das Unternehmen ein KI-System ein, um Hetze auf Filipino zu erkennen, und ihre Kenntnisse waren plötzlich nicht mehr gefragt. Sie hatte noch versucht, ihre Vorgesetzten auf Schwächen des Systems, das häufig an Sprachnuancen scheiterte, hinzuweisen.

Aber für das Unternehmen stand die Kostenersparnis im Vordergrund, und so verlor sie ihre Stelle. Nun bewarb sie sich bei verschiedenen Unternehmen als Content-Moderatorin.

»Ich verstehe das nicht. Ich hatte den Eindruck, dass ich beim Personalchef gut angekommen bin. Kann er den Algorithmus nicht irgendwie austricksen?«, fragte Angela.

»Darüber sollte ich eigentlich gar nicht mit dir reden, Angela. Es ist in unserer Firma nicht gern gesehen, wenn wir über solche Dinge plaudern. Aber wahrscheinlich verwendet das Unternehmen, bei dem du dich beworben hast, ein ähnliches System wie wir, HirePlus AI«.

»Willst du damit sagen, ich bin bei der KI durchgefallen?«

»Das funktioniert so«, antwortete Phil. »Das KI-System von HirePlus scannt deine Bewerbungsunterlagen und sieht sich auch das Video deines Vorstellungsgesprächs an. Dabei analysiert es deine Mimik, Wortwahl und so weiter. Das ist alles völlig neutral. Neutraler jedenfalls, als es eine Person mit ihren Vorurteilen hinbekommt, glaub's mir!«[1]

»Aber ich habe die besten Qualifikationen und Referenzen … und ich habe mich bemüht, positiv rüberzukommen«, erwiderte Angela.

»Ja, klar. Dein Vorstellungsgespräch war bestimmt perfekt, Angie. Du kannst dich prima präsentieren. Ich denke, das Problem waren die Antworten in den Fragebögen.«

»Du meinst diese vielen Fragebögen, die ich vor dem Vorstellungsgespräch ausfüllen sollte? Die waren echt merkwürdig. Da war zum Beispiel ein Bild, das nur Augen zeigte, und ich sollte entscheiden, ob die Person verärgert oder konzentriert aussieht und solche Sachen.«

»Das waren Persönlichkeitstests«, antwortete Phil. »Damit wollen sie herausfinden, was für ein Typ von Arbeitnehmerin du bist. Die Personalabteilung bekommt einen Bewertungsbogen, der den Bewerbern Eigenschaften auf einer Skala zuschreibt, beispielsweise, ob sie eher introvertiert oder extrovertiert, unflexibel oder anpassungsfähig, passiv oder zupackend sind und so weiter. Nur HirePlus weiß, wie das alles gewertet wird, aber die KI gibt ihre endgültige Empfehlung ab, und das war's. Selbst wenn das Team, das das Vorstellungsgespräch führte, anderer Meinung ist, es kann nichts dagegen tun.«

»Aber das ist so ungerecht!«

»Ja, vielleicht. Aber es ist einfach viel effizienter. Kürzlich habe ich bei einer Besprechung erfahren, dass die KI angepasst wurde, um Bewerber zu identifizieren, die möglicherweise gewerkschaftlich organisiert sind oder Gehaltserhöhungen fordern könnten. Du weißt ja, wie Unternehmen in den USA zu Gewerkschaften stehen«, erklärte ihr Phil.

»Ich finde trotzdem, dass am Ende ein Mensch die Entscheidung treffen sollte«, sagte Angela, bemüht, sich ihren Ärger nicht anmerken zu lassen.

»Ich verstehe, was du meinst, aber so ist die Welt nun mal, und wir müssen lernen, damit zurechtzukommen, Angie. Außerdem können wir dank der KI viel mehr Leuten die Möglichkeit zu einem Vorstellungsgespräch geben. Das ist doch auch eine gute Sache, oder?«

»Ja, schon«, antwortete Angela niedergeschlagen.

»Hier mein Ratschlag«, sagte Phil. »Wenn du das nächste Mal so einen Fragebogen ausfüllst, dann versuche einfach, Antworten zu geben, von denen du glaubst, dass die KI ihnen zustimmt, und nicht, was du wirklich denkst. Okay, ich muss jetzt los, Angie, ich wünsche dir auf jeden Fall viel Glück. Halte mich auf dem Laufenden, ja? Irgendjemand wird schon so schlau sein, dich einzustellen!«

Des Kaisers neue »zivilisatorische« Kleider

Die Geschichte von Phil und Angela liefert ein weiteres Beispiel dafür, wie drastisch sich die Verschiebung der Machtverhältnisse durch den Datenraub auf das Leben vieler Menschen auswirken kann. Die Narrative, die uns zur Erklärung oder Rechtfertigung dessen, was mit unseren Daten geschieht, angeboten werden, zeichnen allerdings ein viel positiveres, ja hoffnungsvolles Bild. Phil spricht von den Vorteilen KI-gestützter Personalentscheidungen, von der Möglichkeit, mit mehr Bewerberinnen und Bewerbern in Kontakt zu treten, als es bei klassischen Verfahren möglich ist, und von der dem Menschen überlegenen Urteilskraft der KI. In diesem Kapitel werden wir all diese Narrative, die einen Zivilisationsfortschritt behaupten, genauer unter die Lupe nehmen.

Es gibt eine generelle Ähnlichkeit zwischen dem alten und dem neuen zivilisatorischen Narrativ, die aber nur dann deutlich zutage tritt, wenn wir es aus dem Blickwinkel der Kolonialgeschichte betrachten. Diese rechtfertigte den Landraub mit einer Reihe von Vorstellungen, die oft genug in direktem Widerspruch zu den Realitäten vor Ort standen. Da war das Ziel der christlichen Missionierung, dessen Unvereinbarkeit mit den unchristlichen Realitäten vor Ort schon damals bei manchen Anstoß erregte. Zweitens gab es die rassistische Vorstellung von der Überlegenheit der Europäer, insbesondere ihres Wissens und ihrer Wissenschaft. Drittens die Vorstellung von den größeren wirtschaftlichen Fähigkeiten und der Rationalität der Kolonisatoren, der vor allem die Briten anhingen – als Anglikaner konnten sie sich schließlich schlecht darauf berufen, vom Papst dazu autorisiert worden zu sein, weltweit Land zu beschlagnahmen, um das Christentum zu verbreiten. Darüber hinaus gab es komplexe Vermischungen dieser drei Motive, die sich etwa im Narrativ vom »Manifest Destiny«, der »offensichtlichen Bestimmung« des Westens und insbesondere der USA, ausdrückten oder die Beherrschung der Welt als »Bürde des weißen Mannes« (nach dem bekannten Gedicht von Rudyard Kipling) beschrieben. Gemeinsam war ihnen allen die Vorstellung, dass sich Europa auf einer »zivilisatorischen Mission« befand und der Welt durch militärische Eroberung und die Verbreitung seiner sozioökonomischen und kulturellen Werte seinen Stempel aufdrücken sollte. Diese Narrative wurden im Laufe der Zeit weiterentwickelt, um die umwälzenden Veränderungen der globalen Machtverhältnisse durch den Landraub zu rechtfertigen. Fairerweise muss gesagt werden, dass es anfangs unter den Kolonisatoren durchaus Diskussionen darüber gab, wie sich diese Art von Reichtumserwerb begründen ließe. Aber das stellte den Kolonialismus niemals ernsthaft in Frage, sondern führte lediglich zu raffinierteren Rechtfertigungsnarrativen.[2]

Der Datenraub unserer Tage steckt noch in den Kinderschuhen, und zweifellos werden sich auch seine Legitimationsnarrative noch weiterentwickeln. Doch schon jetzt zeichnen sich klare Muster ab. Nein, die Befürworter von Big Data und künstlicher Intelligenz sagen nicht, dass sie die Menschheit auf ein höheres Zivilisationsniveau heben wollen. Zumindest drücken sie es nicht so unverblümt aus. Der Grund für diese Zurückhaltung ist in der Kolonialgeschichte selbst zu suchen. Während der Kämpfe, die zum Zusammenbruch der politischen Strukturen des historischen Kolonialismus führten (beispielsweise des britischen Kolonialreichs in Indien und des französischen in Südostasien), gerieten zivilisatorische Narrative insgesamt in Misskredit. Als Gandhi gefragt wurde, was er von der westlichen

Zivilisation halte, antwortete er angeblich: »Ich denke, die wäre gar keine so schlechte Idee.«

Folglich werden neue Narrative – oder zumindest Narrative, die man als neue verkaufen kann – als Ersatz für die umstrittenen zivilisatorischen Narrative von einst benötigt. Die Befürworter einer groß angelegten Datenextraktion verwenden eine andere Sprache und berufen sich auf Ziele, gegen die nur schwer etwas einzuwenden ist. Weiter behaupten sie, als Unternehmen oder Staaten über die Macht zu verfügen, sie auch umzusetzen. In verschiedenen Kreisen propagiert man die Idee von der »AI for Social Good«, die mit Hilfe künstlicher Intelligenz positive Veränderungen für Menschen auf der ganzen Welt herbeizuführen verspricht. Andere Narrative sehen einen historischen Fortschritt am Werk, der uns »das zweite Maschinenzeitalter« oder »die vierte industrielle Revolution« beschert. Dem lässt sich schwer etwas entgegensetzen, jedenfalls wenn man davon ausgeht, dass die geschichtliche Entwicklung stets linear verläuft.[3] Diese Vorstellung und die damit verknüpfte, dass ganz selbstverständlich der Westen die Welt in die Moderne führt, sind selbst ein Erbe des historischen Kolonialismus, wie wir in Kapitel 1 gesehen haben.

Doch der Datenraub stützt sich auf weitere zivilisatorische Narrative, die auf den ersten Blick nichts mit der Geschichte des Kolonialismus zu tun haben. Da wären das Narrativ des Komforts und das Narrativ der Vernetzung, das die Verbindung zwischen Menschen und Dingen durch Technologie zum Ideal erhebt. So überzeugend diese beiden Narrative auf den ersten Blick erscheinen, sie verschleiern nicht nur die Realität des umfassenden Datenraubs, sie haben, jedenfalls wo es um die Vernetzung von Menschen geht, auch ziemlich toxische Nebeneffekte.

Die Parallelen zur Kolonialgeschichte werden noch deutlicher, wenn man sich die Details anschaut: Nicht nur, dass die von Leuten wie Mark Zuckerberg propagierte Mission der Vernetzung an das religiöse Sendungsbewusstsein mancher historischer Kolonisatoren erinnert, auch die Sprache, der sie sich in Zusammenhang mit Big Data und KI bedienen, knüpft an die in Kapitel 1 erörterte Vision der Kolonialwissenschaft an, wie wir im letzten Abschnitt des Kapitels sehen werden.

Teilweise geraten diese Geschichten gar zur Beschwörung einer zivilisatorischen Mission, die den Datenraub als verantwortungsvolles Handeln eines wohlwollenden Kolonisators erscheinen lässt. Solchen Großnarrativen ist mit Analyse schwer beizukommen, weil sie so verlockend und unanfechtbar erscheinen. Sie bilden einen ambitionierten Begründungsversuch der Datenextraktion und tragen erheblich dazu bei, dass der Datenkolonialismus zu einer bestimmenden Kraft in der Welt geworden ist.

Dieser Prozess kommt zu den stärker auf der Hand liegenden Kontinuitäten des Kolonialismus hinzu, die sich ebenfalls in Angelas Geschichte widerspiegeln. Wirtschaftliche Abhängigkeit von fernen US-Konzernen gehört zu den Realitäten der gesamten modernen Geschichte der Philippinen. Werkzeuge wie die KI bieten nun ganz neue Möglichkeiten, das Leben der Menschen und die Arbeitswelt mittels datengesteuerter Strukturen der wirtschaftlichen Kontrolle zu unterwerfen. Diese Kontrolle erstreckt sich über den gesamten Erdball, wird aber wie eh und je von Unternehmen im Globalen Norden ausgeübt.

Nicht genug damit, dass Angela gegen geringe Bezahlung prekäre Akkordarbeit zu leisten hatte, bei der sie ständig mit belastenden Dingen konfrontiert war. Als sie diesen Job verlor und sich um einen neuen bewarb, musste sie auch noch eine Bewerbungsprozedur über sich ergehen lassen, in deren Verlauf sie von einer KI bewertet wurde, die auf der Grundlage von Daten zahlreicher Menschen mit ähnlichem Schicksal trainiert worden war. Zwar sind an solchen Prozessen immer noch Menschen beteiligt, aber sie spielen eine immer geringere Rolle. Gewöhnlich unterwerfen sie sich den Empfehlungen eines undurchschaubaren Systems, dessen Autorität Phil in unserem Beispiel fraglos akzeptiert und das Angela nicht anfechten kann. Dieser einschneidende Wandel stellt nicht nur eine Fortsetzung uralter kolonialer Ungleichheiten dar, er offenbart auch die *neuen* zivilisatorischen Narrative, die den Datenraub legitimieren sollen, wo immer er stattfindet.

Dass die Zivilisation durch immer mehr Daten vorankommt, ist eine moderne Version der Geschichte von des Kaisers neuen Kleidern: inhaltsleer, aber in der Praxis erstaunlich effektiv.

Zivilisatorisches Narrativ Nr. 1: Alle wünschen sich ein bequemeres Leben (oder: Datenextraktion als Komfort)

Die erste und häufigste Version des zivilisatorischen Narrativs von Big Data ist das Argument des Komforts. Bequemlichkeit ist immer ein gesellschaftlicher Kompromiss zwischen dem, was zur Aufrechterhaltung einer gewissen Lebensweise erforderlich ist, und anderen Interessen. Welche Art von Kompromiss wird uns hier empfohlen?

Smarter leben?

Oft wird uns gesagt, dass wir unsere Daten gegen Dienstleistungen tauschen, die wir schätzen oder benötigen. Dies klingt nach einem guten Deal, der allerdings einige Haken hat. Zwar behaupten die riesigen Datenplattformen, gerade auch »meine« Daten unter den Milliarden Eingaben zu benötigen, für sich genommen haben sie aber wenig Wert. Jedenfalls so lange nicht, bis sie zusammen mit den Daten vieler anderer Menschen in einen riesigen Pool geworfen werden, so dass die Beziehungen zwischen all diesen Daten zutage treten können. Der Deal, den wir machen, ist also ein völlig anderer; er ist gesellschaftlicher Natur, nicht individuell.[4] Doch die Gesellschaft sollte sich auch die Frage stellen: Ist eine solche Vereinbarung tatsächlich für uns alle von Vorteil? Ist das wirklich ein guter Deal, auch auf gesellschaftlicher Ebene?

Ohne Zweifel ist das moderne Leben und Arbeiten komplexer geworden, wir pendeln unablässig zwischen virtuellen und realen Orten hin und her und versuchen, den Kontakt zu Freunden und Familie aufrechtzuerhalten, die oft verstreut leben. Vielleicht stimmt es ja, dass sich das Tempo des modernen Lebens in den letzten Jahrzehnten beschleunigt hat.[5] Wenn dem so ist, helfen uns die zahlreichen Verknüpfungsmöglichkeiten, die uns die Plattformen der sozialen Medien bieten, vielleicht wirklich dabei, diesen gestiegenen Druck zu bewältigen. Es ist durchaus komfortabel, mit wenigen Klicks Fotos mit Familie, Freunden und Bekannten via WhatsApp-Gruppe zu teilen. Und eine gestresste Mutter kann ohne viele Briefe und Anrufe über Facebook rasch einen Kindergeburtstag organisieren. Andere schätzen ihren Smart Speaker als digitalen persönlichen Assistenten, der ihnen die Haustür öffnet oder das Licht einschaltet, wenn sie gerade die Hände nicht freihaben.

Es ist nicht von der Hand zu weisen, dass wir alle unter Druck stehen und einige dieser Lösungen durchaus nützlich sind. Aber angesichts der riesigen Territorien der Datenextraktion, die wir in Kapitel 2 aufgezeigt haben, sind wir durchaus berechtigt, auch nach den Kosten dieser Lösungen auf gesellschaftlicher Ebene zu fragen und sie gegen ihre individuellen Annehmlichkeiten abzuwägen. Hierbei sind hauptsächlich drei Arten von Kosten in Betracht zu ziehen.

Erstens entstehen Kosten aufgrund der ungleichen Machtverhältnisse, die sich aus der massiven Ausdehnung der Datenterritorien in Bereiche wie Landwirtschaft, Gesundheit und Bildung sowie allgemein ins Arbeits- und Privatleben ergeben. Wie wir gesehen haben, sind die Datenbeziehungen fast immer asymmetrisch und geben den Plattformen und Unternehmen Möglichkeiten, Details unseres Lebens zu tracken, die uns umgekehrt nicht offenstehen.

Zweitens ergeben sich Kosten für alle – und potenziell ernsthafte Schäden – aus der Entwicklung großer, die gesamte Gesellschaft erfassender Datensammlungssysteme. Wir haben in Kapitel 2 den einfachen Fall des Kfz-Versicherungsvertrags behandelt, der es Versicherern heute nicht selten ermöglicht, über die Daten hinaus, die ihnen die Halter selbst mitteilen, auch einen kontinuierlichen Datenstrom direkt aus deren Auto abzuzweigen, das für die Fahrer damit praktisch zum Überwachungsinstrument geworden ist. Dafür winken dem Versicherungsnehmer günstigere Prämien – ein Vorteil, der sich ins Gegenteil verkehrt, wenn ihm am Steuer mal ein Fehler unterläuft. Langfristig liegt der Nutzen allein auf der Seite der Versicherungsunternehmen, da solche Verträge die abgedeckten Risiken tendenziell einschränken. Man stelle sich vor, Krankenversicherungen erhielten in ähnlicher Weise Zugang zu Daten, auf die sie bislang keinen Zugriff haben, beispielsweise darüber, wo wir uns in den sozialen Medien herumtreiben oder welche Suchanfragen wir im Internet stellen. Die Folgen wären noch weitaus dramatischer.

Drittens besteht die Gefahr, dass die systematische Datenextraktion völlig neue Formen der Extraktion wirtschaftlicher Werte und deren Verarbeitung zu Dienstleistungen ermöglicht. Die Risiken tragen hier nicht die Dienstleistungsnutzer – Uber ist unbestreitbar komfortabel –, sondern die Beschäftigten in Bereichen, deren Arbeitsbedingungen vollständig von Plattformen diktiert werden, deren Betreiber im Globalen Norden sitzen. Dieser Wandel vollzieht sich nicht nur beim Ridesharing, sondern auch in Bereichen wie Lieferservice, Hausmeisterservice und einfachen Tätigkeiten, wie sie häufig von Wanderarbeitern ausgeübt werden. In diesen Fällen kommt der Komfort einigen, vielleicht sogar vielen, zugute, für andere bringt er jedoch Nachteile. Auch hier sollten wir uns auf das Gesamtarrangement (die dauerhafte Gesellschafts- und Wirtschaftsordnung) konzentrieren, die durch datenintensive Plattformen geschaffen werden kann.

Dies führt uns zu einem vierten und damit verbundenen Kostenpunkt, nämlich der effektiven, aber fast unmerklichen Reproduktion von Ungleichheiten, die das Erbe des historischen Kolonialismus sind. Nehmen wir als Beispiel die Sicherheit in den eigenen vier Wänden. Jeder, ob arm oder reich, braucht sie, und Wohlhabende auf der ganzen Welt lassen sie sich etwas kosten, weshalb Sicherheit auch ein attraktives Betätigungsfeld für Big-Tech-Konzerne ist. Aber der Einsatz solcher Technologien in Gesellschaften wie den USA mit ihrer langen Geschichte der Segregation wird aller Wahrscheinlichkeit nach nicht neutral ausfallen. Nehmen wir Amazons smarte Videotürklingel namens Ring, die mit einem breiten Netzwerk von Strafverfolgungsbehörden verbunden ist. Als Amazon Ring kaufte, erwarb es auch die App Neighbors, gedacht für den Austausch unter Nutzern über möglicherweise sicherheitsrelevante Vorgänge in ihrem Viertel. In der Folge hat Ring Patente für Systeme zur Gesichtserkennung und andere Techniken angemeldet. Solche Systeme werfen grundsätzliche Fragen über persönliche Freiheiten auf, bekannt ist aber auch, dass sie gerade für Bevölkerungsgruppen, die schon am meisten unter dem Kolonialismus zu leiden hatten, besondere Gefahren bergen.[6]

Unter dem Vorwand des Komforts versuchen Plattformen, zum Betriebssystem der Gesellschaft zu werden. Auf diese Weise, so ihr Kalkül, werden wir sie regelmäßiger und intensiver nutzen und ihnen mehr Werbeeinnahmen verschaffen. Je mehr Macht sie über unser Leben gewinnen, desto besser können sich diese Plattformen dann als komfortable Lösung für die Probleme anbieten, die sie mitverursacht haben. Möchten Sie sich vor »Rache-Pornos« schützen, also vor der unerwünschten Verbreitung ihrer selbstgeschossenen Nacktfotos in sozialen Medien? Dann schicken Sie doch einfach genau diese Selfies an Facebook! Das Unternehmen wird ihre digitale Signatur analysieren (angeblich ohne dass ein Mensch die Bilder dabei zu Gesicht bekommt) und sie anschließend aus der Masse von Postings herausfiltern, falls sie jemand publik macht.[7] Möchten Sie das Tracking durch Google einschränken? Dann sollte Ihr nächstes Mobiltelefon ein Google Pixel sein, »so designt, dass Privates auch wirklich privat bleibt« und die Nutzer »die volle Kontrolle« über all ihre Daten haben![8]

Bedenklich an unserem vermeintlich so guten Deal mit den Big-Tech-Plattformen ist auch die Zeitdimension – ist das alles wirklich auch langfristig komfortabel? Vielleicht gefällt mir, was eine neu installierte Plattform bietet, aber womöglich verliere ich später das Interesse. Allerdings bekomme ich dadurch die von mir gesammelten Daten nicht zurück, und sie büßen auch nicht ihren Wert für die Zukunft ein. Der Datendeal und insbesondere der gesellschaftliche Deal, der sich daraus ergibt, dass wir alle ähnliche individuelle Datendeals abschließen, ist auf Dauer angelegt – das ist komfortabel für die Unternehmen, aber auf lange Sicht nicht unbedingt für uns. Die sich daraus ergebende Umgestaltung der gesellschaftlichen Machtverhältnisse wird sich, einmal in Gang gesetzt, nicht einfach rückgängig machen lassen. Daraus ergibt sich die konkrete Gefahr, dass durch den vermeintlich guten Deal kurzfristige individuelle Vorteile gegen langfristigen gesellschaftlichen Schaden eingetauscht werden.[9]

Zweifellos hängt die gesamte Frage des »Komforts« mit anderen Veränderungen des modernen Lebens zusammen, die weit über die Auswirkungen digitaler Plattformen oder der Datenextraktion hinausgehen: dem Rückgang sicherer Arbeitsplätze, dem zunehmenden Bedarf an flexiblen Arbeitszeiten, die sich mit den komplizierten Erfordernissen von Kinderbetreuung und der Pflege älterer Angehöriger vereinbaren lassen, dem Verschwinden beliebter Treffpunkte wie Kneipen oder Gemeindezentren, an denen man früher Informationen austauschte. Man kann sicherlich argumentieren, dass auch den Plattformen sozialer Medien – von Etsy und Instagram bis hin zu Alipay und WeChat – eine wichtige Rolle bei der Bewältigung unseres zunehmend unsicheren und komplexen Lebens spielen. Aber sind sie die einzigen Plattformen, die das könnten? Warum sollten wir nicht auch Alternativen in Betracht ziehen, die weniger Daten erheben?

Infrastruktur, die dem Leben dient

Die Frage nach dem Komfort stellt sich mit besonderer Dringlichkeit in den Volkswirtschaften des Globalen Südens, die häufig nur über eine gering ausgebaute oder in einem schlechten Zustand befindliche Infrastruktur verfügen. Unter solchen Bedingungen kann das, was anderswo reiner Komfort ist, rasch zur alltäglichen Notwendigkeit werden. Nicht einmal in Südafrika, das zu den wohlhabendsten Ländern Afrikas zählt, verfügt die Mehrzahl der Menschen über ein Smartphone zu einem bezahlbaren Tarif.[10] Für die Mehrheit der Bevölkerung Afrikas ist es gar nicht möglich, etwas anderes als Facebook oder WhatsApp für Nachrichten oder Anrufe zu nutzen, da Meta diese Kosten subventioniert, um die Attraktivität seiner Dienste zu steigern.

Im Globalen Süden ist Facebook also eher ein aufgezwungener Komfort, der sich zudem keineswegs natürlich ergibt, sondern direkt aus dem Erbe des Kolonialismus resultiert, und dies aus zweierlei Gründen. Der erste ist die immer noch schlechte oder fehlende Telekommunikationsinfrastruktur, eine Folge jahrhundertelanger Unterinvestition. Der zweite Grund ist, wie bereits angedeutet, die privilegierte Position von Facebook, mit Staaten und Telekommunikationsanbietern Sonderkonditionen aushandeln zu können, die den Zugang zu dieser Plattform und mit ihr verbundenen Diensten verbilligt oder kostenlos macht. Facebook hat solche Abmachungen, als Free Basics bekannt, mit mehr als dreißig afrikanischen und vielen anderen Ländern in Asien, Lateinamerika und dem pazifischen Raum getroffen. Das Motiv dafür ist weniger Nächstenliebe als der Versuch, die sinkenden Nutzerzahlen im Globalen Norden auszugleichen. Tatsächlich ist die Gesamtzahl der Facebook-Nutzer rückläufig, was den Bedarf an neuen Nutzern in anderen Ländern noch erhöht.[11]

Die Wirtschaft ist auf Informationsaustausch angewiesen, weshalb man in Ländern mit mangelhafter Transportinfrastruktur und schlechten Kommunikationsmöglichkeiten nur schwer etwas gegen so komfortabel scheinende Dienste wie Facebook einwenden kann. Manche sehen in Facebook den einzigen Kanal im heutigen Afrika, über den man Marktinformationen erhalten kann. Balqees Awad, eine Bewohnerin der sudanesischen Hauptstadt Khartum, erklärte der sudanesischen Journalistin Nesrine Malik für den *Guardian*, wie sie Facebook in Zeiten akuten Versorgungsmangels nutzt:

> Wenn eine Bäckerei Brot hat oder eine Tankstelle Treibstoff geliefert bekommt, meldet das immer jemand aus der Gruppe. Auch wenn es irgendwo verstärkte Polizeipräsenz gibt, macht das die Runde. Die Patrouillen greifen sich manchmal willkürlich Leute, um sie zu erpressen, oder sperren sie einfach ein.

Ähnlich verhält es sich mit Unternehmen, die ihre Dienstleistungen aufgrund schlechter Infrastruktur nur schwer vermarkten können. In Ägypten, so Malik, sind viele Kleinunternehmen auf Facebook angewiesen, um Kunden zu gewinnen.[12] Allerdings entstehen in manchen Regionen des Globalen Südens mittlerweile lokale Netzwerke mit einer Informationsinfrastruktur für Unternehmen, die sich nicht auf Plattformen des Globalen Nordens wie Facebook stützen, beispielsweise das Open Network for Digital Commerce in Indien.[13]

Ist aber nun das stärkste Argument für Facebook, dass die Plattform eine leicht zugängliche Informationsstruktur in Ländern schafft, die unter dem Erbe des Kolonialismus zu leiden haben? Falls dem so ist, sollte man über Big Tech auch unter einer längerfristigen historischen Perspektive nachdenken und versuchen, sich darüber klar zu werden, *wem genau* die immer noch bestehende soziale und wirtschaftliche Ungleichheit eigentlich nützt, die mit der Macht westlicher Plattformen verbunden ist. Durchaus möglich, dass die Interessen von Facebook, einem Big-Tech-Unternehmen mit Sitz im Globalen Norden, auf Dauer nicht deckungsgleich mit denen der Menschen dieser Gesellschaften sind. Es wäre jedenfalls nichts Neues, dass Kolonisatoren versuchen, durch den Aufbau einer komfortablen Infrastruktur ihre Herrschaft zu stützen.

Ähnliches lässt sich über die Rolle sagen, die globale Medienplattformen wie WhatsApp dabei spielen, Hunderten Millionen von Zwangsmigranten bei ihrer gefährlichen Suche nach einem besseren Leben jenseits der Grenzen ihres Landes zu helfen, Kontakt mit Familie und Freunden in der Heimat zu halten. Dies gilt auch für die Bedeutung von Facebook und Twitter für die politische Mobilisierung und den politischen Diskurs in autoritär regierten Staaten wie dem Iran oder Saudi-Arabien. Aber wir müssen uns auch fragen, was daraus folgt, wenn wir so argumentieren. Wollen wir wirklich sagen, dass die Vorteile der Plattformen des Globalen Nordens am besten in autoritären Ländern mit schwacher Kommunikationsinfrastruktur funktionieren, die oft ehemalige Kolonien des Westens sind? Falls ja, liegen wir wieder ganz auf der kolonialistischen Argumentationslinie.

Unterdessen darf man nicht vergessen, dass in Afrika längst nicht mehr nur US-amerikanische, sondern auch chinesische Unternehmen eine große Rolle spielen. Ganz offensichtlich wetteifern beide Großmächte des Datenkolonialismus um die Gunst der afrikanischen Verbraucher.

So sehr wir versucht sein mögen, das Narrativ des Komforts zu akzeptieren, es lässt sich nicht ohne weiteres von alten und neuen kolonialistischen Prozessen und von den spezifischen Kosten trennen, die mit der neuen Landschaft der einseitigen Datenextraktion verbunden sind, von der viele Aspekte der heutigen Gesellschaft und Wirtschaft gekennzeichnet sind. Doch wenden wir uns nun dem zweiten Kandidaten für ein neues »Fortschrittsnarrativ« zu: der Vernetzung.

Zivilisatorisches Narrativ Nr. 2: Vernetzung

Jeder möchte vernetzt sein. Zumindest möchte niemand sein Leben in völliger Isolation verbringen.

Auch unter diesem Aspekt empfehlen sich uns digitale Plattformen als bestmögliche Lösung. Unternehmen wie Meta oder Tencent setzen alles daran, uns glauben zu machen, dass wir Instagram, WhatsApp oder WeChat benötigen, um uns zu vernetzen. Zu diesem Zweck kleiden sie ihre Geschäftsmodelle in alle möglichen altruistischen Erzählungen.

Im Februar 2017 sah sich Mark Zuckerberg veranlasst, auf die Befürchtung zu reagieren, Facebook entwickle sich zur Drehscheibe für den gefährlichen Populismus, der den Aufstieg von Donald Trump beflügelte. Lassen wir die neuen Ziele beiseite, die Zuckerberg in seiner Erklärung für Facebook formulierte – für sicherere, besser informierte, bürgerschaftlich engagierte und integrative Gemeinschaften zu sorgen –, da sie sich wie eine Liste zur Abwehr genau der Probleme lesen, die Facebook verschärft haben soll. Konzentrieren wir uns stattdessen auf die Gesamtvision, die Zuckerberg in seiner Erklärung anbietet, da sie das zivilisatorische Narrativ der »Vernetzung« perfekt skizziert. Und erinnern wir uns bei der Lektüre an die religiöse Dimension vieler zivilisatorischer Narrative, die der Rechtfertigung des historischen Kolonialismus dienen sollten.

> Die historische Entwicklung zeigt, dass wir gelernt haben, uns in immer größerer Zahl zusammenzuschließen – von Stämmen über Städte bis hin zu Nationen. Auf jeder Stufe bauen wir in Form von Gemeinschaften, Medien oder Regierungen eine gesellschaftliche Infrastruktur auf, die uns befähigt, Dinge zu erreichen, die wir als Einzelne nicht bewerkstelligen könnten.
> Heute sind wir kurz davor, den nächsten Schritt zu tun. Unsere größten Chancen sind nun global geworden … Fortschritt erfordert nun, dass sich die Menschheit nicht nur in der Form von Städten oder Nationen zusammenschließt, sondern als globale Gemeinschaft … Facebook steht dafür, uns einander näher zu bringen und eine globale Gemeinschaft aufzubauen …
> In Zeiten wie diesen ist es für Facebook das wichtigste Anliegen, eine soziale Infrastruktur zu entwickeln, die den Menschen die Möglichkeit gibt, eine globale Gemeinschaft aufzubauen, die uns allen zugutekommt.[14]

Das ist gleich in zweifacher Hinsicht bemerkenswert.

Erstens verwundert die Vorstellung, eine globale Gemeinschaft könne ohne weiteres durch eine Plattform mit dem ausbeuterischen Geschäftsmodell von Meta geschaffen werden. Wie hohl dieser Anspruch ist, entlarvte einige Jahre später Frances Haugen vor dem US-Kongress und europäischen Parlamenten in ihren Aussagen zur Facebook-Tochter Instagram. Sie enthüllte, dass Instagram aus eigenen Untersuchungen wusste, welche Gefahren die Nutzung für junge Frauen bergen kann.[15] Haugen kommentierte später: »Ich habe getan, was ich für nötig hielt, um Menschenleben zu retten, vor allem im Globalen Süden, da Facebook meiner Meinung nach Profite über Menschenleben stellt.«[16] Adam Mosseri, Geschäftsführer von Instagram, antwortete auf dem Höhepunkt des Skandals: »Wie wir wissen, sterben Menschen bei Autounfällen, trotzdem überwiegt im Großen und Ganzen der Nutzen, den wir von Autos haben. Ich denke, das ist mit Social Media ähnlich.«[17] Das klingt, als ob Meta keinerlei Verantwortung für sein spezifisches Geschäftsmodell und dessen Auswirkungen hätte.

Warum sollte man eine globale Plattform für die gesamte Menschheit überhaupt für möglich oder gar wünschenswert halten? Aber Zuckerberg kann es sich gar nicht anders vorstellen, so sehr glaubt er an das Narrativ der Vernetzung, ein Narrativ, über das Meta die Kontrolle behalten muss.

Die zweite erstaunliche Annahme von Zuckerberg ist, dass ausgerechnet Plattformen wie Facebook im Einklang mit den Entwicklungen der Geschichte und der Richtung des Fortschritts stehen. Eine sonderbare Vorstellung, wenn man bedenkt, dass die Menschheit schon immer durch kleine und große soziale Netzwerke verbunden war. Brauchten wir wirklich Facebook, um darauf zu kommen, dass es gut ist, mit Freunden und Familie in Kontakt zu sein? Wartete die Menschheit tatsächlich auf Mark Zuckerberg, um ihrer Geschichte einen Sinn abzugewinnen?

Die Antwort auf all diese Fragen lautet nein – es sei denn, man ist überzeugt, dass nur Big Tech der Menschheit »Vernetzung« bringen kann, was genau die Art von »zivilisatorischer« Mission ist, die wir hier zu entzaubern versuchen.

Ein weiteres dieser fast schon messianischen Narrative der Vernetzung bezieht sich nicht auf die Alltagswelt von Freunden und Familie, sondern die von Unternehmen und Dingen. Die Datenextraktion aus vernetzten Objekten und Geräten sei ein entscheidender Faktor für die wirtschaftliche Produktivität, wird uns gesagt. Sie entfessele die technologische Dynamik des 21. Jahrhunderts. Wer es anders sieht, handelt sich rasch den Vorwurf ein, eine Fortschrittsbremse zu sein.

So sieht es auch der fortschrittsgläubige Gründer des Magazins *Wired*, Kevin Kelly. Sein Buch *The Inevitable* – »Das Unvermeidliche« – erschien, vielleicht zum Glück, kurz bevor 2018 nach Facebooks Cambridge-Analytica-Skandal der sogenannte »Techlash« einsetzte, die vermehrte Kritik an dem Wandel, den die digitale Transformation herbeiführt. Das Buch beschreibt zwölf »technologische Kräfte, die unsere Zukunft prägen werden«. Mit großer Selbstgewissheit beschreibt der Autor, wie Überwachung und Datenextraktion den modernen Kapitalismus bestimmen und warum wir das für eine gute Sache halten sollten. Drei Kapitelüberschriften reichen aus, um sich ein Bild zu machen: »Accessing« (Zugang), »Sharing« (Teilen) und »Tracking« (Verfolgung). All das, so Kelly, seien unvermeidliche Dimensionen der Zukunft der Menschheit, eine Zukunft, die Kelly eher begrüßt als fürchtet.[18]

Aber die Vorstellung, der Datenraub durch Big Data sei unvermeidlich, ist in den Kreisen der Technikgläubigen und vor allem im Silicon Valley weitverbreitet. Unternehmer wie Thomas Siebel hängen dort der Vision von einer digitalen Transformation an, die sich aus der Konvergenz von »Cloud Computing, Big Data, dem Netz der Dinge und KI« ergeben soll.[19] Und in der globalen Geschäftswelt, die unter ihrem Einfluss steht, haben sich solche Überzeugungen schon beinahe zu einer Religion ausgewachsen. Sie prägen auch die Verlautbarungen des in der Schweiz ansässigen Weltwirtschaftsforums zu Big Data. Es greift das Klischee auf, Daten seien das »neue Öl«, mithin »eine neue Art von Rohstoff, so wichtig wie Kapital und Arbeit«, und kommt zu dem Schluss, dass die Hyperkonnektivität und die durch sie erzeugten Daten das menschliche Wissen grundlegend verändern werden:

> Alle Faktoren greifen ineinander und entwickeln sich gemeinsam im Ökosystem der Informations- und Kommunikationstechnik (IKT) … [E]s entsteht ein positiver Kreislauf, Verbesserungen in einem Bereich ziehen weitere in anderen Bereichen nach sich … Als Einzelpersonen verfügen wir alle stets nur über begrenztes Wissen, aber gemeinsam können wir durch Hyperkonnektivität diese individuelle Beschränkung überwinden und durch Analyse verschiedenster Datenquellen zu neuen Erkenntnissen kommen.[20]

Die häufig aufgestellte Behauptung, das Leben könne nur durch die ständige Datenextraktion aus Menschen und Dingen den erforderlichen Grad an Vernetzung erreichen, sollte uns stutzig machen.

Schauen wir uns nun diese Narrative etwas genauer an, beginnend mit dem weniger vertrauten der beiden, der Vernetzung der Dinge.

Die Vernetzung der Dingwelt

Die von Siebel propagierte digitale Transformation beruht auf der Vernetzung von Menschen und Dingen. Für ihn ist das Internet der Dinge (die Welt der »smarten« Geräte und Systeme, die ständig mit dem Internet verbunden sind) nicht bloß ein Marketing-Slogan, sondern das Fundament für eine neue Art von Wirtschaft und Gesellschaft.

Ausgehend von der Idee eines intelligenten Stromnetzes gelangt Siebel schnell zur Notwendigkeit, ja sogar Unvermeidbarkeit einer Vernetzung sämtlicher Objekte. Um diese Vernetzung komplett zu machen, sollen Menschen solche Objekte auch mit ihren Körpern verbinden. Siebel schwärmt: »Bald werden sogar Menschen Dutzende oder Hunderte von Wearables und Implantaten mit extrem niedrigem Stromverbrauch nutzen, die kontinuierlich Blutwerte, Blutdruck, Puls, Temperatur und andere physiologische Parameter überwachen und regulieren.«[21] Die Apple Watch und ähnliche Fitnesstracker setzen dies bereits zu einem großen Teil um.

Damit bringt Siebel die von vielen Big-Tech-Führungskräften vertretene Überzeugung zum Ausdruck, das Internet der Dinge (Internet of Things, IoT) sei die nächste neue Schnittstelle zwischen Mensch und Computer. Im Jahr 2014 prognostizierte Cisco, bis 2022 würden 45 Prozent der weltweiten Internetverbindungen durch vernetzte Dinge beansprucht.[22] Inwieweit sich diese Prognose bewahrheitet hat, ist nicht bekannt, aber immerhin wissen wir, dass es bereits 13,1 Milliarden vernetzte Geräte auf der Welt gibt, also mehr als Menschen, und diese Zahl wird sich bis zum Ende dieses Jahrzehnts voraussichtlich mindestens verdoppeln.[23] Die Überzeugung, dies sei gut für die Menschheit (und nicht bloß für Konzerne), hängt einmal mehr vom zivilisatorischen Narrativ der Vernetzung ab, über das die Entscheidungsträger des Westens zunehmend Kontrolle auszuüben versuchen. Die einflussreiche Denkfabrik Council for Foreign Relations meint dazu:

> Mit dem weiteren Wachstum des IoT in den kommenden Jahren wird die nächste Generation des Netzes Dutzende Milliarden von Geräten miteinander verknüpfen und jeden Aspekt des täglichen Lebens digital einbinden, von Pulsmessern und Kühlschränken bis hin zu Verkehrsampeln und den Methanemissionen der Landwirtschaft.[24]

Dabei handelt es sich weniger um eine Vision der Freiheit als vielmehr um eine der Ordnung – als solche charakterisiert es auch Chinas Internetpolitik. Schon seit fast einem Jahrzehnt bemüht sich China, das IoT voranzubringen. So erwarb das chinesische Unternehmen Haier 2016 den amerikanischen Haushaltsgerätegiganten General Electric für 6 Milliarden US-Dollar. Chinas jüngster Fünfjahresplan für die »Nationale Informatisierung« deutet stark auf den Aufbau einer »sensorischen Infrastruktur« für das IoT hin, und das nicht bloß in China selbst, sondern auch in Ländern, die unter dem Einfluss Chinas stehen.[25]

Es bleibt abzuwarten, inwieweit solche Visionen Realität werden – jedenfalls wird sich nach diesem Narrativ die gesamte Welt unausweichlich in eine Datenkolonie verwandeln.[26]

Vernetzung mit dem Tod

Im Rückblick auf die vergangenen beiden Jahrzehnte fühlt man sich unweigerlich an das Werk von Karl Polanyi erinnert, einem Wirtschaftshistoriker des 20. Jahrhunderts, der schilderte, wie der industrielle Kapitalismus die gesellschaftlichen Beziehungen nach seinen Erfordernissen auf den Kopf stellte. Nach seiner Flucht aus dem nationalsozialistischen Wien, die ihn zunächst nach London führte, befasste sich Polanyi in den 1940er Jahren mit den gesellschaftlichen Bedingungen der kapitalistischen Wirtschaftstransformation des 19. Jahrhunderts. In seiner Beschreibung wurden sie zu einer Art Einstiegsdroge, zu »künstlichen Anreize[n], die dem Gesellschaftskörper appliziert wurden«.[27] Plattformen wie Facebook und TikTok könnten in ihrer Wirkung auf das heutige gesellschaftliche Leben ebenfalls sehr treffend als künstliche Anreize beschrieben werden.

Ja, es ist in vielerlei Hinsicht praktisch, wie die Plattformen der sozialen Medien uns miteinander verbinden und unser Engagement stimulieren, manchmal auch kurzfristig politisch mobilisieren. Und Plattformen wie Facebook haben in Ländern mit autoritären politischen Systemen tatsächlich schon etwas bewirkt. In der Anfangsphase des Arabischen Frühlings im Jahr 2011 wurde Facebook für viele Menschen zu einem Treffpunkt, an dem sie sich in scheinbarer Sicherheit austauschen und Aktionen planen konnten.[28] Das gilt auch für anonyme Plattformen, die es beispielsweise türkischen Frauen ermöglichen, gegen die mögliche Einführung einer islamischen Kleiderordnung durch den Staat zu protestieren.[29] Die kenianische Schriftstellerin Nanjala Nyabola, die umfangreiche Recherchen zur digitalen Politik in Afrika gemacht hat, bekräftigt diesen Punkt:

»Ich bin absolut vom Nutzen sozialer Netzwerke für die politische Auseinandersetzung und Organisation in Ländern überzeugt, in denen es keine Meinungsfreiheit gibt.«[30]

Ein gewisser Wert ist digitalen Netzwerken also schwerlich abzusprechen – jedenfalls dann nicht, wenn zu fehlenden Kommunikationsstrukturen noch politische Unterdrückung hinzukommt. Doch auch das Vernetzungsnarrativ sollte, nicht anders als das Narrativ vom Komfort, gegen andere Faktoren abgewogen werden. Erstens stimmt es einfach nicht, dass es in vordigitalen Zeiten niemals gesellschaftlichen Widerstand gegeben hat. Die Geschichte kennt zahlreiche Beispiele, in denen Menschen das nutzten, was der Anthropologe James Scott einmal die »Waffen der Schwachen« genannt hat. Beispiele bieten Land- und Fabrikarbeiter, die geschickt die strengen Regeln ihrer Vorgesetzten umgingen.[31] Zweitens steht die Nutzung sozialer Medien natürlich auch Regierungsbehörden offen, und zwar nicht nur zur Verbreitung von Propaganda, sondern auch, um die aufmüpfige Bevölkerung direkt zu überwachen; zahlreiche Beobachter des Arabischen Frühlings haben auf diesen Aspekt hingewiesen. Dass der politischen Revolution des Jahres 2011 in den arabischen Ländern der dauerhafte Erfolg versagt blieb, hat neben dieser Art von Überwachung sicherlich auch damit zu tun, dass sich politische Bewegungen nur begrenzt über soziale Medien organisieren können.[32]

Gesellschaftliche Nebenwirkungen, so eine der Lehren, die sich aus der Geschichte des Kolonialismus ziehen lassen, dürfen nicht außer Acht gelassen werden, und das gilt natürlich auch für die Plattformen der sozialen Medien. Den Kolonisatoren früherer Tage war bei ihren Raubzügen in fremden Gebieten nicht bewusst – zumindest anfangs nicht –, dass sie Krankheiten aus Europa einschleppten, die im Endeffekt mehr Menschen töten sollten als all ihre Waffen. Die heutigen Datenkolonisatoren verfolgen sicherlich das Ziel, Datenterritorien zu erobern und die Kontrolle über Daten zu erlangen, die sie aus ihnen extrahieren. Aber niemand behauptet, dass sie die vielfach als toxisch kritisierten Nebenwirkungen ihrer Plattformen und Geschäftsmodelle auf die Gesellschaft vorausgesehen oder gar geplant hätten.

Inzwischen wird häufig der Vorwurf erhoben, die Profitgier der Big-Tech-Konzerne im Verein mit ihrer Rücksichtslosigkeit gegenüber den Menschen, denen sie ihren Reichtum verdanken, habe die Entstehung einer zutiefst gespaltenen Gesellschaft gefördert, in der »Vernetzung« nur noch Entfremdung, Erschöpfung und oft auch Traumatisierung bewirke. Man darf jedoch nicht übersehen, dass die kulturelle, gesellschaftliche und politische Polarisierung lange vor Big Tech einzusetzen begann. Die digitalen Plattformen als die Hauptursache dafür zu sehen, geht sicherlich an der Realität vorbei.[33]

Doch was uns in der Anfangszeit des Internets so begeisterte, bevor es von den großen Konzernen kommerzialisiert wurde – nämlich die Möglichkeit, virtuellen Gruppen von Menschen beizutreten, die unsere Interessen teilen –, ist nach Ansicht vieler auch genau das, was jene sogenannten »Filterblasen« geschaffen hat, in denen Desinformation und Hass gedeihen. Der Begriff »Filterblase« wurde 2011 von Eli Pariser geprägt[34] und ist im Grunde die aktualisierte Version der Echokammer für die Internet-Ära: ein Bereich, in dem man nur noch hört und sieht, was mit den eigenen Sprach- und Denkgewohnheiten in Einklang steht. Dies kommt dadurch zustande, dass Suchmaschinen und Plattformen der sozialen Medien durch genau das, was sie am besten können – nämlich uns die Inhalte zu präsentieren, die wir sehen wollen, und uns mit allem anderen nicht zu behelligen –, auf ungesunde Weise mit Informationen füttern, die unsere bestehenden Weltanschauungen stets bestärken, aber nie herausfordern.

Mit anderen Worten: Vernetzung, die von den Algorithmen der sozialen Medien bestimmt wird, ist so zielgenau geworden, dass sie Vielfalt eher beschränkt als fördert. Die Menschen entscheiden nicht mehr selbst, welche Art von Vernetzung für sie vorteilhafter ist, sondern die Plattformen – und für die ist natürlich vorteilhaft, was immer uns dazu bringt, mehr Zeit auf ihnen zu verbringen – das beste Beispiel hierfür ist wohl der »For You«-Algorithmus von TikTok –, damit sie umso mehr Daten aus uns extrahieren können.

Es lässt sich zwar nicht abstreiten, dass aus den digitalen Plattformen auch positive gesellschaftliche Bewegungen erwachsen sind (beispielsweise Black Twitter in den USA)[35], dennoch hat das Geschäftsmodell der Datenextraktion eine Reihe negativer Folgen. Kritische Stimmen geben Filterblasen und Echokammern die Schuld an der Wahl von Trump und an der Entscheidung für den Brexit, an Bolsonaro und Duterte, Impfgegnern, Klimaleugnern und vielem mehr. Jede noch so abwegige Idee findet dank der Filterblasen ihre Nische, in der sie gedeihen kann. Nun könnte man einwenden, dass gute Ideen doch von derselben Viralität profitieren sollten, doch das ist bloße Theorie, da diese tendenziell von aggressiven Stimmen übertönt werden. Den Grund dafür sieht Jonathan Haidt darin, dass wir Menschen grundsätzlich dazu neigen, Dinge weiterzuverbreiten, über die wir uns empören, wozu uns nun noch die Waffen der Like-, Share- und Retweet-Buttons zur Verfügung stehen. Das Ergebnis hat weniger mit authentischer Vernetzung zu tun als mit einem Klima, in dem Anprangerung und Mobbing gedeihen. Die Juristin Julie E. Cohen spricht von einer

»Verstärkung unserer kollektiven Unvernunft«.[36] Aber diese Social-Media-Funktionen (Like, Share, Retweet) sind letztlich selbst nur Techniken von Plattformen, die uns stimulieren sollen, immer mehr Daten über unsere »Interessen« zu generieren.

Wenn wir uns auf die breiteren Auswirkungen der Geschäftsmodelle von Social-Media-Plattformen konzentrieren, spielt es weniger eine Rolle, dass die Wissenschaft entgegen der landläufigen Meinung kaum empirische Belege für die Existenz von Filterblasen gefunden hat, zumindest nicht als weitverbreitetes gesellschaftliches Phänomen.[37] Wer viel Zeit mit Online-Medien verbringt, ist alles in allem vielfältigeren Inhalten ausgesetzt als jemand, der dies nicht tut. Aber ist die Polarisierung der Informationsflüsse die einzige relevante Art von Polarisierung? Wie steht es mit der Polarisierung der Gefühle der Menschen zueinander, sei es zu Gleichgesinnten oder Andersdenkenden? In der Politikwissenschaft spricht man hier von »affektiver Polarisierung«.[38] Ist dies nicht letztendlich von größerer Bedeutung, auch dafür, welche Gefühle Nachrichten bei den Menschen auslösen?

Die Journalistin und Friedensnobelpreisträgerin Maria Ressa hat aus erster Hand erfahren, wie stark die Algorithmen der sozialen Medien, die Profite über Fakten stellen, zu Polarisierung führen und damit letztlich zur Gefahr für die Demokratie werden können. Als Präsidentin und Mitbegründerin von *Rappler*, einer Online-Nachrichtenseite in ihrem Heimatland Philippinen (nirgendwo sonst auf der Welt verbringen die Menschen so viel Zeit mit sozialen Medien), war sie wahrscheinlich die Erste, die eindeutig nachwies, dass Facebook mit seinem Geschäftsmodell die Kommerzialisierung von Desinformation ermöglicht. Facebook ließ sich davon nicht beirren. Über ihre Lehren aus dieser Erfahrung schreibt sie: »Big Tech hat unsere persönlichen Erfahrungen und Daten aufgesaugt, sie mit künstlicher Intelligenz organisiert, uns mit dem Ergebnis manipuliert und ein Verhalten gefördert, das in einem nie zuvor gekannten Ausmaß die schlimmsten Seiten der Menschheit zum Vorschein bringt.«[39]

Die Folgen sind teils verheerend. Social-Media-Plattformen können tatsächlich zu einer Radikalisierung führen, wie sie aus gesellschaftlicher Polarisierung erwächst.[40] Ein Beispiel, dokumentiert in einer Podcast-Serie der *New York Times*,[41] ist der Fall von Caleb Cain, einem zunächst progressiv-liberal eingestellten Schüler aus den USA, der über einen Zeitraum von zwei Jahren Tausende von YouTube-Videos mit zunehmend extremistischen Inhalten anschaute und dabei immer tiefer in das sprichwörtliche »Rabbit Hole« (so der Titel des Podcasts) hinabstieg, bis er schließlich der rassistischen Ideologie der *White Supremacy* verfiel. Glücklicherweise schaffte er die Kehrtwende; er sah sich wieder progressive Inhalte an und löste sich vom rechtsextremen Gedankengut.

Interessant an Fällen wie diesem ist, dass der Grund für solche Irrwege in den Extremismus eine simple Änderung des Empfehlungsalgorithmus von YouTube im Jahr 2015 zu sein scheint. (Nur um es klarzustellen: Auch andere Plattformen verwenden ähnliche Empfehlungsalgorithmen, sie sind kein YouTube-spezifisches Problem.)[42] Solche Änderungen illustrieren die enorme Macht der Herrscher über die Datenterritorien. Anstatt den Nutzern mehr Inhalte zu zeigen, für die sie bereits Interesse bekundet haben, sind die Plattformbetreiber dazu übergegangen, ihnen neue Dinge zu präsentieren, die ebenfalls ihre Aufmerksamkeit erregen könnten, damit sie noch mehr Zeit mit dem Medium verbringen und folglich mehr Werbung ausgesetzt sind. Für Katzenliebhaber heißt das, dass ihnen nicht immer neue Samtpfötchen gezeigt werden, sondern beispielsweise Videos von Tigern, die schließlich auch Katzen sind.

Wenn es doch nur um Katzen und Tiger ginge! Die von den Plattformen geförderte algorithmische Homophilie, die nach dem Prinzip »Gleich und Gleich gesellt sich gern« funktioniert, lässt dadurch auch Online-Räume entstehen, in denen Rechtsextremismus gedeihen kann, weil sie bereits bestehende Polarisierungen bündelt und verstärkt.[43] Ein Beispiel dafür haben wir in den USA am 6. Januar 2021 gesehen, als eine Gruppe von Menschen, die in einer solch radikalisierten Blase lebten, versuchte, das Kapitol zu stürmen. Aber es gibt zahlreiche weitere Beispiele aus anderen Ländern – Brasilien, Indien, Kenia, Myanmar und Schweden, um nur einige zu nennen.

Gab es rechtsextreme Einstellungen und Meinungen schon vor dem Internet? Natürlich. Ermutigen Plattformen wie Facebook die Menschen, sich zu radikalisieren, Gleichgesinnte zu finden und sich gegenseitig zu immer extremeren Taten anzustacheln? Ja, es gibt solide Nachweise von Politikwissenschaftlern für solche Polarisierung und Radikalisierung.[44] Und nicht nur das: Meta *weiß*, dass dies eine Folge seines Geschäftsmodells ist, wie die Whistleblowerin Sophie Zhang bestätigt.[45] Und profitieren Unternehmen wie Meta und Google finanziell davon, dass sie Klimawandelleugnern, Impfgegnern, Leuten, die sich weigern, die Wahlniederlage ihrer Partei anzuerkennen und Verschwörungstheoretikern jeglicher Couleur ein Forum bieten? Ja, das tun sie.[46]

Sicher, wir alle wollen vernetzt sein – aber doch nicht so! Nicht, wenn »Vernetzung« aus beschränkten Mustern menschlicher Interaktion besteht, die von Geschäftsmodellen vorgegeben werden. Nicht, wenn »Vernetzung« bedeutet, dass zur Profitsteigerung immer mehr Daten aus uns herausgequetscht werden, dass immer mehr unserer Geräte uns ständig überwachen und die so erhaltenen Informationen genutzt werden, um uns noch mehr Müll zu verkaufen oder uns zu manipulieren. Nicht, wenn diese »Vernetzung« in Wahrheit ihr Gegenteil zum Ergebnis hat, indem sie uns der Realität und den Menschen, mit deren Andersartigkeit wir uns fruchtbar auseinandersetzen könnten, entfremdet. Kurz gesagt, nicht, wenn Kommunikation – die Grundlage jeder menschlichen Verbindung – nichts damit zu tun hat, sich mit anderen über seine Ansichten auszutauschen, sondern Meinungen bloß noch »gamifiziert«, das heißt, wie ein Spiel behandelt werden, so dass am Ende nicht als Wahrheit gilt, was aus Diskussionen, Debatten oder auch politischen Verhandlungen erwächst, sondern bloß noch, was durch seine Viralität die Oberhand behält.[47]

In vielen Ländern gibt es Gesetzesinitiativen (beispielsweise die Online Harms Bill im Vereinigten Königreich, ein Gesetzentwurf zu Fake News in Brasilien[48] und mehrere Gesetzesvorschläge in den USA), die den Plattformen strengere Sorgfaltspflichten auferlegen wollen. Bislang scheint jedoch keines dieser Gesetze grundsätzlich die Geschäftsmodelle der datenhungrigen Plattformen in Frage zu stellen. So mögen uns die digitalen Plattformen als ein Ort erscheinen, an dem wir unseren Spaß haben, in Wahrheit sind aber *wir* zum bloßen Spielzeug der Algorithmen und großen Systeme geworden, denen sie dienen.

Das bringt uns zu den Algorithmen und dem letzten wichtigen zivilisatorischen Narrativ, das wir erörtern wollen: die Geschichte der extraktivistischen Wissenschaft und des Wissens unter dem Gesichtspunkt der KI.

Zivilisatorisches Narrativ Nr. 3: Die KI ist klüger als der Mensch

Wir sind alle schon mit der Vorstellung konfrontiert worden, dass die KI eine großartige Sache für die Menschheit sei. Geschichten von Maschinen, die wie Menschen denken können, sind uns aus der Science-Fiction schon lange bekannt. Und so warten wir – manche mit Hoffen, andere mit Bangen – auf den Tag, an dem wir tatsächlich mit einer Maschine wie mit einem Menschen plaudern können, an dem lernfähige Roboter fehlerfrei und effizient hochkomplexe Aufgaben ausführen und uns damit endlich nicht nur von aller Plackerei, sondern auch noch von den Torheiten befreien, zu denen uns die eigene Voreingenommenheit und Beschränktheit verleiten.

Die KI von heute ist jedoch oft gar nicht sonderlich intelligent, sondern eher das, was die KI-Expertin Meredith Broussard »künstliche *Un*intelligenz« nennt.[49] Da ist zunächst das Problem der Trainingsdaten: Die repetitiven Berechnungen, auf die die KI angewiesen ist, funktionieren nur, weil sie an Tausenden, wenn nicht Millionen Beispielen trainiert wurde, aus denen sie »lernen« konnte. KI-Programme müssen sich ihr Wissen aus vorselektierten Datensätzen herausklauben. Aber diese Datensätze haben notwendigerweise Grenzen: Sie beziehen sich nur auf Dinge, die quantifiziert wurden. Und was immer quantifiziert wird, spiegelt unvermeidlich die Kräfte wider, die unsere Welt formen, wie zum Beispiel Privilegien und Ungleichheiten. So kommt es, dass KI nicht selten die in der Welt vorgefundenen Vorurteile reproduziert.

Ein zweites Problem ergibt sich mit der fortgeschrittensten Form der KI, der sogenannten AGI (Artificial General Intelligence). AGI-Systeme sind in der Lage, über ihre ursprünglichen Aufgabenparameter hinaus innovative Lösungen zu finden, ja sogar neues Wissen zu generieren. Das Problem des Kontexts bleibt jedoch bestehen. Menschliches Wissen entsteht in einem Lebenszusammenhang, der in vielerlei Hinsicht so offensichtlich ist, dass er nie explizit gemacht werden muss – zumindest nicht für den Menschen. Da eine KI jedoch keinen Lebenskontext kennt, muss für sie alles expliziert werden, darunter zum Beispiel auch, warum etwas Unsinn ist, was Menschen sofort als solchen erkennen würden. All die abstrusen Resultate, die in jüngster Zeit ChatGPT in Beantwortung unserer Fragen produziert hat, sind nichts anderes als Variationen dieses Kontextproblems.

Solche Fehlleistungen lassen sich darauf zurückführen, was KI eigentlich ist: eine bloße Sammlung von Programmen, die in riesigen Datenmengen nach Mustern suchen und auf deren Grundlage statistische Prognosen treffen, beispielsweise, wie das nächste Wort in einem angefangenen Satz lauten könnte. Das gilt für einfache wie komplexe KI-Systeme gleichermaßen, beispielsweise die Modelle zur Textvorhersage, die dem inzwischen allseits bekannten ChatGPT oder Googles Äquivalent Bard zugrunde liegen, wie selbst die enthusiastischsten Befürworter der KI zugeben müssen.[50] Und genau hier liegt das Problem. Zitieren wir aus dem Paper, das die KI-Forscherin Timnit Gebru ihren Job bei Google gekostet hat:

> Ein LM [KI-gesteuertes »language model« oder Sprachmodell] ist ein System, das aufs Geratewohl Sequenzen linguistischer Formen zusammenfügt, die es in seinen umfangreichen Trainingsdaten beobachtet hat, und zwar auf der Grundlage probabilistischer Informationen dar-

> über, wie sie kombiniert werden, aber ohne jeglichen Bezug zur Bedeutung: Im Grunde ist es nichts weiter als ein stochastischer Papagei.[51]

Ein Problem tritt auf, wenn der Papagei peinlicherweise Unpassendes wiederholt, das er aufgeschnappt hat. So ließ sich zum Beispiel zeigen, dass ChatGPT unter der Vorgabe, eine bestimmte Identität anzunehmen (»Sie sind ein zwanzigjähriger Weißer, der die High School abgeschlossen hat, leben in den USA, sind registrierter Republikaner und haben ein Jahreseinkommen von 30 000 Dollar«), Wertungen abgab, die um das Siebenfache rassistischer und polarisierender ausfielen als beim Durchschnitt realer Personen.[52] Wir bestreiten nicht, dass der Einsatz von KI-Programmen sinnvoll sein kann, beispielsweise bei der Entwicklung von Impfstoffen, der Früherkennung von Krebs oder der Modellierung von Umweltphänomenen, also in Fällen, in denen es um Datenmengen geht, die den menschlichen Intellekt überfordern oder die er schwer nach Mustern durchsuchen kann. Es ist jedoch äußerst problematisch, die von der KI produzierten Ergebnisse kritiklos zur Simulation menschlicher Reaktionen oder für Entscheidungen zu nutzen, die sich auf das Wohlbefinden von Personen auswirken können.

Hier kommt nun das zivilisatorische Narrativ ins Spiel, das uns sagen will, was das Beste für uns ist und warum überhaupt von uns Daten als Futter für die KI extrahiert werden müssen. Da es ein komplexes Narrativ ist, werden wir ein wenig ausholen müssen, um zu erklären, wie es mit der umfassenderen Geschichte der kolonialistischen Wissenschaft zusammenhängt und welche Verbindungen zwischen Kolonialismus und der Moderne hier bestehen.

Wissenschaft und Macht: vom Kolonialismus zum Kapitalismus

Die KI gehört als Teilbereich der Informatik zur Wissenschaft, wenn auch die meisten Menschen die Informatik nicht in eine Reihe mit den »reinen« Wissenschaften wie Biologie oder Physik stellen würden. In Kapitel 1 haben wir die maßgeblichen Kontinuitäten in der Entwicklung wissenschaftlicher Methoden vom frühen Kolonialismus bis heute erörtert und gezeigt, was diese Kontinuitäten mit Macht zu tun haben.

Francis Bacon, der als einer der Begründer der wissenschaftlichen Methode gilt, stellte im 17. Jahrhundert eine direkte Verbindung zwischen dem Wachstum der Wissenschaft und der Erforschung neuer Welten her: »Auch ist es nicht gering einzuschätzen, daß durch die weltweiten Fahrten zu Wasser und zu Lande, die in unserer Zeit so zugenommen haben, sehr vieles in der Natur entdeckt und aufgefunden worden ist, was über die Philosophie ein neues Licht ausbreiten kann.«[53] Bacon, der dies im Jahr 1620 schrieb, nimmt hier zweifelsfrei auf Entdeckungsfahrten im Kontext der kolonialen Expansion Bezug. Dies deutet darauf hin, dass die wissenschaftliche Methode und die Praktiken der Kolonisierung der Welt von Anfang an eng miteinander verknüpft waren.

Genauer gesagt, sind sowohl die wissenschaftliche als auch die technologische Entwicklung Teil der Bemühungen des Kolonialismus, die extrahierten Ressourcen zu verwalten. Die wissenschaftliche Methode und der Kolonialismus entstanden und entwickelten sich gemeinsam als Reaktion auf den Umgang mit dem, was Bacon als Naturentdeckungen beschreibt. Die Aufgabe der Kolonisatoren, Ländereien über gewaltige Entfernungen zu beherrschen, um aus ihnen zur Steigerung des eigenen Wohlstands effizient Ressourcen zu extrahieren und diese zu organisieren und zu transportieren, erforderte erhebliche wissenschaftliche und technologische Fortschritte.

Im Dezember 1899, fast dreihundert Jahre nach Bacon, stellte Sir Ronald Ross in einem Vortrag vor der Liverpooler Handelskammer die Ergebnisse seiner Arbeit zur Bekämpfung der Malaria vor, an der viele englische Kolonisten starben. »Im kommenden Jahrhundert wird der Erfolg des Imperialismus weitgehend ein Erfolg des Mikroskops sein«, erklärte er.[54] Diese Aussage illustriert die bereits bei Bacon ersichtliche Verbindung zwischen dem kolonialistischen Unternehmen und der wissenschaftlichen Methode, die dazu diente, die natürliche Welt auf Objekte zu reduzieren – oder zu abstrahieren –, die verwaltet und deren Eigenschaften prognostiziert werden können. Aus dieser Perspektive betrachtet wird die wissenschaftliche Methode nicht nur ein Werkzeug zum Verständnis der Welt, sondern ein Prozess zur Eliminierung von allem, was ihrer kolonialistischen Verwaltung im Weg steht.

Dieser Prozess trug erheblich dazu bei, dass die Vielfalt der kolonisierten Welt nicht als etwas Positives, sondern als zu bewältigendes Problem wahrgenommen wurde. In den Worten des indischen Umweltaktivisten und Kritikers Claude Alvares: »Abstraktion verstärkt die Kontrolle, indem sie ihrem Gegenstand das Individuelle nimmt. Sie beseitigt die Grundlage der Vielfalt, das Persönliche und das Historische, und schafft eine künstliche Realität, die vollständig kontrolliert werden kann.«[55] Darum hat die feministische Wissenschaftskritik wahrscheinlich auch eine enge Verbindung zwischen Bacons Metaphern für die wissenschaftliche Methode und der männlichen Vorstellungskraft gesehen.[56]

Nur um das klarzustellen: Wir wollen nicht behaupten, dass sämtliche wissenschaftlichen Entdeckungen finsteren kolonialistischen Zwecken dienen oder dass wir ohne Wissenschaft besser dran wären. Wir wollen lediglich darauf hinweisen, dass die moderne Wissenschaft unbestreitbar einem Weg folgt, der mit dem Kolonialismus begann und der auf das Ziel der Kontrolle von Mensch und Natur ausgerichtet ist. Die wissenschaftliche Abstraktion und die technologische Entwicklung sind in den Dienst des Extraktivismus getreten. Und unsere Sorge ist, dass dieser Entwicklungsbogen bis zur Wissenschaft hinter der KI reicht.

Die diskriminierende Intelligenz hinter AI

Natürlich wissen wir die meiste Zeit nicht, wie KI funktioniert, ist ihr Innenleben doch eine Blackbox, von ihren Schöpfern als Betriebsgeheimnis gehütet. Nicht einmal ihre Macher verstehen immer, wie die Programme funktionieren, da die KI selbständig, ohne Zutun des Menschen, Ergebnisse liefern kann. Bei einer KI, wie sie uns in Angelas Geschichte begegnet ist, stellen wir uns vor, dass das Programm irgendwie die gesammelte Erfahrung von womöglich Tausenden Personalmanagern in konzentrierter Form absorbiert. Ausgestattet mit diesem Superwissen prüft es dann zielsicher und schnell Bewerbungen und greift die beste Person für den Job heraus, völlig unbeeinflusst von den Vorurteilen und dem Schlendrian, die menschlichen Entscheidungen gewöhnlich anhaften. Dies ist das Narrativ, das Angela akzeptieren sollte. Doch wie Dan McQuillan feststellt, erstellt die KI lediglich »ausgeklügelte statistische Prognosen«, beruhend auf der Extraktion von Daten, in die bestehende Ungleichheiten der Gesellschaft bereits eingewoben sind.[57] Sicher, an und für sich ist das eine grandiose technologische Leistung.

Ein Problem ergibt sich jedoch, so McQuillan, wenn diese Form der statistischen Optimierung unkritisch benutzt wird. Sie kann dann Formen der Diskriminierung verstärken, die oft bis auf den Kolonialismus zurückgehen, während sie gleichzeitig als magische neue Lösung für gesellschaftliche Probleme präsentiert wird.

Um dies zu verstehen, wollen wir Angelas Beispiel etwas genauer analysieren. Unsere Schilderung ihrer Erfahrung beruht teils auf unserem Wissen darüber, wie HireVue, Humanly und ähnliche Unternehmen ihre Produkte vermarkten, teils auf Berichten von Leuten, die bereits mit solchen Systemen konfrontiert waren.[58] Wir können daraus schließen, dass die KI für ihre Entscheidung darüber, ob Angela sich für die Stelle eignet oder nicht, weder Ahnung von Personalpolitik haben muss, noch sich effektive Jobinterview-Techniken aneignen muss oder auch nur etwas über die erwünschte Qualifikation wissen muss. Stattdessen erhält die KI Unmengen von Lebensläufen, Umfrageergebnissen und Videos von echten Vorstellungsgesprächen, die ihr als Trainingsdaten dienen. Dann wird ihr mitgeteilt, welche Vorstellungsgespräche zu einer Einstellung führen. Die KI vergleicht daraufhin die »guten« Vorstellungsgespräche mit den »schlechten« und ermittelt die Merkmale, die in den guten häufiger auftreten. Je mehr Trainingsdaten der KI zur Verfügung gestellt werden, desto besser: Dann kann sie auch unerwartete Korrelationen entdecken, die Menschen mit ihrer begrenzten Kapazität zur Verarbeitung großer Datenmengen entgehen würden.

Hinter all dem steckt faszinierende Wissenschaft und Mathematik. Aber man ahnt schnell, dass die Sache einen Haken hat. Vielleicht stellt die KI fest, dass erfolgreiche Kandidaten über langjährige Berufserfahrung verfügen oder bestimmte Wörter häufiger benutzen. Möglicherweise sind es auch jene, die angegeben haben, es sei ihnen wichtiger, pünktlich am Arbeitsplatz zu erscheinen, als jemandem auf dem Weg dorthin Hilfe zu leisten. Aber vielleicht schlussfolgert die KI auch, dass gute Kandidaten zudem auch noch männlich und weiß sind. Mit anderen Worten: Wenn die Trainingsdaten die Tatsache widerspiegeln, dass häufiger weiße Männer eingestellt werden und die KI in diesem Punkt nicht explizit eine Korrektur erfährt, dann »lernt« sie womöglich, »weiß« und »männlich« als vorteilhafte Kriterien zu bewerten. Erschwerend kommt hinzu, dass dies den Personen, die die KI entwickelt haben oder die sie anwenden, gar nicht bewusst sein muss. Sie erhalten lediglich die endgültige Empfehlung oder Prognose – ohne zusätzliche Bemühungen finden sie nicht heraus, ob die KI neutral entschieden hat. Erst vor kurzem legte Amazon die Pläne für ein KI-System zur Personalbeschaffung auf Eis, weil es auffallend wenig Frauen empfahl. Woran das letztlich lag, hat Amazon nicht offengelegt.[59]

Die Entwickler und Verkäufer solcher Systeme werden sicherlich einwenden, wir würden die Sache zu einfach sehen. Sie würden zwar einräumen, dass die KI voreingenommen sein könne, aber gleichzeitig betonen, dass sich dies identifizieren und korrigieren ließe, was bei Vorurteilen von Menschen nicht so einfach möglich sei. Anders ausgedrückt: Sie würden argumentieren, KI sei letztlich dennoch besser geeignet, um mit Vorurteilen aufzuräumen. Und schließlich würden sie uns noch empfehlen, solange die KI-Systeme noch nicht perfekt seien, einfach Menschen in die Entscheidung einzubeziehen.

Wir würden darauf erwidern: Wenn einige dieser Systeme diskriminierend und undurchsichtig sind, so spricht das eher dafür, dass sie wie beabsichtigt funktionieren. KI wird heute in allen möglichen Bereichen eingesetzt, aber besonders besorgniserregend – zumal man in diesem Bereich eine Zunahme erwarten muss – ist ihre Anwendung für die Automatisierung von Entscheidungen mit negativen Auswirkungen auf Bevölkerungsgruppen, die sich dagegen kaum zur Wehr setzen können. Es sind dieselben Bevölkerungsgruppen, die traditionell von gewalttätigen und bürokratischen Systemen diskriminiert werden und die auf der »falschen« Seite der Schnittpunkte von Klasse, Geschlecht und ethnischer Herkunft stehen. Ja, diese Systeme sind sehr komfortabel, wenn wir unter Komfort verstehen, »uns nicht mit dem strukturellen Erbe des Kolonialismus auseinandersetzen zu müssen«, wie McQuillan argumentiert. Einfach irgendwo einen Menschen in das System einzubauen, führt lediglich dazu, dass man einen Sündenbock hat, wenn etwas schiefläuft.[60]

Wichtiger als solche begrenzten Korrekturmechanismen (zu denen es erst in Reaktion auf in jüngerer Zeit erhobene Kritik kam) ist das Gesamtbild: Die meisten Anwendungen von KI sind Teil der kolonialen Geschichte wissenschaftlicher und technologischer Entwicklung, die, wie die Wissenschaftlerin Paola Ricaurte argumentiert, extrahierte Daten verwendet, um bereits vorhandene Gewalt und Diskriminierung festzuschreiben und zu automatisieren.[61]

KI als koloniales Instrument der Extraktion

Wir können wohl davon ausgehen, dass Datenwissenschaftler und Informatiker nicht an einem »Angriff der Algorithmen« (so der Titel eines Buches der Mathematikerin und Kritikerin der Datenwirtschaft Cathy O'Neil) arbeiten, der die Welt in den

Untergang führt.[62] Trotzdem stehen ihre wissenschaftlichen Methoden und die mit ihnen geschaffenen Werkzeuge in der langen Tradition von Bemühungen, die Welt effektiver und profitabler zu handhaben. Seit Anbeginn des Kolonialismus waren Daten ein wichtiges Instrument zur Extraktion all dessen, was »in der Natur entdeckt und aufgefunden« wurde, um noch einmal Bacon zu zitieren.

Vor diesem Hintergrund wird deutlich, dass KI und insbesondere in großem Maßstab betriebene AGI nur die jüngste Phase in der kolonialistischen Produktion von Wissen ist. Das mag einfach zu verstehen sein, die Umsetzung ist jedoch komplex. Wie wir schon zu Beginn dieses Buches festgestellt haben, betrachtet die im großen Maßstab betriebene KI die gesamte online verfügbare menschliche Produktion als Input. Daraus versucht sie, für uns wertvolles Wissen zu generieren. Um die Aberbillionen Datensätze zu verarbeiten, ist eine enorme Rechenleistung erforderlich, weshalb bislang nur die größten Big-Tech-Unternehmen dazu in der Lage sind. Das verändert nicht nur die Welt der Suchmaschinen, sondern auch die Art und Weise, wie Facebook und andere Social-Media-Plattformen über ihr KI-basiertes Anzeigenprogramm Advantage+ für Werbetreibende exakt zugeschnittene Zielgruppen generieren, wie in Kapitel 2 gezeigt wurde.[63] Wie immer das im Detail aussehen mag, schon die Idee, die menschliche Kultur als kostenlosen Input für die KI zu betrachten, ist vom Ansatz her ein Akt kolonialistischer Aneignung.

Das zweite kolonialistische Merkmal der KI ergibt sich aus der Tatsache, dass die KI Trainingsdaten benötigt. Das Sammeln und die Aufbereitung dieser Daten zur Nutzung durch die KI ist keineswegs selbst ein »künstlicher« Vorgang, sondern ein arbeitsintensiver Prozess mit erheblichem menschlichem Input.

»Es gibt kein ChatGPT ohne menschliche Zuarbeiter«, erklärte die Interessenvertretung der Beschäftigten von Amazons Mechanical Turk.[64] Diese Arbeit wird sehr oft von armen Menschen im Globalen Süden erledigt, worin sich die Ungleichheit der globalen Arbeitsteilung widerspiegelt, die eine Langzeitfolge des Kolonialismus ist.

Die Unternehmen haben erkannt, dass Menschen im Globalen Süden, die auch ohne Vertrag, zu geringen Löhnen und unter prekären Bedingungen arbeiten, einen idealen Arbeitsmarkt für solche monotonen Aufgaben bilden. Wie wir bereits in Kapitel 2 gesehen haben, sind spezielle Plattformen entstanden, um diese Arbeitsmärkte zu kontrollieren. Die Journalistin und Datenwissenschaftlerin Karen Hao erzählt die Geschichte einer Gigarbeiterin im krisengeschüttelten Venezuela, die für ein Unternehmen namens Appen Bilder in Kategorien einsortiert und dafür 6 bis 8 Dollar pro Woche erhält, über die sie nicht einmal frei verfügen kann, weil das Unternehmen nur Geld schickt, wenn sich mindestens 10 Dollar angesammelt haben.[65] Solche Gigarbeiter leisten hochqualifizierte Arbeit, sind aber, wie jüngste Untersuchungen in Brasilien ergaben, sehr häufig Frauen, die keine sichere Beschäftigung finden und sich daher auch mit extrem niedriger Bezahlung zufriedengeben.[66]

Die KI-Industrie und ihre Auftragnehmer haben keine Skrupel, Fernarbeitskräfte in Konfliktgebieten wie Venezuela oder Syrien anzuwerben. Das kann man nur positiv finden, wenn man nicht realisiert, dass sie damit keineswegs Menschen in einer schwierigen Lage zu guten Jobs verhelfen wollen, sondern im Gegenteil ihre Nöte zur Schaffung eines Pools billiger Arbeitskräfte ausnutzen. Noch dazu werden sie dabei nicht selten gewalttätigen Inhalten ausgesetzt. Meta beschäftigt in Kenia Vertragsarbeiter, die innerhalb von fünfzig Sekunden entscheiden sollen, ob ein hochgeladenes Video Gewaltdarstellungen enthält, und das nicht nur ungeachtet der Länge, sondern auch ohne Berücksichtigung dessen, wie psychisch belastend das Material ist.[67] Inzwischen führen diese Mitarbeiter eine Reihe von Prozessen gegen Meta, deren Ausgang noch offen ist. Ohne sich dessen bewusst zu sein, trainierte Angela wahrscheinlich genau das KI-System zur Erkennung von Hetze, das ihre Arbeitsleistung überflüssig machte: Schließlich ist es der Sinn solcher menschlichen Arbeit, die KI so weit voranzubringen, dass auf sie verzichtet werden kann. Es gehört zu den schmutzigen Geheimnissen der Industrie, die uns die Vision einer autonomen Intelligenz zur Lösung der Probleme der Welt verkauft, dass sie auf eine Armee von unterbezahlten und ausgebeuteten Arbeitskräften im Globalen Süden setzt.

Die dritte kolonialistische Dimension der KI hängt mit den speziellen Techniken der Datenverarbeitung zusammen. Nehmen wir die Sprachen, die den Input für die KI liefern. Wir haben fast alle schon Systeme mit Spracherkennung oder automatischer Übersetzung benutzt, hinter denen ein Prozess steckt, der als Natural Language Processing (NLP) bekannt ist. Aber was, wenn die Anwendung dieser Ressourcen gesellschaftliche Ungleichheiten verstärkt, die der historische Kolonialismus hinterlassen hat? Was passiert zum Beispiel, wenn Big Tech beschließt, die Entwicklung von NLP-Technologien vor allem für die Sprachen der Kolonisatoren (Englisch, Französisch und so weiter) und nicht der Kolonisierten zu fördern? Die Welt hat mit Sorge beobachtet, wie die Unfähigkeit von Facebook, Hetze und Hassbotschaften in Myanmar einzudämmen, einem Völkermord Vorschub leistete. Die Algorithmen von Facebook begünstigten Beiträge, die Diskriminierung und Gewalt befürworteten, weil solche Inhalte die Menschen länger auf der Plattform halten und damit mehr Werbeeinnahmen generieren. Algorithmen, die Inhalte in Mehrheitssprachen wie Englisch und Französisch überwachen, verfügen über bessere Filtermechanismen, um so etwas zu verhindern. Das wirft die Frage auf, inwieweit Facebook seiner Verantwortung auch gegenüber den Sprechern von Minderheitensprachen wie Birmanisch gerecht wird.[68]

Oder was passiert, wenn KI die Sprache der Kolonisierten diskriminiert? Das Netzwerk Business for Social Responsibility (BSR.org), das sich für verantwortungsvolle Unternehmenstätigkeit einsetzt, kam in einem Bericht zu dem Schluss, dass während eines Konflikts im Mai 2021 arabische Inhalte, die von Palästinensern auf den Plattformen von Meta veröffentlicht wurden, stärker zensiert wurden als hebräische Inhalte von Israelis, selbst wenn Letztere eindeutig Hetze und Gewaltaufrufe enthielten (es ist allerdings möglich, dass bei dieser Zensur auch Menschen und nicht nur Algorithmen eine Rolle spielten).[69] Im Jahr 2017 wurde ein Palästinenser von der israelischen Polizei festgenommen, nachdem er auf Facebook lediglich auf Arabisch »Guten Morgen« gepostet hatte, was fälschlicherweise als »Greift sie an« übersetzt wurde.[70] Einige dieser Probleme sind seit Jahren der Öffentlichkeit bekannt, und Big-Tech-Unternehmen haben immerhin damit begonnen, sie anzugehen (zum Beispiel die ungeheuerlichen Fehler der KI von Google, die Personen dunkler Hautfarbe bei der Verschlagwortung von Bildern diskriminierend etikettierte).[71] Aber diese Reaktionen auf die Probleme der KI sind bei weitem nicht genug, und das liegt an einem vierten Aspekt, unter dem KI als Werkzeug kolonialistischer Macht funktioniert, nämlich der mangelnden Inklusion der Lösungsansätze für all diese Probleme.

KI-Forschung wird überwiegend im Globalen Norden und zumeist von Männern betrieben. Nehmen wir den spezifischen

Fall der NLP-Forschung: Wie der State of AI Report 2021 feststellt, wird die NLP-Forschung zur Domäne einer Handvoll großer Technologieunternehmen und ihrer universitären Partner im Globalen Norden, was eben jene Ungleichheiten reproduziert, die dazu beigetragen haben, dass solche Probleme nicht erkannt oder nicht angegangen wurden.[72]

Vor diesem Hintergrund ist es nicht sonderlich überraschend, dass die von der Industrie entwickelten Lösungsansätze für die Ungerechtigkeiten, zu denen ihre KI-Algorithmen führen, eher schwach ausfallen. Zwar hat sich eine eigene KI-Ethik zu einem breiten Betätigungsfeld entwickelt, sie wird allerdings weitgehend von Big Tech selbst finanziert. Luke Munn, der sich mit Digitalkultur beschäftigt, hält sie aus drei Gründen für nutzlos.[73] Zum einen sind die von ihr vorgeschlagenen Prinzipien zu abstrakt. So hat die Universität Montreal eine Erklärung herausgegeben, in der es unter anderem heißt, KI solle das »Wohlergehen aller empfindungsfähigen Lebewesen« fördern[74] – das ist gut gemeint, aber viel zu vage. Auch der Verhaltenskodex der KI-Branche entsteht in gesellschaftlicher Isolation, in elitären Blasen (Hochschulen, Silicon Valley), die schon die problematischen Modelle und Technologien entwickelt haben. Und er bleibt zahnlos, da dort niemand daran interessiert ist, ihn in einer Weise umzusetzen, die die Macht der Geldgeber dieser Ethikprogramme ernsthaft beschneiden würde.

Selbst auf den ersten Blick solide scheinende legislative Lösungsansätze wie das von der Europäischen Union vorgeschlagene KI-Gesetz sind nicht ohne Probleme. Positiv lässt sich vermerken, dass es hochriskante Praktiken in der KI kategorisch verbietet und dazu auch klar Anwendungsbereiche benennt: Bildung, Grenzsicherung, Kriminalität, soziale Kreditsysteme, Gesichtserkennung im öffentlichen Raum, Strafverfolgung und andere. Aber auch dieser Gesetzesvorschlag (der möglicherweise erst in einigen Jahren vollständig in Kraft treten wird) lobt die Vorteile, die die KI der Menschheit bringen wird:

> Künstliche Intelligenz bezeichnet eine Reihe von Technologien, die sich rasant entwickeln und zu vielfältigem Nutzen für Wirtschaft und Gesellschaft über das gesamte Spektrum industrieller und gesellschaftlicher Aktivitäten hinweg beitragen können. Durch die Verbesserung der Vorhersage, Optimierung der Abläufe, Ressourcenzuweisung und Personalisierung digitaler Lösungen ... kann die Verwendung künstlicher Intelligenz den Unternehmen wesentliche Wettbewerbsvorteile verschaffen und zu guten Ergebnissen für Gesellschaft und Umwelt führen ... [75]

Wenn das stimmt, beschränkt sich die Rolle der Regulierung nach ihrem Selbstverständnis darauf, die extremsten (»hochriskanten«) Auswüchse einzudämmen. In Brasilien wurde 2021 eine nationale KI-Strategie veröffentlicht, und es sind Gesetze in Vorbereitung, die den Betroffenen von KI-Systemen Rechte zugestehen sollen; die Details sind bislang unklar.[76] In den USA ist man von solchen Gesetzen noch weit entfernt. Immerhin hat das Weiße Haus inzwischen den Entwurf einer Bill of Rights für die KI vorgelegt und damit ihre Regulierung den Status von Bürgerrechten gegeben. Zusätzlich gibt es Initiativen von US-Senatoren, Gesetze zur Eindämmung von KI auf den Weg zu bringen. Erwähnenswert ist, dass das Weiße Haus bei der Ausarbeitung seines Entwurfs nicht nur die Öffentlichkeit und Menschenrechtsgruppen konsultiert hat, sondern auch Unternehmen wie Microsoft und Palantir – mithin genau jene Unternehmen, deren Aktivitäten Grenzen gezogen werden sollen.

Vor diesem Hintergrund kam es im Frühjahr 2023 zu dramatischen Appellen führender Köpfe der KI, deren weitere Entwicklung vorerst wegen des von ihr ausgehenden »existenziellen Risikos« für die Menschheit auszusetzen.[77] Die Autoren, die die KI als »stochastischen Papagei« bezeichneten, merken hierzu an, man müsse schon genau hinschauen, wer hier spricht, und dass in diesem Zusammenhang immer nur von zukünftigen Risiken der KI die Rede sei, aber nichts über die Lösung der heutigen, bereits klar zutage tretenden Probleme gesagt wird.[78]

Wenn Regulierung die Lösung sein soll, so stellt sich sogleich die Frage: durch wen und auf welcher Grundlage? Westliche Regierungen wie das Vereinigte Königreich wetteifern miteinander darum, den Prozess anzuführen, und ganz selbstverständlich wollen sie dabei den großen Technologiekonzernen einen Platz am Beratungstisch einräumen. Unterdessen hört man nichts darüber, wie die Ansichten der großen Mehrheit der Weltbevölkerung zu diesem womöglich existenziellen Risiko berücksichtigt werden sollen. Geht es bei der derzeitigen Panikmache rund um die KI (vorgetragen von jenen, die maßgeblich zu ihrer Entwicklung beigetragen haben) im Grunde vielleicht nur darum, mehr staatliche Subventionen für den schwierigen und kostspieligen Regulierungsprozess zu sichern? Betrachtet man die Vergangenheit, kann man davon ausgehen, dass die Regulierung sich eher an den Interessen der Unternehmen als an denen der Menschen orientieren wird. Zu viel Geld steht auf dem Spiel, zudem beharren die zivilisatorischen Narrative darauf, dass es um das Wohlergehen der Menschheit geht. »Die vielleicht wichtigste Komponente des Wohlstands in der Zukunft wird der Zugang zu diesen [AGI-]Systemen sein«, meinte der Schöpfer von ChatGPT Sam Altman.[79] Aus der Perspektive der Kolonialgeschichte gesehen scheint es bei der derzeitigen

Debatte um die Zukunft der KI vor allem um die Absicherung der permanenten Aneignung von Datenressourcen zu gehen.

Wollen wir diese Narrative ändern, kommen wir nicht umhin, einige der Grundannahmen über die Entwicklung von Wissenschaft und Technologie, wie sie sich unter der Führung des Westens im Laufe der Geschichte von Kolonialismus und Kapitalismus vollzogen hat, in Frage zu stellen. Dies wiederum würde erhebliche Veränderungen in der Art und Weise erfordern, wie diese Technologien implementiert werden. Wenn wir die KI ernsthaft als existenzielles Risiko behandeln wollen, müssen wir auch die Umweltkosten ihres Betriebs sowie die gesellschaftlichen Kosten ihrer Realisierung berücksichtigen. Zudem sollte ihre Regulierung nicht hochrangigen Expertengremien überlassen bleiben, sondern auch die Bürgerinnen und Bürger einbeziehen. Davon sind wir noch weit entfernt, und das wird auch so bleiben, solange wir nicht die zivilisatorischen Narrative in Frage stellen, die eine bestimmte Sichtweise darauf fördern, wozu und wem die KI dienen soll.

Warum zivilisatorische Narrative funktionieren

Vielleicht liegt all dem ein noch umfassenderes Muster zugrunde. Wenn wir einen Blick auf die Geschichten werfen, die über den Datenkolonialismus erzählt werden, und auf unsere kurze Zusammenfassung der Geschichten, die den historischen Kolonialismus rechtfertigen sollen, wird deutlich, dass all diese Narrative, alte wie neue, mehrere Funktionen erfüllen.

Sie beschönigen die realen Prozesse des Kolonialismus, indem sie ihnen eine andere, freundlichere Geschichte unterlegen – zum Beispiel die von der notwendigen Expansion der globalen Wirtschaft, von der zivilisatorischen Mission der Kolonialreiche, von der Ermöglichung von Vernetzung und Komfort durch Big Data. Wer diesen Geschichten Glauben schenkt, verliert die Realitäten der kolonialen Ressourcengewinnung aus den Augen.

Darüber hinaus war die historische Idee von der überlegenen Wissenschaft und dem überlegenen Wissen des Westens untrennbar mit der Vorstellung von der Überlegenheit der Weißen verknüpft. Diese Narrative setzten nicht nur eine Machthierarchie durch – sie rechtfertigten und legitimierten sie. Sie trugen dazu bei, die kolonisierten Völker in einer schwachen, machtlosen Position zu halten, die ihnen kaum Veränderungsmöglichkeiten bot. Genau dies tun auch die zivilisatorischen Narrative von Big Data: Sie zwingen sämtlichen Bürgern, mit Ausnahme derjenigen, die zur datenkolonialistischen Eliteklasse gehören, Beziehungen fortlaufender Datenextraktion auf, über die sie wenig oder gar keine Kontrolle haben. Gleichzeitig erklären sie ihnen, dies sei ein vorteilhafter Deal für sie, jedenfalls gemessen an den Standards des Kapitalismus. Und sie versichern ihnen, dies sei der einzige Weg, um ein komfortables, effizientes, vernetztes und lohnenswertes Leben zu führen.

Auf diese Weise erreichen die herrschenden Narrative des Datenkolonialismus etwas, was der Datenraub allein nicht leisten kann: Sie erobern das Territorium der gesellschaftlichen Phantasie. Sie kolonisieren unsere Vorstellungen davon, wie die Zukunft von Gesellschaft und Technologie, von Gemeinschaft und Vernetzung aussehen könnte, und verdrängen alternative Ideen. Das führt dazu, dass es nur eine Sprache zur Beschreibung der Realität zu geben scheint: die Sprache der Vernetzung und der Gemeinschaft, wie sie von Unternehmen wie Meta und den Herstellern smarter Geräte angeboten wird. Vernetzt euch, sonst werdet ihr was erleben! Akzeptiert unsere Bedingungen, oder … Akzeptiert den »Fortschritt«, wie Angela es tun musste, ansonsten seid ihr weg vom Fenster! Indem sie unsere Vorstellungskraft besetzen, erfüllen die zivilisatorischen Narrative von Big Data genau dieselbe Rolle wie die Narrative des historischen Kolonialismus, die ihn normal und unabänderlich, als Ausdruck der natürlichen Ordnung der Dinge erscheinen ließen. Da wir erst jetzt – mehr als ein halbes Jahrhundert nach dem Zusammenbruch der politischen Institutionen des Kolonialismus[80] – und sehr zögerlich beginnen, die Auswirkungen der historischen Narrative des Kolonialismus zu hinterfragen und abzubauen, sollten wir die Macht solcher Narrative niemals unterschätzen, auch nicht die der neuen, die sich um Daten ranken.

Die zivilisatorischen Narrative, die wir in diesem Kapitel analysiert haben, verbreiten sich überall dort, wo Big Tech versucht, unseren Alltag neu zu organisieren. Sie beschränken sich nicht bloß auf Ideen, sondern schaffen sehr reale Methoden zur Organisation von Ressourcen und Menschen, die sich schnell zum Standard entwickeln. Kurzfristig mögen wir mit solchen Vorstellungen klarkommen, aber langfristig schränken sie uns ein und prägen unser Verständnis davon, wie die Dinge normalerweise sind und anscheinend schon immer waren. Wir müssen jetzt damit beginnen, die zivilisatorischen Mythen des Datenkolonialismus in Frage zu stellen. Der Widerstand braucht einen langen Atem, doch wie wir am Ende des Buches sehen werden, hat er bereits zahlreiche Ansatzpunkte gefunden.

Bevor wir jedoch zum Thema Widerstand kommen, müssen wir einen letzten Aspekt der entstehenden Landschaft des Datenkolonialismus unter die Lupe nehmen: die Menschen und Institutionen, die ihn beherrschen und umsetzen.

KAPITEL 4

DIE NEUE KOLONIALISTENKLASSE

Es war bereits Khaleds zweiter Versuch, mit einem Boot nach Europa zu gelangen. Auf TikTok und Instagram hatte er sich Hunderte von Videos von Leuten angeschaut, die diese Reise erfolgreich bewältigt hatten. Stundenlang hatte er vor den Berichten dieser Glücklichen gesessen, die nun das Leben in Europa genossen und schilderten, wie einfach im Grunde trotz aller Herausforderungen die Überfahrt sein konnte, wenn man nur ihre Tipps beachtete.

Auf TikTok fand er schließlich jemanden, der ihm versprach, ihn gegen Bezahlung nach Europa zu bringen. Er sah darin praktisch die einzige Chance, seine Eltern in Tunesien zu unterstützen. Außerdem wollte er der politischen Instabilität seines Heimatlandes und den fortschreitenden Auswirkungen des Klimawandels entkommen.

Wie Khaled aus den Videos wusste, gab es schon vor der Grenze jede Menge hochmoderne Überwachungstechnik. Ständig musste er damit rechnen, von einer über ihm schwebenden Drohne oder einer Überwachungskamera beobachtet zu werden. Und tatsächlich scheiterte sein erster Versuch an einer solchen Drohne, was sich jedoch als Glücksfall erwies, da die Küstenwache das Boot, in dem er die Überfahrt wagte, gerade noch rechtzeitig erreichte, bevor es kenterte. Als er im zweiten

Versuch dann aufs Festland gelangte, fielen ihm sogleich die zahlreichen mit Videokameras bestückten Türme auf. Angeblich, so hatte er gehört, konnten sie Gesichter aus etlichen Kilometern Entfernung erkennen, selbst bei Nacht. Es schien zwecklos, sich vor ihnen zu verbergen, also versuchte es auch niemand. Die Behörden warteten bereits auf sie und brachten sie in ein Lager. Sein Mobiltelefon wurde beschlagnahmt und ihm erst zurückgegeben, nachdem alle Daten heruntergeladen und ausgewertet worden waren.

Um seine Mahlzeiten zu erhalten, musste er eine Identifizierung per Iriserkennung über sich ergehen lassen. Eine Wohltätigkeitsorganisation gab ihm eine Geldkarte, mit der er Dinge des täglichen Bedarfs kaufen konnte, doch er hatte den Verdacht, dass seine Einkäufe registriert wurden. Als er Medikamente brauchte, bezahlte er sie daher lieber in bar, damit niemand etwas von seinen Beschwerden erfuhr. Dass die Geldkarte nur innerhalb des Lagers funktionierte, vermittelte ihm das Gefühl, an einer Leine gehalten zu werden. Apropos Leine: Khaled hatte von den Fußfesseln gehört, mit denen in den USA Migranten rund um die Uhr überwacht wurden, bis die Einwanderungsbehörden über ihr Schicksal entschieden. Er war froh, dass ihm zumindest diese unwürdige Behandlung erspart blieb.

Eines Tages erhielt er eine WhatsApp-Nachricht mit dem Angebot, ihm gegen eine Gebühr beim Ausfüllen seines Asylantrags zu helfen. Die Anträge würden von einem Computer geprüft, und es sei daher wichtig, bestimmte Formulierungen zu verwenden, die das Programm positiv bewerte, hieß es. Leider fehlte ihm dazu das Geld. Aber Khaled war froh, im Lager kostenlos die Technologien von Big Tech zur Verfügung zu haben, um mit seiner Familie im Kontakt zu bleiben und nützliche Informationen auf seiner Reise zu erhalten.

Er träumte davon, für eines dieser Unternehmen in Europa zu arbeiten, und sei es als Hausmeister. Was Khaled nicht wusste, war, dass einige dieser Unternehmen lukrative staatliche Aufträge hatten, die Überwachungstechnologie bereitzustellen, der er als Migrant ausgesetzt war. Nach Angaben von BigTechSellsWar.com haben in den USA die Ministerien für innere Sicherheit, Verteidigung und Justiz, die nicht nur für die Terrorismusbekämpfung, sondern auch für Migrationsfragen zuständig sind, seit 2004 mindestens 44,5 Milliarden US-Dollar an Unternehmen wie Amazon, Facebook, Google, Microsoft und Twitter gezahlt.[1] Auch die EU wendet Rekordsummen für Grenzkontrollen auf; Frontex, die Europäische Agentur für die Grenz- und Küstenwache, verfügt von allen europäischen Agenturen über das höchste Budget und arbeitet immer enger mit der Militär- und Sicherheitsindustrie zusammen.

Geschichten wie die von Khaled, wie sie Millionen Migranten aus Afrika und dem Nahen Osten erlebt haben, die in den letzten zehn Jahren nach Europa kamen, machen deutlich, dass es nicht genügt, sich damit zu beschäftigen, *wie* der Datenraub vonstattengeht, sondern auch, *wer* ihn verübt. Es ist wichtig, sich klarzumachen, dass Grenzsicherung längst zu einem milliardenschweren Geschäft geworden ist, an dem Programmierer, Entwickler und Manager großer privater Unternehmen beteiligt sind, die mit der Rückendeckung mächtiger Staaten an immer stärker ins Privatleben eingreifenden Technologien arbeiten. Vor diesem Hintergrund muss man sich auch mit dem großen Netzwerk kleinerer Unternehmen – von Datenmaklern bis zu App-Entwicklern – beschäftigen, die auf allen Ebenen der heutigen Gesellschaft an der Gewinnung und Verarbeitung von Daten beteiligt sind.[2] Selbst Einzelpersonen können in dieser Hinsicht eine nicht zu unterschätzende Rolle spielen, wie zum Beispiel Hoan Ton-That, der Gründer des in den USA ansässigen Unternehmens Clearview AI, der zu Hause an seinem Laptop Millionen Gesichter aus sozialen Medien zusammentrug, sie mit persönlichen Daten verknüpfte und den daraus resultierenden umfangreichen biometrischen Datensatz unter anderem an Strafverfolgungsbehörden in den USA verkaufte (mehr dazu später).

Noch bedeutsamer ist das übergeordnete Muster mit seinen Anklängen an die koloniale Vergangenheit. Der historische Kolonialismus umfasste mehr als ein paar Entdeckungen und sporadische Gewaltakte. Er entwickelte sich über die Jahrhunderte zu einem kompletten System der Verwaltung und Bewirtschaftung des Territoriums der Welt. Und natürlich waren daran Menschen beteiligt, eine Klasse von Kolonialisten, die die komplexe Arbeit erledigten, das Leben von Menschen zu verwalten und aus ihm Werte zu extrahieren. Diese Klasse verlor weitgehend, aber nicht vollständig ihre Macht, als der antikolonialistische Befreiungskampf in der zweiten Hälfte des 20. Jahrhunderts die meisten Kolonialreiche zu Fall brachte.

Die Kolonialistenklasse von Big Data steckt im Vergleich mit den kolonialistischen Bürokratien Spaniens oder des britischen Empire, die sich über Jahrhunderte entwickelten, noch in den Kinderschuhen. Doch sie existiert bereits,[3] und sie umfasst die gesamten komplexen Netze von kleinen und großen Unternehmen, die die Extraktion wertvoller Daten aus sämtlichen Wirtschaftsbereichen teils unabhängig, oft aber auch in enger Zusammenarbeit mit Staaten betreiben.

Quantifizierung des Sozialen als Wirtschaftsbereich

Wir schlagen einen Begriff vor, der die verschiedenen Institutionen der Klasse der Datenkolonialisten zusammenfasst: den Wirtschaftsbereich der Quantifizierung des Sozialen (WQS).[4] Bislang von keinem Amt für Wirtschaftsstatistik berücksichtigt, vereinigt dieser Wirtschaftsbereich sämtliche Akteure, die damit beschäftigt sind, so viele Aspekte unseres Lebens wie möglich gewinnbringend in Form von Daten zu quantifizieren. Dabei erstreckt sich der WQS über mehrere andere Wirtschaftsbereiche: den Energiesektor, das Gesundheitswesen, den Bildungsbereich und die Landwirtschaft, die alle zunehmend versuchen, unsere Daten profitabel zu verwerten. Das gilt natürlich auch für die zahllosen Plattformen der Gig-Economy wie Uber und viele spezialisierte Unternehmen, die Daten verarbeiten, ohne selbst über eine Schnittstelle mit Endkunden zu verfügen.

Am WQS sind zahlreiche Akteure aus der ganzen Welt beteiligt, die eine Reihe von Aufgaben erfüllen. Kein einzelnes Unternehmen kann die Art von umfassender Extraktion durchführen, die mit dem Datenkolonialismus verbunden ist. Auch kann eine solche Aktion nicht von einem einzelnen Machtzentrum aus koordiniert werden. Wie wir immer wieder betont haben, geht es beim Datenkolonialismus nicht nur um die anfängliche Extraktion von Daten: Es geht um eine veränderte Gesellschafts- und Wirtschaftsordnung, die um die Sammlung und Nutzung von Daten und die daraus resultierende Macht organisiert ist. Dazu sind Akteure aller Art vonnöten.

Fest steht jedenfalls, dass der Einfluss eines Unternehmens nicht von seiner Größe abhängt. In ihrer Blütezeit verfügte die East India Company über eine Privatarmee von 250 000 Soldaten (zum großen Teil aus der einheimischen Bevölkerung rekrutiert). Diese wurde von London aus durch einen Stab von lediglich 35 bis 159 Offizieren geführt, die über rund 100 Millionen Menschen herrschten.[5] Im Vergleich dazu hat ein Unternehmen wie Uber rund 32 000 Beschäftigte, die den Einsatz von fünf Millionen Fahrern (die natürlich nicht als Angestellte gelten) koordinieren und im Jahr 2022 weltweit 7,64 Milliarden Fahrten für 131 Millionen monatlich aktive Nutzer organisierten.[6]

Nicht vergessen darf man auch, dass der Datenkolonialismus ganz wie der historische Kolonialismus ein globales Phänomen darstellt, wenn auch die Welt von heute eine völlig andere geworden ist. Jede neue Form des Kolonialismus muss sich im Rahmen der Geopolitik des 21. Jahrhunderts entfalten, die sich von der des 16., der des 18. und auch der des 20. Jahrhunderts deutlich unterscheidet. Die heutige Welt ist zumindest bipolar, wobei China nicht nur wirtschaftlich und technologisch, sondern auch in der Softpower gegenüber den USA aufholt, während weitere Mächte wie Indien im Kommen sind. Viele Narrative über Big Tech, die im Westen und für den Westen erzählt werden, ignorieren China und reden stets nur vom Silicon Valley – ein Fehler, den es unbedingt zu vermeiden gilt.

Die Ursprünge der sich schnell ausbreitenden Klasse der Datenkolonialisten reichen mindestens bis in die 1980er Jahre zurück, als noch weitgehend unklar war, wohin die Reise gehen würde. Den Anfang machten die Kreditkartenunternehmen. Sie sammelten Daten aus Einkäufen und versuchten, entweder selbst daraus Verbraucherprofile zu erstellen, oder verkauften sie an darauf spezialisierte Marketingunternehmen weiter.[7] Kundenkarten und ähnliche Anreizsysteme gehören ebenfalls zu den frühen Versuchen, solche Daten zu sammeln. Anfang der 1990er Jahre hatte sich diese Praxis so weitverbreitet, dass der afroamerikanische Kommunikationsforscher Oscar Gandy dafür den Begriff »panoptische Sortierung« prägte. Die Unternehmen entwickelten einen unstillbaren Appetit darauf, Daten auch außerhalb ihres Unternehmensbereichs zu sammeln und zu sortieren. Sie träumten von einem Panoptikum – sie wollten alles sehen.[8]

Ziel war es, die Kunden in Kategorien einzusortieren, die treuesten herauszufiltern und diesen Anreize zu bieten. Als sich den Unternehmen dann Möglichkeiten boten, auch Daten über ihre Kunden zu sammeln, die nichts mit ihren Einkäufen zu tun hatten, begann die Suche im größeren Bestand der Alltagsdaten. Aber erst in den späten 1990er Jahren fand diese Frühversion der umfänglichen kommerziellen Datenerfassung Eingang in die Managementtheorie. Das können wir daraus schließen, dass 1998 Peter Drucker, damals einer der führenden Management-Gurus, noch sagen konnte: »Je mehr interne Informationen das Top-Management erhält, desto mehr muss es diese mit externen Informationen abgleichen – die noch nicht zur Verfügung stehen.«[9] Drucker hatte die Richtung des Wandels bereits erfasst: Die Wirtschaft suchte, womöglich in Erwartung eines langfristig rückläufigen Konsums, bereits nach neuen Wegen, sich das Alltagsleben der Menschen als Wertschöpfungsquelle zu erschließen. Niemand fand etwas dabei, diese Art Kontrolle anzustreben, es gehörte einfach zum Spiel. In den Worten einer damaligen Führungskraft: »Ich habe den Eindruck, dass wir mittlerweile alles aus internen Informationen herausgequetscht haben. Vielleicht wird es Zeit, dass wir uns um die weite Welt der externen Informationen kümmern.«[10] Dies ist, in der nüchternen Sprache der Managementtheorie ausgedrückt, im Grunde genau die extraktivistische Vision, die den Landraub des historischen Kolonialismus beflügelte, nur dass hier Daten als etwas behandelt werden, das eben einfach so da ist und niemandem gehört – eine *terra nullius*, die man sich nehmen kann.

Zumindest schienen Daten das Potenzial dafür zu haben. Denn wie man das anstellen sollte, war in den frühen 1990er Jahren noch nicht klar. Ende des Jahrzehnts (noch Jahre vor dem Aufkommen von Big Tech) war dem visionären und umstrittenen US-Unternehmer Josh Harris aufgegangen, dass das Geschäftsmodell des Internets darauf beruhte, uns erst unsere Daten abzunehmen, und sie uns dann zurückzuverkaufen. Harris führte auch ein Experiment durch, in dem er Menschen Tag und Nacht von Kameras und Mikrophonen beobachten ließ. Es trug den treffenden Titel »Pst! Wir leben in der Öffentlichkeit« (*Quiet: We Live in Public).* Harris erklärte dazu den Teilnehmern: »Alles ist hier für Sie kostenlos, außer den Videoaufnahmen, die wir von Ihnen machen. Die gehören uns … Ich werde Ihnen Ihr Leben zurückverkaufen.«[11]

Fast zwei Jahrzehnte später ist es so normal geworden, dass Unternehmen routinemäßig auf eine Flut von Daten aus dem Leben ihrer Kunden zurückgreifen, dass immer erstaunlichere Prognosen gewagt werden. So meinte im Jahr 2015 ein Werbemanager, dass »bis 2028 die Hälfte der Amerikaner (und bis 2054 fast alle) Geräteimplantate tragen werden, über die sie mit dem Laden kommunizieren, zwischen dessen Regalen sie schlendern.«[12]

Dies also ist die jüngste Entwicklung des folgenschweren gesellschaftlichen Trends, den Soziologen als »Datafizierung« bezeichnen: Die ganze Welt wird zu einer Datenquelle für die Wirtschaft. Manche sehen darin ein Infrastrukturprojekt vom Range der *Encyclopédie* der französischen Aufklärung. Ein Großprojekt und die Grundlage einer neuen gesellschaftlichen

Infrastruktur ist es gewiss. Aber es ist auch ein Landraub, oder, freundlicher ausgedrückt, eine »produktive Aneignung« dessen, was bislang nur der Fluss unseres täglichen Lebens war.[13]

Erst in jüngerer Zeit wird diese Entwicklung kontrovers diskutiert. Das ist vor allem eine Folge des sogenannten »Techlash«, der Kritik an der Marktmacht von Internetkonzernen, ausgelöst durch den Cambridge-Analytica-Skandal von 2018. Für die Managementtheoretiker von heute bleibt die Datafizierung jedoch eine sinnvolle Erweiterung der Informationen, auf die Unternehmen zugreifen können, wenn auch eine so durchschlagende, dass manche gar von einer »Managementrevolution« sprechen. »Wir alle sind heute wandelnde Datengeneratoren«, meinten die Schöpfer dieses Begriffs.[14] Dabei lassen sie allerdings die Mechanismen der Datenextraktion, die dafür eingerichtet werden mussten, unerwähnt; auf den *Datenraub* gehen sie nicht ein. Das wird eher verständlich, wenn man sich vor Augen führt, dass aus Unternehmenssicht der Mensch immer schon ein Störfaktor war. »Eines der größten Erfolgshindernisse von Big Data ist der menschliche Faktor«, meinte der Datenexperte eines Unternehmens.[15] Das, was man als Quantifizierung des Sozialen bezeichnet, versucht dem abzuhelfen.

Welche Arten von Unternehmen betätigen sich aber eigentlich im Bereich der Quantifizierung des Sozialen? Beginnen wir mit einem Überblick über die größeren, die den Kern der neuen Klasse der Datenkolonialisten bilden.

Der unersättliche Hunger von Big Data

Die Geschichte der Datenextraktion handelt üblicherweise von den vier großen US-Konzernen Google (jetzt Alphabet), Amazon, Facebook (jetzt Meta) und Apple, die man als GAFA, oder, wenn man Microsoft hinzunimmt, als GAFAM zusammenfasst.

Zum besseren Verständnis der Rollen der GAFA-Konzerne können wir wieder auf das 4X-Modell für Strategiespiele zurückgreifen: EXplorieren, EXpandieren, EXtrahieren und EXterminieren. Die verschiedenen Phasen des historischen Kolonialismus und die Kolonialmächte, die in ihnen jeweils eine führende Rolle einnahmen, lassen sich gut mit diesem Modell beschreiben: Spanien, der Meister des »EXplorierens«, entdeckte die neuen Gebiete, mit denen der ganze Prozess in Gang gesetzt wurde; England, Meister des »EXpandierens«, schuf sich nach und nach das größte Imperium der Welt; die Niederlande, Meister des »EXtrahierens«, kontrollierten die globalen Handelsrouten mit äußerster Präzision; und schließlich Frankreich und die USA, Meister des »EXterminierens«, Experten in der Unterdrückung jeglichen Widerstands und der systematischen Kolonisierung des Geistes.

Das ist sicherlich eine Vereinfachung, denn jedes dieser Imperien wandte natürlich all diese Strategien zur selben Zeit an, doch sie hilft uns, die vier X und die Kolonisatoren der Vergangenheit näherungsweise auf die Unternehmen zu übertragen, die derzeit den Datenkolonialismus anführen: Amazon, das neue Gebiete der Datenextraktion als Grundlage für den Online-Handel eXploriert; Google und Apple, die durch ihre beherrschende Suchmaschine und Markenhardware in riesige Imperien von Dienstleistungs- und Infrastrukturunternehmen eXpandieren; und Facebook, das die vielleicht systematischste Ausbeutung sämtlicher Möglichkeiten betreibt, aus der Zeit, die Menschen auf seinen Plattformen verbringen, Profit zu eXtrahieren. Ob nun einzelne Konzerne auch direkt auf brutale Weise eXterminieren, lässt sich nicht so ohne weiteres sagen. Jedenfalls aber können viele von uns geschilderte Praktiken des Datenkolonialismus zu direkter physischer Gewalt oder zu anderen Formen indirekter oder symbolischer Gewalt führen. Dazu zählen auch Dinge wie der Verlust von Lebenschancen, die Verminderung der Lebensqualität oder die Auslöschung alternativer Denkweisen und Lebensstile.

Wichtig ist hier, dass der Datenkolonialismus, der erst vor zwei bis drei Jahrzehnten begonnen hat, eine sich noch entfaltende Landschaft bildet. Wie es diesen Unternehmen gelungen ist, die größeren wirtschaftlichen Möglichkeiten der Datenextraktion zu meistern, verdient nähere Betrachtung.

Seit Mitte der 1990er Jahre ist Amazon die treibende Kraft im Bereich E-Commerce und Online-Versandhandel. Heute hat es eine Marktkapitalisierung von 1,28 Billionen Dollar.[16] Das Unternehmen erwirtschaftet mit 72 Prozent den größten Teil seiner Einnahmen über seine Online-Einkaufsplattform, Werbung und Dienstleistungen für Drittanbieter.[17]

Aber Amazon ist kein beliebiger Laden. Daten aus dem Tracking der Kundengewohnheiten sind das Geheimnis seines Erfolgsrezepts, und Amazon verfügt über viele Möglichkeiten, sie sich zu beschaffen. Im Heimbereich hat das Unternehmen den marktführenden digitalen persönlichen Assistenten Alexa entwickelt – man denke nur an all die Echo-Geräte, einschließlich Loop, Ring, Frames, Smart Oven und die vielen smarten Geräte von Drittanbietern, die über Alexa gesteuert werden können und bei jeder Interaktion Daten über unsere Gewohnheiten erfassen.[18] Amazon würde liebend gern in unsere Telefone blicken und bietet daher einigen »glücklichen« Nutzern 2 Dollar im Monat dafür an, ihre Mobilgeräte zu überwachen.[19] Man kann sich sicher sein, dass diese Daten für Amazon viel mehr als diese kümmerlichen Dollar wert sind. Von entscheidender Bedeutung ist auch, dass Amazon Weltmarktführer im Cloud-Computing ist. Amazon Web Services (AWS) hat einen Anteil von 32 Prozent am Weltmarkt[20] und trägt mit 16 Prozent zu den Gesamteinnahmen des Unternehmens bei.[21] Sogar die CIA ist AWS-Kunde – es sagt einiges, dass man dort Vertrauen in die Sicherheitsprotokolle des Unternehmens hat.

Google, das inzwischen zu Alphabet gehört, hat eine Marktkapitalisierung von 1,57 Billionen Dollar. Seit 2010 führt Google unumstritten den weltweiten Suchmaschinenmarkt an. Im Juni 2022 betrug Googles Anteil 92 Prozent über sämtliche Endgeräte, einschließlich Mobiltelefone.[22] Werbung trug zu diesem Zeitpunkt mit 81 Prozent zu den Einnahmen von Alphabet bei, der Großteil davon (58 Prozent) in Verbindung mit der Suchfunktion. Aber Alphabet hat noch viele andere große Geschäftsbereiche, die Daten abgreifen: Es besitzt YouTube, dominiert bei den Kartendiensten (Google Maps) und hat große Investitionen in den Bereichen Bildung, Gesundheit und persönliche Assistenzsysteme (Google Home) sowie allgemeine KI-Dienste getätigt. Das Unternehmen unterhält ebenfalls ein kleines, aber wachsendes Cloud-Geschäft.

Langfristig hat Alphabet immer weniger Daten über uns und deren Verkauf an Werbetreibende im Blick, sondern konzentriert sich stärker auf die Nutzung seiner eigenen riesigen integrierten Datenspeicher, um seinen Nutzern einen zunehmend persönlich zugeschnittenen Service zu bieten. CEO Sundar Pichai sprach vom »individuellen Google für jeden Nutzer«.[23]

Manche mutmaßen, das Suchmaschinen- und Werbegeschäft von Google werde unter der stärker gewordenen Konkurrenz von Microsofts ChatGPT-gestützter Suchmaschine Bing leiden. Sie unterschätzen möglicherweise Googles Strategie, seine Vorherrschaft auf mehrere für das tägliche Leben grundlegende Wissensdienste auszuweiten.

Facebook (das mittlerweile zu Meta gehört) ist das Mitglied des Sektors der Quantifizierung des Sozialen, das am stärksten im Blickpunkt der Öffentlichkeit steht, zum Teil aufgrund einer Reihe schlagzeilenträchtiger Skandale, von Cambridge Analytica im Jahr 2018 bis zu den Enthüllungen der Whistleblowerin Frances Haugen im Jahr 2021, die aufzeigte, wie skrupellos Facebook und die anderen Sparten von Meta (Instagram, WhatsApp) ihren privilegierten Zugang zu den sogenannten sozialen Graphen (den als Netzwerkdarstellung visualisierten Beziehungen und Verbindungen) ihrer User ausnutzen. Ungeachtet aller Probleme war Facebook im April 2023 mit fast drei Milliarden Nutzern die weltweit größte Social-Media-Plattform mit einer Marktkapitalisierung von 720 Milliarden Dollar.[24]

Meta, für seine Einnahmen fast vollständig auf Werbung angewiesen, ist jedoch wesentlich weniger profitabel als Alphabet und Amazon.[25] Diese Werbeeinnahmen brachen 2022 deutlich ein, als Apple die Nutzungsbedingungen des iPhones dahingehend änderte, dass externe Werbetreibende den Nutzern ausdrücklich das Recht einräumen mussten, nicht getrackt zu werden. Anfang 2023 mehrten sich jedoch die Anzeichen dafür, dass Facebook Wege zur Umgehung dieses Problems entwickelte, indem es seine eigene KI nutzte, um einen maßgeschneiderten Werbeservice auf der Grundlage seiner eigenen exklusiven Daten zu entwickeln.[26] Meta ist außerdem seit neuestem das erste Unternehmen der GAFAM-Riege, das sich mit TikTok einem großen globalen Wettbewerber stellen muss. Und seine Pläne, uns alle dazu zu bringen, in sein virtuelles Metaverse zu migrieren, scheinen bislang nicht von Erfolg gekrönt.[27] Dennoch wäre es töricht, Meta jetzt schon abzuschreiben.

Und dann ist da noch Apple mit einer Marktkapitalisierung von 2,9 Billionen Dollar. Apple ist ein Sonderfall in der Klasse der Datenkolonialisten, auch weil es sich öffentlich gegen eine generelle Datenerfassung ausspricht. Diese Haltung beruht jedoch auf Apples sehr speziellem Geschäftsmodell. Anstatt Prognosen über seine Kunden zu generieren, verdient Apple sein Geld damit, seine Kunden in seine eigene Datenkolonie einzusperren: Apples Universum von Geräten, deren Betrieb und Wartung Apple exklusiv kontrolliert. Diese Strategie hat sich ausgezahlt: Anfang 2022 hielt Apple 62 Prozent des Marktes für Premium-Mobiltelefone im Preissegment über 400 Dollar.[28] Dies generiert eigene, garantierte Einnahmeströme, die nicht nur aus den Geräten stammen (Apple ist nach wie vor weltweit der bei weitem profitabelste Hersteller von Mobiltelefonen),[29] sondern zunehmend auch aus dem, was Apple als »Dienstleistungen« bezeichnet, zu denen die Provisionen gehören, die Apple den Entwicklern von Apps für das iPhone zahlt.[30]

Apples jüngster Einsatz seiner enormen territorialen Macht auf dem bereits erwähnten Smartphone-Markt hat den Grundstein für ein rasantes Wachstum seines hauseigenen Werbegeschäfts gelegt. Grundlage sind die Daten, die Apple exklusiv über seine Telefonnutzer sammelt, hinzu kommen exklusive Inhalte wie Apple TV und natürlich auch der App Store.[31] Diese Daten werden beispielsweise verwendet, um gezielt Werbung zu schalten und Apps und Spiele im Apple Store zu empfehlen, so wie es Google in seinem Play Store tut. Dies hat sogar zu einer Klage geführt: Das Unternehmen würde Daten sammeln, ohne dass sich die Nutzer dessen bewusst seien, selbst wenn sie die Option »nicht tracken« auf ihren iPhones aktiviert hätten.[32] Bemerkenswert ist auch Apples Verhältnis zu China. Nicht nur, dass dort nach wie vor 95 Prozent der iPhones hergestellt werden, Apple ist auch das derzeit profitabelste Big-Tech-Unternehmen in China.[33]

Chinas paralleles Datenimperium

Die Riege der ganz großen Datensammler der Welt bleibt überschaubar.[34] Bisher haben wir aber nur US-Unternehmen betrachtet; China hat sein eigenes paralleles Imperium der Datenextraktion aufgebaut, die sogenannten BATX: Baidu, Alibaba, Tencent und Xiaomi. Während diese Unternehmen hauptsächlich (aber nicht ausschließlich) in Asien tätig sind, deutet das Auftauchen von TikTok (im Besitz von ByteDance, im März 2023 mit rund 220 Milliarden Dollar bewertet)[35] auf einen direkteren Wettbewerb zwischen den USA und China hin, dessen Konturen sich allerdings noch nicht klar abzeichnen; bislang drohen die USA nur mit Vergeltung.[36]

Die BATX-Konzerne sind im Westen vielleicht nicht so bekannt, aber zumindest in China ist ihre Marktmacht mit den GAFA-Konzernen vergleichbar. Das chinesische Pendant zu Amazon ist *Alibaba*. Durch Turbulenzen der jüngeren Zeit ist seine Marktkapitalisierung auf 236 Milliarden US-Dollar gesunken. Der Großteil der Einnahmen von Alibaba stammt, wie bei Amazon, aus dem Einzelhandel.[37] Im Unterschied zu Amazon ist das Unternehmen jedoch schon seit langer Zeit auch im Bereich Privatfinanzierung aktiv. Unter anderem hat es Alipay entwickelt, Chinas beliebteste Zahlungs-App, die nach eigenen

Angaben von 93 Prozent der chinesischen Online-Käufer genutzt wird.[38] Es soll nicht unerwähnt bleiben, dass die Beziehungen zwischen Alibaba und der chinesischen Regierung zunehmend angespannt sind, was auch die Position des Konzerns auf den globalen Aktienmärkten beeinflusst hat.

Die chinesische Entsprechung zu Google ist *Baidu,* eine nicht minder leistungsstarke Suchmaschine für den chinesischen Markt, die es seit dem Jahr 2000 gibt. Wie Alphabet investiert auch Baidu stark in KI, ist aber auch im Bereich Ridehailing eingestiegen, seit Mitte 2022 mit autonomen Fahrzeugen.[39] Zu Baidu gehört auch die Tiangong-Plattform für das smarte Internet der Dinge (IoT) und der Sprachassistent DuerOS für den chinesischen Markt.[40] Seine Marktkapitalisierung ist jedoch viel geringer als die von Alphabet (50,8 Milliarden Dollar).

Facebooks Entsprechung in China ist *Tencent,* das 2011 die in Kapitel 2 beschriebene Super-App WeChat entwickelte. Tencent (Marktkapitalisierung: 444 Milliarden Dollar) kann sich von der Größe mit Meta messen. Auch Tencent hat, ähnlich wie Alibaba, schon früh Finanzdienstleistungen angeboten. Seine Bezahl-App WeChat Pay ist bei den chinesischen Kunden fast so verbreitet wie Alipay.[41] Auf diese Weise ist Tencent viel weniger auf Werbeeinnahmen angewiesen als Meta.[42] Zudem ist Tencent ein wichtiges Portal für staatliche Dienstleistungen, was man von Facebook nicht sagen kann. Kein Wunder, dass es zu Spannungen zwischen Tencent und der chinesischen Regierung kommt, was sich auch auf die Marktkapitalisierung des Unternehmens auswirkt.[43]

Inzwischen hat auch Apple mit *Xiaomi* so etwas wie ein chinesisches Gegenstück, auch wenn es das am wenigsten bekannte Unternehmen der BATX-Gruppe ist und seine Marktkapitalisierung mit 35,7 Milliarden Dollar vergleichsweise gering ausfällt. Immerhin ist Xiaomi nach Samsung der zweitgrößte Smartphone-Hersteller der Welt.[44] Es ist auch ein führender Akteur auf dem chinesischen Markt für Smart-Home-Geräte, hierin durchaus mit Amazon zu vergleichen, und hat einen beliebten Gesundheitstracker namens Mi Band im Angebot, der in seine Plattform Mi Fit integriert ist.

Der Einfluss von Chinas Big Tech beschränkt sich nicht auf die in China betriebenen Plattformen, sondern erstreckt sich auch auf den Aufbau einer digitalen Infrastruktur, die unter anderem in weiten Teilen Afrikas vorangetrieben wird. Eine große Rolle spielt in diesem Zusammenhang der wenig bekannte chinesische Smartphone-Hersteller Transsion (Marktkapitalisierung: 15,7 Milliarden US-Dollar im Juni 2023).[45] Transsion ist der führende Anbieter von Mobiltelefonen auf dem afrikanischen Kontinent. Das Unternehmen, das an verschiedenen Standorten in Indien und afrikanischen Ländern produziert, hat sich auf Telefone spezialisiert, deren Hardware und vorinstallierte Apps wenig Speicherplatz benötigen und auf einen Markt mit einfachem Technologieniveau wie Afrika zugeschnitten sind. Weitgehend unbeachtet von den großen amerikanischen und sogar chinesischen Playern nimmt Transsion eine zunehmend wichtigere Rolle bei der »Datafizierung des Alltags« in Afrika ein.[46]

Die neue kolonialistische Vision kurz erläutert

Jedes Unternehmen im Bereich der Quantifizierung des Sozialen hat seine eigene Vorstellung davon, warum Datenraub für seine Zwecke und die Welt insgesamt sinnvoll ist. Nehmen wir Microsoft, einen oft vernachlässigten Akteur in der jüngsten

Geschichte von Big Tech, trotz der Marktkapitalisierung des Unternehmens von 2,5 Billionen Dollar. Nahezu 1,5 Milliarden Menschen und Unternehmen nutzen weltweit die Textverarbeitung sowie andere Anwendungen und Dienste von Microsoft, Hunderte Millionen Office 365.[47] Mit dem Erwerb von LinkedIn im Jahr 2016 und der Softwareentwicklungsplattform GitHub im Jahr 2018 nimmt Microsoft eine dominante Stellung im Business Networking ein. Durch die Übernahme von Xandr, einem führenden Anbieter von technischen Lösungen für die digitale Werbeindustrie, kommt dem Unternehmen auch eine zentrale Rolle bei der Dateninfrastruktur hinter den modernsten Techniken für personalisiertes Marketing zu. Außerdem rivalisiert Microsoft mit Amazon um die Vorherrschaft im Bereich der Cloudspeicher (mit einem Anteil von 23 Prozent am Weltmarkt für Cloudinfrastruktur),[48] und spielt eine wichtige Rolle bei Gesundheitsdaten und Bildungstechnologie. Als einer der Hauptinvestoren von OpenAI, dem Entwickler von ChatGPT, ist Microsoft bestens aufgestellt, in der Zukunft Artificial General Intelligence (AGI) zur Optimierung seiner Suchmaschine Bing einzusetzen.

Der derzeitige CEO von Microsoft, Satya Nadella, ist einer der eloquentesten Vertreter der neuen Klasse der Datenkolonialisten. Er entspricht nicht dem Klischee des aggressiven Managers. Nadella, der die Kapitalismuskritik älterer Generationen kennt – er spricht offen über den Marxismus seiner Eltern –, ist eine eher nachdenkliche Person. Seine Managementphilosophie klingt durchaus inklusiv, zumindest nach seinem 2017 erschienenen Buch *Hit Refresh* zu urteilen.

Nadella wollte von Anfang an »Software entwickeln, die die Welt verändert«. Er begann bescheiden mit dem Aufbau der technischen Infrastruktur des Cloudsystems von Microsoft.

Aus seiner Sicht stellt eine flexible Cloud, die dem wachsenden Bedarf von Unternehmen an Datenverarbeitung entgegenkommt, einen Beitrag zur »Demokratisierung und Personalisierung der Technologie« dar.[49]

Doch der Kern von Nadellas Vision sollte uns zu denken geben. Sie besteht in der Erschaffung einer Welt, in der die Datenerfassung nahtlos und ungehindert im Hintergrund abläuft. Inspiriert von Neal Stephensons Konzept des Metaverse spricht Nadella davon, die »Realität zu ersetzen«, und zwar »durch ein digitales Imitat«. Die Möglichkeiten dazu, fügt er hinzu, seien nun »in Reichweite«. Microsoft hat vor kurzem seine Ambitionen für das Metaverse vorgestellt, und sie stehen denen von Meta in nichts nach. Sie sind auch der Grund, warum das Unternehmen mit der umstrittenen Übernahme des Spieleentwicklers Activision Blizzard für fast 69 Milliarden in den Computerspielmarkt expandiert.

Am deutlichsten wird Nadella jedoch in seiner Beschreibung von Microsofts wenig geliebtem Assistenzsystem. Er nennt Cortana »eine Assistentin, die Sie genau kennt. Sie kennt Ihr Umfeld, Ihre Familie und Ihre Arbeit. Sie kennt auch die Welt. Cortana ist grenzenlos. Und sie wird immer smarter, je mehr man sie fordert. Sie wird aus den Interaktionen mit all Ihren Apps und aus Ihren Dokumenten und E-Mails lernen.« Das ist eine Vision der totalen Überwachung, sofern man nicht glaubt, die gesammelten Daten unter eigener Kontrolle behalten zu können, eine im Grunde ziemlich naive Vorstellung. Doch selbst wenn es einem in diesem Fall gelingt – was, wenn auch andere Unternehmen nach diesem Geschäftsmodell vorgehen?

Das Fußvolk der Kolonialistenklasse

Im Datenkolonialismus ist jede Plattform oder App ein potenzielles Datenterritorium, in dem der Programmentwickler souverän entscheidet, welche Daten gesammelt, welche Aktionen getätigt werden können und welche Prognosen über den Nutzer getroffen werden. Die daraus resultierenden Informationen und Profile können zum Nutzen des Entwicklers gespeichert oder an andere verkauft werden. Das einzige Problem ist, dass die Plattform oder die App Nutzer finden muss, die Daten generieren. Dazu sind sie auf App-Stores angewiesen, die von Apple, Google, Samsung oder anderen WQS-Big-Playern kontrolliert werden (diese Unternehmen erzielen einen beträchtlichen Schnitt aus den Verkäufen, die über ihre Stores laufen).

Die Zahl der Plattformen und Apps, die mit unseren Online-Aktivitäten verknüpft werden können, ist unbegrenzt. Es ist kaum noch möglich, irgendetwas im Leben zu tun – eine Fahrkarte zu kaufen, eine Unterkunft zu buchen, ein Rezept zu suchen –, ohne eine Plattform oder App zu nutzen. Sie sind zur Infrastruktur unseres Alltags geworden. Die Wirtschaft kann dieser Infrastruktur endlos weitere Schichten hinzufügen, solange sie Menschen dazu bringen kann, sie zu nutzen.[50] Im Prinzip sind den Extraktionsmöglichkeiten keine Grenzen gesetzt, haben doch Datengebiete keine Grenze im realen Raum, wie in Kapitel 2 erläutert.

Nun gut, nicht alle Apps extrahieren mit ausbeuterischer Absicht Daten von uns. Wir *hoffen* natürlich, dass unsere Nahverkehrsapps dergleichen unterlassen, übermitteln sie uns doch Informationen über eine öffentliche Serviceleistung, für die wir schließlich bezahlen. Vielleicht sollten wir nicht so naiv sein.[51]

Man sollte besser davon ausgehen, dass Daten aus allem extrahiert werden, was Kunden tun, und sei es noch so unbedeutend.

Es versteht sich von selbst, dass eine große Anzahl von Programmierern, Designern, Managern und Marketingleuten benötigt wird, um dieses System am Laufen zu halten. Sie alle gehören zur Klasse der Datenkolonialisten, des Netzwerks von Menschen, die den Datenraub aufrechterhalten und ständig erweitern. Dadurch entsteht eine Art Bürokratie, nicht unähnlich jener der Kolonialimperien. Angesichts der marktbeherrschenden Stellung der Technologien, die den Datenkolonialismus umsetzen, sollten wir erwarten, dass diese Verwaltungsmacht stärker verteilt ist als die Bürokratien historischer Imperien, die – wie beispielsweise in Britisch-Ostafrika – in sehr enger Verbindung mit der Staatsmacht standen. Aber die Kernfunktion, nämlich die Verwaltung wirtschaftlicher Möglichkeiten und die Kontrolle der Bevölkerung, um die Optimierung dieser Möglichkeiten zu gewährleisten, ist im Grunde dieselbe.

Die Datenwissenschaft und die kolonialistische Mission unserer Tage

All dies zeigt, dass auch der Datenkolonialismus offensichtlich eine menschliche Dimension hat, wie sie sich auch schon beim historischen Kolonialismus beobachten ließ: Leute, die von den ungewissen, aber womöglich sagenhaften Reichtümern angezogen werden, die in neuen Territorien winken, und die im gemeinsamen Glauben an ein zivilisatorisches Narrativ zusammenarbeiten. Managementtheoretiker, die an der Spitze der Big-Data-Revolution stehen, schwärmen häufig von der Arbeit der Datenwissenschaftler. »Kein anderer Job im 21. Jahrhundert ist so sexy«, sagen sie schon mal, oder auch: »Die Zukunft gehört den Datenwissenschaftlern«.[52]

Dem kann man in gewisser Weise schwer widersprechen. Der Herrscher eines Datenterritoriums entscheidet tatsächlich über die Zukunft der dort stattfindenden Datenextraktion. Und je mehr dieser Raum mit unserem täglichen Leben oder mit dem Informationsfluss eines ganzen Unternehmens verwoben ist, desto größer wird die Macht der Datenwissenschaftler, die Zukunft zu gestalten. »Wenn das Unternehmen erst einmal sieht, was man mit Daten alles machen kann … tauchen auch überall Datenprodukte auf. Daran erkennt man, dass man gewonnen hat«,[53] meinte einer von ihnen. Der Horizont der Datenextraktion verschiebt sich wie jener der einstigen stetig wachsenden Kolonialreiche andauernd in neue Fernen: Immer mehr Gebiete wollen erobert und beherrscht werden.

Es ist eine geradezu berauschende Vision der Kontrolle von Daten durch Ausweitung der Territorien ihrer Extraktion. Aus ihr entspringt die Idee von großflächigen Datenraubzügen durch »intelligente Unternehmen«[54], die nicht nur einzelne Lieferketten, sondern ganze Produktions- und Konsumzyklen kontrollieren wollen. Internationale Organisationen wie die Weltbank und die Vereinten Nationen versuchen ebenfalls nicht, sich diesem Datenraub entgegenzustellen, sie fördern ihn im Gegenteil enthusiastisch. Ihre Entwicklungshilfeprojekte erlegen der Bevölkerung des Globalen Südens routinemäßig Verpflichtungen zur Datengenerierung auf. Das betrifft dieselben Bevölkerungsgruppen, deren wirtschaftliche und soziale Benachteiligung diese Entwicklungspolitik lindern soll. Aber so ist es wohl immer: Einige zahlen mehr für ihre »Entwicklung« als andere. Datenmacht ist ein Weg, gesellschaftliche Macht durch die Kontrolle über Informationen zu erlangen, aber sie ist auch eine neue Möglichkeit für Organisationen des Globalen Nordens, ihre Macht im Globalen Süden auszuspielen.[55]

Diese globale Ungleichheit wiederholt sich darin, wer Zutritt zu den neuen Big-Tech-Machteliten bekommt, auch dies eine Parallele zum historischen Kolonialismus. Zwar stellt die Datenwissenschaft der Klasse der Datenkolonialisten ganz neue Verwaltungstechniken zur Verfügung, doch die Chancen, dieser Klasse beizutreten, sind nicht gleichmäßiger verteilt, als dies für die Bürokratie des historischen Kolonialismus galt. Für weiße Menschen öffnen sich die Türen der Chefetagen des Datenkolonialismus viel eher als für PoC: US-Hightech-Unternehmen beschäftigen nur 7 Prozent Schwarze Mitarbeiter und nur 8 Prozent lateinamerikanischer Herkunft, das sind nur etwa halb so viele wie in der US-Industrie im Allgemeinen.[56] Auch Männer haben größere Chancen: 2021 waren nur 29 Prozent der Beschäftigten in Tech-Unternehmen weltweit Frauen.[57] Die hohen Ausbildungskosten für datenwissenschaftliche Berufe sorgen ebenfalls dafür, dass der Zugang in die Klasse der Datenkolonialisten nicht allen gleichermaßen offensteht. Und dies ist nicht bloß eine Folge der generellen Ungleichheiten, die die Arbeitsverteilung in den westlichen Gesellschaften prägen. Zum Teil liegt es auch daran, dass sich Traditionen der kolonialistischen Wissenschaft bis heute fortsetzen, wie wir in Kapitel 1 erörtert haben. In gewissem Sinne bestätigt also die Realität der Datenwissenschaft die bekannte Feststellung des Science-Fiction-Autors William Gibson: »Die Zukunft ist bereits da – sie ist allerdings ungleichmäßig verteilt.«

Wer sieht uns beim Autofahren über die Schulter?

Datenextraktion, soviel dürfte mittlerweile klar sein, findet nicht nur in den sozialen Medien oder im Einzelhandelsmarketing statt, sondern in sämtlichen Lebensbereichen, in denen Computer im Einsatz sind. Folglich ist der Wirtschaftsbereich, der sich mit der Quantifizierung des Sozialen beschäftigt, viel größer, als es auf den ersten Blick scheinen mag.

Zur Illustration betrachten wir das Autofahren und die dazugehörige Versicherung, ein Aspekt im Alltagsleben vieler Menschen, der auf dem Weg ist, sich in ein Datenterritorium zu verwandeln. (Auf autonome Fahrzeuge, die von Anfang an als Datenterritorien konzipiert sind, wollen wir hier nicht eingehen.)

Praktisch alle Neuwagen sind heutzutage smarte Automobile, das heißt, sie extrahieren Daten. Autos sind im Wesentlichen zu Computern auf Rädern geworden, die jede Menge Daten sammeln. Wir schätzen den Komfort von Assistenzsystemen, die gefährliche Situationen erkennen und schneller als jeder Mensch auf sie reagieren können oder die uns einfach nur an einen fälligen Ölwechsel erinnern. Aber Autos sammeln heutzutage viele Informationen über uns, und sie geben sie auch weiter: wie viele Passagiere mitfahren, ob die Sicherheitsgurte angelegt und die Türen ordnungsgemäß verriegelt sind, welche Temperatur im Innenraum herrscht, ob die Fenster geöffnet oder geschlossen sind und sogar welche Musik oder welches Unterhaltungsprogramm wir hören. Smarte Autos zeichnen auch umfangreiche Fahrdaten auf: Standort, Geschwindigkeit, Zielort, wann gebremst und wann beschleunigt wird, ob die Scheinwerfer eingeschaltet sind und so weiter. All diese Informationen können etwas über uns als Fahrer und Menschen aussagen, und all diese Informationen werden drahtlos übermittelt, und das nicht zu unserem Vorteil, sondern zu dem der Unternehmen.

Autos sind also nicht bloß ein Verkehrsmittel, sondern auch ein wachsender Datenmarkt, dessen Wert nach Einschätzung von Analysten bis zum Ende des Jahrzehnts auf 300 bis 800 Milliarden Dollar steigen wird. An der Datenextraktion im Automobilsektor sind im Wesentlichen drei Arten von Unternehmen beteiligt, die das Datenterritorium verwalten, das Autos heute darstellen.[58]

Da sind zum einen die Autohersteller. Sie statten ihre Fahrzeuge mit Komponenten aus, die kontinuierlich Daten aus den computergestützten Steuersystemen des Autos extrahieren. Diese Systeme erfassen also ständig Daten, wie Computer dies seit Jahrzehnten tun.

Bei wirtschaftlichen Allianzen zwischen Automobilherstellern und Zulieferern geht es mittlerweile sehr häufig um Daten. Offensichtlich ist das bei Herstellern von Navigationsgeräten und internetfähigen Infotainmentsystemen wie Apple CarPlay und Android Auto oder Telekommunikationsanbietern. Es gibt auch Hersteller, die auf datensammelnde Zubehörgeräte spezialisiert sind. Ein Beispiel hierfür sind die in Kapitel 2 erwähnten elektronischen Fahrtenschreiber für Lkw. Und schließlich sind da noch die Big-Tech-Anbieter von sprachgesteuerten Suchfunktionen – Google, Amazon und Apple, wie man sich denken kann. Ihre Datenextraktion ist so bedeutend, dass ein Spezialist für Kfz-Daten das Auto einmal als »die letzte Grenze des Browsers« bezeichnet hat.[59]

Was geschieht mit all diesen Daten? Hier kommt ein zweites Mitglied der neuen Kolonialistenklasse ins Spiel: der Aggregator. Längst gibt es Spezialisten für die Verarbeitung der von unseren Autos erzeugten Datenmassen, sofern sie nicht bereits von den Big-Tech-Anbietern abgeschöpft wurden. Diese spezialisierten Datenaggregatoren bilden sozusagen die Datendrehscheibe der Automobilindustrie.

Auf diesem Markt tummeln sich Großunternehmen wie LexisNexis (mit Sitz in den USA) und Otonomo (mit Sitz in Israel). In anderen Wirtschaftsbereichen gibt es vergleichbar große Dienstleister, beispielsweise Experian, wo man sich darauf spezialisiert hat, für die Werbebranche Datenquellen zusammenzufassen und in eine verwertbare Form zu bringen. Im Hintergrund spielt Alphabet in Bezug auf die Festlegung von Standards für eine reibungslose Datenextraktion im Automobilsektor eine immer größere Rolle.[60] Ein Großteil der Daten wird im Rahmen von Branchenanalysen anonymisiert, für die das Verhalten von Individuen keine Rolle spielt. In ähnlicher Weise können im Automobilsektor Aggregatoren anonymisierte Daten für allgemeine Analysen erzeugen. Unter Umständen lassen sich daraus durch Kombination mit anderen Datensätzen allerdings doch wieder Rückschlüsse auf das Verhalten einzelner Personen ziehen. Für solche Daten gibt es immer Kaufinteressenten: Werbetreibende wüssten sicher gerne, welche Temperatur ein Fahrer bevorzugt an seiner Klimaanlage einstellt, bevor sie ihm ein Heiß- oder Kaltgetränk zu verkaufen versuchen.

Aber die Datendrehscheiben liefern auch an einen dritten Akteur auf dem Markt für Kfz-Daten, der vor allem an nichtanonymisierten Daten interessiert ist: die Versicherungswirtschaft. Neue individuelle, auf die konkrete Nutzung zugeschnittene Policen schützen die Fahrer und Fahrerinnen nicht länger vor den unvorhersehbaren Risiken, denen wir alle ausgesetzt sind. Im Trend liegen Versicherungsprodukte, die ganz bestimmte Versicherungsnehmer im Auge haben und mit Hilfe der Daten, die von ihren Autos gesammelt werden, ständig weiterentwickelt werden. Anstatt allgemeine Risiken auf die Gesamtheit der Automobilisten zu verteilen, verfügen die Versicherer nun über die Möglichkeit, je nach beobachtetem Fahrverhalten die Risiken enger zu definieren.[61]

Anders ausgedrückt, Versicherungsverträge sind inzwischen Überwachungsverträge geworden, auch wenn sie natürlich nicht als solche vermarktet werden. In einem Blog von The Floow, einem von Otonomo gerade mit Hinblick auf solche Versicherungspolicen übernommenen Unternehmen, wird dies unmissverständlich ausgedrückt. Dort wird die Installation eines Geräts im Auto beschrieben, dessen Zweck es ist, »Gewohnheiten und Verhalten [der Fahrer] zu überwachen«. Interessant ist hier das Wort »Gewohnheiten«; es geht nicht bloß um situatives Tracking, sondern um umfassende Verhaltensanalysen.[62]

Die kolonialistischen Dimensionen dieser neuen Art von Kfz-Versicherung treten noch deutlicher hervor, wenn wir uns ansehen, wie sich dieselbe Geschäftsmöglichkeit im Globalen Süden entwickelt. Eine »personalisierte« Kfz-Versicherung ist auch für Versicherungsunternehmen in Lateinamerika, Afrika und Südostasien attraktiv. Und warum? Weil sie, wie eine Gruppe von Schweizer Politikwissenschaftlern kürzlich herausfand, den Versicherern eine großartige neue Möglichkeit bietet, ihren Kundenkreis auf Bevölkerungsgruppen mit einem eigentlich unattraktiven Risikofaktor auszuweiten. Möglich wird dies dadurch, dass nicht nur Daten aus dem Auto (wie GPS-Standortdaten), sondern auch aus den Social-Media-Konten der Fahrer extrahiert werden.

Bei der Befragung von Versicherungsfachleuten fanden die Forscher heraus, dass auf den ersten Blick irrelevant scheinende Kategorien wie die Wohnadresse verwendet wurden, um Urteile über die Herkunft der Versicherten zu kaschieren – schließlich lässt die Gegend, in der jemand wohnt, fast überall auf der Welt Rückschlüsse darauf zu. Angesichts dessen kann man sich nur schwer vorstellen, dass andere Kategorien wie »hat wahrscheinlich Zahlungsschwierigkeiten« keine versteckten Hinweise auf die ethnische Zugehörigkeit enthalten. Der Datenraub macht neue, von rassistischen Tendenzen geprägte Arten von Märkten möglich, in denen Anbieter von Versicherungsdienstleistungen die Risiken nicht mehr auf die breite Bevölkerung verteilen. Der CEO eines in Kenia ansässigen Versicherers drückte es so aus: »Wir hielten es nicht für fair, von allen dieselben 5 Prozent zu verlangen, manche fahren eben besser als andere. Unser Stufenmodell berücksichtigt das in den Versicherungsprämien.« (Klartext: Wenn die vom Unternehmen extrahierten Daten ergeben, dass jemand ein schlechter Fahrer ist, berechnet der Algorithmus ihm sogleich mehr.)[63]

Noch ist offen, wie stark sich dieser Trend der Extraktion von Daten aus dem Auto durchsetzen wird, zumindest im Globalen Norden. Experten gehen davon aus, dass die Autohersteller am Ende den Unmut ihrer Kunden zum Anlass nehmen werden, sich gegen den unersättlichen Datenhunger der Versicherer zu wehren. Zu ähnlichen Spannungen wird es vermutlich zwischen Autoherstellern und Big-Tech-Unternehmen wie Google kommen.[64] Wer sich jedoch ein Tesla-Auto leisten kann und den Wagen auch dort versichern möchte, wird keine Wahl haben. Tesla extrahiert aus dem Betrieb seiner Autos riesige Datenmengen[65] und bietet lediglich einen darauf zugeschnittenen Versicherungsschutz an. Das ist die neue Art von »Premiumdienst«, den die Industrie nun anbieten kann: Tesla ist gerne bereit, die Daten, die es von seinen Nutzern gesammelt hat, gegen einen gehörigen Aufschlag an sie zurückzuverkaufen![66]

Wirtschaftswissenschaftler neigen dazu, in dieser neuen Form der Datenextraktion ein geeignetes Instrument zur Behebung von Informationsdefiziten des Kfz-Versicherungsmarkts zu sehen.[67] Die Probleme, die uns der zunehmende Extraktivismus bereitet, haben sie dabei nicht im Blick.

Im Dienste des algorithmischen Staates

Wir sind bereits auf die verschiedenen kommerziellen Akteure eingegangen, die mit der Quantifizierung des Sozialen befasst sind. Wo sind hier der Staat und Regierungsbehörden einzuordnen? Man kann davon ausgehen, dass es im öffentlichen Sektor nicht weniger Bereiche der Datenextraktion gibt als in der Privatwirtschaft. Schaut man genauer hin, sieht man sogar, dass sich beide Bereiche zunehmend verflechten.

Es ist allgemein anerkannt, dass der Staat gewisse Daten über uns speichern muss (und wir hoffen, dass er dies auf sichere Weise tut). Aber wenn der Staat seine Datenbanken ohne jede Transparenz und Rechenschaftspflicht gegen bestimmte Bevölkerungsgruppen einsetzt, wird die Sache vertrackt. In der nordspanischen Region Katalonien kam ans Tageslicht, dass die offiziellen Stellen ein umfangreiches techno-soziales System zur Überwachung der muslimischen Bevölkerung eingerichtet hatten – zur »Prävention«, wie es hieß. Ein paar falsch interpretierte Posts auf Facebook zusammen mit Hinweisen auf eine Beteiligung an Gruppierungen, die sich gegen Islamophobie wenden, können schon genügen, damit ein Antrag auf Staatsbürgerschaft abgelehnt und der Antragsteller ausgewiesen wird. Und auch wenn sich das System nicht ausschließlich auf digitale Überwachungsmethoden stützt, spielt doch Technologie eine große Rolle in diesem Programm namens PRODERAE, dem »Prozess zur Aufdeckung und Verhinderung von Radikalisierung und Extremismus«.[68]

Diese Art der Überwachung wird auch an Staatsgrenzen ausgeübt. Erinnern Sie sich an die Geschichte von Khaled am Anfang dieses Kapitels? Staaten greifen zunehmend auf Daten zurück, um die Bewegungen von Migranten über »smarte Grenzen« zu kontrollieren. Wie man sich denken kann, führt diese Datafizierung der Grenzen nicht zu einer humaneren Behandlung dieser Personen. Nach Angaben des Hohen Flüchtlingskommissars der Vereinten Nationen waren Ende 2022 weltweit 110 Millionen Menschen auf der Flucht vor Armut, Gewalt, Menschenrechtsverletzungen oder Umweltzerstörung.[69] Beim Versuch, eine Staatsgrenze zu überqueren, sehen sie sich häufig mit einer Vielzahl von Technologien zur Datenerfassung konfrontiert, wie wir bei Khaled gesehen haben.

Smarte Grenzen – wir haben das Wort »smart« in Kapitel 3 im Zusammenhang mit dem smarten Haus kennengelernt, aber hier bekommt das Wort einen verhängnisvollen Beigeschmack – sind nicht selten todbringende Grenzen. Die zunehmend allgegenwärtige Überwachung zwingt Migranten, den Grenzübertritt an weniger stark überwachten, dafür aber gefährlicheren Stellen zu versuchen, was zu höheren Todesraten geführt hat.[70] Zudem sind smarte Grenzen anfälliger für Missmanagement, werden die Instrumente, die sie smart machen, doch vom privaten Sektor bereitgestellt, was Regulierung und Rechenschaftspflichten erschwert.

An smarten Grenzen sind zahlreiche Technologien im Einsatz: Automatische Überprüfungssysteme für Visumanträge, autonome Überwachungstechnologien wie Drohnen, smarte Videosysteme, die Menschen verfolgen und identifizieren können, umfangreiche biometrische Systeme (Gesichtserkennung, Fingerabdrücke und Iris-Scans) zur Kontrolle von Migranten an Grenzübergängen, Fußfesseln und andere Geräte zur Standortbestimmung, ein umfangreiches System zur Extraktion, Analyse und zum Abgleich von Daten aus staatlichen, medizinischen und schulischen Akten, Telefonverbindungsdaten, sozialen Medien und anderen Quellen persönlicher Information.

Hinter diesen gewaltigen staatlichen Anstrengungen stehen zahlreiche Unternehmen, die sich auf die Quantifizierung des Sozialen spezialisiert haben, darunter bekannte Namen wie Amazon und Microsoft, auf deren Cloud-Dienste man sich für die Speicherung und Verarbeitung der extrahierten Daten verlässt. Aber der Sektor umfasst auch andere, weniger bekannte Unternehmen, die eine nicht minder entscheidende Rolle für die Massenverarbeitung von Daten spielen, beispielsweise Palantir, Salesforce und LexisNexis. Diese Unternehmen erhalten Regierungsaufträge in Millionenhöhe, begleitet von komplexen Vereinbarungen, die stets offenlassen, ob die für einen bestimmten Zweck gesammelten Daten nicht doch auch für ganz andere verwendet werden können.

Die kolonialistischen Anklänge smarter Grenzen sind frappierend. Seit jeher spielten bei Kontrollen der kolonialen Grenzen auch Daten eine Rolle. Zahlreiche Techniken – Pässe, Fingerabdrücke, Impfausweise – wurden zu diesem Zweck erfunden. Für Menschen kann die Überwindung staatlicher Grenzen mit großen Schwierigkeiten verbunden sein, für Technologien ist sie ein Kinderspiel; an der Grenze bewährte Verfolgungs- und Überwachungstechniken verbreiten sich rasch im Rest des Landes oder auch in anderen Ländern. Man denke nur an den Einsatz von Identifizierungstechnologien im Polizeialltag von Autokratien wie dem Iran. Dort wird mit ihrer Hilfe seit September 2022 die Einhaltung von Bekleidungsvorschriften für Frauen überprüft.[71] Grenzen waren schon immer Orte, an denen die Autorität des Nationalstaates im Rahmen der umfassenderen Logik des Kolonialismus wenn nötig mit Gewalt durchgesetzt wurde. Die vernetzte Macht und die unbegrenzte Reichweite der heutigen Technologien der Datenextraktion haben die Asymmetrien, zu denen dies führt, noch verstärkt.

Palantirs Datenterritorium

Der umstrittene Silicon-Valley-Unternehmer Peter Thiel hat einmal gesagt: »Meiner Generation wurde die Besiedlung des Mondes versprochen, stattdessen haben wir Facebook bekommen.«[72] Thiel gehörte zu den ersten Geldgebern von Facebook, doch bald gründete er sein eigenes Unternehmen. Wir meinen hier nicht den Online-Bezahldienst PayPal[73], für den er vor allem bekannt ist, sondern seine Rolle beim Anschub von Palantir Technologies, einem Unternehmen, das heute eine wichtige Rolle bei der vom Staat organisierten Grenzsicherung spielt. Palantir bietet sich als Fallstudie dafür an, wie die Klasse der Datenkolonialisten dem Staat ihre Dienste in den Bereichen Datenverwaltung und Territorialmanagement andient.

Palantir ist ein US-amerikanisches, an der New Yorker Börse notiertes Unternehmen mit einer Marktkapitalisierung von 34,5 Milliarden Dollar. Gegründet im Jahr 2003 ist es bis heute eines der verschwiegensten Big-Tech-Unternehmen. Es arbeitet ähnlich den Datenaggregatoren, denen wir in der Automobil- und Werbebranche begegnet sind: Palantir sammelt nicht selbst Daten, sondern bietet Datenintegrationsdienste an. Die Kunden von Palantir kommen vor allem aus den Bereichen Sicherheit, Verteidigung und Nachrichtendienste, auch zahlreiche Unternehmen und Organisationen aus dem Gesundheitswesen, der Medikamentensicherheit und anderen Bereichen gehören dazu. Zunehmend umstritten ist die Rolle von Palantir beim Aufbau der Datenverarbeitung des britischen National Health Service.[74] Insgesamt liegt das Betätigungsfeld von Palantir hauptsächlich im zentralen staatlichen Aufgabenbereich.

Behörden sammeln viele Daten über Menschen, die Staatsgrenzen überschreiten. Außerdem haben sie direkt oder über ihre Befugnisse Zugang zu gewaltigen Mengen weiterer Daten. Ihr Problem: Wie lassen sich diese Datenquellen miteinander verknüpfen und sinnvoll nutzen? Vor allem: Wie lässt sich dies systematisch, kontinuierlich und in Echtzeit bewerkstelligen, um bei Grenzkontrollen Personen herauszufiltern, von denen womöglich eine Gefahr ausgeht? Hier vor allem bietet sich Palantir an. Das Dienstleistungsunternehmen kann viel mehr als nur Datensätze zu noch größeren aggregieren. Ohne allzu sehr in die wirklich komplexen technischen Details zu gehen: Palantir arbeitet auf drei miteinander verbundenen Ebenen von zunehmender Bedeutung. Um ein Gefühl dafür zu vermitteln, wie das funktioniert, stellen wir uns einen staatlichen Kunden vor, der sich von Palantir beraten lässt.

Als Erstes organisiert Palantir die zahlreichen Rohdatensätze, die eine Regierungsstelle in ihrem Bereich gesammelt hat. Mit anderen Worten, es verknüpft Datenbanken miteinander (beispielsweise eine mit Angaben zu ausländischen Studenten und eine mit ausländischen Straftätern). Die Behörden selbst haben vielleicht keine Ahnung, wie sie diese Daten integrieren können, möglicherweise halten sie es sogar für unmöglich. Palantir räumt alle Ungereimtheiten aus dem Weg, sorgt für systematische Ordnung und verwandelt so einen Haufen von Nullen und Einsen in einen einzigen großen und aussagekräftigen Datensatz. Nach diesem Muster hat Palantir mit seiner Analysesoftware Foundry die Daten des National Health Service (NHS) im Vereinigten Königreich auf Vordermann gebracht.[75]

Als Nächstes geht Palantir in die Tiefe und sucht nach verborgenen Mustern in diesem riesigen Territorium der nun bereits vororganisierten Daten. Informatiker sprechen in diesem Zusammenhang von der Erstellung einer »Ontologie« – ein geläufigerer Begriff wären »Metadaten«. Dabei werden immer feinere Möglichkeiten der Kennzeichnung und Ordnung von Daten geschaffen, um verborgene Muster in Milliarden von Datensätzen ans Tageslicht zu bringen.

Auf der dritten Ebene geht es dann richtig zur Sache: Mit Hilfe der von Palantir entdeckten Tiefenmuster lassen sich Korrelationen zwischen bestimmten Datenkonstellationen und *zukünftigen* Straftaten erstellen. Mit solchen Prognosen ermöglicht Palantir es staatlichen Stellen, in Einzelfällen Präventivmaßnahmen gegen Personen oder Aktivitäten zu ergreifen, bevor das prognostizierte Ereignis eintritt.

Auf diese Weise ist Palantir praktisch ein aktiver Regierungsbestandteil geworden. Palantir bietet weit mehr als nur diskrete Unterstützung der unbestreitbar komplexen Aufgaben moderner Staaten. Das Unternehmen macht es möglich, riesige, unstrukturiert scheinende Datenmengen entscheidungsreif aufzubereiten. Palantir macht Muster auch in bislang voneinander unabhängigen riesigen Datenbanken sichtbar. Das Unternehmen kreiert durch seine komplexe Datenverarbeitung neue, zuvor nie identifizierte Zielsetzungen (der Fachausdruck lautet »Datenobjekte«). Sobald sie einmal klar formuliert sind, richten sich Entscheidungsfindung und Planung an ihnen aus.[76]

So lieferte Palantir der US-Polizei und US-Zollbehörde ICE,

die auch für den Grenzschutz zuständig ist, ein Tool, mit dessen Hilfe durch Kombination mehrerer Datenbanken Personen ohne gültige Papiere identifiziert werden können. Dies hatte die gezielte Verhaftung und Abschiebung von Familienmitgliedern von Kindern zur Folge, die die US-Grenze allein überquert hatten, wodurch diese Kinder effektiv daran gehindert wurden, Hilfe bei ihren Verwandten in den USA zu suchen. Zwar behauptete Palantir, seine Software sei nie in Abschiebefällen eingesetzt worden, doch nachweislich wurden von ICE mindestens 443 Personen allein im Rahmen dieser speziellen Operation abgeschoben.[77]

Palantir schafft buchstäblich neue Möglichkeiten staatlichen Handelns. Technisch ausgedrückt erfüllt das Unternehmen laut einer Mitteilung der US-Börsenaufsichtsbehörde (SEC) den Bedarf seiner Kunden an »generalisierbaren Plattformen für die Modellierung der Welt und die Entscheidungsfindung«. Dabei handelt es sich jedoch nicht um Modellierungen für den einmaligen Gebrauch, die nach ihrem Einsatz ad acta gelegt werden. Vielmehr stellen sie die Instrumente einer dauerhaften neuen Infrastruktur für die Entscheidungsfindung von Staaten dar. Was für die USA bereits Realität zu sein scheint, deutet sich auch in Europa an, wo Palantir für Sicherheitsorgane in Dänemark, Frankreich, den Niederlanden und dem Vereinigten Königreich tätig ist.[78] In Krisenzeiten hat Palantir Hochkonjunktur: Das Unternehmen beriet die griechische und niederländische Regierung während der Coronapandemie und die britische bei der Bewältigung der hohen Zahl von Flüchtlingen aus der Ukraine.[79] Palantir strebt nach eigenen Worten an, »das Standard-Betriebssystem für Daten in der gesamten US-Regierung zu werden«.

Eine kürzlich durchgeführte Sprachanalyse der von Palantir

eingereichten Patente hat etwas noch Beunruhigenderes zutage gefördert. Offenbar hat der Datenaggregator Ambitionen, neu zu definieren, was für Machthaber als Wissen zählt – und sogar für jene, über die Macht ausgeübt wird. Die Autoren der Studie formulieren es so: »Palantir arbeitet auf eine Welt hin, in der seine Plattform ein universeller ›Schatten‹-Wissensgraph für Regierungen, Branchen und Organisationen wird.« Mit anderen Worten: Palantir hält der gesellschaftlichen Welt einen Spiegel vor und bringt mächtige Organisationen und Regierungen dazu, in ihm ihr Territorium zu erkennen[80] – ein Spiegel, den es vor dem Auftauchen von Palantir nicht gab.

Diese Mission spiegelt sich auch in den erst jetzt bekanntwerdenden Details über die Rolle wider, die Palantir bei der Unterstützung der ukrainischen Armee gegen die russischen Invasoren spielt. Durch die Zusammenführung von Daten kommerzieller Satelliten mit Informationen aus Geheimdienstquellen und Aufklärung von der Front haben Palantir und die ukrainische Armee ein System entwickelt, das es Kommandeuren ermöglicht, das gemeinhin als »Nebel des Krieges« bezeichnete Informationsdefizit zu lichten. Die Daten werden auf der anderen Seite des Erdballs von leistungsstarker KI verarbeitet und dann mit Hilfe von Musks Satellitennetzwerk Starlink in Echtzeit auf das Schlachtfeld zurückgespielt. Experten zufolge verschafft dieses System einer Armee einen so großen Vorteil, dass man ihn mit der Verfügbarkeit von Atomwaffen vergleichen kann. Es werde auf Dauer die Art und Weise verändern, wie Kriege geführt werden.[81]

Dabei ist Palantir nur ein prominentes Beispiel unter vielen dafür, wie Unternehmen und Regierungen im Zeitalter des Datenkolonialismus Hand in Hand Datenextraktion betreiben. In den oberen Etagen der Klasse der Datenkolonialisten arbeitet man gemeinschaftlich daran, zu verändern, was in unseren Gesellschaften als »verwertbares« Wissen gilt. Den Ukrainern scheint dieses Wissen nun einen militärischen Vorteil zu verschaffen. Man könnte sich allerdings auch Sorgen darüber machen, dass Palantir seine Technologie vielleicht einmal an Armeen verkauft, die wir *nicht* unterstützen.[82] Für Khaled bestimmt dieses neue Wissen die Zwänge, unter denen er leben muss.

Zum jetzigen Zeitpunkt, kaum zwanzig Jahre nach der Gründung von Palantir, lässt sich noch nicht sagen, wohin das führen wird. Die East India Company benötigte nach ihrer Gründung im Jahr 1599 anderthalb Jahrhunderte, um zu jener quasi-staatlichen Militärmacht heranzuwachsen, als die sie in die Geschichte eingegangen ist.[83] Der Firmenname Palantir ist durchaus Programm: Die »Palantíri« sind in Tolkiens *»Herr der Ringe«* als »Sehende Steine« beschrieben, mit deren Hilfe man in die Vergangenheit und die Zukunft blicken kann. Die ungelöste Frage ist und bleibt: Wer hat die Kontrolle über eine solche Macht, und zu welchem Zweck?

Sind wir auf dem Weg in einen globalen Datenstaat?

Palantir ist lediglich ein besonders augenfälliges Beispiel für den allgegenwärtigen Wandel. In der gesamten Weltwirtschaft bieten sich Big-Tech-Unternehmen wie Microsoft und Google Unternehmen und Staaten als Lieferanten für Informationsinfrastruktur an. Ohne Dienstleister, die Datenintegration und Cloudspeicherung im großen Maßstab organisieren, wären Unternehmen heute gar nicht mehr in der Lage, ihre Beziehungen zur Welt zu verwalten (Palantir selbst nutzt Google Cloud).

Solche Verbindungen sind keineswegs eine neue Entwicklung, sondern Teil einer viel längeren und weitgehend unbeachteten Geschichte der Zusammenarbeit zwischen Staaten und Unternehmen. In den USA profitierte Alphabet (der Eigentümer von Google) schon früh von engen Verbindungen zum US-Verteidigungsministerium, und wie die Wirtschaftswissenschaftlerin Mariana Mazzucato gezeigt hat, stützte sich selbst Apple, das sich gerne mit dem Nimbus von Unabhängigkeit umgibt, bei technischen Innovationen wie dem iPod, dem iPhone und dem iPad auf staatlich finanzierte Forschungsarbeiten. Es ist allgemein bekannt, dass die DARPA (der für die Forschung zuständige Zweig des US-Verteidigungsministeriums) den Aufbau des Internets finanzierte.[84] So ist es keine Überraschung, dass das Pentagon im Dezember 2022 mit Alphabet einen 9 Milliarden Dollar schweren Vertrag abschloss, gemeinsam mit Amazon, Microsoft und Oracle Cloud-Computing-Dienste aufzubauen.[85] Kein Wunder auch, dass DARPA die Entwicklung sprachgesteuerter Schnittstellen finanzierte, ein wichtiger Bestandteil von Stimmerkennungssystemen.[86]

Vor diesem Hintergrund kann es den Westen eigentlich auch nicht verwundern, dass die chinesische Regierung ihren wichtigsten Plattformen Anschubhilfe gegeben hat.[87] Umgekehrt hat der jüngste Konflikt zwischen der chinesischen Regierung und Plattformen wie Alibaba, Tencent und dem Fahrdienstleister DiDi (im Juni 2021 verbot China den Download der DiDi-App nur wenige Tage, bevor das Unternehmen an der New Yorker Börse notiert wurde) gezeigt, wie sehr diese Unternehmen auf politische Unterstützung angewiesen sind. Im 14. Fünfjahresplan, im April 2021 von der Kommunistischen Partei Chinas beschlossen, werden Daten zum ersten Mal zu den wichtigsten Gütern der Nation gezählt, was erwarten lässt, dass die staatliche Kontrolle in diesem Sektor deutlich anziehen wird.[88]

Der auffälligste Unterschied bei der Entwicklung von Big Tech in China im Vergleich zum Westen ist jedoch, dass man dort von Anfang an bestrebt war, die »Verbraucher-, Unternehmens- und Regierungsdaten« zu einem gesamtnationalen Wirtschaftsgut zusammenzufassen.[89] Es lohnt sich, einen Blick auf die Richtlinien von Chinas »Internet-Plus-Strategie« zu werfen, die KI mit einem Sozialkreditsystem verbindet.

Die politischen Absichtserklärungen zur Einführung eines Sozialkreditsystems sprechen eine deutliche Sprache. Begriffe wie »Mitwirkungsmöglichkeiten« oder »Freiheit« des Marktes, wie man sie oft im Silicon Valley hört, sind der chinesischen Regierung fremd. Stattdessen spricht sie direkter von einer »Verbesserung der sozialen und wirtschaftlichen Ordnung durch den Markt«.[90] Im Mittelpunkt steht also Ordnung als gesellschaftliches Ziel, nicht unbedingt Freiheit. Doch der Begriff »Ordnung« beschreibt auch ziemlich gut viele der durch Daten bewirkten gesellschaftlichen Veränderungen, die wir in den vorangegangenen Kapiteln analysiert haben.

Hier haben wir eine Gelegenheit, die Logik zu erkennen, die die scheinbar so heterogene Klasse der Datenkolonialisten bewegt, ganz gleich, wo sich ihre Vertreter befinden und ob sie in Unternehmen oder Regierungen tätig sind. Wir sehen hier einen außergewöhnlichen Ehrgeiz am Werk, der ein neues, beständiges Wissen der Welt sucht und auf dieser Grundlage territoriale Macht mit einer Intensität auszuüben versucht, die in der Geschichte ihresgleichen sucht. Die ersten Nutznießer sind die Unternehmen als Eroberer der Datenterritorien, doch wir können sicher sein, dass die Regierungen nicht hinter ihnen zurückstecken wollen.

Man sollte die Angelegenheit jedoch nicht allein unter dem Aspekt autoritärer staatlicher Übergriffe sehen. In den westlichen Medien gab es viele kritische Berichte über Chinas Sozialkreditsystem oder das Aadhaar-Programm der indischen Regierung, das selbst für einfachste Transaktionen mit dem Staat einen biometrischen Ausweis verlangt. Manche sehen einen »wohlfahrtsindustriellen Komplex« heranwachsen – eine Allianz privater Unternehmen, die Hand in Hand mit dem Staat daran arbeiten, aus dem Wohlfahrtssystem und der konventionellen industriellen Entwicklung kommerzielle Vorteile zu ziehen.[91] Die Wahrheit ist, dass sämtliche Regierungen, auch demokratische, in vielen ihrer Tätigkeitsfelder von datenintensiven Programmen profitieren.

Nicht zuletzt profitieren sie auch vom Datenraub, den die von den Konzernen entwickelten Techniken überhaupt erst ermöglichen. Dies war eine der zentralen Erkenntnisse der Enthüllungen von Edward Snowden im Jahr 2013. Fallen wir also nicht auf die Mär von den guten Unternehmen und den bösen Regierungen herein, und erst recht sollten wir nicht leichtgläubig annehmen, dass demokratische Regierungen Technik auf förderliche Art nutzen und autoritäre Regierungen sie für finstere Zwecke einsetzen. Das Wesen der Regierung verändert sich weltweit durch die neue Form der Kontrolle und des Wissens, die Datenterritorien durch eine »öffentlich-private Überwachungspartnerschaft« ermöglichen, in der die alten Regierungsriegen eng mit der neuen Klasse der Datenkolonialisten zusammenarbeiten, um die Machtverhältnisse anders zu ordnen.[92]

Hier zeigt sich eine wichtige Kontinuität mit der Geschichte des Kolonialismus und des industriellen Kapitalismus. Der Staat hatte schon immer einen großen Bedarf an Informationen über das Gebiet, das er zu regieren beanspruchte. Seine Möglichkeiten, diese Informationen zu erlangen, haben sich insbesondere im 19. Jahrhundert erheblich vergrößert, als die Kolonialmächte in ihren Kolonien neue Überwachungstechniken wie Fingerabdrücke einführten und ausgefeiltere statistische Methoden entwickelten, um die unter den Umbrüchen der frühen Industrialisierung leidende einheimische Bevölkerung zu verwalten.

Heute versuchen die Regierungen zunehmend, die kommerziellen Techniken der Datenanalyse und algorithmischen Verarbeitung für ihre tägliche Entscheidungsfindung zu nutzen. In vielen Fällen stützen sie sich dabei auf die von Big Tech bereitgestellte Infrastruktur; 6500 US-Regierungsstellen sollen bereits die Cloud-Dienste von Amazon nutzen.[93] Zu den Regionen, in denen sich solche Dienste ausbreiten, gehört Lateinamerika, wo Regierungen mit geringen Ressourcen gerne nach schnellen Lösungen für schwierige soziale Probleme greifen. So hat beispielsweise in Argentinien die Regierung kürzlich einen Vertrag mit Microsoft unterzeichnet, um mit Hilfe von KI eine »Technologieplattform für soziale Interventionen« zu schaffen, die Schwangerschaften bei Teenagern aus der Unterschicht prognostizieren soll.[94] Ein anderes lateinamerikanisches Projekt im Sozialbereich ist Horus, das in Argentinien und Brasilien Vergeudung öffentlicher Mittel durch intensivere Profilierung von Sozialhilfeempfängern verringern soll; hier kamen KI-Dienste von Big-Tech-Unternehmen wie Microsoft zum Einsatz.[95]

In der Zwischenzeit hat die indische Regierung, wie bereits erwähnt, das Aadhaar-Identifikationssystem als Infrastruktur für Wohlfahrtsleistungen und vieles andere aufgebaut. Mitte 2019 waren 89 Prozent der Bevölkerung dort erfasst.[96] Ursprünglich wurde die Einführung des Systems damit begründet, sämtliche Bedürftigen in den staatlichen Datenbanken erfassen zu wollen, um es ihnen zu erleichtern, ihre Ansprüche an das Sozialsystem geltend zu machen. Es hat sich jedoch zu einem viel umfassenderen Hilfsmittel für staatliche und wirtschaftliche Aktivitäten in Indien entwickelt, das Ähnlichkeiten mit dem chinesischen System aufweist. Die Erfassung der biometrischen Daten, auf denen es fußt, geschah von Anfang an in öffentlich-privater Partnerschaft, was zu erheblichen Bedenken hinsichtlich Datenschutz und Überwachung führte.[97] Daten werden in Indien nicht anders als in China zum Brennpunkt einer nationalistischen Politik.[98]

Selten kommt es hingegen vor, dass ein Staat beschließt, den Bürgern seine Dienste auf der Grundlage der durchaus denkbaren Alternative anzubieten, den Datenfluss unter ihrer alleinigen Kontrolle zu belassen. Estland ist mit seinem X-Road-Projekt ein seltenes Beispiel hierfür.[99] Bisher hat noch kein Staat versucht, das Beispiel Estlands zu kopieren.

Einsame Daten-Abenteurer

Aus einem gewissen Blickwinkel betrachtet ist die Geschichte von Big Tech im Grunde die Geschichte des Datenkolonialismus. Die Hauptakteure sind in der Regel große Unternehmen (Konzerne, Regierungen), aber wie beim historischen Kolonialismus spielen auch hier einzelne Abenteurer eine bedeutende Rolle, die sich als Eroberer und Konquistadoren an dem beteiligten, was Susan Cahill den »Surveillance Frontierism«, den Wilden Westen des Überwachungsstaats, genannt hat.[100]

Ein beredtes Beispiel dafür war, als sich im Mai 2022 zwei mächtige Männer die Hände zu einem Abkommen reichten, von dem sie sich große Vorteile versprachen. Der eine war Brasiliens damaliger Präsident Jair Bolsonaro, der andere Elon Musk, CEO von Tesla und SpaceX und inzwischen Eigentümer von X. Der Handschlag in einem luxuriösen Resort in Porto Feliz war der Startschuss für ein gemeinsames Projekt: Musks Starlight-Satelliten sollten das Internet in 19 000 abgelegene ländliche Schulen bringen und den Amazonas-Regenwald überwachen. Es ist zweifelhaft, ob das Abkommen unter der Regierung des neuen brasilianischen Präsidenten Lula da Silva jemals Früchte tragen wird, aber es wirft ein bezeichnendes Licht auf die Ambitionen solcher Abenteurer. Denn wie man sich denken kann, war der eigentliche Zweck des geplanten Abkommens nicht, etwas für Schulkinder oder die Umwelt zu tun, sondern schlicht und einfach Daten zu extrahieren. Unterdessen wird Musks Starlink-System munter vom illegalen Bergbau im Amazonasgebiet genutzt.[101]

Wir haben einen weiteren dieser Abenteurer getroffen: Den Australier Hoan Ton-That, den Kopf hinter Clearview AI, dessen Gesichtserkennungs-App im Januar 2020 für Schlagzeilen sorgte.

Rufen wir uns das Grundrezept dieser App ins Gedächtnis: Zuerst werden Milliarden von Bildern von Facebook, YouTube, Venmo und aus jeder sonstigen erdenklichen Quelle zusammengeklaubt und mit hochentwickelter KI verarbeitet, um sie so gut es geht voneinander zu unterscheiden. Die daraus resultierenden Metadaten werden dann verwendet, um irgendeinen Entscheidungsprozess zu unterstützen, zum Beispiel den einer Organisation, die wissen möchte, ob ein Gesicht, das auf einem Foto halb verdeckt in einem ungünstigen Winkel zu sehen ist, mit dem auf einem Facebook-Post identisch ist. Wenn man dieses Rezept an Strafverfolgungsbehörden in den USA und anderswo lizenziert, hat man ein Werkzeug, von dem die Justiz nur träumen kann. Nichts spricht dafür, dass Facebook, YouTube oder andere Plattformen diese Nutzung Milliarden lächelnder

Gesichter vorgesehen haben, andererseits haben sie nie etwas getan, um es zu verhindern.

Ton-That sah überhaupt nichts Falsches an dem, was er tat. Als unternehmungslustiger Mensch, »mit dem Internet aufgewachsen«, wie er von sich sagt, wiederholte Ton-That im Grunde nur, was Mark Zuckerberg in kleinerem Maßstab als Harvard-Student getan hatte, als er ohne eine Erlaubnis einzuholen die Porträts seiner Kommilitoninnen für FaceMash, den Vorläufer von Facebook, herunterlud.[102] Ein moralisches Problem sahen sie beide nicht. Für Ton-That war es schlicht »die beste Nutzungsmöglichkeit der Technologie«.[103] Dabei handelten Ton-That (und Zuckerberg) in klassisch kolonialistischer Manier: sich einfach etwas unter den Nagel reißen, weil es nun einmal da ist und darauf zu warten scheint, dass es sich jemand nimmt.

Lassen wir einmal die von der *Huffington Post* aufgedeckten Verbindungen – um es höflich auszudrücken – des Personals von Clearview AI (und sogar Ton-Thats eigenen sozialen Netzwerken) zu rechtsextremen Aktivisten in den USA beiseite.[104] Und zumindest für den Moment wollen wir auch nicht weiter die erschreckenden Folgen betrachten, die Ton-Thats Techniken für die persönliche Freiheit haben. Konzentrieren wir uns stattdessen auf den grundsätzlicheren Punkt, dass Ton-That im Grunde nichts anderes tut, als die Kerntechniken des Datenkolonialismus anzuwenden: Zuerst erobert man ein Datengebiet, bearbeitet es und generiert neue Datenprodukte, die man vollständig kontrolliert und anschließend verkauft, ohne sich um mögliche Folgen zu kümmern. Oder mit anderen Worten: EXplorieren, EXpandieren, EXtrahieren und EXterminieren.

Eines der Patente von Palantir beschreibt einen ganz ähnlichen Vorgang: Eine Porträtaufnahme auf einem Smartphone wird an einen Server gesendet, der die Person durch Abgleich mit einer riesigen Datenbank erkennt und automatisch mit allen Social-Media-Daten verknüpft, die mit dieser Person verbunden sind. Aufgrund der Geheimhaltung von Palantir können wir nicht wissen, ob das Unternehmen so etwas tut, aber es ist bekannt, dass Peter Thiel die frühen Operationen von Clearview mit 200 000 Dollar finanziert hat, die später in Aktien umgewandelt wurden.[105]

Es gibt jedoch keinerlei Beweise für Verbindungen zwischen Palantir und Ton-Thats Unternehmen. Aber wären die nötig? Die Idee besitzt Eigendynamik.

Clearview offerierte der Polizei eine kostenlose dreißigtägige Testversion seines Tools. Rasch erkannten die Ordnungshüter, dass das Gesichtserkennungsprogramm von Clearview auf eine viel größere Datenbank zurückgreift und über einen viel flexibleren Algorithmus verfügt als beispielsweise das Programm des Staates Florida. Schließlich hatte sich Ton-That das riesige Datenterritorium von Facebook, YouTube und Co. zunutze gemacht. Dabei musste sich Clearview nicht einmal groß darum kümmern, genaue Ergebnisse zu liefern, es genügte, dass sie eine brauchbare Handhabe für Strafverfolgungsentscheidungen darstellten. Clearview versprach im Jahr 2020 nicht mehr, als mindestens 75 Prozent der tatsächlichen Übereinstimmung zu finden.[106] Das genügte vollauf, um Clearview weltweit bekannt zu machen.

Die ungenehmigte Nutzung (man könnte auch von »Piraterie« sprechen) eines Teils der Beute des Datenkolonialismus durch Clearview wurde mancherorts mit Schrecken zur Kenntnis genommen. Es kam zu Klagen gegen den Datenverkauf an den privaten Sektor (Datenschutzbehörden in Griechenland und Großbritannien erwirkten Geldstrafen), der US-Bundesstaat Illinois verhängte ein Verbot. Doch diese negativen Reaktionen blieben auf die Geschäfte von Clearview im Jahr 2020 beschränkt. Schon zwei Jahre später hatte sich das Unternehmen ein neues Image verschafft und trat auf seiner eindrucksvollen Website mit vollmundigen Versprechungen auf: »Förderung der öffentlichen Sicherheit«, »Schutz für Menschen, Anlagen und Geschäfte«. Clearview brüstete sich damit, das Spitzenunternehmen für Gesichtserkennung »in den USA und der westlichen Welt« zu sein, mit einer umfangreichen Datenbank (über 20 Milliarden Bilder) und einer verbesserten Zuverlässigkeit (über 99 Prozent), und das »für alle Bevölkerungsgruppen«. Zu den zufriedenen Kunden zählen unter anderem die ukrainischen Streitkräfte, und die Medien berichteten sehr positiv. Der Wandel Ton-Thats vom kolonialistischen Plünderer zum Sicherheitsdienstleister schien abgeschlossen.[107]

Doch die Entwicklung vom einsamen Abenteurer zum Leiter militärischer Operationen vollzieht sich im Zeitalter von Big Data genauso wenig zufällig wie bei der Eroberung Amerikas oder Indiens. Sicher, der geopolitische Kontext ist heute ein ganz anderer. Wir befinden uns mitten in einem neuen Kalten Krieg zwischen dem Westen, China und Russland. Aber das Wichtigste ist die territoriale Ausdehnung.

Manchmal scheinen die einsamen Abenteurer des Datenkolonialismus nur die besten Absichten zu hegen. Nehmen wir Alex »Sandy« Pentland, einen MIT-Professor, der 2011 von Tim O'Reilly, dem Schöpfer des Begriffs »Web 2.0«, zu den sieben mächtigsten Datenwissenschaftlern der Welt gezählt wurde.

Pentlands Interessen gehen über die Datenwissenschaft im engeren Sinne hinaus, er hat praktisch einen ganz neuen Zweig der Sozialwissenschaft entwickelt, um eine Grundlage für seine besondere Art der Datenanalyse zu schaffen. In seinem 2015 erschienenen Buch *Social Physics* schlägt Pentland vor, die bestehenden sozialwissenschaftlichen Modelle durch die Suche nach »statistischen Regelmäßigkeiten in der menschlichen Bewegung und Kommunikation« zu ersetzen, die »eine computergestützte Theorie des Verhaltens« hervorbringen können.[108] Die Quelle sind persönliche Daten, die »digitalen Brotkrumen«, die wir alle auf unseren täglichen Wegen durch das Internet hinterlassen. Das Ergebnis ist im Grunde eine Netzwerkanalyse, die Suche nach Mustern in unseren sozialen Interaktionen auf der Grundlage der Struktur unserer sozialen Netzwerke und der Menschen, mit denen wir interagieren.

Und was ist das Ziel dieser massiven Datenverarbeitung? Die Entwicklung einer neuen Art von gesellschaftlichem Wissen, ausgehend vom Makro-Verständnis der Funktionsweise und Replikation sozialer Netzwerke. Pentland hat diesen Ansatz auch auf Organisationen angewandt. Seine sogenannte »sociometric badge«, eine Art »Soziometer«, ein tragbares, elektronisches Gerät, das es ermöglicht, soziale Interaktionen zu quantifizieren und damit die »Kultur« einer Organisation zu messen, wurde unter anderem von McDonald's aufgegriffen. Er hat diese Idee auch auf gesellschaftliche Interaktionen im Allgemeinen und sogar auf ganze Länder angewandt (sein Programm »Data for Development« sammelte mobile und demographische Daten für die gesamte Elfenbeinküste).[109] Zu Pentlands Unternehmen gehören Endor.com, eine Blockchain-basierte Plattform, die von sich behauptet, KI-Prognosen, also die Art von Vorhersagemodellen, die derzeit bei Unternehmen sehr gefragt sind, allgemein verfügbar zu machen,[110] und Cogito, ein führendes Unternehmen im Bereich KI-gesteuerter Stimmanalysen von Personen.[111] Zwar hat sich Pentland in seinen jüngsten Arbeiten darauf konzentriert, wie Datenkapital in den Dienst von Gemeinschaften gestellt werden kann,[112] es bleibt jedoch unklar, ob Pentland tatsächlich das Gebot in Frage stellt, Daten von jedem und allem zu extrahieren, das im Mittelpunkt der heutigen Datenwissenschaft steht.

Man kann sich über die Vorzüge von Pentlands unternehmerischen Initiativen streiten, jedenfalls zeigen sie noch deutlicher als die von Ton-That Züge einer neuen Wissenschaft für das Zeitalter des Datenkolonialismus. So wie Botanik und Zoologie einst entstanden, als die Kolonialmächte lernten, ihre neuen Ländereien zu beherrschen, so haben wir heute die »soziale Physik«, die Wissenschaft, die den Anspruch erhebt, die Phänomene des riesigen Archipels der Datenkolonie zu kartieren.

Und wir Verbraucher?

Die Geographie der Verantwortlichen für den Kolonialismus war schon immer kompliziert. Schließlich hatte die einheimische Bevölkerung von Kolonialmächten wie Großbritannien große Vorteile durch den Kolonialismus, auch wenn sie die Realität dessen, was in diesen »fernen« Kolonien geschah, wenig zu betreffen schien. Der Kolonialismus förderte ein massives Wirtschaftswachstum in der Heimat, wie gerade in jüngerer Zeit Kampagnen zur Bewusstmachung der massiven und langanhaltenden wirtschaftlichen Abhängigkeit Großbritanniens vom Sklavenhandel in Erinnerung gerufen haben.[113] Auch heute gibt es noch Ausbeutung aus der Ferne, die mit dem Datenkolonialismus verbunden ist: Arbeiter im Globalen Süden, die die unterbezahlte manuelle Arbeit der Vorbereitung des Trainingsmaterials von KI-Modellen erledigen oder die Rohstoffe für unsere elektronischen Geräte abbauen. Aber die Geographie des Datenkolonialismus unterscheidet sich stark von der des historischen Kolonialismus, findet der neue Kolonialismus sein Zielobjekt doch überall: das menschliche Leben, sofern es sich freiwillig – oder auch unfreiwillig – auf Datenbeziehungen einlässt.

Wie der Datenkolonialismus die Menschen tangiert, hängt davon ab, wo sie sich befinden, welchen sozialen Status sie haben, welcher Art von Arbeit sie nachgehen und in welcher Beziehung zur langen Geschichte der Macht, insbesondere der des Kolonialismus, sie stehen. Wer zu den Eliten aus der Wirtschaft oder anderen Bereichen der Gesellschaft gehört, mag sich vielleicht darüber empören, dass sein Foto in einer Clearview-Datenbank auftaucht und seine Plattform- und Browsing-Daten wahrscheinlich zu einem Profil verarbeitet werden, aber im Endergebnis wird die Datenextraktion ihre Position in der Elite nur bestätigen. Wer jedoch zu den zahlreichen wirtschaftlich Benachteiligten gehört, ob nun im Globalen Süden oder im Globalen Norden, wird bereits aus erster Hand erfahren haben, wie die Macht der ständigen Datenextraktion zur Bewertung der eigenen Person eingesetzt wird. Wer immer einen Kredit oder Sozialleistungen beantragt oder dessen einzige Arbeitsmöglichkeit von der Bereitschaft abhängt, sich der Überwachung zu unterwerfen, sieht sich mit dieser Macht konfrontiert.

Hinter all dem verbirgt sich eine unbestreitbare Wahrheit. Wir alle, wo auch immer wir leben, tragen als Nutzer der Plattformen und Apps, die zunehmend unseren Alltag bestimmen, dazu bei, dass deren Regime der Datenextraktion aufrechterhalten wird. Unsere fraglose Duldung ihrer Nutzungsbedingungen ist ein wesentliches Element des Deals mit dem Datenkolonialismus.

Die Frage wird den Nutzern oft in rein individualistischen Begriffen gestellt: *Meine* Daten sind gefährdet oder nicht, die

Übertragbarkeit *meiner* Fotos zwischen Plattformen muss geschützt werden. Dies lässt den Datenkolonialismus wie einen Kompromiss erscheinen, den jeder von uns individuell für sich selbst abwägen kann. Aber das ist in doppelter Hinsicht irreführend. Erstens: Wie wir in Kapitel 3 festgestellt haben, ergeben sich die Vorteile für die Unternehmen nicht daraus, dass wir als Einzelne unsere Daten preisgeben, sondern aus der Tatsache, dass wir alle dies tun, und aus den daraus resultierenden Beziehungen zwischen den Daten.[114] Zweitens: Der Wandel der Machtverhältnisse rührt daher, dass wir alle gleichzeitig unsere Gewohnheiten ändern, weshalb der Datenkolonialismus keine bloß individuelle Angelegenheit sein kann. Unsere sozialen Beziehungen werden zunehmend davon geprägt, wie Daten aus unserem gemeinsamen Leben extrahiert werden, was Teil der neu entstehenden Gesellschaftsordnung des Datenkolonialismus ist.

Unsere Teilnahme an dieser neuen Gesellschaftsordnung macht uns jedoch noch lange nicht zu Mitgliedern der Klasse der Datenkolonialisten. Dieser Status ist allein denjenigen vorbehalten, die von der Ausbeutung der Datenbestände profitieren, und der Zugang zu dieser Klasse hängt stark von Ungleichheiten ab, die ein Erbe des historischen Kolonialismus sind. Auch aus den Reihen der alten Eliten haben es nicht alle geschafft, sich ihren Platz in der Klasse der Datenkolonialisten zu sichern (jedenfalls deutet nichts darauf hin, dass beispielsweise die Eliten der Grundbesitzer in den USA oder im Vereinigten Königreich mit größerer Wahrscheinlichkeit Datenwissenschaftler oder auch Investoren von Big Tech werden), aber sie haben mit Sicherheit dazu beigetragen, ein ungerechtes System zu schaffen, das die neuen Kolonialistenklassen nun mit modernen Mitteln ausnutzen.

Wir anderen – die Konsumenten digitaler Plattformen und

Arbeitnehmer in der datengeprägten Welt – müssen ständig unsere Einwilligung zur Ordnung des Datenkolonialismus bestätigen. Von uns wird verlangt, dass wir vernetzt sind: Wir müssen Apps installieren, Plattformen beitreten, ständig Updates durchführen. Die Dateneliten brauchen uns und unsere Geräte, um ohne Unterbrechung an die Systeme der Datenextraktion angeschlossen zu bleiben.

Erst kürzlich wurde im politischen Kontext vorgeführt, wie Menschen in aller Welt in Datenbeziehungen gelockt werden.[115] Im August 2022, im Vorfeld des indischen Unabhängigkeitstages, wurden die Anhänger der regierenden Bharatiya Janata Party (BJP, »Indische Volkspartei«) von ihrem Vorsitzenden, Premierminister Narendra Modi, aufgefordert, vor ihrem Haus die Nationalflagge aufzuziehen und ein Foto davon auf einer eigens eingerichteten Website zu veröffentlichen. Die Kampagne trug den Titel Har Ghar Tiranga – Trikolore vor jedem Haus. Digitalrechtsaktivisten waren besorgt, dass es nicht allein um Nationalstolz ging. Schließlich sollte jedes Bild mit einem Geotag versehen werden, das den Standort des Hauses des Unterstützers mit seiner Telefonnummer und allen anderen für das Hochladen des Fotos erforderlichen Daten verknüpfte. Sechzig Millionen Inderinnen und Inder folgten dem Aufruf und wurden mit einer Urkunde des Kulturministeriums belohnt. Zu ihnen gehörte auch Mamta, eine vierundfünfzigjährige Lehrerin aus Uttar Pradesh: »Ich fühle mich so stolz, als hätte ich einen Krieg gewonnen.« Auf die Frage, ob sie keine Probleme für ihre Privatsphäre sehe, antwortete sie, sich darüber keine großen Gedanken gemacht zu haben.[116]

Welche Ideen, welche Phantasien müssen wir pflegen und entwickeln, um den Verlockungen der neuen Klasse der Datenkolonialisten zu widerstehen?

KAPITEL 5

ES REGT SICH WIDERSTAND

Das Schlimmste für Chunfeng war, wenn Kunden ihm eine schlechte Bewertung gaben. »Der Ausfahrer brauchte eine Ewigkeit, und als er endlich kam, war das Essen kalt. Als ich mich beschwerte, ist er auch noch frech geworden.« Hatten diese Leute überhaupt eine Ahnung, was um diese Uhrzeit auf den Straßen los war? Als *zhongbao* – ein Gig-Freelancer, der in einer chinesischen Metropole Essen ausliefert – konnte Chunfeng wegen eines einzigen solchen Vorfalls bis zur Hälfte seines Tageslohns abgezogen werden. Das war doch einfach nicht fair!

Früher war es besser gewesen, als der appbasierte Lieferdienst noch ein Start-up war, betrieben von ein paar Nerds, die frisch von der Uni kamen. Er hatte seinen Job in der Fabrik gekündigt, weil es ihn reizte, einmal sein eigener Boss zu sein und sich seine Arbeitszeit frei einteilen zu können. Zwar war der Lohn in der Realität nie so hoch gewesen wie versprochen, aber er hatte sich damit getröstet, dass er nun unabhängiger war, und außerdem war er gern in der Stadt unterwegs. Dann wurde das Unternehmen von einem der größten Lieferdienste Chinas geschluckt, und von da an ging es bergab. Die Gebühren für die Kunden wurden kräftig angehoben, und immer mehr Geld ging an das Unternehmen. Chunfeng musste sogar einen Teil seines ohnehin nicht üppigen Trinkgelds abgeben. Merkten die Eigentümer oder die Regierung denn gar nicht, dass die Lebensmittel- und Treibstoffpreise ständig anzogen? Wie sollte er seine Familie durchbringen?

Und doch konnte er sich nicht zu einer Kündigung durchringen. Er hatte so hart für die 4,5 Sterne seines Bewertungsstatus gearbeitet. Wenn er jetzt zur Konkurrenz wechselte (wo die Konditionen auch nicht besser waren), fing er wieder bei null an. Es sah alles ziemlich hoffnungslos aus, nicht nur für ihn, sondern für alle. Einige Fahrer trafen sich gelegentlich, um über die Lage zu beratschlagen. Aus Furcht vor der allgegenwärtigen Überwachung vermieden sie es, sich über WeChat auszutauschen. Am meisten empörten sie sich darüber, dass man ihnen sagte, der »Algorithmus« bestimme eben die Preise, höhere Löhne seien einfach nicht drin. Aber wer sagte denn dem Algorithmus, was er tun sollte? Statt an den Interessen der Bosse konnte er doch genauso gut an den Interessen der Arbeitnehmer ausgerichtet werden, stellte Chunfeng bei einem der Treffen fest, auf denen der Unmut oft hochkochte. In einer anderen Stadt hatte sich ein Fahrer, der um seinen Lohn geprellt worden war, aus Protest angezündet.[1] In Indonesien sollten sich Auslieferungsfahrer aus Protest gegen niedrige Löhne und schlechte Arbeitsbedingungen buchstäblich die Lippen zugenäht haben. Auch in Chunfengs Stadt hatte es schon zaghafte Proteste gegeben, doch es war schwer, Fahrer für solche Aktionen zu gewinnen, da dies auch immer Einnahmeverlust bedeutete. Außerdem löste die Polizei jede noch so kleine Versammlung umgehend durch Schlagstockeinsatz auf und verhaftete die Teilnehmer.

Dann hatte Chunfeng eine Idee: Wir setzen die App für unsere Zwecke ein! Beim nächsten Protest sollte jeder zu einer verabredeten Zeit ein preiswertes Gericht bestellen und sich zum zentralen Platz der Stadt liefern lassen. So würden Hunderte von Auslieferungsfahrern auf einmal zusammenkommen. Mal sehen, was die Polizei und der Algorithmus dann machen, dachte Chunfeng.

Chunfengs Geschichte zeigt, dass Widerstand machbar ist, selbst unter den schwierigsten Umständen. Es gibt immer Möglichkeiten, Machtinstrumente wie eine App-Plattform für Essenslieferungen gegen ihre Betreiber zu verwenden, zumindest vorübergehend. In diesem und im nächsten Kapitel soll es um die Frage gehen, wie sich erfolgreicher Widerstand gegen etwas so Übermächtiges wie eine neue, auf Datenextraktion basierende Gesellschaftsordnung organisieren lässt. Praktischer Widerstand ist kaum möglich, wenn man nicht weiß, *warum* man sich wehrt, und das wiederum hängt von etwas ab, das auf den ersten Blick weit von praktischem Handeln entfernt zu sein scheint: Zukunftsalternativen, die ein Gespür dafür vermitteln, dass sich die Welt nicht ganz natürlich und unvermeidlich in eine bestimmte Richtung entwickelt.

Dabei kommt uns entgegen, dass wir keine völlig neuen Ideen kreieren müssen. Wir können von Menschen lernen, die in der Vergangenheit mit ähnlichen Problemen konfrontiert waren, insbesondere von historischen Stimmen, die sich gegen die kolonialistische Vereinnahmung der Ressourcen der Welt oder gegen die Gefahren unbegrenzter Computerisierung erhoben, auch wenn sie nicht immer erfolgreich waren. Wenn wir uns eine Welt vorstellen wollen, die dem Datenkolonialismus etwas entgegenzusetzen hat, müssen wir diese Stimmen wiederentdecken.

Die Zeugen des Kolonialismus

Nicht alle, die Zeugen der spanischen Raubzüge waren, billigten, was in Übersee geschah. Einige wandten sich gegen das Kolonialsystem, das doch eigentlich auch ihnen zugutekommen sollte. Der bekannteste Kritiker war der Dominikanerpater Bartolomé de las Casas, der 1516 zum »Universellen Prokurator aller Indianer in Westindien« ernannt wurde.[2] Als einer der Ersten erhob er seine Stimme gegen die Zerstörungen, deren Zeuge er wurde.

Der in Sevilla geborene Las Casas nahm zunächst an der Conquista teil. Als er 1502 in die Karibik kam, wurde er zunächst selbst Großgrundbesitzer und Sklavenhalter, entschied sich aber schließlich für eine geistliche Laufbahn. Das Leid und die Ungerechtigkeit, denen er auch als Kirchenmann bei verschiedenen Kolonisierungsprojekten begegnete, bewirkten bei Las Casas einen Umdenkprozess. Er erkannte, dass ein Völkermord im Gange war, und entwickelte sich zum Gegner des Kolonialsystems. Dies geht aus seinen Schilderungen unter dem Titel *Kurzgefaßter Bericht von der Verwüstung der Westindischen Länder* hervor, den er dem spanischen König Philipp II. widmete, der aber erst nach 1542 zu zirkulieren begann.

Las Casas erlebte bei seinem Einsatz für die indigene Bevölkerung viele Rückschläge. Unterstützt von Gleichgesinnten versuchte er keinen Geringeren als Karl V., den Kaiser des Heiligen Römischen Reiches und Vater Philipps II., dazu zu bringen, das Encomienda-System abzuschaffen. Im Kern bestand es darin, dass die Krone den Kolonisatoren Grundbesitztitel ausstellte und ihnen einen Freibrief zur Versklavung der einheimischen Bevölkerung ausstellte. Las Casas hingegen plädierte für den Schutz der Rechte und des Lebens der indigenen Bevölkerung. Der Kaiser ließ sich davon überzeugen und erließ 1542 eine Reihe von Gesetzen für die Neue Welt, setzte 1550 alle neuen Kolonisierungskampagnen aus und erwog sogar zeitweilig den Verzicht auf die Kontrolle über Peru.

Als Aktivist, Archivar, Anwalt und Gewissen seiner Zeit trug Las Casas dazu bei, die Wahrnehmung der kolonialen Eroberungen zu verändern. Die wichtigste Gelegenheit dazu bot sich ihm 1550, als er nach Valladolid in Spanien gerufen wurde, wo die Frage geklärt werden sollte, ob es sich bei den Indigenen überhaupt um Menschen handelte. Sein Kontrahent war der Priester und Gelehrte Juan Ginés de Sepúlveda, der aufseiten der Krone und der Kirche stand. Gegen Las Casas' Argumente für die Menschlichkeit der »Indianer« zeichnete Sepúlveda ein Bild der Kolonisierung als eine Art von gerechtem Krieg, der von Gott, Spanien und seinen Bewohnern gebilligt werde. Die »Indianer« seien bloße Barbaren, jedenfalls keine richtigen Menschen.

Das von der Kirche eingesetzte Komitee kam am Ende zu keiner eindeutigen Entscheidung. Politische und materielle Interessen behielten die Oberhand, die koloniale Expansion ging weiter. Die Kolonialherren lernten, sich die Sprache von Kritikern wie Las Casas zu eigen zu machen, um den Extraktivismus akzeptabler erscheinen zu lassen. In den 1573 neu erlassenen Kolonialgesetzen war nicht mehr die Rede von »Eroberung«, sondern von »Befriedung«.

Und doch lebt die Stimme von Las Casas weiter. Wenn wir seine Augenzeugenberichte lesen, können wir immer noch seinen Zorn spüren, aber auch die Hellsichtigkeit bewundern, mit der er die Verbrechen der Kolonisierung verurteilte.

Die klarste Sicht auf die Dinge findet sich jedoch bei den

kolonisierten Völkern selbst. Die Anthropologen David Graeber und David Wengrow haben in ihrem bemerkenswerten Buch *Anfänge – Eine neue Geschichte der Menschheit* nachgewiesen, dass sich unter den kolonisierten Völkern von Anfang an starke und deutliche Stimmen gegen die Unterdrücker und ihre Legitimationsansprüche erhoben. Aber erst in jüngster Zeit hat die westliche Wissenschaft begonnen, diese Stimmen ernst zu nehmen. Bislang waren sie zumeist nur in Form von Berichten europäischer Augenzeugen oder als Ausführungen europäischer Theoretiker zu hören, und oft wurden sie in Zweifel gezogen.[3] Auf diese Weise, so Graeber und Wengrow, hat die Geschichtswissenschaft nicht nur schlicht den Einfluss indigener Kritik auf die europäischen Kolonialgesellschaften ignoriert, sondern auch die Philosophie hat nie die Rolle anerkannt, die indigene Stimmen bei der Formulierung der Werte der Aufklärung gespielt haben. Diesen Fehler sollten wir heute bei der gesellschaftlichen Positionierung gegen die Datenwelt nicht wiederholen.

Ein bemerkenswertes Beispiel für diese Tradition der indigenen Kritik bietet die Musikerin, Schriftstellerin und Wissenschaftlerin Leanne Betasamosake Simpson, eine Michi Saagiig Nishnaabeg und Angehörige der Alderville First Nation Kanadas. Die Autorin zahlreicher Bücher hat kürzlich auch ein Musikalbum unter dem Titel *Theory of Ice* veröffentlicht. Wir können hier unmöglich der Breite und Tiefe ihrer Kritik gerecht werden, die sich nicht auf den Kolonialismus beschränkt, sondern sich auch mit den Zerstörungen beschäftigt, die der Kapitalismus und die westliche Lebensweise anrichten. Aber wir wollen anhand ihres jüngsten Buches *As We Have Always Done* aufzeigen, was sie dem Kolonialismus in all seinen Ausprägungen entgegenzusetzen hat.

Simpson lässt keinen Zweifel daran, dass das prägende Element des Kolonialismus der Landraub darstellt. Sie schildert, wie sie während eines von der Universität geförderten Forschungsprojekts in der Region der Großen Seen mit den Ältesten der Region an einer Karte der Landnutzung ihrer Gemeinschaften arbeitete. Schon der Prozess der Kartenerstellung und der Aufzeichnung der wichtigsten Ereignisse in der Geschichte dieser indigenen Gemeinschaften machte das schiere Ausmaß ihrer Verluste spürbar. Sie schreibt:

> Wenn man eine solche Karte des Verlustes vor Augen hat, ergibt sich ein klares Bild. Kolonialismus, Siedlerkolonialismus, Enteignung, Vertreibung, Kapitalismus – all das schien nicht mehr kompliziert zu sein … Es war alles ganz einfach. Die Kolonisatoren wollten das Land. Alles andere, ob es nun rechtliche, politische, wirtschaftliche oder gesellschaftliche Punkte berührte … war Teil einer Maschinerie, die für ein perfektes Verbrechen geschaffen war – ein Verbrechen, dessen Opfer nicht in der Lage sind, es *als Verbrechen* zu erkennen oder zu benennen.[4]

Für Simpson kommt es jedoch nicht allein auf den historischen Landraub an, sondern auch auf die damit verbundene Denkweise:

> Kolonialismus und Kapitalismus beruhen auf Extraktion und Assimilierung … Der Akt der Extraktion löst sämtliche Beziehungen auf, die dem, was extrahiert wurde, Bedeutung verliehen haben. Extrahieren ist Nehmen. Eigentlich ist Extraktion Diebstahl – es ist Nehmen ohne Zustimmung, ohne Nachdenken, ohne Rücksicht und

> sogar ohne Wissen um die Folgen, die die Extraktion für die anderen Lebewesen in dieser Umgebung hat.[5]

Schon der Akt der Inbesitznahme eines Territoriums ohne Zustimmung der Betroffenen und ohne Rücksicht auf die Folgen deutet auf eine gestörte Beziehung zur Welt und ein rein extraktives, keinesfalls gemeinschaftliches Verhältnis zu anderen Menschen hin. Ähnlichen, nur im Detail anders ausgeprägten asymmetrischen Formen des Umgangs mit Menschen sind wir auch im Datenkolonialismus begegnet.

Simpson hat ihre theoretischen Erkenntnisse über Kolonialismus in die Praxis umgesetzt. Im Jahr 2012 beteiligte sie sich an der »IdleNoMore«-Kampagne, die mit Hilfe digitaler Instrumente den Fortbestand des Siedlerkolonialismus in Kanada kritisierte.[6] Diese Erfahrung brachte sie aber auch zum Nachdenken über die Grenzen von Online-Kampagnen und die Problematik, dass Bewegungen, die nicht auf persönlicher Kommunikation aufbauen, Gefahr laufen, mehr Wert für digitale Plattformen als für die beteiligten Menschen zu generieren.[7]

Eindrücklich beschreibt Simpson die Praxis der gemeinschaftlichen Wissensproduktion und ihre Ethik:

> Bedeutung entsteht also nicht durch Inhalte, Daten oder auch Theorien nach westlichem Muster, die Wissen stets aus seinen Zusammenhängen lösen, sondern durch ein einfühlsames Geflecht miteinander verwobener Beziehungen, die aufgrund ihrer Unterschiedlichkeit einzigartig und wertvoll sind.

Nach dieser gesellschaftlichen Betrachtungsweise von Wissen entwickelt jede Person nicht nur ihre eigenen Ideen, sondern teilt sie auch mit anderen, und zwar auf eine Art und Weise, die versucht, »nicht in die Lebenswege anderer einzugreifen«, also anderen nicht das eigene Verständnis aufzuzwingen.[8] Die indigene Art, Ideen als etwas zu begreifen, das im Kontext des Zusammenlebens auf gemeinsamem Land und Territorium entsteht, ergibt ein völlig anderes Verständnis von *gemeinsamem Wissen*. Aus dieser Perspektive betrachtet wirkt das treibende Prinzip des Datenkolonialismus – Wissen aus der Ferne durch die Extraktion von Mustern aus unzähligen Datenquellen des gesamten Planeten zu gewinnen, von denen viele ohne Zustimmung und ohne Berücksichtigung tieferer menschlicher Beziehungen angezapft werden – so sinnlos wie bedrohlich.

Als Indigene denkt Simpson anders über Widerstand und hat eine klare Vorstellung davon, was er praktisch bedeutet. Der Datenkolonialismus steckt noch in seiner Entwicklungsphase, er hat längst nicht das schreckliche Niveau der vielgestaltigen Gewalt von fünf Jahrhunderten Siedlerkolonialismus erreicht, mit dem sich Simpson hauptsächlich beschäftigt. Dennoch können wir Simpsons Ideen auf den verwandten Kontext des Datenkolonialismus anwenden, wenn wir nicht aus den Augen verlieren, was sie für ihren spezifischen Kampf bedeuten. Simpson ist es ein Anliegen, die zivilisatorischen Narrative des Kolonialismus zu hinterfragen und unsere Lebensweise insgesamt, nicht nur diese oder jene isolierte Praxis, zu überdenken und zu überarbeiten.[9] Widerstand bedeutet für Simpson (und bedeutete vielleicht auch für Las Casas) im Kern, selbst unter schwierigsten Umständen an den eigenen Werten festzuhalten: Werten, die, wie Simpson und viele andere indigene Denker vertreten haben, nicht aus dem abstrakten Denken einzelner Individuen entstehen, sondern aus dem gemeinsamen Leben in einem bestimmten Gebiet.

Diese Gedanken bilden den roten Faden, der sich durch dieses Kapitel zieht. Denn es sind solche gesellschaftlich erzeugten Werte, mit denen wir den Kontakt zu verlieren drohen, wenn unser Leben immer mehr von Datenterritorien überlagert wird, die uns von fernen Plattformen und KI-Systemen aufgezwungen werden.

Keine Modernität ohne Kolonialismus

Wir befinden uns heute mitten in einer Revolution unseres Verständnisses der Welt, zu der dieses Buch zum Thema Daten nur ein kleiner Beitrag ist. Diese Revolution besteht darin, zu begreifen, dass das gesamte Wissen, das wir in den letzten fünf Jahrhunderten über die Welt erlangt zu haben glauben, durch den kolonialen Landraub und seine Folgen geprägt ist.

Dies ist, gelinde gesagt, eine Herausforderung für die gängige Denkweise über Technologie, KI und überhaupt alles. Es ist nicht so, dass die grundlegenden Fakten des Kolonialismus jemals aus dem Blickfeld verschwunden wären. Im Gegenteil: In Kolonisatoren-Ländern wie dem Vereinigten Königreich wurden sie stets als Triumph der positiven Mission dieser Nationen für die Welt gesehen.

Die heute dringend erforderliche Revolution des Denkens verlangt jedoch, zwei Dinge anzuerkennen. Erstens, dass das, was man sich als »interne« Geschichte der europäischen und nordamerikanischen Gesellschaften vorgestellt hat, immer von einer größeren globalen Geschichte der brutalen Ausbeutung der Kolonialgebiete geprägt war. Diese wurde von den Kolonialstaaten als »externes« Element ihrer eigenen Geschichte angesehen, als etwas, das in weiter Ferne lag und ohne Bedeutung für ihre eigene Identität war. Und zweitens war die offensichtlich privilegierte Rolle Europas und Nordamerikas in den letzten fünf Jahrhunderten der Weltgeschichte, einschließlich der angeblich universellen Geschichte des Westens, das *Ergebnis* der kolonialistischen Ausbeutung, nicht deren Rechtfertigung.[10] Unsere westliche Sicht der Vergangenheit resultiert aus der Macht des Westens, darüber zu entscheiden, wie die Weltgeschichte erzählt wird, eine Macht, die sich direkt aus der kolonialen Vorherrschaft ergab, und die dafür gesorgt hat, dass andere Geschichten über die Bedeutung des Kolonialismus fast vollständig in Vergessenheit geraten sind. Während diese historische Auslöschung nun im Globalen Norden unhaltbar wird, stellt sich gleichzeitig heraus, dass im Globalen Süden die alternativen Geschichten niemals ganz in Vergessenheit geraten sind.

Unter den Bedingungen der Geschichtsauslöschung (eine unmittelbare Folge der Machtungleichheiten des Kolonialismus) erhalten die Vorstellungen von Geschichte und die Erinnerung an sie eine andere, unmittelbar praktische Bedeutung. Drei Autoren aus drei völlig unterschiedlichen Bereichen – der Wirtschaftsgeschichte, der Gesellschaftstheorie und der Ideengeschichte – können uns helfen, dies zu verdeutlichen.

Ein rebellischer Historiker

Eric Williams wurde 1911 auf der Karibikinsel Trinidad geboren, damals eine britische Kolonie. Er gründete 1956 eine Partei und wurde als deren Vorsitzender 1962 der erste Premierminister des Landes, als Trinidad und Tobago seine Unabhängigkeit erlangte. Seine prägende Rolle für die politische Entwicklung des

Landes sicherte ihm den Status des »Vaters der Nation«. Er war also in jeder Hinsicht ein erfolgreicher Kämpfer gegen den Kolonialismus. Nun, da die Unabhängigkeitskämpfe der ehemaligen Kolonien weitgehend abgeschlossen sind, wirkt William durch seine Ideen als politische Kraft fort.

Williams promovierte 1938 in Oxford und veröffentlichte 1944 ein Buch mit dem Titel *Capitalism and Slavery*, das die gängige Geschichtsdarstellung der industriellen Revolution Großbritanniens – als deren Helden gewöhnlich britische Innovatoren gelten, während die kolossalen kolonialen Reichtümer, die ihre Grundlage schufen, weitgehend unerwähnt blieben – völlig auf den Kopf stellte.

Auf der Grundlage umfangreicher Dokumentationen zeigte Williams, dass dieses gängige Narrativ ein dem eigenen Selbstwert dienender Mythos war, der wenig mit den Realitäten der englischen Wirtschaft des 18. Jahrhunderts zu tun hatte. Man machte es sich einfach und unterschlug kurzerhand die enormen Vorteile, die England aus dem berüchtigten Dreieckshandel zog, der den Verkauf englischer Industriegüter nach Afrika mit dem Transport von Sklaven in die englischen Kolonien und der anschließenden Lieferung von landwirtschaftlichen Produkten (Baumwolle, Zucker und Tabak) zurück nach England verband. Williams zitiert einen englischen Wirtschaftskommentator jener Zeit, der mit Stolz verkündete, das British Empire sei »eine großartige Kombination aus Amerikahandel mit einer Seemacht, errichtet auf afrikanischem Fundament«[11].

Williams stellte auch die Behauptung der Kolonisatoren in Frage, die Afrikaner seien aufgrund ihrer angeblich besonderen körperlichen Eignung für die zermürbende Arbeit auf den Plantagen versklavt worden. Der Autor machte einen viel einfacheren Grund für ihre Versklavung aus: der wirtschaftliche

Vorteil billiger Arbeitskräfte. Zu den Vorbedingungen gehörte, dass die indigene Bevölkerung der Karibik durch die Folgen der Kolonialisierung schon weitgehend dezimiert worden war. Sobald dann Sklaven als Ersatzarbeitskräfte aus Afrika importiert wurden, waren sie für die dortigen Plantagenbesitzer »einfach da«, um ausgebeutet zu werden – ein Muster, das sich in der Kolonie, die später zu den Vereinigten Staaten wurde, wiederholte. Williams zufolge waren Afrikaner also nicht aufgrund körperlicher Eigenschaften für die Sklaverei prädisponiert; sie waren lediglich die billigste verfügbare Quelle für die Massen an Arbeitskräften, die die hochprofitable Plantagenwirtschaft erst ermöglichten.[12]

Damit war Williams den heutigen Debatten über die Beziehungen zwischen Kapitalismus und Kolonialismus um Jahrzehnte voraus. Er kratzte an der Fiktion, die industrielle Revolution Englands sei auf die wundersame Innovationskraft weißer englischer Unternehmer zurückzuführen, während die Hauptkomponenten rohe Gewalt und wirtschaftliche Aspekte waren, die sich insbesondere aus der Dynamik des Kolonialismus ergaben. Williams' Berechnungen des wirtschaftlichen Beitrags der Sklavenarbeit im England des 18. Jahrhunderts wurden kontrovers diskutiert, dennoch sind seine Thesen eine Herausforderung für die Wirtschaftsgeschichte insgesamt wie auch für die Geschichte des Kolonialismus-Kapitalismus. Seine Botschaft: Es gibt keinen Kapitalismus ohne Kolonialismus oder ohne die Unterwerfung von Arbeitskräften, zu der auch die Sklaverei gehört.

Die Entlarvung des Mythos vom Kapitalismus als einer rein »internen« westlichen Entwicklung dauerte noch länger, da sie eine ernsthafte Auseinandersetzung mit den Sklavenplantagen der USA im 19. Jahrhundert erforderte. Bereits in den 1930er

Jahren hatte der Schwarze Historiker und Soziologe W. E. B. Du Bois die zersetzenden Folgen dieser Plantagen für die amerikanische Gesellschaft analysiert, doch seine Arbeit wurde von den etablierten Wissenschaftlern fast völlig ignoriert. Erst in den beiden letzten Jahrzehnten haben einige Historiker die zentrale Rolle herausgearbeitet, die Kolonialismus und Sklaverei für das Wachstum der Wirtschaft der USA und des Vereinigten Königreichs im 19. Jahrhundert und sogar für die Entstehung eines globalen Wirtschaftssystems spielten. Das Ergebnis ist ein neues Verständnis des Kapitalismus, der nie vom Kolonialismus getrennt war, eines Kapitalismus, der nach Ansicht des Historikers Sven Beckert, der sich ausführlich mit der Geschichte der Baumwollplantagen befasst hat, so sehr auf »den Einsatz von Gewalt und körperlichem Zwang« gegründet war, dass er ihn gar als einen »Kriegskapitalismus« bezeichnet hat.[13]

Warum fällt es den westlichen Gesellschaften so schwer, anzuerkennen, wie stark der Kapitalismus bis heute in den Kolonialismus verstrickt und von ihm abhängig ist? Unter der Staatsführung von Eric Williams wurde Trinidad 1976 eine Republik; bis dahin hatte das Land, obwohl schon seit 1962 unabhängig, formell noch der britischen Krone unterstanden. Selbst heutzutage, da schon fast ein Viertel des 21. Jahrhunderts verstrichen ist, fällt es uns immer noch schwer, solche Tatsachen zu begreifen. Was, wenn dieser blinde Fleck selbst eine der bis heute nicht überwundenen kulturellen Folgen des Kolonialismus ist? Wenn dem so ist, dann muss dem Kolonialismus etwas Beständigeres zugrunde liegen als nur seine politischen Strukturen. Aber was genau?

Die Kolonialität jenseits des Kolonialismus

Um diese Frage zu beantworten, wollen wir uns dem peruanischen Soziologen Aníbal Quijano und seinem Konzept der Kolonialität zuwenden. Vor mehr als dreißig Jahren versuchte Quijano zu verstehen, was die praktische Seite des Kolonialismus (die Eroberung des Territoriums, die Produktionsstruktur, Arbeit mit niedrigem Status in den kolonialen »Peripherien« und Arbeit mit höherem Status in den kolonialen »Zentren«) mit den Denkweisen verbindet, die mit dem Kolonialismus einhergingen, vor allem dem Rassismus. Erinnern wir uns daran, was Sepúlveda Las Casas entgegenhielt, dass nämlich die kolonisierten Völker Amerikas den Europäern unterlegene Barbaren seien, eine niedrigere Form der Menschheit, dazu geschaffen, erobert und beherrscht zu werden.

Im Unterschied zu Eric Williams' rein wirtschaftlicher Erklärung für die Tatsache, dass ausgerechnet afrikanische Menschen versklavt wurden, argumentierte Quijano, das alltägliche Funktionieren des Kolonialismus habe von Anfang an eine besondere Art der Vorstellung von der Menschheit und ihren Wissenskapazitäten erfordert. Die Art und Weise, wie im Kolonialismus Macht von bestimmten Ethnien *über* andere ausgeübt wurde, war für Quijano keinesfalls eine Fehlentwicklung des modernen Weltverständnisses, sie resultierte direkt aus ihm. Es war die zersetzende Idee, die den Kolonialismus zu mehr als nur einer endlosen Abfolge sinnloser Gewalt machte. Mit dieser neuen »zivilisatorischen« Geschichte von minderwertigen »Rassen«, denen die Kolonisierung vom Schicksal zugedacht sei, versuchte sich der Kolonialismus als Projekt Schwung und Legitimität zu sichern. Quijano sprach in diesem Zusammenhang von der »*Kolonialität* der Macht«.

Die Kolonialität der Macht fasst zwei zentrale Ideen der Kolonisatoren zusammen. Erstens, dass es einen einzigen Weg gibt, die Welt rational zu organisieren, was die besondere Art der Wissensproduktion erfordert, die wir als »westliche Wissenschaft« kennen. Zweitens, dass diese Form der Wissensproduktion eine Hierarchie von »Rassen« begründet (auch wenn man sich zunehmend scheute, dies ausdrücklich zu sagen). Diese Hierarchie unterscheidet zwischen Menschen, die der Rationalität näher stehen (angeblich die Weißen), und denjenigen, die ihr fern sind (angeblich die Nichtweißen). Die »minderwertigen« Ethnien (z. B. indigene Gruppen) wurden in dieser Perspektive zu Objekten des Wissens, das die überwiegend aus Europa und Nordamerika stammenden Männer der Wissenschaft produzierten.

Quijano geht es vor allem darum, diese Argumentation zu entkräften. Wenn wir jedoch ehrlich sind, ist sie nicht nur eng mit der vielschichtigen Dynamik ethnischer Zugehörigkeit unseres heutigen Lebens verwoben, sondern ist auch einer der Gründe, warum viele der Ungerechtigkeiten algorithmischer Entscheidungsfindung, die im ersten Kapitel erörtert wurden, als so selbstverständlich und unvermeidlich betrachtet werden. Und obwohl die Mängel von Big Tech und KI immer offensichtlicher werden, übt auch deshalb ihre Sprache heute einen so großen Einfluss auf uns aus.

Die heutigen Praktiken von Big Data und technologiegestützter Entscheidungsfindung scheinen vordergründig nichts mit Herkunft, Geschlecht und Klasse zu tun zu haben. Doch was, wenn die Ära von Big Data mit ihren neuen asymmetrischen Machtverhältnissen ein neues hierarchisches Denken über Menschen hervorbringt?

Ein wichtiger Leitgedanke hierzu ergibt sich aus einigen

Überlegungen Quijanos darüber, wie man sich der Kolonialität widersetzen kann. Nicht dadurch, so sagt er, dass man Wissen und Rationalität generell ablehnt, so als hätten sie durch ihre exklusive Verbindung mit dem Westen für immer Schaden genommen. Der beste Weg, sich der Kolonialität der Macht zu widersetzen, besteht darin, eine bessere, nicht hierarchische Vorstellung von Wissen und Rationalität zu entwickeln, denn es gibt keinen Weg, sich auf die Welt zu beziehen, der nicht auf *irgendeiner* Vorstellung von Wissen, auf *irgendeiner* Vorstellung von Rationalität aufbaut.

Wie könnte das aussehen? Quijano schlägt eine integrative Vision des Wissens vor, die darauf abzielt, wichtige Unterschiede in der Sichtweise verschiedener Gruppen von Menschen auf die Welt einzubeziehen, anstatt sie auszuschließen. Wie Quijano darlegt, wird Wissen in den meisten Kulturen außerhalb des Westens bereits als etwas verstanden, das auf einer Vielfalt von Perspektiven aufbaut, nicht auf deren Verleugnung. Wenn man Kultur so betrachtet, qualifiziert sich eine Verständnisweise der Welt eher durch ihre Inklusivität und weniger durch ihre persönliche Perspektive als echtes Wissen.[14]

Zwei Dinge sind hier bemerkenswert. Erstens hat diese scheinbar abstrakte Darstellung von Wissen viel mit indigenen Vorstellungen darüber gemein, wie Wissen in Gemeinschaften produziert wird – man erinnere sich an das, was Leanne Simpson dazu gesagt hat. Andere Theoretiker der Kolonialität wie der Anthropologe Ramón Grosfoguel haben Quijano dafür kritisiert, die Stimmen des indigenen Denkens, die sein Werk durchziehen, nicht ausdrücklich anerkannt zu haben.[15]

Zweitens hat diese inklusivere Sichtweise darauf, wie echtes Wissen produziert wird, enorme Auswirkungen in einer Welt wie der unseren, in der die Praktiken von Big Tech und Big

Data eine grundsätzlich andere, institutionell gesteuerte und hierarchische Vorstellung von Wissen bieten. Dabei geht es nicht nur darum, dass den Menschen das technische Fachwissen fehlt, um die schwer zugängliche Sprache zu verstehen, in der die meisten Erklärungen zur Funktionsweise von Algorithmen abgefasst sind. Stellen Sie sich vor, Sie wollten hinterfragen, wie der Algorithmus von Facebook funktioniert, wie Amazon oder TikTok Ihre Präferenzen kategorisieren oder wie die Algorithmen eines Sozialsystems arbeiten. Sie werden große Schwierigkeiten haben, Antworten zu erhalten, denn selbst wenn die Algorithmen offen zugänglich und verständlich wären, jeder, der ihre Rationalität in Zweifel zöge, würde als naiv und inkompetent belächelt. Das Wissen von Big Data gilt als das Wissen von Institutionen, nicht von Menschen, und steht somit in der Tradition der westlichen kolonialistischen Wissenschaft.

Ist dies der Fall, bedeutet das für den Kampf gegen den Datenkolonialismus, die Sichtweise des menschlichen Wissens, die fünf Jahrhunderte lang den Kolonialismus prägte, zu hinterfragen und stattdessen auf die fortbestehenden Verbindungen zwischen echtem Wissen und lebendigen Gemeinschaften handelnder Menschen zu verweisen. Dieser Gedanke wird von großer Bedeutung sein, wenn wir uns in Kapitel 6 konkret dem praktischen Widerstand zuwenden.

Das neue Bild von der Menschheit jenseits des Kolonialismus

Sylvia Wynter gehört zu den Denkerinnen, die uns dabei helfen, unser Verständnis von Wissen, Wissenschaft und Rationalität zu korrigieren. Die 1928 geborene Schriftstellerin und Philosophin, aufgewachsen auf Jamaika, hatte ab 1977 einen Lehrstuhl für Spanisch an der Stanford University inne. Sie widmete sich in ihrer Arbeit nicht nur der Definition von »Kolonialität«, wie es auch Quijano getan hatte, sondern versuchte, dieses Konzept auszuhebeln und zu überwinden. Ganz wie Quijano und Williams war es ihr ein Anliegen, der vorherrschenden westlichen Geschichtsauffassung entgegenzutreten, die von den Siegern des Kolonialkampfes geprägt war.

Wynter sieht keinen Sinn darin, Wissen und Rationalität aufzugeben, nur weil diese in ihren westlichen Ausprägungen durch die Geschichte des Kolonialismus in Misskredit geraten sind. Sie setzt vielmehr darauf, einer hierarchischen und rassistischen Sichtweise des Wissens eine inklusivere entgegenzusetzen.[16] Daher käme es Wynter sicherlich nie in den Sinn, die Nutzung von Daten grundsätzlich zu verwerfen; ihr Ansatz bestünde darin, den Umgang mit ihnen auf Grundlage einer inklusiveren Vorstellung davon, wie Wissen produziert wird, neu zu denken.

Mit anderen Worten: Das kritische Denken kann sich nicht damit begnügen, eine unbefriedigende Sichtweise des menschlichen Wissens zu verwerfen, es muss sie ersetzen. In diesem Sinne brauchen wir einen Prozess des Nachdenkens über Daten, der ein breiteres Spektrum von Menschen und Perspektiven einschließt. Warum sollten wir einen Umgang mit Daten pflegen, der auf die eine oder andere Weise das Erbe kolonialen und rassistischen Denkens reproduziert? Solche Gedanken haben innerhalb der Datenwissenschaft eine kritische Bewegung entstehen lassen, die unter anderem von den Schriften der Informationswissenschaftlerin Safiya Noble und der Soziologin Ruha Benjamin inspiriert ist.

Aus ideengeschichtlicher Sicht am interessantesten ist Wynters Versuch, die Ereignisse von 1492 – dem Jahr der »Entdeckung« Amerikas durch Christoph Kolumbus – und die darauf folgenden jahrzehntelangen Debatten am spanischen Hof neu zu interpretieren. Wie Wynter darlegt, war die Entdeckung eines den Europäern bis dato unbekannten Kontinents eine große Herausforderung für die Autorität der Kirche – und das nur zwei Jahrzehnte, bevor die Himmelsbeobachtungen von Kopernikus das bis dahin geltende Verständnis von der Rolle der Erde im Kosmos in Frage stellten –, abgesehen davon, dass sie die bereits erwähnte Debatte zwischen Las Casas und Sepúlveda zur Folge hatte. Für Wynter verkörpert vor allem Las Casas' Kontrahent Sepúlveda, der das Privileg des rationalen westlichen Menschen verteidigte, sich die Territorien »minderwertiger« Wesen anzueignen, etwas radikal Neues: die Geburt einer säkularen, zugleich aber zutiefst rassistischen Vision der Welt. Sepúlvedas Ideen setzten sich am Ende durch, und die Fortführung seiner Argumentationslinie bestimmt nach wie vor das wirkmächtige Verständnis von Wissen und Menschheit, dem wir im Diskurs um Big Data bis heute begegnen.[17]

Wynters Vorschlag, die Geschichte neu zu lesen, bedeutet keine Rückkehr zu dem Weltbild, das 1492 untergraben wurde. Es bedeutet, die historische Krise des geschlossenen Weltbilds, die im frühen 16. Jahrhundert aufgebrochen ist, ernst zu nehmen und nun, fünf Jahrhunderte später, neue und bessere Lösungen für sie zu finden. Das erfordert einmal mehr ein inklusives anstelle eines hierarchischen Menschenbilds.[18] Wenn wir Wynter folgen wollen, kann unser Ziel nicht sein, das Nachdenken darüber aufzugeben, was Dinge wie Künstliche Intelligenz für das menschliche Wissen bedeuten, sondern nach Wegen zu suchen, KI und Big Data in einer Weise *neu zu denken*, die wirklich über die kolonialen, sie bis dahin prägenden Denkweisen hinausgeht.

Warnungen aus der Frühzeit des Computerzeitalters

Auf diesem Weg muss man sich jedoch einer sehr unbequemen Wahrheit stellen: KI und Big Data sind bereits dabei, die Kolonialität (das Denksystem des Kolonialismus) für ein Zeitalter der ständigen Überwachung, der Kommunikation in Echtzeit und der grenzenlosen Verwaltungsmacht umzurüsten.

Wenn das stimmt, ist es unerlässlich, die Geschichte der Computertechnologien, die KI und Big Data erst ermöglicht haben, neu zu interpretieren, um die heutigen Formen des kolonialen Denkens in Frage zu stellen. Dazu ist es hilfreich, einen Blick in die fast vergessene Vergangenheit der Informatik zu werfen. Der Mathematiker Norbert Wiener, der wesentlich zur Entwicklung des Computers beitrug, war auch einer der Ersten, die mögliche Bedrohungen vorhersahen. In der ursprünglichen Einleitung seines 1948 erschienenen Buchs *Kybernetik*, einem der einflussreichsten Texte der Computerwissenschaft, schrieb er:

> Es war mir schon lange klar gewesen, daß die modernen ultraschnellen Rechenmaschinen im Prinzip ein ideales zentrales Nervensystem für eine automatische Regelungsanlage sind … Lange vor Nagasaki und dem öffentlichen Bekanntwerden der Atombombe ging es mir auf, daß wir hier vor einer neuen gesellschaftlichen Möglichkeit mit ungeahntem Einfluß zum Guten oder Bösen hin stehen.[19]

Ernüchternde Worte, noch dazu so kurz nach dem Abwurf der Atombomben auf Japan. Offensichtlich sah Wiener mit der

Entwicklung von Computern eine ganz ähnliche Gefahr heraufziehen.

Natürlich konnte er die Welt der vernetzten Computer nicht vorhersehen, die uns Big Data, digitale Plattformen und die KI beschert haben. (Die »ultraschnellen Rechenmaschinen«, von denen er schrieb, füllten damals noch ganze Räume, ihre Antwortzeit bemaß sich in Tagen und nicht in Mikrosekunden.) Doch schon damals beunruhigte ihn das gesellschaftliche Potenzial, das Computer als Kontroll- und Herrschaftsinstrumente besaßen. Mit anderen Worten: Seine Befürchtungen nahmen bereits die Bedenken vorweg, die der Datenkolonialismus heute hervorruft.

Doch trotz des hohen Ansehens, das Wiener als Mitbegründer des Computerzeitalters genoss, schlug man seine Warnungen in den Wind. Niemand schenkte ihnen Beachtung, als in den späten 1980er Jahren vernetzte Computer in allen Gesellschaftsbereichen Einzug hielten. Das änderte sich auch nicht, als die Kontrolle über das Internet Anfang der 1990er Jahre von der öffentlichen Hand auf private Unternehmen überging. Und auch als die Plattformen der sozialen Medien Anfang der 2000er Jahre Datenterritorien unter ihrer direkten Kontrolle einzurichten begannen, erinnerte sich niemand an Norbert Wieners Warnung.

Erst in jüngster Zeit und in dem sehr speziellen Kontext des massiven Einsatzes von KI, die ChatGPT und anderen neueren Entwicklungen zugrunde liegt, greift man auf Wiener zurück. Der KI-Experte Stuart Russell, der im Rahmen der Reith Lectures der BBC einen Vortrag zu diesem Thema hielt, erinnerte an Wieners Bedenken, als er kürzlich die Entwicklung der AGI kritisierte.[20] Wiener ahnte bereits, welch elementare Probleme Computer aufwerfen würden, bis hin zur Frage nach »Gut und

Böse«. Stuart Russell ist überzeugt, dass wir genau diesen moralischen Ansatzpunkt von Wiener aufgreifen müssen, wenn wir die jüngsten Entwicklungen in der AGI unter Kontrolle bringen wollen, die bislang allein einer technologischen Dynamik zu folgen scheinen. In großem Maßstab realisiert, erreicht KI eine Komplexität, die wir nur noch schwer mit menschlichen Werten und Denkprozessen erfassen können, und es droht sogar ein möglicher Kontrollverlust.[21] Romanautoren wie Ian McEwan und Wissenschaftler wie der verstorbene Stephen Hawking äußerten ähnliche Befürchtungen wie Russell. Hawking warnte, »die Entwicklung einer vollständigen künstlichen Intelligenz könnte das Ende der Menschheit bedeuten«.[22] Wieners Schriften sollten uns Anlass sein, die Aufrufe führender Experten ernst zu nehmen, die KI in ihren fortgeschrittensten Formen »aufzuhalten«.

Aber Wieners Warnungen reichten weiter. Er äußerte auch die Befürchtung, Computermaschinen könnten dem Menschen die Arbeit wegnehmen, eine Sorge, die bereits im späten 19. Jahrhundert Schriftsteller wie Samuel Butler äußerten. Wiener war sich unschlüssig, ob eine solche Entwicklung als gut oder schlecht für den Menschen einzuschätzen wäre. In einem Punkt war er sich jedoch sicher:

> Es kann nicht gut sein, diese neuen Möglichkeiten nach den Begriffen des Marktes einzuschätzen, des Geldes, das sie verdienen … Die Antwort ist natürlich, daß wir eine Gesellschaft haben müssen, die auf menschliche Weise gegründet ist und nicht auf Kaufen und Verkaufen.[23]

Allerdings war Wiener pessimistisch, was unsere Möglichkeiten angeht, die befürchteten gesellschaftlichen Probleme zu vermeiden:

> Wir haben nicht einmal die Möglichkeit, diese neuen technischen Entwicklungen zu unterdrücken ... Wir können bestenfalls dafür sorgen, daß eine breite Öffentlichkeit die Richtung und die Lage der gegenwärtigen Arbeit versteht ... Wie wir gesehen haben, gibt es Leute, die hoffen, daß der Gewinn eines besseren Verstehens von Mensch und Gesellschaft, der sich durch dieses neue Arbeitsgebiet anbietet, die gelegentlichen Zugeständnisse, die wir an die Machtzusammenballung machen ... voraussehbar und damit unüberwindbar machen wird. Ich schreibe im Jahr 1947, und muß gestehen, daß es eine sehr schwache Hoffnung ist.[24]

Wieners Sorge war letztlich, Computer könnten sich zu gesellschaftlichen Kontrollmechanismen entwickeln, die allein Marktgesetzen und nicht humanitären Werten folgen und letztlich allein zum Machterwerb eingesetzt werden.

Ohne Zweifel war Wieners Einschätzung auch von den damals noch frischen Erfahrungen mit dem Faschismus und vielleicht ebenso von der sowjetischen Politik geprägt, die auch andere Autoren beschäftigten – ein Jahr später veröffentlichte George Orwell seinen Roman *1984*. Überholt sind Wieners Befürchtungen jedenfalls nicht. Nicht nur Orwells Werk ist in unseren immer engmaschiger überwachten Gesellschaften aktueller denn je, auch Wieners Warnungen erhalten durch die massiv ungleichen Machtverhältnisse der heutigen Datenterritorien eine Bestätigung.

Frühe Befürchtungen über KI

In den 1970er und 1980er Jahren knüpfte eine kleine Gruppe von Informatikern an Wieners Sorgen um die gesellschaftlichen Kosten eines unkontrollierten Anwachsens der Rechnerleistung an. Typisch für die damalige Zeit handelte es sich um weiße Männer – dennoch können wir viel von ihnen lernen. Wenden wir uns also einer dieser Stimmen zu: Joseph Weizenbaum, Professor für Informatik am MIT. Er entwickelte in den 1960er Jahren erste Computer für Banken, erlangte aber vor allem durch die Programmierung eines der ersten Systeme zur Verarbeitung natürlicher Sprache Berühmtheit.

Das Programm trug den Namen ELIZA. Paradoxerweise weckten nicht die Misserfolge, sondern die offensichtlichen Erfolge von ELIZA Weizenbaums Besorgnis über die weitere Entwicklung der Informatik. Zum großen Erstaunen aller gelang es dem Programm, mit einem Menschen aus Fleisch und Blut wie in einer psychotherapeutischen Sitzung zu interagieren. Dabei vermittelte es ihm nicht bloß den Eindruck, es könne ihn verstehen, es erteilte ihm auch Ratschläge. ELIZA, so schien es, hatte den berühmten Turing-Test erfolgreich bestanden: Wenn ein Mensch nicht mehr sicher erkennen kann, ob die Antworten eines Computers von einer Maschine stammen, muss man dem Computer Denkfähigkeit unterstellen. Als das Skript dieser therapeutischen »Unterhaltung« veröffentlicht wurde, erhielt der »therapeutische« Computer schnell den Spitznamen DOCTOR. Doch Weizenbaum war alarmiert: Die Wissenschaftler sahen in dem Skript nicht nur eine einfache Demonstration, sondern eine Blaupause für eine automatisierte Psychotherapie – mithin eine Methode, Unmengen Zeit und Geld zu sparen! Wenn Wissenschaftler die Grenzen der Computertechnik in einem so offensichtlichen Fall nicht erfassen konnten, sah Weizenbaum ein Problem mit der »naturwissenschaftlichen Weltanschauung« selbst – und er begann, dieses Problem zu untersuchen.[25]

Für Weizenbaum lag es auf der Hand, dass den Möglichkeiten von Computern Grenzen gesetzt sind. Computer sind schließlich Maschinen, die Regeln anwenden, was nur funktioniert, wenn diese absolut *eindeutig* formuliert sind. Menschen verstehen im Unterschied dazu Dinge aus dem Kontext heraus, der zum großen Teil *unausgesprochen* bleibt. Die Leistung des Verstehens hat also Anteile, die Menschen (und ebenso Tiere) durch ein Kontextverständnis erbringen können, über das Computer nicht verfügen. Das müssen wir uns stets vor Augen halten, bevor wir uns zu sehr auf Computer verlassen.

Weizenbaum interessierte sich auch für eine andere Art von Grenzen, nämlich die moralischen. Als Informatiker verstand er, dass die Abhängigkeit eines Computers von expliziten Anweisungen notwendigerweise Grenzen für sein Funktionieren in einem sozialen Umfeld setzt:

> [Ein] Computersystem, das nur bestimmte Arten von »Daten« zuläßt … hat viele Türen ein für allemal zugeschlagen, die vor seiner Installierung offenstanden.[26]

Doch einige dieser Türen, die der Rechner verschließt, könnten für den Menschen wichtig sein. Wenn dem so ist, müssen wir nicht nur fragen, was ein Computer tun kann, sondern auch, was er tun sollte (oder nicht tun sollte). Um es mit Weizenbaum zu sagen: »›Können‹ heißt nicht ›Sollen‹.«[27]

Was Weizenbaum zunehmend beunruhigte (und ihn dazu bewog, das Buch *Die Macht der Computer und die Ohnmacht der Vernunft* zu schreiben), war, dass so viele Wissenschaftler die unvermeidlichen Grenzen von Computern ignorierten. Die etablierte Informatik, so Weizenbaum, sei zu sehr an Kontrolle interessiert. Damit meinte er nicht die breite gesellschaftliche Kontrolle, die Wiener fürchtete, sondern die enge instrumentelle Kontrolle, die Programmierer bei der Bedienung eines Computers ausüben. Doch auch diese engere Art der Kontrolle hatte gesellschaftliche Folgen: Sie war eine Form der Macht, die sich nach Weizenbaums Ansicht in der Gesellschaft ausbreitete. Das letzte Kapitel seines Buches trägt den Titel »Gegen den Imperialismus der instrumentellen Vernunft«. Er sah eine neue Art von gesellschaftlicher Ordnung heraufziehen und betrachtete es als Notwendigkeit, unserem Umgang mit Computern moralische Grenzen zu setzen.

Weizenbaum vertrat entschieden die Ansicht, »daß bestimmte Denkakte ausschließlich dem Menschen vorbehalten sein *sollten*«.[28] Und auch wenn er sich nicht direkt mit Rassismus oder Kolonialismus beschäftigte (wohl aber mit dem Imperialismus), hatte der Grund für Weizenbaums Besorgnis etwas mit den Fragen gemein, die Quijano und Wynter über die Kolonialität der Macht aufwarfen: »[Computer-]Systeme … haben die Vernunft selbst lediglich auf deren Rolle bei der Beherrschung von Dingen, Menschen und letztlich der Natur reduziert.«[29] Weizenbaums Furcht vor der Art von Gesellschaft, die sich entwickeln könnte, wenn die Computermacht in dieser beschränkten Weise genutzt wird, erinnert an Simpsons Warnung vor den Gefahren des dekontextualisierten Wissens, das außerhalb des menschlichen Kontextes entsteht. Solchem Wissen mangelt es womöglich an Verantwortlichkeit – genau die Befürchtung, die derzeit über KI geäußert wird.

Weizenbaum äußerte seine Bedenken angesichts einer Welt,

in der die Verbindungen zwischen Computern noch nicht einmal ansatzweise so weit entwickelt und kommerziell motiviert waren, wie dies heutzutage der Fall ist. Und dennoch hat sein Kerngedanke auch heute noch praktische Gültigkeit: Computer sind letztlich nur Werkzeuge, die wieder unter menschliche Kontrolle gebracht werden können und müssen, wenn der Umgang mit ihnen im Einklang mit menschlichen Werten stehen soll.[30] Lediglich die zu eng gefasste instrumentelle Denkweise über Computer lässt uns dies manchmal vergessen.

Was sagen uns diese Stimmen aus der Frühgeschichte der Informatik? Dass die These vom Datenkolonialismus keineswegs abwegig ist, sondern genau die Besorgnis über die uneingeschränkte Nutzung der Computermacht widerspiegelt, die führende Denker der Informatik von Anfang an geäußert haben.

Die Kämpfe der Zukunft

Die Tatsache, dass schon in den Anfängen der Informatik Themen diskutiert wurden, die in den viel umfassenderen Debatten über Kolonialismus von Bedeutung sind, liefert uns erste Hinweise, wie der Widerstand gegen den Datenkolonialismus in der Praxis aussehen könnte.

Die Arbeit des kamerunischen Historikers, Politikwissenschaftler und Theoretikers des Postkolonialismus Achille Mbembe, der heute in Südafrika lehrt, ist in dieser Hinsicht sehr aufschlussreich. Mbembe analysiert ausführlich die fortdauernden Auswirkungen der Kolonialgeschichte in den Ländern, die er als die »Postkolonie« Afrikas bezeichnet und in denen die Lebenschancen der Menschen, die Ressourcen und politischen Strukturen nach wie vor sehr stark von der jahrhundertelangen kolonialistischen Ausbeutung (durch Großbritannien, Frankreich und andere) geprägt sind. Mbembe schildert die vielen Ebenen der Gewalt, die der Kolonialismus mit sich brachte: der ursprüngliche Landraub, die Gewalt, die die kolonialistische Macht stabilisierte, und die Gewalt, die die koloniale Macht auf lange Sicht aufrechterhielt. Diese körperlich und symbolisch ausgeübte Gewalt hat bis heute tiefe Spuren in der Organisation der afrikanischen Gesellschaften hinterlassen.[31]

In seinem aktuellen Werk wendet sich Mbembe dem Nachdenken über die Zukunft zu: der Zukunft Afrikas und der Welt, einer Welt, die zutiefst von Technologie geprägt ist. Nüchtern konstatiert er die fortbestehende Macht und den Einfluss des sogenannten Globalen Nordens in der heutigen Welt. Doch als Ausgangspunkt des Nachdenkens über die Zukunft (künftiger Widerstand, künftige Lösungen) kommen Europa und der Globale Norden nicht in Frage, so Mbembe. »Europa [ist] nicht mehr das Gravitationszentrum der Welt … Das ist … die Grunderfahrung unseres Zeitalters«, schreibt er.[32] Die Gewalt des Kolonialismus dauert noch immer fort, daher muss die Kampfansage gegen sie aus einer Perspektive außerhalb des Globalen Nordens formuliert werden. Aber wie?

Mbembe begnügt sich nicht mit der Feststellung, dass das neokoloniale Erbe an den Stätten des historischen Kolonialismus fortbesteht – dies steht außer Frage. Seine Sorge gilt vielmehr den neuen Kräften des Datenextraktivismus, die nicht zuletzt vom Silicon Valley angetrieben werden und das menschliche Leben überall ins Visier nehmen. Die Transformation, die die endlose Extraktion von Informationen mit sich bringt, erfasst nach Mbembes Ansicht auch den Globalen Norden – zumindest jene Menschen, die nicht zu den globalen Eliten gehören. Ihn beunruhigen im Großen und Ganzen dieselben Entwicklungen, die wir in diesem Buch erörtert haben: neue territoriale Beziehungen der Datenextraktion, erweiterte Verwaltungsmacht, zunehmende Überwachung, die gedankenlose Ausweitung der KI. Mbembe spricht hier vom »Künstlichwerden der Menschheit«.[33]

Diese neuen Entwicklungen, so argumentiert er, wirken sich sehr stark darauf aus, wie wir uns alle, ganz gleich, wo wir uns befinden, den Widerstand vorstellen können. Seine Art, dies zu formulieren, ist provokant:[34]

> [Es besteht] die deutlich erkennbare Möglichkeit einer Verwandlung der Menschen in belebte Dinge, in digitale Daten und Codes. Zum ersten Mal in der Geschichte der Menschheit verweist der Name N[****] nicht mehr nur auf die Lage, in die man die Menschen afrikanischer Herkunft in der Epoche des Frühkapitalismus brachte … Diese neue Fungibilität, diese Löslichkeit, deren Institutionalisierung als neue Daseinsnorm und ihre Generalisierung für den gesamten Planeten meinen wir, wenn wir sagen, *die Welt werde schwarz.*[35]

Was meint Mbembe damit? Er bezieht sich weder ausschließlich auf die Hautfarbe noch auf die ethnische Identität. Er konstatiert einen Zustand der Unfreiheit, der den Schwarzen seit Jahrhunderten aufgezwungen wurde, sich aber nun durch die Datafizierung des menschlichen Lebens auf »den gesamten Planeten« ausweitet. Ausgehend vom dekolonialen Ansatz, den wir in diesem Buch verfolgen, können wir die Entwicklung, die Mbembe schildert, auf die Realitäten des Datenkolonialismus beziehen. Laut Mbembe macht sich der Kapitalismus heute daran, »sein eigenes Zentrum zu rekolonisieren«[36]. Keine Region bleibt von dieser Transformation verschont. Widerstand wird überall zu einer Angelegenheit, bei der es darum geht, herauszufinden, welche »Lebensreserven ... nicht geopfert werden [dürfen]« [37], und das nicht bloß im Globalen Süden, sondern potenziell weltweit.

Aber wie können wir uns gegen den so verstandenen Kolonialismus zur Wehr setzen? Wir müssen uns auf eine gemeinsame Frage konzentrieren. Noch einmal: Wir können uns nicht auf eine »geteilte Menschlichkeit« berufen und zugleich die immer noch bestehenden Kräfte ignorieren, die die Menschheit bisher gespalten und von Generation zu Generation koloniale Hierarchien weitergegeben haben. Für Mbembe besteht also wie für Wynter die Aufgabe darin, neu zu überdenken, was wir unter Menschlichkeit verstehen. Angesichts der Uneinigkeit, die das Erbe des Kolonialismus schafft, gibt es hierfür nur eine Möglichkeit, die mit der noch größeren allgemeinen Herausforderung in Zusammenhang steht, die Mbembes Ausführungen überschattet: die Herausforderung, gemeinsam einen Planeten zu bewohnen, der von einem zerstörerischen Klimawandel bedroht ist.[38]

An diesem Punkt kann uns die kanadische Autorin und Aktivistin Naomi Klein weiterhelfen, die mit großer Eindringlichkeit über den Klimawandel und die Notwendigkeit der Auseinandersetzung mit dem brutalen Erbe des Kolonialismus geschrieben hat. Zwar können wir hier unmöglich der Bandbreite von Kleins einflussreichen Schriften gerecht werden, aber wir wollen uns auf eine ihrer zentralen Thesen konzentrieren, die den Widerstand gegen den Datenkolonialismus auf den Punkt bringt.

Das Thema Daten steht eigentlich nicht im Fokus der Analysen von Naomi Klein. Eine große Ausnahme bildet ihre Reaktion zu Beginn der Corona-Pandemie auf Pläne von Gouverneur Andrew Cuomo, mehr Technologie – und damit mehr Datenextraktion – in das Leben der Bürger des Bundesstaats New York einzuführen. Cuomo griff damit enthusiastisch Ideen der ehemaligen Vorstandsvorsitzenden von Microsoft (Bill Gates) und Google (Eric Schmidt) auf.

Klein hatte ein Jahrzehnt zuvor mit ihrem Buch Schlagzeilen gemacht, in dem sie das Muster aufdeckte, nach dem Großunternehmen aller Art im Verbund mit der Regierungsmacht Katastrophen dafür nutzen, dem privaten und öffentlichen Sektor eine noch rücksichtslosere Ausbeutung ohnehin schwacher Bevölkerungsgruppen zu ermöglichen. Dies nannte sie die »Schock-Strategie« – so auch der Titel des Buchs – und warnte damit vor dem »Aufstieg des Katastrophen-Kapitalismus«. Das immergleiche Muster: Eine vorübergehende Krise wird als Hebel genutzt, um neue Modelle der Wertschöpfung zu installieren, von denen Unternehmen und Regierungen profitieren. Erster Anwendungsfall war die Einführung des allerersten neoliberalen Wirtschaftsregimes in Chile nach dem Putsch gegen Präsident Allende im Jahr 1973.[39]

Klein erkannte in den ersten Monaten der Pandemie im Bundesstaat New York ein ähnliches Muster, als dessen Kern sie unbegrenzte Datenextraktion ausmachte. Die von Gouverneur Andrew Cuomo als »visionär« bezeichneten Pläne von Eric Schmidt und Bill Gates sahen Fernunterricht, Home Office, Videosprechstunden bei Ärzten und dergleichen mehr vor – mit anderen Worten: Systeme zur Wertschöpfung durch Daten und datenbezogene Dienste. Das erklärte Ziel war es, die durch den Corona-Lockdown verursachten Probleme abzumildern. »[A]ll diese Gebäude, all diese Klassenräume – wozu braucht man die, bei all der Technik, über die wir verfügen?«, fragte

Cuomo.[40] Wozu das alles, wenn man über eine Infrastruktur verfügt, die es Menschen ermöglicht, zu Hause zu arbeiten und zu lernen? Bekanntlich hatte diese Schock-Strategie verstärkte Extraktion und Überwachung zur Folge. Die »Umstellung« auf Videopräsenz bescherte dem Technologiesektor, einem der wenigen großen Gewinner der Pandemie, glänzende Geschäfte. Weniger Glück hatte die arbeitende Bevölkerung, vor allem Menschen in den sogenannten »systemrelevanten« Berufen, für die Homeoffice nicht in Frage kam.

Klein kritisiert in diesem Zusammenhang exakt die Vision der ungehinderten Datenextraktion, die wir als Kernvision der Klasse der Datenkolonialisten ausgemacht haben. Sie knüpft dabei an ihre früheren Arbeiten zur Umweltkrise an. In ihrem bekannten Buch *Die Entscheidung: Kapitalismus vs. Klima* kommt sie zu dem Schluss, dass der Klimawandel erst dann in den Griff zu bekommen ist, wenn wir die profitorientierten Praktiken der Extraktion, insbesondere von fossilen Brennstoffen, beenden, die den Konsum und damit die globale Erwärmung anheizen. Neben politischer Inkompetenz sieht Klein als Haupthindernis für die Lösung dieses Problems, dass aus der Perspektive der Extraktoren – und der Bevölkerung im Globalen Norden und anderswo, die sie unterstützen – der Schaden immer *irgendwo anders entsteht*: weit weg in einem anderen Land, und wenn doch im eigenen, dann in Regionen, die nicht so relevant scheinen. An diesem »*anderen Ort*« findet nicht nur die Extraktion statt, ihn treffen auch die Klimafolgen am härtesten. Klein nennt solche ignorierten Orte »Opferzonen«. Sie sieht in ihnen eine typische Erscheinungsform des Kolonialismus.

»In der Zeit des Kolonialismus breitete sich der Extraktivismus deshalb aus, weil die Betrachtung der Welt als ein zu eroberndes Gebiet mit sich immer weiter verschiebenden Grenzen – statt als Heimat – diese spezielle Form von Verantwortungslosigkeit förderte«, schreibt Klein.[41] Der Kapitalismus perfektionierte die skrupellos aus der Ferne betriebene Extraktion, die den Ursprung des historischen Kolonialismus markiert. Historisch gesehen unterlag die Extraktion immer Beschränkungen, sei es durch schwierige Abbaubedingungen oder Transportkosten, die den Profit schmälerten.[42] Andernfalls wäre die Extraktion sicher noch extremer ausgefallen – der Extraktivismus als *Idee* kennt keine Beschränkungen, insbesondere nicht, wenn er aus bequemer Entfernung betrieben wird.

Dies eröffnet eine erschreckende Anwendungsmöglichkeit der Datenextraktion, die Klein als den »Screen New Deal« skizziert, den uns die Pandemie mit all ihren Videokonferenzen anstelle des dringend benötigten »Green New Deal« verheißt: Das von Unternehmen begehrte Gut der menschlichen Daten muss nicht in weiter Ferne gesucht werden, es befindet sich auf dem nächstbesten technischen Gerät. Sobald der Nutzer es einschaltet, ist er direkt mit einem externen System verbunden, das nahtlos Daten aus seinem Leben extrahiert. Die Entfernung als begrenzender Faktor, die einst während des historischen Kolonialismus und Kapitalismus die Extraktion einschränkte, spielt kaum noch eine Rolle. Die Quellen, aus denen Big Tech Daten extrahieren will – wir selbst, die digitalen Konsumenten –, befinden sich in unmittelbarer Nähe, auf der anderen Seite des Bildschirms. Wenn wir uns also von diesen Narrativen der Datenextraktion in die Irre führen lassen, warnt uns Klein, könnten wir einige Dinge aufgeben, die für die gesamte Zukunft der Menschheit von großer Bedeutung sind. Nicht zuletzt unsere Autonomie.

Genau das dürfen wir nicht tun. Wie sich herausstellte, hat

sich aus unserer Anpassung an die Bedingungen der Pandemie – mehr Homeoffice und stärkere Abhängigkeit von datenhungrigen Plattformen – keine völlig neue Arbeitswelt ergeben. Die meisten von uns sind, wenn auch langsam und widerstrebend, wieder an ihren alten Arbeitsplatz zurückgekehrt, wo sie Menschen aus Fleisch und Blut treffen.

Aber nehmen wir an, die Ungewissheit, die zu Anfang der Pandemie herrschte, hätte sich über einen noch längeren Zeitraum erstreckt, etwa, weil die Entwicklung von Impfstoffen noch länger gedauert hätte. Nehmen wir an, die Visionen von Schmidt und Gates hätten mehr Durchschlagskraft gehabt, einfach weil »Menschen immer ein biologisches Risiko sind, Maschinen nicht«, wie Anuja Sonalker, CEO von Steer Tech, konstatierte. Die »Schock-Strategie« (um Kleins Begriff aufzugreifen) des Datenextraktivismus könnte uns dann in Muster des Homeoffice, des Fernunterrichts und der Überwachung für die Zukunft eingespannt haben,[43] die eine Welt schaffen, in der, wie Klein es ausdrückt, »unsere Häuser nie mehr ausschließlich private Räume sind, sondern über digitale Hochgeschwindigkeitsverbindungen auch unsere Schulen, unsere Arztpraxen, unsere Fitnessstudios und, so der Staat es bestimmt, unsere Gefängnisse«.[44] Nach dem, was wir in den vorigen Kapiteln gesehen haben, scheinen viele Menschen eine solche Zukunft akzeptieren zu wollen: eine Zukunft, deren Kosten extrem ungleich verteilt sein werden und deren Umweltauswirkungen uns sicher teuer zu stehen kommen werden. Wir müssen endlich anfangen, nein zu sagen, so die Mahnung von Naomi Klein.

Durch eine Reihe von Schritten zwischen scheinbar abstrakten Ideen haben wir den Punkt erreicht, an dem wir anfangen können, uns vorzustellen, wie der Widerstand gegen den Datenkolonialismus praktisch aussehen könnte.

Werkzeuge des Widerstands?

Ideen sind Werkzeuge. Neue Ideen eröffnen uns neue Möglichkeiten, die Probleme unseres Lebens zu bewältigen. In diesem Kapitel haben wir einige neue Ideen vorgestellt, wie wir etwas gegen die schlimmsten Auswüchse des Datenkolonialismus tun können. Fassen wir zusammen, was wir gelernt haben.

- Niemals die Grundwerte dessen aufgeben, was wir für akzeptabel und inakzeptabel halten (Las Casas).
- Niemals neue Vorstellungen von Wissen akzeptieren, die verlangen, vertraute und geschätzte zwischenmenschliche Beziehungen außer Kraft zu setzen (Simpson, Klein).
- Überdenken, was als Wissen und rationales Verhalten gelten soll. Wissensansprüche, die Ungleichheit und Herrschaft verstärken, zurückweisen. Begreifen, was Wissen ist und woher es kommt (Quijano, Simpson, Weizenbaum).
- Die Menschheit als gemeinsames Projekt vor dem Hintergrund der jahrhundertelangen Gewalt des Kolonialismus neu denken (Wynter, Mbembe).
- Erkennen, dass es nicht nur gefährlich ist, Computer ohne Abschätzung der gesellschaftlichen Folgen zu nutzen, sondern auch zu glauben, wir hätten nicht das Recht, ihrem Einsatz Grenzen zu setzen – während wir doch in Wahrheit die Pflicht dazu haben (Wiener, Weizenbaum, Mbembe).
- Und schließlich: Die Bereitschaft, den kolonialen Extraktivismus alter wie neuer Prägung als das sehen, was er ist: ein Griff nach der Macht, der sich direkt vor unseren Augen und in den banalen Details des Alltags abspielt (Klein).

Mit diesen Werkzeugen in der Hand sind wir nun in der Lage, genauer darüber nachzudenken, wie der Widerstand gegen den Datenkolonialismus aussehen könnte.

KAPITEL 6

ANLEITUNG ZUM WIDERSTAND

Josefina Lucía, eine trans* Programmiererin, Aktivistin für dissidente Technologie und Lehrerin, lebt in Buenos Aires. In einem Land, in dem trans* Personen eine Lebenserwartung von lediglich 35 Jahren haben und nur 18 Prozent von ihnen eine Beschäftigung im formellen Sektor finden, kämpft Josefina Lucía mit ihren Freunden und Freundinnen entschlossen für Veränderungen. Gemeinsam unterstützten sie die Gründung von Alternativa Laboral Trans (ALT), einer Genossenschaft, die sich auf Technologie spezialisiert hat und mehrheitlich von trans* und nicht binären Personen betrieben wird.

ALT hat es sich zur Aufgabe gemacht, die Beschäftigungsmöglichkeiten für diese benachteiligte und bedrohte Bevölkerungsgruppe zu erweitern. Zu diesem Zweck bietet ALT Dienstleistungen im Bereich Webgestaltung und -entwicklung an und organisiert Workshops über Programmierung und die Anwendung von Technologien, die nicht auf extraktiven Modellen basieren. Bei der Erstellung von Websites oder Apps verwendet ALT Technologien, die es trans* Personen ermöglichen, ihre Kreationen so weit wie möglich unter eigener Kontrolle zu halten – zum Beispiel Open-Source-Software anstelle von kommerzieller Software. ALT engagiert sich auch als Inkubator von Tools wie Lupa (Spanisch für »Lupe«), eine App zur Meldung und Visualisierung von institutioneller geschlechtsspezifischer Gewalt, die auch für Aufklärungs- und Sensibilisierungszwecke eingesetzt wird.

Es besteht ein erheblicher Bedarf an solchen Instrumenten, nicht nur angesichts der hohen Gewaltrate gegen nicht genderkonforme Menschen, sondern auch, weil Online-Plattformen in der Vergangenheit versucht haben, diese Personen zur Anpassung zu zwingen, indem sie die Optionen zur Angabe ihres Geschlechts einschränkten. ALT arbeitet auch mit der Wikimedia Foundation zusammen, um eine Plattform zu entwickeln, die es indigenen Bevölkerungsgruppen ermöglicht, Geolokalisierungsdaten über für sie kulturell bedeutsame Objekte und Stätten zu speichern und zu teilen.

Wir haben zu Beginn jedes vorigen Kapitels eine fiktive, aber auf wahren Begebenheiten beruhende Geschichte erzählt, doch Josefina Lucía und ALT sind hundertprozentig real (siehe altcooperativa.com). Menschen wie sie und die vielen anderen, um die es in diesem Kapitel geht, sind der Beweis dafür, dass man sich gegen den Datenkolonialismus wehren kann. Dazu bedarf es nicht erst großer, weltumstürzender sozialer Bewegungen (auch wenn die sich vielleicht noch entwickeln). Wir können mit kleinen lokalen Aktionen beginnen, die zeigen, dass Bewegungen zur Dekolonialisierung unserer Datenwelt im Verein mit weiteren Initiativen für mehr soziale Gerechtigkeit stehen, wie Josefina Lucía und ALT es vormachen. Gemeinsam beweisen sie, dass es Alternativen dazu gibt, wie extraktivistische Technologiekonzerne, Organisationen und Regierungen unsere Welt verwalten.

Der Datenkolonialismus ist gewiss kein Problem, für das es eine einfache Lösung gibt, wie an vielen in diesem Buch diskutierten Beispielen schmerzlich spürbar wird. Man kann diese neuen Formen der Enteignung und Ungleichbehandlung nicht einfach mit einem einzigen neuen Gesetz, einer revolutionären Technologie oder gar einer großen Revolution aus der Welt schaffen, genauso wenig wie wir die fünf Jahrhunderte der Enteignung und Ungleichbehandlung durch den Kolonialismus ungeschehen machen können. Der Datenkolonialismus hat dramatische Auswirkungen auf die Gesellschaft, die weit über die Erfassung von Daten aus unserem täglichen Leben hinausgehen. Acht davon wollen wir hervorheben:

1. Die Rechte und die Autonomie der Arbeitnehmer werden beschnitten. Ganze Wirtschaftszweige richten sich an der Datenextraktion aus, was Managern mehr Macht gibt und Arbeitnehmer entrechtet.
2. Algorithmen treffen zunehmend wichtige Entscheidungen über das Leben der schwächsten und am meisten benachteiligten Menschen in unserer Gesellschaft. Ethnische Minderheiten, Frauen, nicht genderkonforme Personen und Menschen mit geringem Einkommen werden zur Zielscheibe neuer invasiver Formen von Überwachung.
3. Konzerne und politische Parteien, die uns ihre Produkte beziehungsweise ihre Kandidaten und Programme verkaufen wollen, nutzen Daten, um uns auf undurchsichtige Weise zu manipulieren.
4. Eine Pandemie wurde als Vorwand genutzt, um mehr Daten über uns alle zu sammeln.
5. Plattformen, die mehr an Profit als am Schutz der Rechte ihrer Nutzer interessiert sind, schauen tatenlos zu, wie über sie Desinformationen, Hass und Hetze verbreitet werden.
6. Datenzentren und andere Hardware-Komponenten unse-

res digitalen Kommunikationsumfelds belasten durch ihren hohen Wasser- und Energieverbrauch stark die Umwelt.

7. Die langfristigen Auswirkungen des Datenkolonialismus auf unsere psychische Gesundheit sind noch nicht einmal ansatzweise untersucht worden.
8. Der verantwortungsvolle Gebrauch von Daten für nicht kommerzielle Zwecke erfährt nur wenig Unterstützung, wohingegen mit großem Einsatz und viel Geld ausbeuterische Nutzungen betrieben werden.

Und bei all dem darf man nicht vergessen: Manche mögen unter dem Datenkolonialismus nicht sonderlich stark zu leiden haben, andere jedoch umso mehr. Genau wie der historische Kolonialismus schafft auch der Datenkolonialismus eine von immer tieferen sozialen und wirtschaftlichen Gräben zerklüftete Gesellschaft.

Und doch hat uns die Kolonialgeschichte auch gelehrt, dass es möglich ist, Widerstand zu leisten. Wenn wir bereit sind, die Verbindung zwischen dem Umgang mit unseren Daten und dem größeren Problem des historischen Kolonialismus herzustellen, können wir, so seltsam es klingen mag, Datenprobleme besser angehen. Wir können aus früheren Formen des antikolonialen Widerstands lernen, was funktioniert und was nicht. Es macht Hoffnung, dass unaufhaltsam eine Kraft heranwächst, die der Datenmaschinerie Sand ins Getriebe streut.

Der Widerstand hat sich bereits formiert, und nichts kann ihn aufhalten

Der Widerstand gegen den Kolonialismus ist mit dem Kolonialismus selbst entstanden. Dieser Widerstand hat bereits eine fünfhundertjährige Geschichte, auch wenn sie von den Geschichtsbüchern wie von den Medien häufig übergangen wird.

Es ist eine verwickelte Geschichte. Ja, die Kolonien wurden schließlich zu eigenständigen Nationen, aber oft erst am Ende blutiger Auseinandersetzungen, und nicht immer profitierten alle ihre Bewohner gleichermaßen von der neuen Freiheit. Es ist nicht zu leugnen, dass sich antikoloniale Befreiungsbewegungen in Machtkämpfen und Widersprüchen verstrickten oder alte Ungerechtigkeiten auf neue Weise fortsetzten. Dennoch sind aus ihrer facettenreichen Geschichte inspirierende Widerstandsaktionen hervorgegangen.

Dank dieser Bewegungen wissen wir heute, wie der Kolonialismus in Vergangenheit und Gegenwart mit Armut, Migration, sozialer und geschlechtsspezifischer Unterdrückung und sogar mit der drohenden Klimakatastrophe verflochten war und ist. Deshalb ist eine Auseinandersetzung mit dem Erbe des historischen Kolonialismus, das diesen Nationen eine große Last auf ihrem Weg in die Unabhängigkeit mitgab, eine Diskussion von globaler Tragweite, die dringend geführt werden muss. Zwar beschäftigen wir uns hier in erster Linie mit Datenextraktion, doch wir müssen verstehen, wie diese Form des Extraktivismus mit anderen verbunden ist. Dem Datenkolonialismus ohne Wenn und Aber entgegenzutreten ist ein möglicher, doch gewiss nicht der einzige Ansatzpunkt für eine Auseinandersetzung mit dem Erbe des historischen Kolonialismus der letzten fünf Jahrhunderte.

Nein zum Extraktivismus zu sagen erfordert jedoch auch Ehrlichkeit gegenüber sich selbst. Wir alle, als Einzelne wie als Gruppen, sind in die neue gesellschaftliche Ordnung verwickelt, die durch neue Formen der Datenextraktion aufgebaut wird. Ohne Solidarität können wir keinen Widerstand aufbauen, aber das bedeutet, dass wir uns von Anfang an darüber im Klaren sein müssen, wie wir individuell auf die unterschiedlichsten Weisen zu diesem System beigetragen haben.

Mit anderen Worten: Wir müssen ehrlich sein und wenn nötig die Schuldigen auch benennen. Die Wissenschaftler und Programmierer, die hinter der Entwicklung dieser extraktivistischen Technologien stehen, sind sicherlich nicht ganz freizusprechen. Sie können sich nicht einfach damit herausreden, nicht vorausgesehen zu haben, wie sich ihre Weiterentwicklung dereinst auswirken würde. Will man dies dennoch gelten lassen, kann man ihre Lehrer und Schulen nicht freisprechen, die ihnen offenbar weder elementare Fähigkeiten zum kritischen Denken, noch solide ethische Grundsätze oder ein soziales Verantwortungsbewusstsein vermittelt haben. Natürlich gehen viele der Probleme, die in diesem Buch geschildert werden, auf das Konto von Konzernen und staatlichen Institutionen. Aber was ist mit den Aktionären, die verlangen, dass diese Konzerne Profite über Menschen stellen? Was ist mit den Medien, die eifrig die zivilisatorischen Narrative des Datenkolonialismus verbreiten, anstatt sie kritisch zu hinterfragen? Und was ist mit uns, den Nutzern dieser Technologien? Es ist eine Sache, ahnungslos zu sein, und eine andere, wegzuschauen, wenn wir mit den Folgen des Extraktivismus konfrontiert werden.

Ein gewisses Maß an Klarheit über die individuelle Verantwortung ist daher eine gute Grundlage, um etwas gegen das

Problem zu unternehmen. Viele haben bereits begonnen, dem Datenkolonialismus engagiert, kreativ und gemeinschaftlich entgegenzutreten.

Wie die Bürger Widerstand leisten

Bürger üben Druck auf Lokalverwaltungen aus, um den Einsatz von Überwachungssystemen und KI einzuschränken. Allein in den Vereinigten Staaten haben 17 Gemeinden Verbote gegen den Einsatz von Gesichtserkennung durch die Polizei erlassen, darunter Berkeley, Boston, New Orleans und San Francisco.[1] Dies ist ein guter Ausgangspunkt für den Widerstand gegen den Datenkolonialismus, da diese Technologie sich nicht nur als unzuverlässig erwiesen hat (insbesondere bei Gesichtern von PoC), sondern sie auch eine Bedrohung für die Privatsphäre, die Informationssicherheit und die Meinungsfreiheit darstellt.

Der Bundesstaat Kalifornien ist sogar so weit gegangen, sogenannte »vorhersagende Polizeiarbeit« (den Einsatz von KI und anderen Formen der Analyse für Prognosen über künftige kriminelle Aktivitäten) zu verbieten, und Seattle hat die strengsten Vorschriften für Überwachungstechnologien in den gesamten USA erlassen.[2] Überall auf der Welt, so zeigt der Trend, wenden sich Bürgerinnen und Bürger, die oft viel fortschrittlicher denken als offizielle Vertreter der Regierung, gegen Auswüchse von KI und Datensammelei. Ein Beispiel dafür ist das Bündnis »Reclaim Your Face«, eine europäische Bürgerinitiative, die eine strengere Regulierung der biometrischen Massenüberwachung fordert.[3]

Doch es gibt auch gegenläufige Tendenzen. In einigen der oben erwähnten US-Städte werden angesichts steigender Kriminalitätsraten die Forderungen der Polizeibehörden lauter, »alle verfügbaren Mittel« zur Verbrechensbekämpfung einzusetzen und die genannten Verbote wieder rückgängig zu machen. Hinzu kommt die Lobbyarbeit von Unternehmen, die ihre technologischen Lösungen an die Kommunalverwaltungen verkaufen wollen.[4] Gleichzeitig werden durch die weltweiten Bemühungen, alles von Städten bis zu Wohlfahrtssystemen »smart« zu machen, Menschen ungefragt Überwachungstechnologien unterworfen, die ihr Leben bestimmen.[5]

Es wird nicht einfach sein, solche invasiven Technologien loszuwerden. In den Niederlanden beispielsweise zwang öffentlicher Druck das Kabinett von Ministerpräsident Mark Rutte 2021 zum Rücktritt, nachdem aufgedeckt wurde, dass ein KI-System Tausende von Eltern, vor allem Migranten, fälschlicherweise verdächtigt hatte, zu Unrecht Beihilfen für Kinderbetreuung beantragt zu haben. (Rutte wurde bei den daraufhin angesetzten Neuwahlen im Amt bestätigt, musste aber schließlich im Sommer 2023 endgültig zurücktreten.) Einige niederländische Städte setzen weiterhin auf KI zur Aufdeckung unberechtigt kassierter Beihilfen für Kinderbetreuung, indem sie besonders bestimmte Stadtteile oder einzelne Gebäudekomplexe ins Visier nehmen.[6] Wenn der Datenkolonialismus Teil der gesellschaftlichen Ordnung geworden ist, wovon wir ausgehen, braucht der Widerstand dagegen einen langen Atem.

Wie sich Arbeitnehmer wehren

Vor noch nicht allzu langer Zeit hätte es kaum jemand für möglich gehalten, aber inzwischen gibt es in den USA auch im Big-Tech-Sektor Gewerkschaften: Alphabet (Google) Workers

Union, Amazon Labor Union, Apple Retail Union. Im Vereinigten Königreich organisieren sich Amazon-Beschäftigte unter dem Dach der erfahrenen GMB Union, und auch die Beschäftigten von Meta (zumindest die in der Poststelle) versuchen, sich gewerkschaftlich zu organisieren.[7] Auch in der Computerspielindustrie, bekannt für ihre miserablen Arbeitsbedingungen, regt sich eine Gewerkschaftsbewegung.[8] Wie uns die Geschichte von Chunfeng im letzten Kapitel gezeigt hat, organisieren sich auch dort Arbeitnehmer gegen die ausbeuterischen Praktiken von Gig-Plattformen. Ob Uber-Fahrer in Südafrika oder Zomato-Lebensmittellieferanten in Indien – überall auf der Welt schließen sich Gig-Arbeiter zusammen, um Gewerkschaften zu gründen oder Druck auf Regierungen auszuüben, per Gesetz ihre Grundrechte zu garantieren. Arbeiter in Nigeria bereiten Klagen gegen Uber vor und werden dabei von ihren Kollegen im Vereinigten Königreich beraten. Sie alle kämpfen gegen ein Unternehmen, das seine Beschäftigten nicht als Gruppe, sondern als hilflose Einzelpersonen behandelt. Dagegen bilden sich länderübergreifende Arbeitnehmerzusammenschlüsse wie die International Alliance of App-Based Transport Workers (IAATW).[9] Auch wenn sich der Anteil der Gewerkschaftsmitglieder unter den Arbeitnehmern in Ländern wie den USA immer noch auf einem Rekordtief befindet,[10] sind dies ermutigende Ansätze.

Gesetze zum Schutz von Gig-Arbeitnehmern bleiben auch dort wichtig, wo Arbeitnehmer die Dinge selbst in die Hand nehmen und ihre eigenen Methoden entwickeln, um den Algorithmen der Plattform ein Schnippchen zu schlagen. In Indien haben Fahrer Gruppen wie die Commercial Cab Driver's Awareness und die Telangana Gig and Platform Workers' Union gegründet. Dies sind nur zwei von Dutzenden Chat-Gruppen, die sich über Telegram organisieren, in denen jeder Fragen stellen und sich Hilfe und Ratschläge bei erfahrenen Kollegen holen kann. In Indonesien organisieren Fahrer über soziale Medien auch gegenseitige Hilfe in finanziellen Notlagen oder bei der Reparatur ihrer Motorräder. Manche versuchen sich sogar an »Account-Therapien«, um die Algorithmen zu einem für sie vorteilhafteren Verhalten zu bewegen. Mit genauer Kenntnis ihrer Funktionsweise gelingt es teilweise, deren ausbeuterischen Effekte auszuhebeln.[11] Und in einer Reihe afrikanischer Länder unterstützen sich Beschäftigte der Online-Auftragsplattform Upwork gegenseitig dabei, den entscheidenden ersten Auftrag auf der Plattform zu ergattern.[12] In New York setzte eine hauptsächlich aus Einwanderern bestehende Gruppe, die sich Deliveristas Unidos nennt, wichtige Arbeitnehmerrechte gegenüber ausbeuterischen Plattformen der Gig Economy durch. Gegen vielerlei Widerstände erreichten sie unter anderem einen Mindestlohn, Transparenz bei der Berechnung von Trinkgeldern – einer ihrer Slogans lautete »Trinkgelder sind keine Löhne!« – und das Recht auf die Benutzung von Restauranttoiletten.[13] Bei all diesen Erfolgen zeigen die Bemühungen der United Taxi Workers of San Diego, wie schwierig es für solche Arbeitnehmerzusammenschlüsse ist, ohne massiven Kapitaleinsatz und abseits der extraktivistischen Infrastruktur eigene technologische Lösungen zu entwickeln.[14]

Dennoch finden Arbeitnehmer auch in schwierigen Situationen Mittel und Wege, sich dem Datenkolonialismus zu widersetzen. Die Bewegung der obdachlosen Arbeiter in Brasilien zum Beispiel entwickelt aktiv eigene Ansätze zur Erlangung digitaler Souveränität. Für sie bedeutet dies, den Zugang zu Informations- und Kommunikationstechnik und Medienproduktionsmitteln zu demokratisieren, um »nachteilige politische

Strukturen zu umgehen, Ressourcen zu mobilisieren, Kampagnen durchzuführen, Proteste zu organisieren und die Erinnerung an Volksbewegungen zu dokumentieren«.[15]

Aber auch Unternehmens- und Staatsangestellte im Globalen Norden tragen entscheidend dazu bei, die Strukturen von innen heraus zu verändern. Die Fälle von Edward Snowden und Chelsea Manning, die den globalen Überwachungsapparat der USA bloßstellten, sind vielleicht zu herausragend, um als allgemeines Beispiel zu dienen. Dennoch waren sie Inspiration für andere Whistleblower und Andersdenkende wie Frances Haugen, die die Bereitschaft von Facebook-Meta aufdeckte, den Profit über die Sicherheit der Nutzer und Nutzerinnen zu stellen, die Informatikerin Timnit Gebru von Google, deren bahnbrechende Arbeit zu den Grenzen und Fehlern von großen KI-Systemen wir in Kapitel 3 erörtert haben, oder Meredith Whittaker, ebenfalls in führender Position bei Google, die 2018 half, Proteste zu organisieren, an denen sich mehr als 20 000 Google-Mitarbeiter weltweit beteiligten. Mit ihnen haben zahlreiche andere Einzelpersonen und Gruppen begonnen, ihre Stimme gegen einige der mächtigsten Unternehmen der Welt zu erheben, insbesondere gegen ihre lukrativen Verträge mit Regierungsbehörden. In einer ihrer Petitionen heißt es:

> Wir sind Teil einer wachsenden Bewegung mit breiter Unterstützung in der gesamten Branche. Wir erkennen die besondere Verantwortung aller Entwickler wirkmächtiger Technologien an, stets darauf zu achten, dass ihre Arbeit nur für positive Zwecke eingesetzt wird und keinen Schaden anrichtet.[16]

Das mutige Engagement dieser Arbeitnehmer, deren Leben auf unterschiedliche Weise eng mit der Macht von IT-Konzernen verwoben ist, zeigt uns, dass Big Tech weder ein unerschütterlicher Monolith noch immun gegen Widerstand von innen ist.

Wie Aktivisten Widerstand leisten

Die extraktivistischen Praktiken der neuen Klasse der Datenkolonialisten sind weder unbemerkt noch unangefochten geblieben. Aktivisten, die sich teils in lokalen Gruppierungen, teils in finanzstarken Denkfabriken organisieren, haben den Widerstand gegen den Datenextraktivismus aufgenommen. NoTechForICE (notechforice.com) wurde von der Latinx-Gruppierung Mijente ins Leben gerufen, um auf die teils unmenschlichen und manchmal auch illegalen Methoden bei der Verfolgung von Immigranten hinzuweisen, die von der Einwanderungs- und Zollbehörde der USA (ICE) unter Nutzung der Technologien und Datendienste von Palantir, Amazon, Thomson Reuters und anderen eingesetzt werden. Die NoTechForApartheid-Bewegung (notechforapartheid.com) ist ein Projekt von MPower Change und Jewish Voices for Peace, das die Zusammenarbeit zwischen der israelischen Regierung und Unternehmen wie Google und Amazon zur Überwachung von Palästinensern publik macht. (Laut Amnesty International schaffen die israelischen Behörden durch Einsatz modernster Überwachungstechnologien eine neue »automatisierte Apartheid«).[17]

Eine Koalition aus Dutzenden von Aktivistengruppen versucht zudem, die Beteiligung des israelischen Staates an der Entwicklung von Spionagesoftware aufzudecken. Die palästinensische Boykott-, Desinvestitions- und Sanktionsbewegung

(BDS) ist nicht alleine mit ihrer Forderung nach einem Verbot dieser Software.[18] Ihr globales Bedrohungspotenzial ist hinlänglich dokumentiert. Die Pegasus-Software – vom israelischen Unternehmen NSO Group unter dem Schutz des israelischen Staates verkauft – wird zur Ausspähung und Lokalisierung von Personen in mindestens vierunddreißig Ländern, darunter Frankreich, Deutschland, Indien, Mexiko und Spanien eingesetzt. Die Software kam laut Amnesty International auch bei Aktionen zum Einsatz, in deren Rahmen schwerste Menschenrechtsverletzungen begangen wurden, unter anderem Einschüchterung und Ermordung von Journalisten und Aktivisten.[19]

Es bilden sich auch wichtige Allianzen zwischen Initiativen, die sich gegen den Datenkolonialismus wehren, und Aktivisten im Arbeits-, Verbraucher- und Umweltschutz. Ein Beispiel ist die entstehende globale Koalition von Menschen aus Chile, Irland, den Niederlanden und anderen Ländern, die gegen den hohen Energieverbrauch von Rechenzentren und deren Beitrag zur globalen Erwärmung protestieren.[20] Ein anderes ist das Projekt Our Data Bodies, das in sozialen Brennpunkten der US-Bundesstaaten North Carolina, Michigan und Kalifornien erforscht, inwiefern sich der dort gepflegte Umgang mit Daten negativ auswirkt und versucht, Alternativen zu entwickeln.[21]

Der Widerstand indigener Gemeinschaften

Die indigene Bevölkerung versteht den Kolonialismus wie keine andere, hat sie ihn doch über Jahrhunderte direkt erlebt und ihm Widerstand entgegengebracht. Dieser Widerstand hat viele Aspekte, darunter den Kampf um die Souveränität über Nahrung und Wasser. Nun kommt der Kampf um Daten hinzu. Es hat sich eine Bewegung für indigene Datensouveränität gebildet, die sicherzustellen versucht, dass indigene Völker die Autonomie über ihre Datenressourcen behalten. Sie wollen nicht nur über deren Verwendung selbst bestimmen, sondern auch frei darüber entscheiden, was Daten für ihre Gemeinschaften in Gegenwart und in Zukunft bedeuten.

Das heißt nicht, dass indigene Gemeinschaften digitale Technologien in Bausch und Bogen ablehnen, aber sie wollen sorgfältig darüber nachdenken, wie sie zur Unterstützung eigener Ziele eingesetzt oder »für den Widerstand umgewidmet werden können«, wie es die Linguistin Yásnaya Elena Aguilar Gil ausdrückt, die dem indigenen Volk der Mixe in Mexiko angehört.[22] Diese Gemeinschaften bauen ihre eigene Telefon- und Internetinfrastruktur auf (so wie sie es schon seit langem mit dem Funkverkehr tun), erstellen ihre eigenen Videostreaming-Plattformen, die Geschichten in ihren eigenen Erzählstrukturen bringen, schreiben ihre eigenen Wikipedia-Einträge und entwickeln eigene Apps und Webbrowser in ihren Sprachen.[23]

Von größter Bedeutung ist hierbei die Frage der indigenen Sprachen, auch angesichts der Tatsache, dass Schätzungen zufolge bis zum Jahr 2100 zwischen 50 und 90 Prozent der heutigen Sprachen gefährdet sein werden, sofern sie bis dahin nicht bereits ausgestorben sind.[24] Tatsächlich bietet Big Tech seine eigene »Lösung« für das Verschwinden von Sprachen, die natürlich auf Datafizierung setzt: Die Äußerungen indigener Sprecher werden digitalisiert, um Spracherkennungs-Apps zu entwickeln, die, so die Hoffnung, dazu beitragen können, diese Sprachen am Leben zu erhalten. Doch im Grunde wiederholt dies nur kolonialistische Strukturen der Abhängigkeit. Indigene Gemeinschaften wie die Maori in Aotearoa (auch bekannt als

Neuseeland) lehnen dieses Modell ab. Zum Erhalt der indigenen Sprache *Te Reo Maori* haben die Maori-Aktivisten Peter-Lucas Jones und Keoni Mahelona selbst KI-Sprachwerkzeuge und Methoden zur Sammlung und Verwaltung von Sprachdaten entwickelt, die ihrer Gemeinschaft die Kontrolle über diesen Prozess erhalten. Die Frage, warum sie eigene digitale Hosting-Plattformen einrichteten anstatt Big-Tech-Plattformen zu nutzen, beantworteten sie sehr direkt: »Unsere Daten würden dort von genau den Leuten benutzt werden, die uns die Sprache aus dem Mund geschlagen haben, um sie als Dienstleistung an uns zu verkaufen … Das ist so, als würde man uns erst das Land wegnehmen und es dann an uns zurückverkaufen.«[25] Wie recht sie damit haben, zeigt der Fall von Freiwilligen an der iranisch-irakischen Grenze, die Hunderte von Arbeitsstunden investierten, um Sorani (Südkurdisch) für Google Translate verfügbar zu machen. Das Unternehmen zahlte ihnen keinen Cent dafür, betrachtet sich nun aber als Eigentümer der Ergebnisse ihrer Arbeit.[26]

Wir kommen hier zu einem zentralen Thema: dem Verlangen nach Autonomie. Rund um die Welt wollen immer mehr Gruppen digitale Technologien und Daten nutzen, um den Fortbestand indigener, marginalisierter, minoritärer oder ressourcenarmer Sprachen zu sichern, allerdings so, dass sie dabei die Kontrolle behalten. Überlebt ihre Sprache, überlebt auch ihre Kultur, doch das erfordert, sie sicher und zu ihren eigenen Bedingungen in der Online-Welt nutzen zu können, weshalb sie deren Technologien ebenfalls kontrollieren wollen.[27]

Wie jeder Einzelne Widerstand leisten kann

Der Kreis derer, die den Datenkolonialismus ablehnen, wächst und wächst. Er umfasst Kulturschaffende – Künstler, Filmemacher, Autoren, Journalisten –, Studierende und Lehrende, Politiker und Wähler sowie Aktive in gemeinnützigen Organisationen, die sich für ein Recht auf verschlüsselte Kommunikation oder das Recht auf Reparatur einsetzen. Widerstand gibt es im Großen (Boykott von Big-Tech-Plattformen) wie im Kleinen (Verweigerung der Cookie-Einwilligung beim Besuch einer Website, was anscheinend nur 0,5 Prozent der Nutzer tun).[28] Selbst das Mobiltelefon einmal ein paar Stunden aus der Hand zu legen kann ein Akt der Auflehnung sein.

Es ist leicht, sich über Influencer lustig zu machen, die ihren Followern in den sozialen Medien ankündigen, ein Wochenende lang digitalen Entzug zu üben. Tatsache ist, dass sich immer mehr Menschen von diesen ausbeuterischen Technologien verabschieden.[29] Unternehmen tun es ihnen gleich: Nicht jeder wird solche finanziellen Nachteile auf sich nehmen können wie der Geschäftsführer von Lush, der die Konten des Unternehmens bei den sozialen Medien kündigte und damit auf geschätzte 13 Millionen Dollar Einnahmen verzichtete,[30] aber er ist dennoch ein inspirierendes Vorbild.

Es gibt einfachere Formen des Widerstands. Teenager in New York gründeten einen Luddite Club und tauschten ihre Smartphones gegen Klapphandys aus oder verzichteten ganz auf sie. »Es reicht, wenig Likes für einen Post in den sozialen Medien zu bekommen, und schon verliert man das Selbstvertrauen. So etwas sollte niemand durchmachen müssen«, erklärte einer von ihnen dazu.[31]

Auch wenn solche Aktionen von Einzelnen oder kleinen

Gruppe oft wenig Aufmerksamkeit finden, sie zeigen in ihrer Gesamtheit, dass an vielen Orten und in verschiedenster Form Widerstand gegen Datenextraktivismus im Gange ist.[32] Mit der Inspiration, die uns die Theoretiker und Aktivisten aus dem letzten Kapitel geben, können wir die moralische Kraft des Widerstands nutzen, neue Wege entwickeln, um Vergangenheit und Gegenwart miteinander zu verknüpfen und das Projekt Menschheit neu zu denken. Es bedarf vielleicht einer gewissen Mischung aus Empörung, Neugierde und Leidenschaft für Gerechtigkeit, um sich dieser antikolonialistischen Bewegung anzuschließen. Aber da letztlich alle vom Datenkolonialismus betroffen sind, kann der Widerstand sich auch in allen Lebensbereichen und an allen Orten entwickeln. Es braucht bloß den entscheidenden gemeinsamen Nenner, der die schärfste Waffe gegen den Kolonialismus ist, die je entwickelt wurde. Der Club der Ludditen und alle anderen, die sich bereits gegen den Datenkolonialismus wehren, scheinen sie in Hülle und Fülle zu besitzen: Phantasie!

Radikales Umdenken über die Nutzung von Daten

»Dekolonisierung« kann vieles bedeuten, nicht alles davon ist radikal oder transformativ. Aber wenn wir die Sache ernst nehmen,[33] bedeutet Dekolonisierung die überaus schwierige Aufgabe, die Welt nicht mehr vom Standpunkt des Kolonisators aus zu sehen, sondern neue Sichtweisen zu finden und mit Leben zu erfüllen. Es würde den Rahmen dieses Buches sprengen, die Überwindung des kolonialistischen Erbes für sämtliche Lebensbereiche aufzuzeigen, aber zumindest für die Datenwelt wollen wir es versuchen.

Die Dekolonisierung von Daten bedeutet, die extraktivistischen Modelle der Datenerfassung aufzugeben, die profitorientierte Betrachtungsweise abzulehnen, nach der unser Leben ein sich der Enteignung darbietendes Territorium darstellt, und Daten in ein kollektives Werkzeug zu verwandeln, mit dem sich die Welt positiv verändern lässt. Aber wie können wir das erreichen?

Ein guter Ausgangspunkt ist es, darüber nachzudenken, was Datenkolonialismus für unseren persönlichen Raum und unsere Zeit bedeutet: Können wir uns vorstellen, den Raum und die Zeit zu dekolonisieren, die wir datenextrahierenden Plattformen und Prozessen überlassen haben? Der Raum, der von den nur allzu bekannten datenerfassenden Technologien kolonisiert wurde – Überwachungskameras, Fitnesstracker, smarte Geräte, digitale Assistenten, Mikrochips unter der Haut –, die *unseren* Raum, den Raum unseres Lebens, in ein Territorium der ständigen Extraktion für den Profit verwandelt haben. Und die Zeit, die von eben diesen Datentechnologien kolonisiert wird, wenn wir mit ihnen interagieren und sie mit Informationen über uns selbst versorgen; eine Zeit voller Warnhinweise, Benachrichtigungen, Updates und Erinnerungen, die immer weniger unsere Zeit ist, sondern die Zeit, die wir im Dienste der Agenda des Kolonisators aufwenden müssen.

Die Dekolonisierung unseres Raums und unserer Zeit verlangt womöglich von uns, die Kunst des »Nichtstuns« zu erlernen, wie es die Künstlerin und Schriftstellerin Jenny Odell nennt. Hier soll nicht das Prokrastinieren gefordert werden, sondern etwas viel Mutigeres. Es geht darum, dass wir uns von der Aufmerksamkeitsökonomie verabschieden, jener Wirtschaft, der es vor allem darum geht, uns dazu zu bringen, immer mehr Zeit online zu verbringen, um immer mehr Daten aus uns herauszuholen. So werden wir frei, uns wieder mit etwas anderem zu beschäftigen. »›Etwas anderes‹ ist in diesem Fall nichts Geringeres als Zeit und Raum«,[34] schreibt Odell: Entrümpelung unserer Aufmerksamkeit, Rückbesinnung auf das, was uns umgibt, und wie wir unsere Zeit damit verbringen. Wieder Verbindung zur Natur, anderen Menschen und den Herausforderungen der Welt finden. Allerdings sollten wir uns darüber im Klaren sein, dass nicht alle sich so ohne weiteres von digitalen Plattformen abkoppeln können, insbesondere nicht, wenn sie sich in einer prekären wirtschaftlichen Situation befinden und für ihren Lebensunterhalt auf die Gig-Economy angewiesen sind. Aber die übergroße Macht von Big Tech kann nicht aus den Angeln gehoben werden, wenn die Dekolonisierung nicht irgendwo einen Hebel ansetzt.

Die neue Frauenbewegung ist eine wichtige Inspirationsquelle dieses Widerstands. Eine ihrer führenden Vertreterinnen ist die Argentinierin Verónica Gago. Sie sieht den Extraktivismus im Zentrum des Problems: Die Körper von Frauen und die Arbeit von Frauen werden zu »extraktiven Zonen«, offen für die Inbesitznahme durch Männer in einem Akt, den die Autorin »Kolonialisierung neuer ›Territorien‹« nennt.[35] Gago sieht Raum und Zeit des täglichen Lebens als die wichtigste zu verteidigende Grenze, da »Hausfrauisierung und Kolonialisierung … untrennbar miteinander verbunden«[36] sind. Das bedeutet, dass Befreiung nur möglich ist, wenn wir uns damit auseinandersetzen, wie das System uns tagtäglich in unserem persönlichsten Bereich entmenschlicht. Dies wirft einige sehr schwierige Fragen auf: Sind wir bereit, die gängigen Vorstellungen von Privateigentum zu überdenken? Können wir uns für Ideen des kollektiven Eigentums öffnen? Im Versuch, darauf Antworten zu finden, könnte unser Nachdenken über die Datenproblematik zur

Erkenntnis gelangen, dass dem Feminismus eine wichtige Rolle im Widerstand gegen den Datenkolonialismus zukommt.

Auch frühere Kritiken an der modernen Technologie können uns helfen. Nehmen wir den in Österreich geborenen, lange Zeit in den USA, Mexiko und Deutschland wirkenden Theologen, Philosophen und Kulturkritiker Ivan Illich. Er reflektiert über die Tendenz unserer Werkzeuge, uns von unseren wahren Zielen zu entfremden. Das Ergebnis, so Illich: »Menschen, die zu nichts mehr nutze sind, werden immer mehr nützliche Dinge zur Verfügung gestellt bekommen.«[37] Illich befürchtet, dass die vielen »nützlichen« Technologien des Industriezeitalters, die vermeintlich so viel Einfachheit und Bequemlichkeit in unser Leben bringen, uns am Ende eher einen Autonomieverlust bescheren, da sie uns dazu verleiten, die Kontrolle über unser Leben aufzugeben. Nehmen wir WhatsApp oder WeChat: Solche Messenger machen die Kommunikation mit Freunden und Familie zwar »einfacher«, verwandeln aber die alltägliche Kommunikation in einen Input für einen profitorientierten Prozess. Kurz gesagt, ein Leben voller »smarter« Geräte ist auf lange Sicht alles andere als »smart«.

Was Illich vorschlägt, ist eine »konviviale Erneuerung« der Gesellschaft, die es ermöglicht, dass Menschen die Kontrolle über die Technik ausüben und nicht umgekehrt. Die Krise sei nur zu überwinden, »wenn wir den Menschen Werkzeuge geben, die es ihnen erlauben, mit hoher Effizienz selbständig zu arbeiten; so könnte gleichzeitig auf Sklavenhalter und Sklaven verzichtet und der Freiheitsradius des einzelnen vergrößert werden.«[38] Konvivialität, wie Illich sie versteht, bedeutet nicht bloß eine warme Atmosphäre, sondern ist auch ein technologiepolitisches Projekt, das individuelle Freiheit als Ergebnis geglückter Beziehungen zwischen Menschen sieht. Illich stand der Technik keineswegs grundsätzlich ablehnend gegenüber, er räumte durchaus ein, dass sie Menschen auch einander näher bringen kann. Er warnte jedoch, dass dies nur möglich sei, wenn wir unseren Werkzeugen mit Bedacht Grenzen setzen, damit sie *mit uns zusammenarbeiten* und uns nicht in einer Weise beherrschen, von der letzten Endes nur multinationale Konzerne profitieren.

Illichs Ideen verknüpfen sich auf natürliche Weise mit radikalfeministischen und indigenen Ideen und dem Trend zum Technikverzicht. Auch nach einem halben Jahrhundert hat seine Forderung nach neuen Formen des Widerstands nichts von ihrer Aktualität verloren. Dekolonisierung von Daten verlangt nicht den generellen Verzicht auf Daten, sondern die Entwicklung ihrer konvivialen Produktion: Daten, die dazu beitragen, einen verantwortungsvolleren Umgang miteinander zu pflegen und die uns dabei helfen, uns gegenseitig und die Umwelt zu schützen. Im Kern der Sache sind auch hier unsere Kreativität und Phantasie gefragt. Mit ihr als Richtschnur dürfen wir darauf hoffen, dass konviviale Daten möglich werden, also Daten, die unterschiedlichen menschlichen Gemeinschaften wirklich zugutekommen.

Ohne nachhaltige Bemühungen werden sich die Dinge jedoch schwerlich in diese Richtung bewegen. Initiativen wie Data Science for Social Good (DSSG) helfen gemeinnützigen Organisationen, ihre Daten besser zu nutzen, und die Staaten der G8 haben die Absicht erklärt, ihre Daten grundsätzlich offenzulegen.[39] Aber es reicht nicht aus, Daten zu generieren und sie der Öffentlichkeit zugänglich zu machen. Auch die Unmenge von Daten über die Erderwärmung oder über die Folgen von Rassismus haben offensichtlich nicht ausgereicht, Einzelpersonen, Unternehmen und Regierungen zu einer Änderung ihres Verhaltens zu bewegen. Die »konviviale Erneuerung« unseres Umgangs mit Daten, die bessere soziale Beziehungen ermöglicht, ist ein noch größeres und schwierigeres Ziel. Aber Initiativen, die lokale Daten nutzen, um strukturellen Rassismus in ihren Gemeinschaften zu bekämpfen, zeigen bereits beispielhaft, was möglich ist.[40] Andere, wie die Initiative Data Against Feminicide, schulen Organisationen darin, Praktiken der Datenerhebung zu standardisieren, Datenanalysetools zu entwickeln und ein Bewusstsein dafür zu entwickeln, welche Bedeutung es hat, seine Daten selbst zu verwalten.[41]

Weil die Dekolonisierung der Daten darauf abzielt, Daten anders in das menschliche Leben zu integrieren, darf sie nicht nur eine einzige Antwort geben, sondern muss viele finden. Sie muss Lösungen formulieren, die nicht nur technologisch, sondern auch gesellschaftlich, politisch, regulatorisch, kulturell, wissenschaftlich und pädagogisch tragfähig sind. Und sie muss an Kämpfe anknüpfen, die auf den ersten Blick nichts mit Daten zu tun haben, aber letztlich doch zum grundsätzlichen Kampf um Gerechtigkeit und Würde gehören.

Manche mögen diese Suche nach Alternativen von vornherein ablehnen, sie als Beweis für das Bestreben auffassen, die westliche Vernunft, ja die westliche Zivilisation überhaupt abzuschaffen. Doch dies wäre, wie wir anhand von Quijano gesehen haben, zu voreilig. Wenn wir etwas aus der Geschichte des Kolonialismus mitnehmen können, dann, dass Konzepte wie Vernunft, Pluralismus und Autonomie keine Konstrukte sind, auf die nur der Westen oder westliche Gesellschaftsmodelle Anspruch erheben können. Vielmehr hat das westliche Denken etliche dieser Konzepte aus nichtwestlichen Traditionen »entlehnt« (um es freundlich auszudrücken).[42] Es geht also nicht darum, die Rationalität abzuschaffen, sondern den westlichen

Alleinanspruch (der auch von Big Tech erhoben wird) auf Exklusivität in Sachen Rationalität, Vielfalt und Autonomie.

Sobald wir beginnen, die oben beschriebenen alternativen Überlegungen und Methoden zur Datenproduktion und -anwendung auszubauen und zu nutzen, fängt auch ernsthaft der Prozess der Dekolonisierung von Daten an. Wir können bereits beobachten, wie Gemeinschaften die Kontrolle über ihre Daten und über den Prozess der Begrenzung von Datentechnologien (im Sinne von Illich) übernehmen und sich neue Vorstellungen darüber bilden, was Daten sind und wozu sie dienen. Diese Gemeinschaften fragen zum Beispiel: »Kann KI überhaupt dekolonisiert werden, oder sind ihre mittels Extraktivismus trainierten Algorithmen von Natur aus kolonialistisch?« Noch hat niemand darauf eine eindeutige Antwort, aber die Diskussion darüber hat begonnen. Auch ehrliche Diskussionen über unsere eigene Rolle und Beteiligung am Datenkolonialismus haben eingesetzt. Die Leitlinien dieser Dialoge sind Werte wie Autonomie, Sorgfalt, Gemeinschaft und Vernunft.

Vor allem kommt es darauf an, diese Werte nicht in einer engen macht- und herrschaftsorientierten, sondern in einer inklusiven und pluralistischen Weise zu interpretieren. Die Vision der sozialrevolutionären Zapatistas im südmexikanischen Bundesstaat Chiapas, die vor 30 Jahren eine »Welt, in die viele Welten passen« ausriefen, hat immer noch Ausstrahlungskraft. Richtig produziert und genutzt können Daten Teil einer solchen pluralistischen Vision der Welt sein und neue Arten von Datenterritorien schaffen, in denen sie gemäß Zielen und Normen gesammelt, verarbeitet und verwaltet werden, wie sie Gemeinschaften hervorbringen und für sich akzeptieren.

Einführung in die Leitlinien der Dekolonisierung

Eins ist klar: Mit allzu simplen Methoden lässt sich dem Datenkolonialismus nicht beikommen. Wir können uns von dieser oder jener Plattform verabschieden, dieses oder jenes Gesetz erlassen ... doch angesichts der Komplexität und Hartnäckigkeit des Problems – das schließlich Teil eines größeren Problems mit einer langen Geschichte ist – werden solche isolierten Maßnahmen keine große Wirkung entfalten. Wir müssen ganzheitlich denken und handeln, so wie die Widerstandskämpfer und Denker, die dieses Buch inspiriert haben.

Mijente, eine Organisation, die sich für die Rechte von Migranten einsetzt, hat dazu einen brauchbaren Handlungsrahmen vorgeschlagen. Er wurde von lateinamerikanischen Aktivisten wie der Bewegung »Pobladores en Lucha« (Siedler im Kampf) in Chile übernommen.[43] Nach diesem Modell bedeutet kollektiver Widerstand im großen Maßstab immer, den Datenkolonialismus auf drei Ebenen gleichzeitig anzugehen: innerhalb des Systems des Datenkolonialismus zu arbeiten, gegen das System zu arbeiten und jenseits des Systems zu arbeiten.

Leitlinie Nr. 1: Innerhalb des Systems arbeiten

Wenn man sich vor Augen führt, was Unternehmen und Staaten, die von der Datenkolonisierung profitieren, schon alles angerichtet haben, könnte man auf den Gedanken kommen, es wäre das Beste, jede Art der Zusammenarbeit mit Vertretern des privaten und öffentlichen Sektors zu verweigern. Eine durchaus berechtigte Reaktion, wie wir später erörtern werden.

Doch dieser Art von Arbeit vollständig den Rücken zu kehren bedeutet auch, Regierungen und Unternehmen, die möglicherweise nicht unser Bestes im Sinn haben, zu stärken. Innerhalb des Systems zu arbeiten, heißt hingegen, weiterhin seine Rechte von Staaten und Unternehmen einzufordern, auch wenn diese nicht willens oder in der Lage sind, sie zu garantieren. Sobald man dies nämlich einstellt, gibt man Regierungen und Unternehmen freie Bahn, nach Gutdünken zu verfahren und sich uns gegenüber zu nichts mehr verpflichtet zu fühlen. Auch wenn wir wissen, dass wir uns nur sehr begrenzt, wenn überhaupt, Gehör verschaffen können, sollten wir auf unsere Rechte als Bürger und Verbraucher weder auf lokaler, nationaler noch internationaler Ebene verzichten.

Welchen Druck können wir innerhalb des Systems ausüben, um die Datendekolonisierung voranzubringen? Vor allem müssen wir auf eine bessere und stärkere Regulierung des Marktes drängen. Die bisherigen Versuche, Big Tech in die Schranken zu weisen, haben sich als zu zaghaft erwiesen.

Die Europäische Union hat bereits wichtige Schritte unternommen, um die Quantifizierung des Sozialen vernünftig zu regulieren. Es würde allerdings den Rahmen unserer Darstellung sprengen, die jüngsten Änderungen der europäischen Gesetzgebung hierzu im Detail zu erörtern. Soviel lässt sich allerdings sagen: Im Mittelpunkt der 2018 in Kraft getretenen Datenschutz-Grundverordnung (DS-GVO) steht nicht die Idee, dass die Marktmacht von Big Tech grenzenlos weiterwachsen soll, sondern »der Schutz natürlicher Personen bei der Verarbeitung personenbezogener Daten«.[44] Neue Rechtsvorschriften wie der Digital Services Act und der Digital Markets Act gehen noch weiter und regulieren die von Plattformen angebotenen Dienste und deren asymmetrische Marktstrukturen. Inzwischen hat die

EU-Kommission eine Rekordstrafe von 1,2 Milliarden Euro gegen Meta verhängt und erwägt ein Verbot des Einsatzes von Gesichtserkennung im öffentlichen Raum.[45]

Rechtsexperten äußern allerdings die Sorge, dass die EU-Gesetzgebung zu sehr auf das Prinzip der Zustimmung setzt, es also den Verbrauchern überlassen will, ja oder nein zu allem zu sagen, was Big Tech mit ihren Daten machen will. Wie bereits in früheren Kapiteln dargelegt, werden Daten allerdings häufig unter Umständen extrahiert, bei denen aufgrund des Machtgefälles von echter Zustimmung keine Rede sein kann. Und selbst die besten Gesetze sind nur so gut wie ihre Durchsetzung vor Gericht und durch Aufsichtsbehörden. So konnte beispielsweise Amazon kürzlich einer milliardenschweren Geldstrafe wegen Verstoßes gegen die Wettbewerbsregeln einfach dadurch entgehen, dass das Unternehmen ohnehin geplante Änderungen an seinem Internetauftritt vornahm.[46] Zudem können die neuen EU-Rechtsvorschriften nach ihrem Inkrafttreten noch von den großen Tech-Giganten vor Gericht angefochten werden. Es bestehen auch allgemeine Zweifel daran, ob das EU-Parlament die Ausweitung der Datenextraktion durch Big Tech wirklich stoppen oder nur sicherstellen wollte, dass die Datenmärkte im Rahmen klar definierter Datenschutzrechte effektiver funktionieren.[47] In diesem Fall wird die Ausweitung der Datenterritorien kaum gestoppt werden.

Bedenklicher ist, dass in Staaten wie den USA und England Regulierungsprojekte immer wieder verschoben werden. Gerade in diesen Ländern fördert der Laissez-faire-Kapitalismus die verhängnisvolle Illusion, dass sich Unternehmen am besten selbst regulieren. Und wo das nicht reicht, sorgt die Industrielobby mit Geldzahlungen an Politiker dafür, dass sich alles an den Vorstellungen der Wirtschaft orientiert. Dies nährt Sorgen von Datenwissenschaftlern, beispielsweise darüber, dass das staatliche Gesundheitssystem Großbritanniens (NHS) langfristig in Abhängigkeit von Konzernen wie Palantir gerät.[48]

Übereilte Gesetze, mit denen eine Regierung lediglich zeigen will, dass sie nicht untätig bleibt, helfen ebenso wenig. Ein Beispiel ist der Kids Online Safety Act (KOSA), der 2022 in den US-Kongress eingebracht wurde. Eine Koalition von mehr als neunzig Bürgerorganisationen kritisierte, dass der Gesetzentwurf nur scheinbar die Privatsphäre von Kindern schützen, sie in Wahrheit aber noch mehr invasiven Tracking-, Filter- und Überwachungsinstrumenten aussetzen würde.[49] Der Gesetzentwurf scheiterte, wurde aber 2023 mit geringfügigen Änderungen erneut eingebracht.

Ein Wandel innerhalb eines Systems hat stets viele Hürden zu überwinden und ist von Natur aus langsam. Aber er ist nicht unmöglich. Das Kartellrecht bietet geeignete Hebel, auch in den USA. Leute wie Lina Khan, die derzeitige Vorsitzende der Federal Trade Commission, der US-Behörde für Kartellrecht und Verbraucherschutz, zeigen sich offen für die Frage, ob Unternehmen wie Amazon und Meta einfach zu groß geworden sind und mit ihren monopolistischen Strukturen den Verbrauchern schaden. Im August 2022 veröffentlichte Khan eine »Vorankündigung eines Regelungsvorschlags« betreffend die Schäden durch kommerzielle Überwachung. Wirtschaft und Zivilgesellschaft haben dies mit großer Aufmerksamkeit zur Kenntnis genommen. Schon ist die Debatte in Gang gekommen, wie sich »das Paradigma« ändern ließe, Überwachung durch Unternehmen als etwas Selbstverständliches hinzunehmen.[50] Allerdings ist derzeit unklar, wie viel Handlungsspielraum die FTC angesichts eines konservativ geprägten Obersten Gerichtshofs und einem möglichen republikanischen Präsidenten im Jahr 2025 haben wird. Dennoch versetzen Khans Vorschläge Big Tech in Unruhe. Um die FTC-Vorsitzende von diesem Vorhaben abzubringen, setzt man auf die Taktik, ihr wegen ihrer kritischen Haltung zu großen IT-Konzernen einen Interessenkonflikt vorzuwerfen.[51] Dies zeigt, dass sich Veränderungen nur gegen erheblichen Widerstand durchsetzen lassen.

Ein mutigerer Ansatz zur Regulierung wäre die Verstaatlichung von Daten, eine Idee, die vor allem in Ländern des Globalen Südens Anhänger findet. Dies würde bedeuten, Daten zu einer nationalen Ressource zu erklären, wie es einige Länder in der Vergangenheit mit Rohstoffen wie Öl oder ganzen Industriezweigen getan haben. Für die verstaatlichten Daten könnten Regierungen dann von ausländischen Technologieunternehmen eine Nutzungssteuer erheben, die ihren Bürgern direkt zugutekäme. Zu bedenken ist jedoch, dass Verstaatlichung nicht unbedingt den Extraktivismus stoppen würde und als antikoloniale Politik in der Vergangenheit allenfalls eine gemischte Bilanz vorzuweisen hat. Die argentinischen Wissenschaftler Leonardo Fabián Sai und Sofía Beatriz Scasserra versuchen dies durch eine Neubetrachtung von Daten als gesellschaftlicher Ressource zu lösen, deren gemeinschaftliche Nutzung von einer Regierung im Rahmen einer umfassenderen Neuausrichtung der Industrie geregelt werden könnte. Es bedarf jedoch weiterer Forschung, um sicherzustellen, dass es bei der Umsetzung solcher Modelle nicht erneut zu sozialer Ausbeutung kommt.[52]

All diesen verschiedenen Regulierungsmodellen liegt die Überzeugung zugrunde, dass die derzeitige Situation untragbar geworden ist und wir einen breiteren und ehrgeizigeren Regulierungsrahmen gegen Datenkolonialismus benötigen. Unterdessen halten die Unternehmen hartnäckig an ihren Argumenten gegen eine solche Regulierung fest. Unter anderem bringen sie vor, die Folgen von Datentechnologien ließen sich kaum prognostizieren und damit auch nicht sinnvoll regulieren. Eigentlich sollte gerade dies Grund genug sein, mehr Regulierung zu fordern, nicht weniger. Panische Behauptungen aus dem privaten Sektor, dass jegliche Regulierung die Innovation abwürgt, sollten nicht ernst genommen werden. Und wenn Innovation zu Diskriminierung und Ausbeutung führt, wie dies beim Datenkolonialismus nachweislich der Fall ist, warum sollten wir als Bürger dies hinnehmen?

So schwierig es ist, wir müssen alle Möglichkeiten nutzen, auch innerhalb des Systems zu arbeiten. Hier sind unsere Vorschläge dazu.

Ideen für das Handeln innerhalb des Systems

- **Gründen Sie innerhalb Ihres Unternehmens eine Gruppe, die sich gegen ungerechte Datenpraktiken engagiert.** Wie wir gesehen haben, gibt es zunehmend Proteste von Arbeitnehmern gegen ethisch zweifelhafte oder ausbeuterische Nutzung ihrer Arbeit. Zwar birgt dies stets das Risiko von Disziplinarmaßnahmen oder gar Entlassung, doch in einigen Fällen wurden Arbeitnehmer aufgrund von öffentlichem Druck auch wieder eingestellt. Ein herausragendes Beispiel sind die Beschäftigten von Google, die den Ausstieg des Unternehmens aus dem für das Pentagon geplanten Projekt Maven erreichten.[53] Die meisten Konzerne achten auf ihr Image, zu den guten Kräften der Welt zu gehören, und sind daher empfänglich für Reaktionen der Öffentlichkeit.

- **Arbeiten Sie mit Ihrer Gemeinde zusammen, um einen gesellschaftlichen Wandel zu bewirken.** Aktivisten wissen aus Erfahrung, dass Kommunalverwaltungen zugänglicher für das Engagement einfacher Bürger sind als Regierungsbehörden.[54] Es kann also erfolgversprechender sein, ein Verbot der Gesichtserkennung oder der vorhersagenden Polizeiarbeit auf lokaler und nicht gleich auf gesamtstaatlicher Ebene anzustreben. Zudem verfügen Städte und Gemeinden, selbst die kleinsten, über nicht unerhebliche Kaufkraft. Eine Kommune dazu zu bringen, einen Vertrag mit einem fragwürdigen Anbieter abzulehnen, kann ein deutliches Signal setzen. So konnten Bürger von San Diego gemeinsam mit Vertretern im Stadtrat das Programm Smart Streetlights stoppen, mit dem Überwachungssensoren und Kameras in der gesamten Stadt eingeführt werden sollten.[55]
- **Arbeiten Sie mit anderen kommunalen Organisationen zusammen, um einen gesellschaftlichen Wandel zu bewirken.** Die oben beschriebenen Strategien lassen sich in allen Verwaltungsbereichen anwenden, nicht bloß auf Regierungsebene. Dazu gehören Universitätsgremien und Studentenversammlungen, Elternvertretungen, Kirchengemeinden und karitative Organisationen, Vereine und Beiräte jeder Art. Ein Ansatz könnte sein, mit solchen Einrichtungen zusammenzuarbeiten, damit sie bei ihren Investitionen Aspekte gesellschaftlicher Verantwortung stärker berücksichtigen (also weg von Technologieunternehmen, die in Extraktivismus und Datenmissbrauch verwickelt sind). Wie die Boykott-, Desinvestitions- und Sanktionsbewegung gezeigt hat, kann diese Strategie sehr effektiv sein.

- **Sensibilisierung durch Infokampagnen.** Eine gut informierte Öffentlichkeit ist die Grundlage für jede Veränderung innerhalb eines Systems. Alles, was Sie tun, um das, was Sie in diesem Buch oder durch eigene Erfahrung und Recherche gelernt haben, an andere weiterzugeben, kann helfen, bei anderen ein Bewusstsein für das Problem zu schaffen. Es gibt mehr Möglichkeiten als den traditionellen Leserbrief: Beiträge in den sozialen Medien, Podcasts, Lesezirkel, Kurse und Arbeitsgemeinschaften oder einfach Diskussionen mit Freunden und Familie. Mit dem System zu arbeiten, heißt letztlich, die Ressourcen des Systems *gegen* das System einzusetzen, wie es Widerstandsbewegungen seit jeher getan haben.
- **Wählen und unterstützen Sie Politiker mit den richtigen Zielen.** Viele Menschen wenden sich enttäuscht von der Politik ab, die die Gesellschaft eher zu spalten als zu einen scheint. Dennoch bleibt es wichtig, Politiker zum Zuhören und Handeln zu bewegen und von seinem Wahlrecht Gebrauch zu machen. Auch wenn der Erfolg nicht immer unmittelbar greifbar wird, manchmal hören Politiker doch zu, wie wir an zahlreichen Beispielen gesehen haben.
- **Unterstützen Sie progressive Besteuerung.** Tech-Unternehmen tragen zu wenig Steuerlast. Die von Amazon von 2018 bis 2021 entrichtete Körperschaftssteuer belief sich auf knapp ein Viertel des eigentlich üblichen Körperschaftssteuersatzes in den USA, obwohl die Gewinne des Konzerns während der Pandemie um 220 Prozent gestiegen waren.[56] Unternehmen, die von unseren Daten profitieren, sollten mehr Steuern zahlen. Erst in jüngster Zeit wurden Initiativen der Organisation für wirtschaftliche

Zusammenarbeit und Entwicklung (OECD) in diese Richtung von den USA und dem Silicon Valley blockiert, aber die Bemühungen hierzu laufen weiter.[57]

- **Unterstützen Sie die Umsetzung des 10-Punkte-Plans der Friedensnobelpreisträger Maria Ressa und Dmitry Muratov zur Bewältigung der Informationskrise.** Dieser Plan ruft demokratische Regierungen dazu auf, Gesetze zum Schutz der Privatsphäre ihrer Bürger zu verabschieden, die ungehinderte Arbeit von Journalisten zu garantieren, Werbung für Überwachung zu verbieten und die Lobbyarbeit von Konzernen einzuschränken.[58] Eine der Organisationen, die diesen Plan unterstützt, ist People vs. Big Tech (peoplevsbig.tech).
- **Fordern und unterstützen Sie Folgenabschätzungen für algorithmische Entscheidungssysteme.** Folgenabschätzungen dienen üblicherweise dazu, die wirtschaftlichen, ökologischen und gesellschaftlichen Auswirkungen der Projekte staatlicher und privater Akteure zu bestimmen. Warum sollte man dies nicht auch auf den Datenbereich ausdehnen? Evidenzbasierte Studien können der Öffentlichkeit klare Informationen über algorithmische Entscheidungssysteme und deren Einfluss auf ihr Leben geben. Sie können auch Behörden und Beratern helfen, das nötige Fachwissen zur Erkennung diskriminierender Systeme zu entwickeln. Anwendungsbereiche wären die Vergabe von Sozialleistungen, die vorhersagende Polizeiarbeit, Energiezuteilung, Arbeitsrecht und Zugang zu Bildung.[59] Es wäre wünschenswert, solche Überprüfungen beim Einsatz von Datentechnologien zum Normalfall zu machen. Ein Beispiel dafür, wie dies in der Praxis aussehen könnte, ist der vom Ada Lovelace Institute erstellte Benutzerleit-

faden für die Anwendung von Folgenabschätzungen algorithmischer Entscheidungssysteme im Gesundheitswesen.[60]

Leitlinie Nr. 2: Gegen das System arbeiten

Engagement innerhalb des Systems kann durchaus Früchte tragen und ist daher unverzichtbar für jeden Aktivisten, stellt für sich genommen jedoch eine nur begrenzt effektive Strategie dar.

Von den Verantwortlichen für unsere derzeitige Lage ist nur sehr wenig Veränderungsbereitschaft zu erwarten. Der Kolonialismus hat seit jeher mit der Privatwirtschaft und dem Staat gemeinsame Sache gemacht: Unternehmen wie die East India Company kümmerten sich um die Logistik und die Verwaltung, während Regierungen und früher auch die Kirche die juristischen und theologischen Rechtfertigungen lieferten. Diese Partnerschaft setzt sich bis heute fort. Zwar kommt es heute öfter vor, dass Regierungen auch einmal die Interessen der Bürger über die der Unternehmen stellen, trotzdem dürfen wir nicht aus den Augen verlieren, wie stark der Einfluss dieser kolonialen Partnerschaften weiterhin ist. Manchmal liegt dies ganz offen zutage, teilweise ist es auch schwer zu erkennen.

Mit anderen Worten: Arbeit innerhalb des Systems kann das Leben der Kolonisierten vielleicht etwas erleichtern, aber es ist nicht sehr wahrscheinlich, dass sie an den Verhältnissen grundsätzlich etwas zu ändern vermag. Dazu müssen wir erst neue politische Instrumente entwickeln, die den Prinzipien des Datenkolonialismus ein klares »Nein« entgegensetzen.

Diese Spannung zwischen der Arbeit innerhalb des Systems und gegen das System bringt uns zurück zur Frage der Souveränität. Können wir wirklich autonom werden, wenn wir immer noch von den Werkzeugen der Herrschenden abhängig sind? Erinnert sei an die berühmte Feststellung der Schwarzen amerikanischen Schriftstellerin Audre Lorde, dass die Werkzeuge der Herrschenden das Haus der Herrschenden niemals einreißen werden.[61]

Es genügt nicht, ein Unterdrückungssystem gegen ein anderes auszuwechseln, das uns auch keine Autonomie garantiert. Ist es besser, den Webbrowser Opera anstelle von Chrome zu verwenden, wenn Ersterer nun einem Konsortium aus China gehört und Letzterer Google? Ist es für die Menschen in Lateinamerika von Vorteil, die kolumbianische App Rappi anstelle der US-amerikanischen Apps DoorDash oder TaskRabbit zu nutzen, wenn alle diese Apps ähnliche Algorithmen zur Ausbeutung der Beschäftigten von Lieferdiensten verwenden? Wird die afrikanische Super-App Yassir die Probleme des Datenkolonialismus lösen, nur weil ihre Server in Afrika stehen?

Teilweise wurde das Konzept der alleinigen Souveränität des Staates über die Internetpolitik von politischen Parteien und Volksvertretern in Verfolgung ihrer politischen Zwecke übernommen, um neue Instrumente der Überwachung und Unterdrückung zu schaffen. So sieht beispielsweise der indische Entwurf für ein neues Telekommunikationsgesetz, welches das noch aus der Kolonialzeit stammende Telegraphengesetz ablösen soll, vor, Verschlüsselung für Apps wie WhatsApp, Telegram oder Signal zu verbieten. Damit halten sich die staatlichen Behörden die Hintertür zur Überwachung jeglicher privater Kommunikation offen. Darüber hinaus soll die Regierung auch die Befugnis haben, in Notstandssituationen den Internetverkehr komplett zu unterbinden.[62]

Kurz gesagt, es verbessert die Lage der Kolonisierten nicht, wenn sie bloß einen externen Kolonisator gegen einen internen austauschen.[63]

Wichtiger als die Frage, wer letztlich das System steuert, bleibt, wie es konkret eingesetzt wird. Die Werkzeuge der Herrschenden so umzufunktionieren, dass sie letztlich gegen das System arbeiten, erfordert, endlich »Nein« zu den zivilisatorischen Narrativen zu sagen, die uns einreden wollen, dass unkontrollierte Datenextraktion akzeptabel und normal ist. »Nein« zu sagen kann auf der individuellen Ebene funktionieren, wenn wir persönliche Entscheidungen darüber treffen, was wir akzeptieren oder ablehnen können, um unsere grundlegende Autonomie zu schützen.[64] Gelegentlich auch einmal »Nein« zu sagen bedeutet, dass wir kurzfristig keine andere realistische Möglichkeit haben, als auf individueller Ebene einige Aspekte des Datenkolonialismus zu akzeptieren, auch wenn wir dessen Prinzipien insgesamt ablehnen. »Nein« zu sagen bedeutet aber auch Offenheit für die Teilnahme an größeren gemeinschaftlichen Projekten, die langfristig darauf abzielen, das System zu untergraben.

Es fehlt nicht an Vorschlägen von IT-Berühmtheiten wie Tim Berners-Lee (dem Begründer des World Wide Web) oder Jaron Lanier (einem der Vordenker der virtuellen Realität), das Internet zu »retten«, etwa durch die Einführung von Plattformen, die den Menschen die freie Übertragung ihrer Daten ermöglichen, oder einer Bezahlung für die von ihnen produzierten Daten.[65] Diese Vorschläge werfen zwar wichtige Fragen auf, tendieren aber dazu, die vom Datenkolonialismus verursachten Schäden wiederum mit rein technologischen Lösungen zu bekämpfen, die am Extraktivismus grundsätzlich wenig ändern. Die Menschen für ihre Daten zu bezahlen, bindet sie samt diesen Daten nur effektiver in das System ein und schafft Anreize, noch mehr Daten zu generieren und diese noch hemmungsloser zwischen allen Plattformen zirkulieren zu lassen.

Andere schlagen die Einführung einer neuen Generation des World Wide Web vor, ein sogenanntes Web3, das die Macht von Big Tech brechen soll. Ohne in komplizierte technische Details einzusteigen: Das Web3 soll auf der Blockchain-Technologie beruhen, die auch Kryptowährungen wie Bitcoin zugrunde liegt, und das Internet neu strukturieren. Während Web1 das »Lese«-Web war (Nutzer konnten nur statische Inhalte lesen) und Web2 das »Lese-Schreib«-Web ist (Nutzer können Inhalte erstellen und ändern, aber die Plattformen dafür sind zu Monopolen geworden), wird Web3 das »Lese-Schreib-Privat«-Web sein, das es mit Verschlüsselung, Dezentralisierung und Technologien zur verteilten Entscheidungsfindung den Nutzern ermöglicht, ihre Identität und den Besitz an ihren Daten zu wahren, Zensur zu umgehen und direkt und ohne Zwischenhändler wie Banken und Konzerne in Produkte zu investieren. Es bleibt abzuwarten, ob dieses Modell auch in der Praxis und nicht bloß in der Theorie Monopole brechen und die Wirtschaft so umstrukturieren kann, dass sie endlich den Bedürfnissen des gewöhnlichen Nutzers dient. Doch selbst wenn dies gelingen sollte, werden sich die mit dem Extraktivismus verbundenen Probleme nicht in Luft auflösen. Schon jetzt ist das Web3 als Nährboden von Finanzspekulationen in die Kritik geraten (man denke an den NFT-Hype, in dem viele ein Vermögen verloren haben). Bemängelt wird auch, dass es sich nicht nur um eine teure und wenig praktikable, sondern noch dazu energiehungrige und damit umweltschädliche Technologie handelt, die mit ihrer prinzipiellen Anonymität Missbrauch und Hetze begünstigt.[66]

Diese »Lösungen« erinnern uns erneut daran, dass das Problem des Extraktivismus im Kern ein gesellschaftliches und politisches und nicht nur ein technologisches ist, weshalb auch unsere Lösungen gesellschaftlich und politisch sein müssen. Als Antwort darauf hat der amerikanische Tech-Autor und Journalist Ben Tarnoff vorgeschlagen, das Internet zu entprivatisieren, es also von privatem Eigentum in die öffentliche Hand zu überführen, wie es sich für eine Ressource von solcher Bedeutung für die Gesellschaft gehöre. Aus diesem Grund sind die Post, das Bildungswesen, der Verkehrssektor oder der Gesundheitsbereich in vielen Ländern als öffentliche Dienstleistungen organisiert. Tarnoff selbst sieht seine Ideen noch im Entwicklungsstadium, dennoch haben sie schon jetzt das Potenzial, unser Denken über das Internet zu verändern, und bieten damit einen viel besseren Ausgangspunkt für Lösungen als rein marktwirtschaftliche Überlegungen.[67] Eine Alternative, die bereits einige praktische Erfolge erzielt hat, bietet die von Trebor Scholz gegründete Plattform Cooperativism Consortium (platform.coop). Das Prinzip der Genossenschaft existiert bereits seit Jahrhunderten, doch Scholz' Plattform hat eine globale Bewegung angestoßen, in der sich alles um demokratische Regierungsführung, Mitgestaltung und offene Technologien dreht.[68] Anstatt Uber einfach neu zu erfinden oder auf technikzentrierte, durch Risikokapital finanzierte Lösungen zu setzen, die auf Aktionäre zugeschnitten sind, unterstützt Cooperativism Consortium die Gründung von Genossenschaften, die ihren Mitgliedern faire und gute Arbeitsbedingungen bieten. Ziel ist es, etwas aufzubauen, das im Großen und Ganzen die gleichen Dienste wie kommerzielle Plattformen bietet, aber eher auf genossenschaftlicher Basis und weniger auf einem extraktiven Geschäftsmodell beruht. Der Umbau von Plattformen, der die koloniale Ausbreitung von Big Tech eindämmen soll, knüpft hier an andere Bewegungen an, die auf eine Vergesellschaftung des Kapitalismus abzielen.[69]

Sämtliche oben genannten Vorschläge können trotz all ihrer Beschränkungen zur Lösung der anstehenden Probleme beitragen. Es sind also durchaus bereits Instrumente und Modelle zur Bekämpfung des Datenkolonialismus vorhanden. Es gilt nun, sie miteinander zu verknüpfen, was die Kooperation zwischen derzeit noch getrennt voneinander agierenden Akteuren verlangt. Wie kann eine Kultur des Widerstands gegen Datenkolonialismus entstehen, also die Einigung einer Vielzahl von Gruppen gelingen, die sich durch ihren Hintergrund und ihre Zielsetzung unterscheiden? Ein echter Durchbruch in diese Richtung würde die folgenden drei Schritte erfordern.[70]

Als Erstes müssten gemeinsame Prinzipien ausgemacht werden. Wir glauben, dass das Konzept des Datenkolonialismus auch deshalb so viele Menschen inspiriert, weil es uns eine gemeinsame Begrifflichkeit zum Verständnis der Probleme liefert. Diese Begrifflichkeit baut auf einer Geschichte auf, die alle Kolonisierten eint und zugleich schon Prinzipien für den Widerstand beinhaltet. Der zweite Schritt ist die Förderung von Solidarität, die konkrete gegenseitige Hilfe ermöglicht, was die Kosten des Widerstands gegen das System senkt. Solidarität mag wie eines jener hehren Konzepte klingen, von denen niemand genau weiß, wie man sie Wirklichkeit werden lassen kann. Fatalerweise verstehen es die Datenkolonisatoren sehr gut, einander in ihrem Bestreben beizustehen, alles beim Alten zu lassen, während sie allen anderen den Mut zum gemeinsamen Handeln nehmen, das allein zu Veränderungen führen kann. Von einem starken Gefühl der gemeinsamen Verantwortung getragene Solidarität kann uns helfen, unseren gemeinsamen Feind und unser gemeinsames Ziel zu benennen. Der letzte Schritt ist die Verbreitung von politischem, ökologischem und ökonomischem Wissen. Egal gegen welches System man ankämpft, ist diese Art von gesellschaftlichem Wissen besonders wichtig. Glücklicherweise ist Wissen darüber, wie man sich gegen den Datenkolonialismus wehren kann, bereits in der einen oder anderen Form vorhanden. Es äußert sich in der Empörung über einen Skandal wie Cambridge Analytica, auch wenn diese dann im Alltag der Datenextraktion rasch zu verpuffen scheint. Unser Ziel in diesem Buch ist es, das Unbehagen vieler einzelner Menschen am Datenkolonialismus in eine breitere und dauerhafte Bewegung zu verwandeln. Wir sollten anfangen, unser Wissen mit anderen zu teilen und uns nach praktischen Formen des Widerstands umschauen. Sobald wir aufhören, unser kritisches Unbehagen als individuelle Macke zu betrachten, können wir anfangen, es als Teil eines entstehenden gemeinsamen Wissens zu begreifen, eines kollektiven Bewusstseins, dass der Datenkolonialismus und seine Grundlage, der Extraktivismus, einfach nicht gut sind.

Was man gegen das System tun kann

- **Werden Sie sich über Ihre eigene Rolle im Datenkolonialismus klar.** Selbstkritik ist hilfreich, aber vielleicht noch wichtiger ist die Fähigkeit, Kritik von anderen anzunehmen. Werden Sie sich über Ihre eigene Rolle bei der Reproduktion von Machtmustern im täglichen Leben und innerhalb der Strukturen klar, in denen Sie leben. Gehören Sie zu jenen, die sich überall laut und dominant zu Wort melden, oder eher zu den Schweigenden? Es gilt, die Extreme zu vermeiden. Weder sollten wir uns der Erkenntnis verweigern, dass wir selbst Teil des Problems sind, noch uns durch sie lähmen lassen.

- **Machen Sie tendenziöse Ergebnisse algorithmischer Prozesse und Datentechnologien publik.** Wenn Sie für eine Organisation arbeiten, die algorithmische Entscheidungssysteme einsetzt, und Ihnen auffällt, dass diese Systeme tendenziöse oder unfaire Ergebnisse produzieren, sollten Sie sich mit anderen zusammentun und einen internen Bericht darüber schreiben, die Öffentlichkeit informieren oder die Medien einschalten, sofern dies in Ihrer Situation ein akzeptables Risiko darstellt. Oder unterstützen Sie die Arbeit von Organisationen, die bereits Untersuchungen in diesem Bereich durchführen, wie etwa AlgorithmWatch (Berlin und Zürich) oder The Markup (USA).[71] Sie können auch die wichtige Arbeit von Organisationen wie der Algorithmic Justice League (https://www.ajl.org) unterstützen, die von der Informatikerin Joy Buolamwini gegründet wurde und sich gegen algorithmische Verzerrungen beim Einsatz von KI engagiert.
- **Ändern Sie die Gesellschaft, indem Sie den Lehrplan ändern.** Schon Schüler und Schülerinnen können sich dafür einsetzen, dass ihre Schule die zukünftigen Absolventen besser darauf vorbereitet, kritisch über Technik nachzudenken. Auch Schüler können sich an der Gestaltung des Lehrplans beteiligen, um dieses Ziel zu erreichen! Was Schulen der nächsten Generation mitgeben, die neue Datentechnologien entwickeln oder über ihre Anwendung kritisch nachdenken wird, ist von entscheidendem Einfluss. Womöglich gibt es auch an Ihrer Schule bereits Lehrer, die ein solches Anliegen gerne unterstützen. Und über Bildungseinrichtungen hinaus sollten wir uns alle

gegen den »heimlichen Lehrplan« wenden, den Joseph Turow in der von den Konzernen zu Marketingzwecken geschaffenen Überwachungswelt ausgemacht hat.[72] Holen Sie sich *auf keinen Fall* Alexa ins Haus und lassen Sie vor allem nicht zu, dass Ihre Kinder denken, Alexa sei etwas, das wie selbstverständlich zum Leben gehört.

- **Unterstützen Sie Gig-Arbeiter (oder andere Arbeitnehmer), die für ihre Rechte und Gewerkschaftsvertretung kämpfen.** Die Gewerkschaftsbewegung erlebt derzeit, wie weiter oben beschrieben, eine Renaissance, und wir sollten alle Beschäftigten unterstützen, die sich gewerkschaftlich organisieren wollen und Reformen des Arbeitsrechts fordern. Informieren Sie sich über Gewerkschaftsaktivitäten (Wikipedia hat eine nützliche Seite, auf der die weltweiten Gewerkschaftsbemühungen im Technologiesektor aufgelistet sind)[73] und signalisieren Sie Ihre Unterstützung.
- **Helfen Sie, die Geschichten einzelner Opfer zu verbreiten und arbeiten Sie mit anderen zusammen, um benachteiligte und gefährdete Personen zu schützen.** Menschen sind aufgeschlossen für individuelle Geschichten, daher lässt sich das Wesen eines Problems wie des Datenkolonialismus sehr effektiv mit Hilfe der Erlebnisse von Betroffenen vermitteln (natürlich ohne deren Probleme dabei auszubeuten). Ein gutes Beispiel dafür liefert die Arbeit der Journalistin Karen Hao (von der in diesem Buch bereits die Rede war), das Projekt Parables of AI in / from the Majority World von Data & Society[74] und das Projekt Domestic Code, das Geschichten von Frauen aus der Reinigungs- und Pflegebranche sammelt, die ihre Jobs über Gig-Plattformen organisieren.[75] Am besten ist es,

solche Geschichten ohne Verwendung extraktivistischer sozialer Medien zu verbreiten. Doch wenn das Publikum, das man ansprechen möchte, nur über soziale Medien zu erreichen ist, sollte man nicht zögern, sie zu nutzen! Bisher hat noch jede Bewegung, die sich für Veränderungen eingesetzt hat, die Mittel genutzt, die ihr zur Verfügung standen, und wenn es die des Systems waren, das sie bekämpfte.

- **Unterstützen Sie Organisationen und Forschungsinstitute, die in diesen Bereichen arbeiten, mit praktischen Maßnahmen.** Es gibt inzwischen Hunderte von Organisationen auf der ganzen Welt, die sich mit Themen wie Online-Datenschutz, Verbraucherrechten, digitaler Gerechtigkeit, Technologie und Demokratie, Plattform-Kooperativismus, Internet-Governance und so weiter beschäftigen. Nicht wenige wurden im Text bereits genannt. Viele dieser Organisationen arbeiten innerhalb des Systems, andere nehmen eine eher oppositionelle Haltung ein. Eine informative Liste dieser Organisationen finden Sie unter consentofthenetworked.com/get-involved. Auch an Universitäten im Globalen Norden und Süden wird wichtige Forschungsarbeit zur Aufdeckung der Gefahren des Datenextraktivismus geleistet. Um nur drei Beispiele zu nennen: Observatório Educação Vigiada ist ein Projekt an der Universidade Federal do Pará, Brasilien, das Daten über die Plattformisierung des öffentlichen Bildungswesens in Südamerika sammelt.[76] Das Minderoo Centre for Technology and Democracy der Universität Cambridge hat ein Audit-Tool zur Überwachung der Einhaltung der geltenden Rechtslinien entwickelt und nachgewiesen, dass die britische Polizei beim Einsatz von Gesichtserkennung gegen rechtliche und ethische Standards verstoßen hat.[77]

Abschließend möchten wir die Forschungsarbeiten des Data Justice Lab der Universität Cardiff zur Datengerechtigkeit in Bereichen wie Strafverfolgung, Sozialsystemen, Arbeitsplatz und anderen erwähnen.[78] Diese Art von Forschung verdient jede Unterstützung und Förderung.

Leitlinie Nr. 3: Außerhalb des Systems arbeiten

Innerhalb des Systems zu arbeiten bedeutet, die Weltanschauung, die ein solches System möglich macht, notgedrungen, wenn auch nicht aus Überzeugung, zu akzeptieren – in der Hoffnung, von innen heraus Veränderungen bewirken zu können. Auch wer gegen ein System arbeitet, bleibt im Grunde zumindest unterschwellig an dessen Weltanschauung gebunden. Denn auch sich in völliger Gegnerschaft zu einer Sache zu definieren heißt letztlich immer noch, sich durch eben diese Sache zu definieren, wie Umberto Eco feststellte.[79]

Deshalb besteht die dritte Strategie zur Bekämpfung des Datenkolonialismus darin, nicht gegen den Datenkolonialismus oder innerhalb des Systems zu arbeiten, sondern eine gänzlich von ihm verschiedene Weltsicht zu erarbeiten, die nicht durch das bedingt oder eingeschränkt ist, was wir aufheben wollen. Hier ist vor allem Kreativität gefragt.

Kann unsere Vorstellungskraft sich jemals völlig von dem gesellschaftlichen Kontext befreien, in dem wir leben? Wahrscheinlich nicht. Aber die menschliche Vorstellungskraft kann in jedem Gesellschafts- oder Wirtschaftssystem Risse ausmachen, die es ermöglichen, dieses System »umzudenken«, darin Freiräume und Praktiken zu entdecken, die, wenn auch nur für kurze Zeit, andere Wege des Handelns und Denkens erlauben.[80]

Hier einige inspirierende Beispiele dafür, wie lokale Gemeinschaften solche Freiräume und Praktiken schaffen und dadurch alternative Modelle der Datensouveränität entwickeln. Von einigen dieser Projekte haben wir bereits durch unsere Mitstreiter vom Netzwerk Tierra Común Paola Ricaurte und Rafael Grohmann gehört (mehr zu Tierra Común in Kürze).[81] Eines davon ist das Journalisten-Kollektiv GeoComunes aus Mexiko, das kleinen Gemeinden hilft, mit kartographischen Daten Umweltzerstörung und Privatisierungsfolgen zu kartieren. In Brasilien ist InfoAmazonia tätig, eine unabhängige Medienorganisation, die Berichte aus den gefährdeten Regionen des Regenwalds mit Geolokalisierung konkretisiert. Weitere Beispiele sind von Feministinnen und trans* Personen organisierte Hacker-Kooperativen wie MariaLab in Brasilien, deren Ziel es ist, »Technologie in feministische Räume und Feminismus in technologische Räume zu bringen«, und das bereits erwähnte gemeinnützige Kollektiv Alternativa Laboral Trans aus Argentinien, das von trans* Personen gegründet wurde und sich im Bereich Web-Design und Bildung engagiert.[82] In Lateinamerika gibt es viele Organisationen, die sich mit Fragen der digitalen Rechte befassen, darunter Datysoc in Uruguay (datysoc.org), Hiperderecho in Peru (hiperderecho.org), InternetLab in Brasilien (internetlab.org.br/en), Karisma in Kolumbien (karisma.org.co), Openlab in Ecuador (openlab.ec) und Vía Libre in Argentinien (vialibre.org.ar). Beispiele für Organisationen, die die digitale Bildung fördern, sind Sulá Batsú in Costa Rica (sulabatsu.com) und die Digital Empowerment Foundation in Indien (defindia.org). Auf der ganzen Welt, auch in Afrika, Asien und Ozeanien leisten so viele Organisationen hervorragende Arbeit, dass wir sie leider nicht alle auflisten können. Wir möchten aber auf keinen Fall die wichtige Arbeit unerwähnt lassen, die Kollektive von Aktivisten und Künstlern wie Sursiendo in Mexiko (sursiendo.org) leisten, um eine nachhaltige Selbstverwaltung digitaler Gemeinschaften zu fördern, wobei sie sich an den ethischen Grundsätzen der Permakultur orientieren.

Gemeinsam ist den genannten Projekten die Kritik an den Normen des Datenkolonialismus, dem sie den Versuch entgegenstellen, Daten nach gemeinschaftlichen und nicht nach kommerziellen Grundsätzen zu sammeln, zu verarbeiten und zu analysieren. Es ist durchaus möglich, einen Freiraum zu schaffen, in dem wir unsere eigenen Werkzeuge und Modelle für die Neugestaltung der Konvivialität entwickeln können, um den Ausdruck von Illich aufzugreifen, und neu zu definieren, was es bedeutet, sich durch Daten mit anderen Menschen zu verbinden. Dies kann uns Ansatzpunkte für neue Denkweisen darüber liefern, was Daten sind und wozu sie dienen. So können wir schrittweise entdecken, was es bedeutet, ein tragfähiges antikoloniales System für den sozialen Umgang mit Daten zu Hause, am Arbeitsplatz, in der Schule und im öffentlichen Raum aufzubauen.

Dies bringt uns zur Arbeit des brasilianischen Pädagogen Paulo Freire, für den ein Befreiungskampf nicht nur den Unterdrückten, sondern auch den Unterdrückern ihre Menschlichkeit zurückgibt, die durch die Behandlung der Unterdrückten als Objekte – oder als bloße Daten – letztlich ebenfalls Entmenschlichung erfahren haben. Für Freire führte der Prozess der Erziehung und Bildung stets zu einem Akt der Neubenennung der Welt mit dem Ziel, sie aktiv zu ändern.[83] Eine substanzielle Kritik des Datenkolonialismus kann uns nicht nur dabei helfen, das datenextraktivistische System und seine zahlreichen Aspekte als das zu benennen, was es wirklich ist, sondern auch die Welt der Daten umzubenennen und neu zu erschaffen, so dass sie zu einer echten gesellschaftlichen Ressource wird. Den Datenkolonialismus mit solcher Entschiedenheit anzugehen, wird langfristig transformative Auswirkungen auf die Gesellschaft und den Kapitalismus im Allgemeinen haben.

Handeln außerhalb des Systems

- **Machen Sie sich die Kraft des kritischen Denkens zu eigen.** Als Autoren hören wir oft, die Botschaft des Datenkolonialismus sei zu deprimierend. Aber wir orientieren uns an der Losung des italienischen Philosophen und Kommunisten Antonio Gramsci, der in der Auseinandersetzung mit allen Problemen der Welt die Kombination eines »Pessimismus des Verstandes« mit einem »Optimismus des Willens« empfahl.[84] Wir lassen uns auch von der Figur der »feminist killjoy«, der »feministischen Spaßverderberin« inspirieren, die von der feministischen Autorin Sara Ahmed dazu eingeführt wurde, die allgemeine Behaglichkeit zu untergraben, indem sie unerbittlich auf existierende Ungerechtigkeiten aufmerksam macht.[85] Angesichts der Ungeheuerlichkeit von fünf Jahrhunderten kolonialer Unterdrückung sollten wir der Gefahr der Hoffnungslosigkeit mit der Kraft des individuellen Denkens, der kollektiven Phantasie und des kollektiven Handelns begegnen. Das ist der aussichtsreichste Weg zur Überwindung des gegenwärtigen Systems.
- **Unterstützen Sie einander dabei, im Alltag unabhängiger von datenhungrigen Plattformen zu werden.** Für die meisten von uns dürfte es kaum möglich sein, alle diese Plattformen von heute auf morgen zu verlassen oder un-

sere Familien und Freunde von diesem Schritt zu überzeugen. Aber wir können günstige Gelegenheiten dazu nutzen. So waren beispielsweise die Skandale, die Twitter nach der Übernahme durch Elon Musk erschütterten, für Hunderttausende Anlass, die Plattform zu verlassen und sich nach nicht extraktiven Alternativen wie Mastodon umzusehen. Leider ging die Zahl der Mitglieder von Mastodon nach kurzem Anstieg wieder zurück, was zeigt, wie schwierig es ist, Konzernplattformen zu ersetzen. Dennoch bietet Mastodon ein interessantes Beispiel dafür, dass Alternativen zu extraktivistischen Plattformen möglich sind, und Anlass zu weiterem Nachdenken darüber, wie soziale Ressourcen aufgebaut werden könnten, die eine andere Art von Netzwerk unterstützen.

- **Unterstützen Sie Initiativen, die sich für neue Wege der Datenerfassung, des Datenschutzes und der Datennutzung für gute Zwecke einsetzen.** Wie wir bereits erwähnt haben, bedeutet die Dekolonisierung von Daten nicht, generell auf Daten zu verzichten. Es soll möglich sein, die Daten zu generieren, die wir für eine bessere und besser verstandene Welt brauchen. Dazu verdienen die Organisationen und Projekte, die wir in diesem Buch vorstellen, allemal unsere Unterstützung. Wir alle haben das Recht, mitzuentscheiden, wie die Daten aus unserem Wohnviertel, unseren Schulen und unseren Krankenhäusern verwendet werden.[86] Wenn wir und nicht die Konzerne bestimmen, welche Daten wir benötigen, um eine neue Welt zu schaffen, definieren wir neue Prinzipien für die Produktion von sozialem Wissen, dessen Leitlinien sich an gesellschaftlichen und nicht an profitorientierten Werten ausrichten.

Wenn diese Aktionsvorschläge etwas abstrakter klingen als die vorigen, so hat das seinen Grund. Wir glauben nicht, dass es eine allgemeingültige Checkliste der »richtigen« Strategien zur Überwindung des Datenkolonialismus gibt. Jede Gemeinschaft muss sie nach ihren je eigenen Bedürfnissen und Überzeugungen im Hinblick auf das mit allen geteilte Ziel für sich definieren.

Wir möchten hier auch Tierra Común erwähnen, das Netzwerk, das wir zusammen mit Paola Ricaurte gegründet haben und das fast hundert hauptsächlich aus Lateinamerika stammende Menschen zusammengebracht hat, die in zahlreichen Initiativen, in der Wissenschaft und in der Pädagogik aktiv und initiativ an der Dekolonisierung von Daten arbeiten. Es ist nicht möglich, sie hier alle namentlich aufzulisten.[87] Ihre Bemühungen umfassen so unterschiedliche Bereiche wie dekoloniales Computing, indigene Datensouveränität und gemeinschaftliche und indigene Kommunikation. Tierra Común beschäftigt sich mit feministischer Technologie, geschlechtsspezifischer Gewalt im Internet, sammelt Daten über Femizide, algorithmische Diskriminierung, politische und ethische Folgen von Online-Medien und dem Machtgefälle von Datensätzen. Das Netzwerk befasst sich auch mit der Schnittstelle zwischen digitaler Technologie und lokaler Entwicklung sowie der Demokratisierung von Wissen. Einige der dort Aktiven konzentrieren sich auf Digitalarbeit und Arbeitsbedingungen in der Plattformökonomie oder die Plattformisierung der öffentlichen Bildung. Andere befassen sich mit Risiken und Cybersicherheit, nicht westlichen Perspektiven in der KI-Governance und menschenzentrierter KI. Es gibt interessante Arbeiten zu den Themen Jugend und Technologie, Medienkonsum in Lateinamerika, demokratische und künstlerische Ansätze bei der Programmierung und beim maschinellen Lernen sowie beim agilen, datengetriebenen Storytelling und dessen Visualisierung. Für manche liegt der Schwerpunkt auf Gerechtigkeit in der datengesteuerten öffentlichen Politikgestaltung, für andere auf Designgerechtigkeit, Konnektivität und digitale Rechte sowie der Geopolitik digitaler Rechte. Mehr Informationen finden sich unter tierracomun.net. Diese umfangreiche Liste zeigt, wie viel Arbeit geleistet wird, um den Datenkolonialismus von innerhalb wie von außerhalb des Systems zu bekämpfen.

Wir glauben, dass die Dekolonisierung, wenn sie auf den Bereich der Daten angewandt wird, zu einem einenden Narrativ werden kann, das uns dabei hilft, uns darüber klar zu werden und neu für uns zu definieren, was wir von Großtechnologien wollen und was nicht. Kurz gesagt, ein neues Narrativ darüber, wie wir unser kollektives menschliches Wissen auf nicht extraktive Weise mehren können.

Im Alltag, den Online-Plattformen für uns scheinbar einfacher machen und in dem wir mit unseren coolen neuen KI-Gadgets herumspielen, kann es scheinen, als gäbe es kaum einen triftigen Grund, etwas zu ändern. Man könnte sogar denken, was mit unseren Daten geschieht, könne nicht so dramatisch sein, wie das, was unserer Umwelt droht. Worum geht es also bei diesem Widerstand? Es geht darum, die Dinge ins richtige Verhältnis zu setzen: Die Klimakrise, zu der es zwar mit unserer Beteiligung, aber nicht unbedingt mit unserer informierten Zustimmung gekommen ist, bedroht unsere natürliche Umwelt. Die Krise des Datenkolonialismus, die ebenfalls unter unserer Beteiligung, aber keinesfalls mit unserer bewussten Zustimmung herbeigeführt wurde, konfrontiert uns nicht nur mit schmelzenden Gletschern und abgeholztem Regenwald (wobei auch der Datenkolonialismus selbst erhebliche Umweltschäden anrichtet), sondern mit einem verkümmerten sozialen Umfeld, in dem es nur noch um eines geht: die Gewinnung von Daten zur Erzielung von Profit. Das ist ein Problem, denn die Lösung der Umweltkrise – genau wie jeder anderen Krise – erfordert gesellschaftlichen Zusammenhalt. Solange unser soziales Umfeld von Staaten und Konzernen kontrolliert wird, besteht die Gefahr, dass es von ihnen entgegen unserer Interessen manipuliert wird – und das unterminiert die kollektive Politik, die wir so dringend benötigen.

Aus der Geschichte der Dekolonisierungsbemühungen lässt sich vor allem eine wichtige Lehre ziehen: Der erste Schritt zur Neudefinition unseres Daseins in der Welt muss von den Kolonisierten kommen, nicht von den Kolonisatoren. Die Kräfte hinter dem Datenkolonialismus wollen eine Welt, in der sie bestimmen können, wie wir uns zueinander verhalten, sie wollen uns auf allen Ebenen des Lebens ihre Bedingungen aufzwingen. Aber so muss es nicht sein.

Als Menschen haben wir die Fähigkeit, die Dinge zu benennen, anstatt sie uns von anderen benennen zu lassen. Benennen wir also die heutigen Systeme der Datenextraktion als das, was sie in Wirklich sind: die jüngste Stufe eines jahrhundertealten Projekts zur Beherrschung der Welt im Interesse einiger weniger. Und stellen wir uns eine andere Welt vor, in der Daten etwas sind, über das Gemeinschaften selbst die Kontrolle ausüben und das sie für ihre selbstgewählten Zwecke einsetzen.

FAZIT

UND WENN WIR KEINEN WIDERSTAND LEISTEN?

Was, wenn wir nichts tun? Was wäre, wenn die Ausführungen dieses Buches bloß als unterhaltsame Geschichte oder gar als irreführende Diffamierung der hehren Ziele von Big-Tech-Konzernen und ihren Plattformen aufgenommen würden? Genau das wollen uns die meisten mächtigen Konzerne und Staaten auf der ganzen Welt schließlich weismachen.

Wir können sicherlich nicht darauf hoffen, dass der Datenkolonialismus unter seinem eigenen Gewicht kollabiert, auch wenn manche Beobachter – ohne einleuchtende Begründung – den sozialen Medien und dem Überwachungskapitalismus ein solches Schicksal prophezeien. Denn der Datenkolonialismus reicht weit über diese Phänomene hinaus, wie wir zur Genüge gezeigt haben sollten. Er ist eine noch in ihrer Entstehungsphase begriffene gesellschaftliche Ordnung, die Milliarden von Menschen betrifft, eine Ordnung, die den kolonialistischen Raubzug, der den Kapitalismus begründete, auf eine höhere Stufe hebt. Einzelne können hier kaum noch etwas ausrichten.

Aber nehmen wir an, dass wir wirklich alle einfach nichts unternehmen. Was wären die langfristigen Konsequenzen? Sie werden nur allmählich zutage treten, verbirgt sich doch die Macht, die den Datenkolonialismus antreibt, unter einem Deckmantel bequemer Ausflüchte. So schleichend sich die Folgen entfalten würden, sie wären schon mittelfristig verheerend und irreversibel. Betrachten wir näher, weshalb.

Die Ausweitung der KI durch die immer forcierter betriebene Extraktion unserer Daten mag ihre komfortablen Seiten haben. Die Empfehlungsalgorithmen, die schon jetzt unseren Geschmack mit geradezu unheimlicher Zielsicherheit treffen, werden sicherlich noch ausgefeilter werden. Sie werden uns pausenlos immer mehr von allem vorsetzen, das wir konsumieren zu wollen glauben. Schließlich ist es das zwar niemals ausdrücklich erklärte, aber offensichtliche Ziel hinter der Entwicklung von KI-Chatbots, uns auf effektivere Weise Dinge zu verkaufen; damit wollen KI-Konzerne in Wahrheit ihr Geld verdienen.[1] Unsere Spielekonsolen und VR-Headsets werden uns in immer kompliziertere Interaktionen mit ihren Online-Welten locken, ob sie nun Metaverse heißen oder anders. Wenn wir irgendwelche Informationen suchen, wird sich das in Zukunft weniger wie ein Verwaltungsakt anfühlen (Suchmasken ausfüllen), sondern wie eine Plauderei mit unserem allwissenden KI-gesteuerten Freund, der uns besser zu kennen scheint als wir uns selbst. Und wenn wir dem Chefentwickler von OpenAI Glauben schenken wollen, wird auch die allgemeine künstliche Intelligenz (AGI) immer stärker in alltägliche Anwendungen integriert werden, während KI-Chatbots zu einer Art Plattform werden, auf der wir nach Informationen suchen, aber auch »Lebensmittel einkaufen und Restaurantplätze reservieren«[2]. Doch das sind nicht die einzigen Veränderungen, zu denen die Datafizierung des Alltags führt.

Immer mehr Bereiche des täglichen Lebens werden sich in undurchdringliche Räume verwandeln, die wir nicht verstehen und über die wir keine Kontrolle haben, die aber über unseren Zugang zu wichtigen Ressourcen des Lebens (Kredite, Bildung,

Gesundheitsversorgung, Sozialleistungen und Arbeitsplätze) entscheiden. Wenn Daten unvermeidlich diskriminieren, dann wird die Verflechtung von Daten und Algorithmen mit dem Netz der gesellschaftlichen Entscheidungsfindung ein von Einseitigkeiten durchzogenes System von noch nie dagewesener Macht hervorbringen.

Für das Management werden immer mehr Arbeitsbereiche *transparent*; es kann die Arbeitnehmer jederzeit beobachten, ihre Handlungen prognostizieren und ihre Emotionen steuern. Für die Arbeitnehmer hingegen wird alles immer *undurchsichtiger*, mit Managemententscheidungen, die zunehmend aus einer datengefütterten Blackbox zu kommen scheinen. Regierungen werden sich für die Bürger mehr und mehr wie abstrakte Schnittstellen algorithmischer Berechnungen anfühlen, undurchschaubare Maschinen, die die Bevölkerung beobachten, nach Belieben dirigieren und ihr Verhalten vorhersagen, ohne sie jemals persönlich nach ihrer Meinung zu »befragen«. Die Legitimität von Regierungen wird sich dadurch kaum erhöhen.[3] Und wir werden das unaufhaltsame Wachstum von Plattformen wie Amazon, Google und Tencent erleben, die mit ihren Ressourcen und ihrer globalen Reichweite mächtiger als Staaten werden, vor allem in Sachen Datenverarbeitung. Als rein private Unternehmen versuchen sie nicht einmal den Anschein zu erwecken, demokratischen Rechenschaftspflichten unterworfen zu sein.

Schlimmer noch: Da es immer mehr zum Normalfall wird, dass Unternehmen Datenextraktion in großem Stil betreiben – selbst Unternehmen, die weder eigene Plattformen noch Suchmaschinen unterhalten –, wird das Leben der Menschen immer stärker von kommerziellen Interessen durchdrungen, während ihre Möglichkeiten schwinden, irgendjemanden für die Folgen zur Rechenschaft zu ziehen. Ganze Sektoren wie Landwirtschaft, Bildung und Gesundheit, die bis vor einem Jahrzehnt noch weitgehend in den Händen von berufserfahrenen Praktikern lagen, werden aus der Ferne von datenhungrigen Konzernen und Plattformen gestaltet und verwaltet werden. Neue technologische Entwicklungen wie allgemeine künstliche Intelligenz (AGI) und das Metaverse, die derzeit nur in ihren Umrissen erkennbar sind, werden sämtliche in den vorangegangenen Kapiteln beschriebenen Probleme verschärfen, indem sie aus alltäglichen Interaktionen und vermeintlich harmlosem Spielvergnügen immer mehr Daten generieren. Selbst einem Kind, das heute noch ganz privat von seinen Eltern seine Gutenachtgeschichte erzählt bekommt, könnte in wenigen Jahren die Interaktion mit einem KI-gesteuerten Kuscheltier blühen. Schon verspricht ihm der Spielzeughersteller Allan Wong, Chef der in Hongkong ansässigen VTech Holdings, dass dieses Kuscheltier »weiß, auf welche Schule du gehst … [und] wer deine Freunde sind«.[4]

All dem liegt eine pausenlose Überwachung mehrerer Dimensionen unseres Lebens zugrunde – es sei denn, wir gehören zu den privilegierten Mitgliedern der Klasse der Datenkolonialisten. Mit der Zeit werden wir den Freiheitsverlust spüren, so wie Tracy aus Kapitel 1, die einst das Gefühl hatte, »nichts zu verbergen zu haben«, aber dann doch dahinterkam, wie die ständige Datensammelei ihre Entscheidungsmöglichkeiten einengte. Weniger frei werden wir uns auch dadurch fühlen, dass wir durch die Preisgabe intimster Informationen an externe Institutionen die Möglichkeit der Kontrolle über unser Selbstbild aufgeben, die wesentlicher Bestandteil der Freiheitsidee des Menschen ist.

Der Einsatz von KI und allmächtigen Superplattformen, wie

ihn die Kommunistische Partei Chinas vorantreibt, mag eine extreme Version dieses Wandels darstellen, er liegt aber im weltweiten Trend. Überall sind dieselben Technologien und extraktiven Verfahren im Einsatz, zu allem Überfluss mit schädlichen Folgen für die Umwelt.

Gemeinschaften, die schon im Verlauf der Geschichte des Kolonialismus Ausbeutung erfahren haben, werden den Freiheitsverlust in ihrem täglichen Leben früher und schmerzlicher zu spüren bekommen als andere. Sie werden ihn realisieren, wenn sie mit ablehnenden Bescheiden konfrontiert werden, angeblich auf rein rationaler Grundlage erstellt, in Wahrheit aber auf Daten beruhend, die über sie gesammelt und gegen sie verwendet werden, ohne ihnen eine Kontrollmöglichkeit in diesem Prozess einzuräumen. Sie werden es an den Ungerechtigkeiten spüren, die sie als solche zwar erkennen und mit denen sie rechnen, gegen die sich aber kaum etwas machen lässt. Auch viele Menschen, die sich unter den früheren Machtverhältnissen nicht benachteiligt fühlten, werden mit der neuen Diskriminierung der datengesteuerten Systeme konfrontiert werden, für die es anscheinend keine Verantwortlichen gibt.

Mit der Zeit werden alle außerhalb der neuen Kolonialistenklasse der rastlosen Datensammler zu spüren bekommen, dass etwas Wichtiges und Grundsätzliches verlorengegangen ist. Allerdings wird unsere Gesellschaft sich bis dahin so radikal verändert haben, dass wir uns kaum noch daran erinnern können, wie sich ein Leben ohne Datenextraktion überhaupt angefühlt hat. Was wird verlorengegangen sein? Die Autonomie: das Recht jedes Einzelnen, frei von äußerer Überwachung und Einflussnahme zu existieren, das Recht, in einer Welt zu leben, in der wir nur wir selbst sind, unabhängig von irgendwelchen Beziehungen zu Konzernen.

Autonomie kann man sehr verschieden verstehen, ausgesprochen individualistisch, oder, wie wir es bevorzugen, als etwas, das aus gegenseitigem Respekt und dem Austausch innerhalb menschlicher Gemeinschaften erwächst.[5] Aber wie auch immer wir diesen Begriff verstehen, der Schutz des innersten Kerns der Persönlichkeit ist untrennbar mit der Idee der Freiheit verbunden. Ihr Verlust könnte sich als unumkehrbar erweisen. Es lohnt sich, daran zu erinnern, was ein Philosoph einmal als »die unseligste aller Unfreiheiten« bezeichnet hat:

> Den Verlust der Fähigkeit, uns überhaupt noch vorzustellen, wie es wäre, die Freiheit zu besitzen, die uns fehlt, und daher selbst das Streben nach Freiheit als etwas Böses und Gefährliches abzutun.[6]

War es vielleicht das, was Mark Zuckerberg im Sinn hatte, als er sagte, die Privatsphäre gehöre der Vergangenheit an? War es das, was der ehemalige CEO von Google, Eric Schmidt, meinte, als er einmal zum Thema Privatsphäre bemerkte, wenn man nicht wolle, dass andere bestimmte Dinge über einen erführen, solle man sie am besten gar nicht erst tun. Sie dachten nur an die potenziellen Kosten für Einzelne, Kosten, die sie für akzeptabel hielten (freilich nur für uns, nicht für sich selbst). Aber der wahre Verlust betrifft uns alle miteinander – der Verlust der Freiheit als Horizont des menschlichen Daseins. Denn wenn die Forschungsarbeiten an Maschinen, die menschliche Gehirne zu »lesen« lernen, in großem Maßstab zu realen Ergebnissen führen, wird es zweifelhaft, ob es überhaupt noch eine körperliche Grundlage für so etwas wie Privatsphäre Bestand geben kann.[7] Unsere Gehirne befinden sich dann womöglich permanent in Reichweite von gedankenlesenden Maschinen.

Wird diese umwälzende Machtverschiebung überall auf der Welt gleich aussehen und sich gleich anfühlen? Aller Wahrscheinlichkeit nach nicht. Wie wir gezeigt haben, überlagert der Fußabdruck des neuen Datenkolonialismus die 500 Jahre alte Karte des historischen Kolonialismus mit ihrem extrem ungleich verteilten wirtschaftlichen und politischen Erbe. Diese Ungleichheit wird sich nicht nur auf der Ebene von Individuen und Gemeinschaften, sondern auch auf der Ebene ganzer Staaten auswirken. An der überwältigenden Konzentration der dominierenden digitalen Plattformen aus den USA und China (den beiden tragenden Säulen des Datenkolonialismus) wird sich nichts ändern, solange andere Regierungen und Völker nicht entschieden dagegen protestieren. Doch gerade die durch immer mehr Daten wachsende Konzentration von Unternehmens- und Staatsmacht erschwert es anderen Regierungen, wirksam Einfluss auf die Regulierung dieser Plattformen zu nehmen oder konkurrierende lokale Plattformen zu unterstützen. So kann sich das Machtspiel des Datenkolonialismus nur fortsetzen.

Um zu verhindern, dass diese Zukunft Realität wird, brauchen wir lokale Alternativen, einige vielleicht auch unter der Führung mutiger Regierungen, gewiss viele durch die Initiative unterschiedlichster Gemeinschaften, die eine radikal andere Zukunft wollen. Dies ist die einzige Chance, bessere Plattformen zu schaffen, deren Datenerfassung von gesellschaftlichen und nicht rein kommerziellen Zielen geleitet wird.

Wenn wir die Kraft haben, diese Alternativen aufzubauen (und Kapitel 6 hat dazu viele Ansatzpunkte geliefert), müssen wir aus den Erfahrungen der Kolonialgeschichte lernen: Ein kolonialistischer Raubzug kann die Bedingungen der Geschichte grundlegend verändern. Das bedeutet, dass man ihm auch grundlegend *Widerstand* entgegensetzen muss. Anders als die Opfer des historischen Kolonialismus werden wir nicht sagen können: »Wir haben es nicht gewusst.« Wir kennen die Geschichte des Kolonialismus, und dieses Buch, so hoffen wir, konnte sie und die Geschichte derer, die sich bis heute gegen ihn wehren, ins Gedächtnis rufen.

Der Weg des Widerstands wird lang und hart sein, aber dieses Buch stellt die dafür benötigten Werkzeuge bereit. Es ist eine Reise, bei der viel auf dem Spiel steht. Vor allem geht es darum, eine gerechtere Verteilung der Ressourcen der Welt zu erreichen, auch der Ressource, die wir Daten nennen. Es bedarf einer ebenso gewaltigen wie phantasievollen kollektiven Anstrengung, den neuen Ungerechtigkeiten des Datenkolonialismus die Stirn zu bieten. Wir sind jedoch zuversichtlich, dass dieser Kraftakt einen Beitrag auch zu der noch viel weiteren Reise leisten kann, deren Ziel darin besteht, den Kolonialismus in seiner Gänze zu bekämpfen und ihn letztendlich aus der Welt zu schaffen.

Dank

Dieses Buch entstand von Juni 2022 bis Mitte Juni 2023 in einem ungewöhnlich intensiven Arbeitsprozess. Es stützt sich auf unsere vorherige Publikation, *The Costs of Connection: How Data is Colonizing Human Life and Appropriating it for Capitalism* (2019, Stanford University Press), rollt deren Gedankengänge aber komplett neu auf. Sie haben sich inzwischen stark weiterentwickelt – nicht nur dank zahlreicher Artikel, die auf dieses Werk Bezug nehmen, sondern auch durch viele Diskussionen anlässlich von fast einhundert (teilweise virtuell organisierten) Lesungen, die wir seit Ende 2018 in Afrika, Asien, Europa, Amerika und Australasien veranstalten konnten.

Ein großes Dankeschön an Nabil Echchaibi und Paola Ricaurte, die freundlicherweise einzelne Kapitel gelesen haben, und an Isobel Edwards und Louise Edwards, die das gesamte Manuskript in seiner ersten Fassung durchgesehen und sehr nützliche Kommentare beigesteuert haben. Nicht minder zu Dank verpflichtet sind wir Miriyam Aouragh, Benedetta Brevini, Lilly Irani, Ilona Kickbusch, Sebastian Lehuedé und Ella McPherson, die uns in einzelnen Punkten beraten haben. Ein besonderer Dank gilt Nicks wissenschaftlicher Hilfskraft Louise Marie Hurel von der London School of Economics and Political Science für ihre kompetente und flotte Recherche – ohne sie hätten wir es nicht geschafft.

Enorm profitiert haben wir auch von der Begeisterung, Ermutigung und dem Feedback von Jamie Joseph, unserem Lektor bei WH Allen, und den fachkundigen Kommentaren zu verschiedenen Stadien des Manuskripts, die Amanda Waters, ebenfalls von WH Allen, und Joe Calamia von Chicago University Press (unserem US-Verlag, der uns immer unterstützt hat) beigesteuert haben. Nicht minder gilt unser Dank Ross Jamieson, Ian Allen und Ben Murphy für ihre Hilfe bei der Redaktion, Korrektur und der Index-Erstellung.

Nick ist es ein persönliches Anliegen, sich bei den Studenten seines Seminars »Media, Data and Social Order« von der London School of Economics für ihre guten Ideen und ihre hilfreiche Kritik zu bedanken. Sein besonderer Dank gilt Louise Edwards für all die Liebe, Unterstützung und den Glauben an das Projekt, die sie uns während dieser für uns beide extrem fordernden und stressigen Lebensphase entgegengebracht hat. Ulises dankt auch seinen Freunden und seiner Familie, die ihn während der Schlussphase des Schreibprozesses tatkräftig unterstützt und für willkommene Ablenkung gesorgt haben: Lisa Dundon, Zillah Eisenstein, Jenny Rosenberg, Winfried und Sybille Thaa sowie Demir und Lale Barlas. Vor allem möchte er Asma Barlas dafür danken, dass sie ihm eine liebevolle, fürsorgliche und kritische Beziehung geboten hat, in der sich seine Ideen entwickeln konnten – ein Zuhause für sein Herz, seinen Geist und seine Seele.

Schließlich möchten wir die internationale Gemeinschaft von Tierra Común erwähnen, die wir zusammen mit unserer lieben Freundin Paola Ricaurte gegründet haben und die wir seit Juni 2020 heranwachsen sehen. Es ist eine große Freude zu erleben, wie dieses Netzwerk von Denkern und Aktivisten mit Schwung den Kampf gegen den Datenkolonialismus aufgenommen hat. Unsere virtuellen und nun glücklicherweise wieder persönlichen Treffen waren stets eine Inspirationsquelle. Daher soll dieses Buch den Mitgliedern von Tierra Común gewidmet sein.

Zuletzt ein Hinweis zur Autorennennung: Unsere fruchtbare Zusammenarbeit beruhte von Anfang an auf partnerschaftlich eingebrachten, gleichwertigen Beiträgen. Damit dies deutlicher wird, würden wir es bevorzugen, wenn die Autorennamen im Wechsel und nicht immer in alphabetischer Reihenfolge angeführt würden.

Anmerkungen

Einleitung: Vom Landraub zum Datenraub

1 Siehe Neil Parsons, »The ›Victorian Internet‹ Reaches Halfway to Cairo: Cape Tanganyika Telegraphs 1873–1926«, in: M. de Bruijn u. R. Van Dijck (Hg.), *The Social Life of Connectivity in Africa* (Springer, 2012), S. 95–121; Paul Mosley, *The Settler Economies: Studies in the Economic History of Kenya and Southern Rhodesia 1900–1963* (Cambridge University Press, 2009), S. 24.

2 Leften S. Stavrianos, *Global Rift: The Third World Comes of Age* (William Morrow and Company, Inc., 1981), S. 263 f.

3 Zahlen von Plattformnutzern, Stand Januar 2023: https://www.statista.com/statistics/272014/global-social-networks-ranked-by-number-of-users/; Bevölkerungszahlen laut https://www.worldometers.info/world-population/.

4 Yahoo, »GSPC Trending Tickers«, *Yahoo Finance* (n. d.) https://uk.finance.yahoo.com/quote/.

5 Bob Pisani, »Apple versus the world: The iPhone maker is bigger than almost any stock market in the world«, *CNBC* (10. Mai 2023), https://www.cnbc.com/2023/05/10/apple-vs-the-world-apples-bigger-than-entire-overseasstock-markets-.html.

6 Anna Gross, Alexandra Heal, Chris Campbell, Dan Clark, Ian Bott u. Irene de la Torre Arenas, »How the US is pushing China out of the internet's plumbing«, *Financial Times* (13. Juni 2013), https://ig.ft.com/subseacables/.

7 Wir haben das Konzept des Datenkolonialismus in einem Buch mit dem Titel *The Costs of Connection* (Stanford University Press, 2019) entwickelt, in dem sich viele weitere Details zu unseren Ideen finden. Aber wir sind nicht die Ersten, die die Begriffe »Datenraub« oder »Datenkolonialismus«

verwenden. Soweit wir wissen, hat Dr. Neil Bhatia, ein Arzt aus dem britischen Hampshire, den Begriff »Datenraub« in den öffentlichen Diskurs eingeführt. Er bezog sich dabei auf massive Bemühungen, Daten im Gesundheitssystem des Vereinigten Königreichs, dem National Health Service, zu zentralisieren, was zu einer Kontroverse führte: Laura Clark, »›Biggest data grab‹ in NHS history does GP records stuffs in a central store for ›research‹ – and the time to opt out is now«, *The Register* (13. Mai 2021), https://www.theregister.com/2021/05/13/nhs_data_grab/; »The Guardian view on medical records: NHS data grab needs explaining«, *Guardian* (30. Mai 2021), https://www.theguardian.com/commentisfree/2021/may/30/the-guardian-view-on-medical-records-nhs-data-grab-needs-explaining. Zu den Ersten, die den Begriff im wissenschaftlichen Kontext verwendeten, gehört Alistair Fraser, »Land Grab, Data Grab: Precision Agriculture and its New Horizons«, *Journal of Peasant Studies* 46/5 (2019), S. 893–912. Vorwegnahmen und Parallelen unserer Verwendung des Begriffs »Datenkolonialismus« bei Paul Dourish und Scott D. Mainwaring, »Ubicomp's Colonial Impulse«, *UbiComp ›12 Proceedings of the 2012 ACM Conference on Ubiquitous Computing* (2012), S. 133–142; Jim Thatcher et al., »Data colonialism through accumulation by dispossession«, *Environment and Planning D: Society and Space* 34/6 (2016), S. 990–1006; Renata Avila, »Digital Sovereignty or Digital Colonialism?«, *SUR* 27 (2018); Antonio Casilli, »Digital Labor Studies Go Global: Towards a Digital Decolonial Turn«, *International Journal of Communication* 11 (2017), S. 3934–3954; Julie Cohen, »The Biopolitical Public Domain« (2017), https://papers.ssrn.com/sol3/papers.cfm?abstract_id=2666570, S. 10–14; Engin Isin u. Evelyn Ruppert, »Data's empire: postcolonial digital politics« in: Didier Bigo et al. (Hg.), *Data Politics: Worlds, Subjects, Rights* (Routledge, 2019), S. 207–228.

8 Stavrianos, *Global Rift*, S. 154.

9 »Zu den Gebieten unter europäischer Kontrolle werden hier Europa selbst, die ehemaligen Kolonien in Amerika und das Russische Reich gezählt, nicht aber die außereuropäischen Teile des Osmanischen Reichs.« Philip T. Hoffman, *Why Did Europe Conquer the World?* (Princeton University Press, 2015), S. 2.

10 Amerika: David Michael Smith, »Counting the Dead: Estimating the Loss of Life in the Indigenous Holocaust, 1492-Present« (Southeastern Oklahoma State University, 2018), S. 13. Indien: Dylan Sullivan u. Jason Hickel, »How British Colonialism Killed 100 Million Indians in 40 Years«, *Al-Jazeera* (2. Dezember 2022), https://www.aljazeera.com/opinions/2022/12/2/how-british-colonialpolicy-killed-100-million-indians. Skla-

venhandel: Stavrianos, *Global Rift*, S. 109. Algerien: Paul Balta, »Ombres et lumières de la révolution algérienne«, *LeMonde Diplomatique* (1. November 1982), https://www.mondediplomatique.fr/1982/11/BALTA/37021. Indonesien: Emmanuel Kreike, »Genocide in the Kampongs? Dutch nineteenth century colonial war-fare in Aceh, Sumatra«, *Journal of Genocide Research* 14:3–4 (2012), S. 297–315.

11 Stavrianos, *Global Rift*, S. 156.

12 Klas Rönnbäck, »Sweet Business: Quantifying the Value Added in the British Colonial Sugar Trade in the 18th Century«, *Revista de Historia Económica* 32:2 (2014), S. 223–245.

13 Sven Beckert, *Empire of Cotton* (Viking, 2015), S. 328–333.

14 Stavrianos, *Global Rift*, S. 86.

15 Alex Hern, »›What should the limits be?‹ The father of ChatGPT on whether AI will save humanity – or destroy it«, *Guardian* (7. Juni 2023), https://www.theguardian.com/technology/2023/jun/07/what-should-the-limits-be-the-father-of-chatgpt-on-whether-ai-will-save-humanity-or-destroy-it.

16 Elizabeth Yale, »The deep-seated racism of science«, *Quartz* (11. März 2016), https://qz.com/637284/the-deep-rooted-racism-of-science.

17 Srinivasa Rao u. John Lourdusamy, »Colonialism and the Development of Electricity: The Case of Madras Presidency, 1900–47«, *Science, Technology & Society* 15:1 (2010), S. 27–54.

18 Achille Mbembe, *Out of the Dark Night* (Columbia University Press, 2021), S. 228.

19 Google Servicebedingungen, Punkt 11.1, 16. April 2007, https://policies.google.com/terms/archive/20070416?hl=de.

20 Google Privacy and Terms, Abschnitt »Research and development« (1. Juli 2023), https://policies.google.com/privacy.

21 Spanisches Requerimiento von 1513, Wikipedia (zuletzt geändert am 23. Juni 2023), https://de.wikipedia.org/wiki/Requerimiento [Zugriff am 12. 9. 2023].

22 Lewis Hanke, *La humanidad es una* (Fondo de Cultura Económica, Mexiko-Stadt, 1985), S. 70.

23 »Introducing Lasso Blueprint«, *Lasso* (2. Februar 2022), https://www.lassoplatform.io/post/lasso-blueprint-self-service-audience-builder-for-healthcare (Hervorhebung durch die Autoren).

24 »Google's MusicLM is Astoundingly Good at Making AI-Generated Music, But They're Not Releasing it Due to Copyright Concerns«, *AI-NewsBase* (n. d.), https://ainewsbase.com/google-musiclm-copyright-issues-not-releasing.

25 James Bridle, »The stupidity of AI«, *Guardian* (16. März 2023), https://www.theguardian.com/technology/2023/mar/16/the-stupidity-of-aiartificial-intelligence-dall-e-chatgpt.
26 Kyle Wiggers, »Google makes its text-to-music AI public«, *TechCrunch* (10. Mai 2023), https://techcrunch.com/2023/05/10/googlemakes-its-text-to-music-ai-public/.
27 Naomi Klein, »AI machines aren't ›hallucinating‹. But their makers are«, *Guardian* (8. Mai 2023), https://www.theguardian.com/commentisfree/2023/may/08/ai-machines-hallucinating-naomi-klein.
28 Toussaint Nothias, »Access granted: Facebook's free basics in Africa«, *Media, Culture & Society* 42:3, S. 329–348. https://doi.org/10.1177/0163443719890530.

Kapitel 1: Eine neue Form des Kolonialismus

1 Christiano Lima, »Google is failing its post-Roe promise to protect abortion privacy«, *Washington Post* (24. Mai 2023), https://www.washingtonpost.com/politics/2023/05/24/google-is-failing-uphold-post-roe-privacy-pledgedemocrats-say/.
2 »Colonialism«, Wikipedia (zuletzt geändert am 20. Januar 2023), https://en.wikipedia.org/wiki/clonialism [Zugriff am 2. Februar 2023].
3 »Capitalism«, Wikipedia (zuletzt geändert am 10. Januar 2023), https://en.wikipedia.org/wiki/Kapitalismus [Zugriff am 2. Februar 2023].
4 Weiteres zu den in diesem und dem vorhergehenden Absatz genannten Fakten: »Richard Pennant«, Wikipedia (zuletzt geändert am 2. Januar 2023), https://en.wikipedia.org/wiki/Richard_Pennant,_1st_Baron_Penrhyn [Zugriff am 2. Februar 2023]; zu Sir John Pender s.: PK Porthcurno, *Changing Places – Porthcurno and the roots of modern communication* (Porthcurno Museum, n. d.), S. 8 f.; J. M. Blaut, »Colonialism and the Rise of Capitalism«, *Science & Society* 53:3 (1989), S. 260–296; Robert P. Rogers, »The Impact of Colonization on Home Country Wealth«, *West Palm Beach* 19:4 (2019), S. 60–76; zum Vergleich mit China, das kein Kolonialreich hatte, s.: Kenneth Pomeranz, *The Great Divergence: China, Europe, and the Making of the Modern World Economy* (Princeton University Press, 2000).
5 MEW 23, Kapital I, S. 447.
6 Wir stützen uns hier auf Edward E. Baptist, *The Half Has Never Been Told: Slavery and the Making of American Capitalism* (Basic Books, 2016); Sven Beckert, *Empire of Cotton: A New History of Global Capitalism* (Penguin

Books, 2015); Sidney W. Mintz, *Sweetness and Power: The Place of Sugar in Modern History* (Penguin Books, 1985); Thomas Piketty u. Gabriel Zucman, »Capital is Back: Wealth-Income Ratios in Rich Countries 1700–2010«, *Quarterly Review of Economics* 129:3 (2014), S. 1303; Joshua D. Rothman, *The Ledger and the Chain* (Basic Books, 2021). Eine gute Zusammenfassung dieser Themen: Matthew Desmond, »In order to understand the brutality of American capitalism, you have to start with the plantation«, *New York Times* (18. August 2019).

7 A. Smith, »Spatial Division of Labor«, in: Rob Kitchin u. Nigel Thrift (Hg.), *International Encyclopedia of Human Geography* (Elsevier Science, 2009), S. 348–354.

8 Eine aktuelle Sicht auf diese umfangreiche Debatte: Mirca Madianou, »Technocolonialism: Digital Innovation and Data Practices in the Humanitarian Response to Refugee Crises«, *Social Media & Society* 5/3 (2019), https://doi.org/10.1177/2056305119863146.

9 In Anerkennung dieser Tatsache haben einige marxistische Theoretiker den Marx'schen Begriff für den Kernprozess des Kolonialismus, die »primitive Akkumulation«, als »Akkumulation durch Enteignung« neu gefasst, die im gesamten Kapitalismus fortbestehe: David Harvey, »The ›New Imperialism‹: Accumulation by dispossession«, *Socialist Register* 40 (2004), S. 63–87. Wir analysieren die zugrunde liegenden Fakten ähnlich, aber warum zieht der Autor dann nicht die offensichtliche Schlussfolgerung, dass der Kapitalismus stets zum Teil *kolonialistische* Mittel verwendet?

10 Siehe zum Beispiel die Theorien des digitalen Kapitalismus: Dan Schiller, *Digital Depression: Information Technology and Economic Crisis* (University of Illinois Press, 2014); Plattformkapitalismus: Nick Srnicek, *Platform Capitalism* (Wiley, 2016); Datenkapitalismus: Viktor Mayer-Schonberger u. Thomas Ramge, *Reinventing Capitalism in the Age of Big Data* (John Murray, 2018); Informationskapitalismus: Julie Cohen, *Between Truth and Power: The Legal Constructions of Informational Capitalism* (Oxford University Press, 2019); Überwachungskapitalismus: Shoshana Zuboff, *Das Zeitalter des Überwachungskapitalismus* (Campus, 2018).

11 Zuboff, *Überwachungskapitalismus.*

12 Achille Mbembe, *Kritik der schwarzen Vernunft* (Suhrkamp, 2017).

13 Wir fassen hier Rationalisierungsbemühungen zusammen, die sich über Jahrzehnte und Jahrhunderte während der ersten historischen Phase des Kolonialismus entwickelt haben. Quelle: Anthony Pagden, *Lords of All the World: Ideologies of Empire in Spain, Britain, and France* c. 1500–c. 1800 (Yale Books, 1998). Mehr dazu in Kapitel 3.

14 Partha Chatterjee, *The Black Hole of Empire: History of a Global Practice of Power* (Princeton University Press, 2012), S. 47, 52, 146, 162.

15 Stavrianos, Global Rift, S. 156.

16 Pierre Bourdieu, *Langage et pouvoir symbolique* (Fayard, 2001); in jüngerer Zeit: Anna Lauren Hoffmann, »Terms of Inclusion: Data, discourse, violence«, *New Media and Society* 23:12 (2021), S. 3539–3556.

17 Keith Breckenridge, *Biometric State: The Global Politics of Identification and Surveillance in South Africa, 1850 to the Present* (Cambridge University Press, 2014).

18 Oscar Gandy Jr, *The Panoptic Sort: A Political Economy of Personal Information* (Oxford University Press, 2021); Wendy Hui Kyong Chun, *Discriminating Data: Correlation, Neighborhoods, and the New Politics of Recognition* (MIT Press, 2021).

19 Virginia Eubanks, *Automating Inequality: How High-Tech Tools Profile, Police, and Punish the Poor* (St. Martin's Press, 2018); Mary Madden et al., »Privacy, Poverty and Big Data: A Matrix of Vulnerabilities for Poor Americans«, *Washington University Law Review* 95:1 (2017), S. 53–125; Julia Ticona, *Left to Our Own Devices: Coping with Insecure Work in a Digital Age* (Oxford University Press, 2022); Seeta Peña Gangadharan, »Digital Inclusion and Racial Profiling«, *First Monday* 17:5 (2012).

20 Karen Hao, »The Facebook whistleblower says its algorithms are dangerous. Here's why«, *MIT Technology Review* (5. Oktober 2021), https://www.technologyreview.com/2021/10/05/1036519/facebookwhistleblower-frances-haugen-algorithms/.

21 Dahaba Ali Hussen, »›Dystopian‹ surveillance disproportionately targets young, female and minority workers«, *Guardian* (26. März 2023), https://www.theguardian.com/global-development/2023/mar/26/dystopiansurveillance-disproportionately-targets-young-female-minority-workers-ipprreport.

22 Sheelah Kolhatkar, »The Fight to Hold Pornhub Accountable«, *New Yorker* (13. Juni 2020), https://www.newyorker.com/magazine/2022/06/20/the-fight-tohold-pornhub-accountable.

23 G. Macías, »The Streets Are Ours: The Violence of Surveillance Against Women in Public Space«, in: A. Argüelles (Hg.), *Digital Violence in Mexico: The State vs Civil Society* (Comun.al, 2022), S. 63–88.

24 Digital Health and Rights Project Consortium, »Digital health and human rights of young adults in Ghana, Kenya, and Vietnam: Final project report«, *Geneva Graduate Institute* (2022), https://www.graduateinstitute.ch/library/publications-institute/digital-healthand-human-rights-young-adults-ghana-kenya-and-vietnam.

25 Gina Neff, »The Internet is at Risk of Driving Women Away«, *Wired* (19. Dezember 2022), https://www.wired.com/story/online-harassment-womeninternet/?s=03.
26 Dhanaraj Thakur u. DeVan Hankerson Madrigal, »An Unrepresentative Democracy: How Disinformation and Online Abuse Hinder Women of Color Political Candidates in the United States«, *Center for Democracy and Technology* (27. Oktober 2022), https://cdt.org/insights/an-unrepresentativedemocracy-how-disinformation-and-online-abuse-hinder-women-of-colorpolitical-candidates-in-the-united-states/.
27 Ayana Archie, »Two women who allege they were stalked and harassed using AirTags are suing Apple«, *NPR* (7. Dezember 2022), https://www.npr.org/2022/12/07/1141176120/apple-airtag-harassmentstalker-lawsuit.
28 Hoffmann, a. a. O.
29 Catherine D'Ignazio u. Lauren F. Klein, *Data Feminism* (The MIT Press, 2020), S. 8–9.
30 Heather Vogell, »Rent Going Up? One Company's Algorithm Could Be Why«, *ProPublica* (15. Oktober 2022), https://www.propublica.org/article/yieldstar-rent-increase-realpage-rent.
31 Ziad Obermeyer et al., »Dissecting racial bias in an algorithm used to manage the health of populations«, *Science* 366:6464 (2019), S. 447–453.
32 Efrén Cruz Cortés et al., »Locality of Technical Objects and the Role of Structural Interventions of Systemic Change«, *2022 ACM Conference on Fairness, Accountability, and Transparency (FAccT '22)* (2022), S. 2327–2341; Dan McQuillan, *Resisting AI: An Anti-fascist Approach to Artificial Intelligence* (Bristol University Press, 2022).
33 Steven J. Harris, »Long-Distance Corporations, Big Sciences, and the Geography of Knowledge«, in: Sandra Harding (Hg.), *The Postcolonial Science and Technology Studies Reader* (Duke University Press, 2011), S. 61–83.
34 Steven J. Harris, »Long-Distance Corporations, Big Sciences, and the Geography of Knowledge«, S. 61–83; Stefanie Gänger, »World Trade in Medicinal Plants from Spanish America«, *Medical History* 59:1 (2015), S. 44–62.
35 »List of pre-Columbian inventions and innovations of indigenous Americans«, Wikipedia (zuletzt geändert am 25. August 2023), https://en.wikipedia.org/wiki/List_of_pre-Columbian_inventions_and_innovations_of_Indigenous_Americans [Zugriff am 22. September 2023]; Patrick J. Kiger, »10 Native American Inventions Commonly Used Today« (14. November 2019), https://www.history.com/news/native-american-inventions.

36 Stavrianos, Global Rift, S. 559.

37 Ahmed H. Sa'di, »Colonialism and Surveillance«, in: Kirstie Ball et al. (Hg.), *Routledge Handbook of Surveillance Studies* (Routledge, 2012), S. 151–158; Keith Breckenridge, *Biometric State.*

38 Alan Blackwell, »Ethnographic artificial intelligence«, *Interdisciplinary Science Reviews* 46/1–2 (2021), S. 204.

39 Therese Poletti u. Jeremy C. Owens, »$ 1.4 trillion? Big Tech's pandemic year produces mind-boggling financial results«, *Market Watch* (7. Februar 2022), https://www.marketwatch.com/story/1–4-trillion-bigtechs-pandemic- year-produces-mind-boggling-financial-results-11644096594.

40 Bob Violino, »Data privacy rules are sweeping across the globe, and getting stricter«, *CNBC* (22. Dezember 2022), https://www.cnbc.com/2022/12/.

41 Patrick McGee, »Meta and Alphabet lose dominance over US digital ads market«, *Ars Technica* (23. Dezember 2022), https://arstechnica.com/tech-policy/2022/12/meta-and-alphabet-losedominance-over-us-digital-ads-market/.

42 Christina Criddle, »Meta agrees $ 775 mn to settle Cambridge Analytica Case«, *Financial Times* (23. Dezember 2022), https://www.ft.com/content/52cebe72–1894–4679-ac51–47d48171f6f6; Hannah Murphy u. Javier Espinosa, »Meta fined almost € 400 mn over EU privacy violations« (4. Januar 2023), https://www.ft.com/content/5f8240af-865a-4cf6–8a5a-4d6cf1d5fcb1.

43 Joe Panettieri, »Big Tech Antitrust Investigations: Amazon, Apple, Google, Meta/Facebook and Microsoft Updates«, *Channel E2E* (5. Dezember 2022), https://www.channele2e.com/business/compliance/big tech-antitrust- regulatory-breakup-updates/.

44 Tabby Kinder, »Silicon Valley start-ups race for debt deals in funding crunch«, *Financial Times* (20. Dezember 2022), https://www.ft.com/content/d12a4baa-53c6–4256-b125-d25622f9555f.

45 Robert Armstrong, »Were we wrong about big tech?«, *Financial Times* (7. November 2022), https://www.ft.com/content/e9098953-e031–4bc5–9bc4-d5341db8f2f9.

46 Keerthi Vedantam, »Tech Layoffs: US Companies That Cut Jobs In 2022 and 2023«, *Tech Crunch* (31. März 2023), https://news.crunchbase.com/startups/tech-layoffs.

47 Die Zahl der Tech-Arbeitsplätze in den USA *stieg* im Jahr 2022 insgesamt um 12 Prozent. John Thornhill, »In (partial) defence of Silicon Valley«, *Financial Times* (5. Januar 2023), https://www.ft.com/content/ae6575ea-2af4–4557-bce2- f924dca7d676.

48 Jack Kelly, »Layoff Contagion Spreads From The Tech Sector To Everywhere Else«, *Forbes* (8. Dezember 2022), https://www.forbes.com/sites/jackkelly/2022/12/08/layoff-contagionspreads-from-the-tech-sector-to-everywhere- else/?sh=384590382fe4.

49 Manuel Ayala u. Carlos A. Moreno, »Amazon was supposed to transform a Tijuana slum. It failed to deliver«, *Rest of The World* (12. Dezember 2022), https://restofworld.org/2022/amazon-tijuana-slum-promises/.

50 Naomi Klein, *Die Schock-Strategie: Der Aufstieg des Katastrophen-Kapitalismus* (S. Fischer Verlag, 2007).

51 Miriyam Aouragh, Seda Gürses, Helen Pritchard, u. Femke Snelting, »The extractive infrastructures of contact tracing apps«, *Journal of Environmental Media* 1 (Supplement) (2020), https://westminsterresearch.westminster.ac.uk/download/f20a6a448558aee12e9f10684c6f3d84a424c31892c4df-1614247b5a4b101a40/117883/s10.pdf.

52 »Under Surveillance: (Mis)use of Technologies in Emergency Responses Global lessons from the Covid-19 pandemic«, *Privacy International* (14. Dezember 2022), https://privacyinternational.org/report/5003/under-surveillancemisuse-technologies-emergency-responses-global-lessons-covid-19.

53 Ian Bogost, »The Age of Social Media is Ending«, *The Atlantic* (10. November 2022), https://www.theatlantic.com/technology/archive/2022/11/twitterfacebook-social-media-decline/672074/; Morgan Meaker, »The Slow Death of Surveillance Capitalism Has Begun«, *Wired* (5. Januar 2023), https://www.wired.co.uk/article/meta-surveillance-capitalism.

Kapitel 2: Datenterritorien

1 Giancarlo Spagnolo, Otto Toivanen, Nicolas Schutz, Michelle Sovinsky, Thomas Rønde, Monika Schnitzer, Paul Heidhues, Cristina Caffarra, Tomaso Duso, Christos Genakos, Gregory Crawford, Chongwoo Choe, Zhijun Chen, Tommaso Valletti, Martin Peitz, Thibaud Vergé u. Marc Bourreau, »Google/Fitbit will monetise health data and harm consumers«, *VoxEU* (30. September 2020), https://cepr.org/voxeu/columns/googlefitbit-will-monetise-healthdata-and-harm-consumers.

2 Jason Peres da Silva, »Privacy Data Ethics of Wearable Digital Health Technology«, *Warren Alpert Medical School Center for Digital Health* (4. Mai 2023), https://digitalhealth.med.brown.edu/news/2023–05–04/ethics-wearables; Alexia Dini Kounoudes, Georgia M. Kapitsaki u. Ioannis Katakis, »Enhancing user awareness on inferences obtained from fitness

trackers data«, *User Modeling and User-Adapted Interaction* (17. Januar 2023), https://doi.org/10.1007/s11257-022-09353-8; David Cox, »The rise of employee health tracking«, *BBC Worklife* (11. November 2020), https://www.bbc.com/worklife/article/20201110-the-rise-of-employee-health-tracking.

3 https://www.ftc.gov/enforcement/refunds/equifax-data-breach-settlement.

4 https://www.britannica.com/list/8-of-the-largest-empires-in-history.

5 Eric Jones, *The European Miracle: Environments, Economies, and Geopolitics in the History of Europe and Asia* (Cambridge University Press, 1987), diskutiert in: Dimitrios Theodoridis, »Colonialism and Trade: Ecological Foundations of British Trade in the Nineteenth Century«, *Journal of Interdisciplinary History* 53:1 (2022) S. 1–23; s. a. Kenneth Pomeranz, *The Great Divergence* (Princeton University Press, 2001).

6 Eine Vorwegnahme dieses Gedankens war die Kritik in den 2000er Jahren an der »Einhegung« der Internet-Gemeinschaft durch kommerzielle Computerinfrastrukturen: James Boyle, »The Second Enclosure Movement and the Construction of the Public Domain«, *Law and Contemporary Problems* 66 (2003), S. 147–178; Mark Andrejevic, »Surveillance in the Digital Enclosure«, *The Communication Review* 19/4 (2007), S. 295–317.

7 Philip Agre, »Surveillance and Capture: Two Models of Privacy«, *The Information Society* 10:2 (1994), S. 101–127.

8 Lawrence Lessig (1999) *Code and Other Laws of Cyberspace* (Basic Books, 1999); Joel Reidenberg, »Lex Informatica: The Formulation of Information Policy Rules through Technology«, *Texas Law Review* 76 (1997–8), S. 553–593, http://ir.lawnet.fordham.edu/faculty_scholarship/42; Wendy Chun, *Programmed Visions* (MIT Press, 2011).

9 Paul Schwartz, »Internet Privacy and the State«, *Connecticut Law Review* 32 (2000), S. 815–59; Julie E. Cohen, »Examined Lives: Informational Privacy and the Subject as Object«, *Stanford Law Review* 52 (2000), S. 1373–1438, https://scholarship.law.georgetown.edu/facpub/810/; Oscar Gandy, *Panoptic Sort.*

10 Hal R. Varian, »Beyond Big Data«, Vortrag auf dem NABE Annual Meeting, San Francisco (2013), http://edshare.soton.ac.uk/15212/7/BeyondBigDataPaperFINAL.pdf.

11 Ebd., S. 2.

12 Ebd., S. 8.

13 Srnicek, *Platform Capitalism.*

14 Alice Hearing, »Meta's Horizon World's quality is so poor not even employ-

ees are using it, says VP in leaked memo«, *Fortune* (7. Oktober 2022), https://fortune.com/2022/10/07/metas-horizon-world-quality-poor-not even-employees-using-says-metaverse-vp-leaked-memo/.

15 Nicolaj Siggelkow u. Christian Terwiesch, »The Age of Continuous Connection«, *Harvard Business Review* (2019), https://hbr.org/2019/05/theage-of-continuous-connection; Mercedes Bunz u. Graham Meikle, *Internet of Things* (Wiley, 2017).

16 ACLU, »Submission to Federal Trade Commission on Commercial Surveillance«, *Federal Trade Commission* (21. November 2022), https://www.regulations. gov/comment/FTC-2022–0053–1185.

17 Tanya Basu, »Amazon has a new plan for its robot: To guard your life«, *MIT Tech Review* (28. September 2022), https://www.technologyreview.com/2022/09/28/1060418/amazon-wantsastro-to-guard-your-life/.

18 »Amazon is buying iRobot for $ 1,7 billon«, *TechCrunch* (5. August 2022), https://www.npr.org/2022/08/05/1115946395/amazon-buyingroomba-irobot.

19 Yong Jin Park, *The Future of Digital Surveillance* (Michigan University Press, 2021).

20 Julie Cohen, Between Truth and Power, S. 38.

21 Eileen Guo, »A Roomba recorded a woman on the toilet. How did screenshots end up on Facebook?«, *MIT Tech Review* (19. Dezember 2022), https://www.technologyreview.com/2022/12/19/1065306/roomba-irobotrobot-vacuums-artificial-intelligence-training-data-privacy/.

22 Tate Ryan Mosley, »How to hack a smart fridge«, *MIT Tech Review* (8. Mai 2023), https://www.technologyreview.com/2023/05/08/1072708/hack-smartfridge-digital-forensics/.

23 Thomas Davenport, *Big Data @ Work* (Harvard Business Review Press, 2014), S. 11; Thomas M. Siebel, *Digitale Transformation* (Rosetta Books, 2019), S. 18.

24 Hal R. Varian, »Artificial Intelligence, Economics and Industrial Organization«, in: Ajay Agrawal, Joshua Gans u. Avi Goldfarb (Hg.), *The Economics of Artificial Intelligence* (Chicago University Press, 2019), S. 328.

25 Simone Browne, *Dark Matters* (Duke University Press, 2015); Edward E. Baptist, The Half Has Never Been Told.

26 Shoshana Zuboff, *Das Zeitalter des Überwachungskapitalismus*, 3. Kapitel: Die Entdeckung des Verhaltensüberschusses, S. 85–122; Karen Yeung, »›Hypernudge‹: Big Data as a Mode of Regulation by Design«, *Information Communication & Society* 20:1 (2017), S. 118–136.

27 Meng Liang, »The end of social media? How data attraction model in the algorithmic media reshapes the attention economy«, *Media Culture & Society* 44:6 (2022), S. 1110–1131.

28 Hannah Murphy u. Cristina Criddle, »Meta's AI-driven advertising system splits marketers«, *Financial Times* (27. Februar 2023), https://www.ft.com/content/fc95a0f7–5e4e-4616–9b17–7b72daee6c60.

29 Mark Andrejevic, *Infoglut* (Routledge, 2013).

30 Anne Helmond, »The Platformization of the Web: Making Web Data Platform Ready«, *Social Media & Society* 1/2 (2015), S. 1–11.

31 Tobias Blanke u. Jennifer Pybus, »The Material Conditions of Platforms: Monopolisierung durch Dezentralisierung«, *Social Media & Society* (2020), DOI: 10.1177/2056305120971632.

32 Zitiert in: Joseph Turow, *The Voice Catchers* (Yale University Press, 2021), S. 27.

33 Ryan Mac, Charlie Warzel u. Alex Kantrowitz, »Growth at Any Costs: Top Facebook Executive Defended Data Collection in 2016 Memo – and Warned that Facebook Could Get People Killed«, *BuzzFeed* (29. März 2018), https://www.buzzfeednews.com/article/ryanmac/growth-at-any-cost-top-facebookexecutive-defended-data, Hervorhebung durch die Autoren.

34 Neil C. Thompson et al., »The Computational Limits of Deep Learning«, *Machine Learning* (2022), S. 1–23.

35 Richard Maxwell u. Toby Miller, *Greening the Media* (Oxford University Press, 2012), S. 95; Julia Velkova, »Data That Warms: waste heat, infrastructural convergence and the computation traffic commodity«, *Big Data & Society* 3:2 (2016), S. 4; Lauren Bridges, »Toxic Clouds and Dirty Data« (10. Oktober 2022), *Kleinman Center for Energy Policy*, https://kleinmanenergy.upenn.edu/news-insights/toxic-clouds-and-dirtydata/.

36 George Hammond u. Stephen Morris, »West London faces new homes ban as electricity grid hits capacity«, *Financial Times* (28. Juli 2022), https://www.ft.com/content/519f701f-6a05–4cf4-bc46–22cf10c7c2c0; Alexandra Heal u. Anna Gross, »Thames Water reviews data centres' water use as London hosepipe ban looms«, *Financial Times* (23. August 2022), https://www.ft.com/content/8d8bf26f-5df2–4ff6–91d0–369500ed1a9c.

37 TeleGeography, *The State of the Network 2023 Edition*, 15, https://www2.telegeography.com/download-state-of-the-network.

38 Benjamin A. Jones, Andrew L. Goodkind u. Robert P. Berrens, »Economic estimation of Bitcoin mining's climate damages demonstrates closer resemblance to digital crude than digital gold«, *Scientific Reports* 12 (2022), S. 14512.

39 Nathan Ensmenger, »The Environmental History of Computing«, *Technology and Culture* 59:4 (2018), S. 7–33.

40 Richard Maxwell u. Toby Miller, *Greening the Media*, S. 93.

41 Kate Crawford u. Vladan Joler, »Anatomy of an AI System« (2018), https://anatomyof.ai/; Kate Crawford, *Atlas of AI* (Yale University Press, 2021).

42 Sebastian Lehuedé, Mobilising Water: Elemental Resistance in the Technocene, Vortrag, IAMCR (Juli 2023), Lyon, Frankreich.

43 Vanessa Forti et al., *The Global E-waste Monitor 2020: Quantities, flows and the circular economy potential,* United Nations Institute for Training and Research (2020), https://ewastemonitor.info/gem-2020/.

44 John Gapper, »Material World – the six commodities that shape our lives« [Rezension von Ed Conway, *Material World*], *Financial Times* (15. Juni 2023), https://www.ft.com/content/4131123b-8403-4151-8c3e-5d6fadc1df45. Siehe auch »Weitere Leseempfehlungen«.

45 Naomi Klein, *Die Entscheidung: Kapitalismus vs. Klima (Fischer 2016)*, S. 200 ff.

46 Zum Hintergrund: Joseph Turow, *The Daily You: How the New Advertising Industry Is Defining your Identity and Your Worth* (Yale University Press, 2011); Tim Hwang, *Subprime Attention Crisis* (Macmillan Publishers, 2019). Zu Apple: Patrick McGee, »Apple Plans to double its digital advertising business workforce«, *Financial Times* (5. September 2022), https://www.ft.com/content/db21685b-d4dd-421d-95ac-980e9d40c05c.

47 Morgan Meaker, »The Slow Death of Surveillance Capitalism Has Begun«, *Wired* (5. Januar 2023), https://www.wired.co.uk/article/metasurveillance-capitalism.

48 Marion Fourcade u. Kieran Healy, »Classification Situations: life-chances in the neoliberal era«, *Accounting, Organizations and Society* 38:8 (2013), S. 559–572.

49 Bayer, »Technology Stewardship Agreement: Frequently Asked Questions«, *Bayer* (n. d.), https://traits.bayer.com/stewardship/Documents/tsa-faqs-stewardship.pdf.

50 Tencent, »Bridging Gaps in Healthcare Industry with Technology«, *Tencent* (11. August 2019), https://www.tencent.com/en-us/articles/2200933.html; Xiaowei Weng, »Behind China's Pork Miracle«, *Guardian* (8. Oktober 2020), https://www.theguardian.com/environment/2020/oct/08/behind chinas-pork-miracle-how-technology-is-transforming-rural-hog-farming. Zur Diskussion s. Anita Gurumurthy u. Nandini Chami, »The Intelligent Corporation«, *TNI Longreads* (16. Januar 2020), https://longreads.tni.org/stateofpower/the-intelligent-corporation-data-and-the-digital-economy.

51 Zur globalen Molkereiproduktion u. Alibaba: Gurumurthy u. Chami, *The Intelligent Corporation*, S. 12.

52 Zitiert nach Kelly Bronson, *The Immaculate Conception of Data: Agribusiness, Activists, and Their Shared Politics of the Future* (McGill-Queen's University Press, 2022), S. 35.

53 Kelly Bronson u. Irena Knezevic, »Big Data in Food and Agriculture«, *Big Data & Society* 3:1 (2016), S. 1–5; Christopher Miles, »The Combine will Tell the Truth«, *Big Data & Society* 6:1 (2019), S. 1–12; Alistair Fraser, »Land Grab/Data Grab«, *Journal of Peasant Studies* 46:5 (2019), S. 893–912.

54 Jon Brodkin, »Colorado governor signs tractor right-to-repair law opposed by John Deere«, *Ars Technica* (26. April 2023), https://www.apple.com/uk/newsroom/2022/12/apple-launches-self-service-repair-in-europe/. Zu Apples Gewährung des Rechts auf unabhängige Reparatur s. https://www.apple.com/uk/newsroom/2022/12/apple-launches-selfservice-repair-in-europe/.

55 Kelly Bronson, *Immaculate Conception*, S. 35–37 u. 120.

56 »Irish Inventors Driving the Hightech Farm of the Future«, *Independent* (24. Mai 2015), http://www.independent.ie/business/technology/irish-inventorsdriving-thehightech-farm-of-the-future-31248410.html; Science Gallery Dublin, »Grassometer«, *Trinity College Dublin* (n. d.), https://dublin.sciencegallery.com/field-test-exhibits/grassometer.

57 Kristen E. DiCerbo u. John T. Behrens, *Impacts of the Digital Ocean on Education* (Februar 2014), https://www.pearson.com/content/dam/onedot-com/one-dot-com/global/Files/about-pearson/innovation/openideas/DigitalOcean.pdf.

58 Louise Hooper, Sonia Livingstone, Krakae Pothong, »Problems with Data Governance in UK schools: the cases of Google Classroom and ClassDojo«, *Digital Futures Commission and 5Rights Foundation* (August 2022), https://digitalfuturescommission.org.uk/wp-content/uploads/2022/08/Problems-with-data-governance-in-UK-schools.pdf, S. 10. S. a. Ben Williamson, *Big Data in Edcation* (Sage Publications, 2017).

59 Bethan Staton, »Education companies' shares fall sharply after warning over ChatGPT«, *Financial Times* (2. Mai 2023), https://www.ft.com/content/0db12614–324c-483c-b31c-2255e8562910.

60 Notícias Corporativas, »Número de edtechs cresce 26 % no Brasil durante apandemia«, *Mundo do Marketing* (n. d.), https://www.mundodomarketing.com.br/noticias-corporativas/conteudo/271870/numero-de-edtechs-cresce-26-no-brasil-durante-a-pandemia; David Pilling, »Lagos turns to edtech partner to raise school standards«, *Financial Times* (15. Februar 2022), https://www.ft.com/content/e294aa8e-710c-4524–9cc3–0060703f2252.

61 Human Rights Watch, »How Dare they Peep into my Private Life?«,

Human Rights Watch (2022), https://www.hrw.org/report/2022/05/25/how-darethey-peep-my-private-life/childrens-rights-violations-governments, S. 103–124.

62 Selena Nemorin et al., »AI Hyped: A Horizon scan of discourse on artificial intelligence in education (AIED) and development«, *Learning Media and Technology* 48:1 (2023), S. 5, zitiert nach »Audrey Azoulay: Making the Most of Artificial Intelligence«, *UNESCO Courier* 3 (2018), https://en.unesco.org/courier/2018-3/audrey-azoulay-making-most-artificial-intelligence; EU High Level Expert Group on AI (AIHLEG), »Ethics Guidelines for Trustworthy AI«, *Europäische Kommission* (8. April 2019), https://digitalstrategy.ec.europa.eu/en/library/ethics-guidelines-trustworthy-ai.

63 Zitiert nach Nemorin et al., »AI Hyped«, S. 7.

64 Hooper et al., »Problems with Data Governance«.

65 Ebd., S. 55 f.

66 Human Rights Watch, How Dare they Peep?

67 Stephen Hutt et al., »Automated Gaze-Based Mind Wandering Detection during computerized learning in classrooms«, *User Modeling and User-Adapted Interaction* 29 (2019), S. 821–867, 822, 823.

68 Faye J. Jones, »SLANT: A New Behavioural Management System«, *National Association of Special Education Teachers* (n. d.), https://www.naset.org/publications/classroom-management-series/slant-a-new-behavior-managementsystem.

69 Chloe Cornish, Jyotsna Singh u. Mercedes Ruehl, »How a teaching app feted by Silicon Valley was left chasing the Indian dream«, *Financial Times* (3. Oktober 2022), https://www.ft.com/content/8d998d44-3937-4931-8ee1-f963f6a8b253.

70 Michael Veale, »Schools Must Resist Big EdTech – but it won't be easy«, in: Sonia Livingstone u. Krakae Pothong (Hg.), *Education Data Futures* (Digital Futures Commission, 2022), S. 66–79.

71 Zitate aus: Center for Digital Democracy and 19 others, Submission to Federal Trade Commission's Advanced notice of Proposed Rulemaking on Commercial Surveillance (21. November 2022), https://www.regulations.gov/comment/FTC-2022-0053-1144.

72 Ben Williamson, »PIS for machine learners«, Blog (25. November 2021), https://codeactsineducation.wordpress.com/2021/11/25/pisa-formachine-learners/; Velislava Hillman, »Algorithmic Systems Claim Education: And (Re)Production of Societies«, in: P. Jandrič, A. MacKenzie u. J. Knox (Hg.), *Constructing Postdigital Research: Method and Emancipation* (Springer Nature, 2023).

73 Julia Powles u. Hal Hodson, »Google DeepMind and healthcare in an age of algorithms«, *Health Technology* 7 (2017), S. 351–367.

74 Emma Roth, »Cerebral admits to sharing patient data with Meta, TikTok, and Google«, *The Verge* (11. März 2023), https://codeactsineducation.wordpress.com/2021/11/25/pisa-for-machine-learners/.

75 Daniel Sulmasy, »Naked bodies, naked genomes: the special (but not exceptional) nature of genomic Information«, *Genetics in Medicine* 17 (2015), S. 331–336.

76 »23 and me«, *23andMe* (n. d.), https://www.23andme.com/; Jamie Ducharme, »A Major Drug Company Now Has Access to 23andMe's Genetic Data: Should you be Concerned?«, *Time* (26. Juli 2018), https://time.com/5349896/23andme-glaxo-smith-kline/.

77 »Mental health apps: the AI therapist cannot see you now«, *Financial Times* (4. Juni 2023), https://www.ft.com/content/e0730064–7b24–4556–9322–45a806c4c5f7.

78 John Glaser et al., »How to Use Digital Health Data to Improve Outcomes«, *Harvard Business Review* (12. September 2022), https://hbr.org/2022/09/how-to-use-digital-health-data-to-improve-outcomes; Alex Pentland, Alexander Lipton u. Thomas Hardjono, *Building the New Economy: Data as Capital* (MIT Books, 2022), Kapitel 7.

79 Ronald J. Deibert, »The Autocrat in your iPhone: How Mercenary Spyware Threatens Democracy«, *Foreign Affairs* (Januar/Februar 2023), https://www.foreignaffairs.com/world/autocrat-in-your-iphone-mercenaryspyware-ronald-deibert.

80 Kevin B. Johnson et al., »Precision Medicine, AI and the Future of Personalized Health Care«, *Clinical and Translational Science* 14/1 (2021), S. 86–93, https://doi.org/10.1111/cts.12884.

81 CIO Tech Team, »HK Sees Internet of Things as the Core to the Development of Digital Economy«, *CIO Tech Asia* (19. Januar 2022), https://ciotechasia.com/hk-sees-internet-of-things-as-the-core-to-the-development-of-digital-economy/.

82 Ivan Mehta, »India Pips North America to Become the Biggest Smartwatch Market«, *TechCrunch* (30. November 2022).

83 Sarah E. Needleman u. Rob Copeland, »Google Counts on Fitbit to Make Imprint in Health Market«, *The Wall Street Journal* (6. November 2019), https://www.wsj.com/articles/google-counts-on-fitbit-to-makeimprint-in- health-market-11573052061.

84 »How Big Tech Captured Our Public Health System«, Interview von Arun Kundnani mit Seda Gürses (Juni 2021), https://www.tudelft.nl/2022/tbm/how-big-tech-captured-our-public-health-system.

85 Tencent, »Bridging Healthcare Gaps«.

86 Aynne Kokas, *Trafficking Data* (Oxford University Press, 2022), S. 158; R. Liao, »TikTok parent ByteDance just bought a hospital group in China«, *TechCrunch* (9. August 2022), https://tcrn.ch/3bFCIOV.

87 *Lancet*, »The Lancet and the Financial Times Commission on Governing Health Futures 2030: growing up in a digital world«, *The Lancet* (24. Oktober 2021), https://www.thelancet.com/commissions/governing-health-futures- 2030, S. 2.

88 https://www.hippoai.org/. S. a. Interview mit dem Gründer von Hippo AI, Bart de Witte, in: *Die Ärztekammer Steiermark* (7. August 2023), https://www.aekstmk.or.at/507?articleId=12625.

89 Karl Marx, *Das Kapital: Eine Kritik der politischen Ökonomie*, Band 1 (Dietz Verlag, 1968) S. 433.

90 Baptist, *The Half Has Never Been Told*; Browne, *Dark Matters*.

91 Ifeoma Ajunwa, *The Quantified Worker: Law and Technology in the Modern Workplace* (Cambridge University Press, 2023).

92 »6 in 10 employers require monitoring software for remote workers«, *Digital* (4. Oktober 2021), https://digital.com/6-in-10-employers-require-monitoringsoftware-for-remote-workers/; Andrew Fennell, »How much does your boss know about you?«, *Standout CV* (2023), https://standout-cv.com/employeemonitoring-study.

93 Julia Ticona, *Left to Our Own Devices: Coping with Insecure Work in a Digital Age* (Oxford University Press, 2022).

94 David Weil, *The Fissured Workplace* (Harvard University Press, 2014).

95 Anja Kanngieser, »Tracking and Tracing: geographies of logistical governance and labouring bodies«, *Environment and Planning D: Society and Space* 31/4 (2012), S. 594–610, 602. Zitat aus dem Bericht der GMB Union 2006, »Health and Safety at Work: R F voice pick survey«.

96 Heather Stewart, »›We're Not Going Away‹: UK strike trio bullish over battle for Amazon union«, *Guardian* (12. Juni 2023), https://www.theguardian.com/technology/2023/jun/11/amazon-coventrystrike-trio-bullish- union.

97 International Brotherhood of Teamsters, »Comment submitted by International Brotherhood of Teamsters«, Federal Trade Commission (21. November 2022), https://www.regulations.gov/comment/FTC-2022–0053–1223.

98 Karen E. C. Levy, »The Contexts of Control: Information, power, and truckdriving work«, The Information Society 31:2 (2015), S. 160–174.

99 Zitiert in Levy, »Contexts of Control«, S. 166.

100 Mary Madden et al., »Privacy, Poverty and Big Data: A Matrix of Vulne-

rabilities for Poor Americans«, *Washington University Law Review* 95:1 (2017), S. 53–125.

101 TUC, »Gig economy workforce in England and Wales has almost tripled in last five years – new TUC research« (5. November 2021), https://www.tuc.org.uk/news/gig-economy-workforce-england-and-wales-has-almosttripleled-last-five-years-new-tuc-research. Zu freien Mitarbeitern in den USA s.: https://www. statista.com/statistics/921593/gig-economy-number-offreelancers-us/.

102 Gurumurthy u. Chami, »The Intelligent Corporation«.

103 Lilly Irani, Mikhail Hussain, Peter Zschiesche et al., »Transportation for Smart and Equitable Cities: Integrating Taxis and Mass Transit for Access, Emissions Reduction, and Planning« (UC San Diego Design Lab, 2021), https://escholarship.org/uc/item/06w4d22x.

104 Mary Gray u. Siddharth Suri, *Ghostwork* (Houghton Miffiin Harcourt, 2019).

105 Ryan Calo u. Alex Rosenblat, »The Taking Economy«, *Columbia Law Review* 117:6 (2014), S. 4–5.

106 Gray u. Suri, *Ghostwork*, S. 34.

107 »Uber, Lyft Sink after Biden Administration proposes new gig work rule«, *Financial Times* (11. Oktober 2022), https://www.ft.com/content/9af84 0e4–7494–4d8d-ab25-a3d1de8ecf20.

108 Kathleen Griesbach et al., »Algorithmic Control in Platform Food Delivery Work«, *Socius: Sociological Research for a Dynamic World* 5 (2019), S. 1–15.

109 James Muldoon u. Paul Raekstad, »Algorithmic Domination in the Gig Economy«, *European Journal of Political Theory* (2022), https://doi.org/10.1177/14748851221082078.

110 Kate Vredebergh, »Freedom at Work«, *Canadian Journal of Philosophy* 51:1 (2022), S. 78–92; McQuillan, *Resisting AI*, S. 53 f.; Karen Hao u. Andrea Paola Hernández, »How the AI Industry Profits from Catastrophe«, *MIT Tech Review* (20. April 2022), https://www.technologyreview.com/2022/04/20/1050392/ai-industry-appen-scale-data-labels/.

111 Monica Anderson et al., »The State of Gig Work in 2021«, *Pew Research Center* (8. Dezember 2021), https://www.pewresearch.org/internet/2021/12/08/ the-state-of-gig-work-in-2021/.

112 Nicole Starosielski, *The Undersea Network* (Duke University Press, 2015).

113 Sofia Scasserra u. Carolina M. Elebi, »Digital Colonialism: Analysis of Europe's Trade Agenda«, *TNT* (6. Oktober 2021), https://www.tni.org/en/publication/digital-colonialism.

Kapitel 3: Die neue zivilisatorische Mission der Daten

1 Anna Lena Hunkenschroer u. Alexander Kriebitz, »Is AI recruiting (un) ethical? A human rights perspective on the use of AI for hiring«, *AI Ethics* 3, S. 199–213 (25. Juli 2023), https://doi.org/10.1007/s43681-022-00166-4; Jonathan Barrett u. Stephanie Convery, »Robot recruiters: can bias be banished from AI hiring?«, *Guardian* (26. März 2023), https://www.theguardian.com/technology/2023/mar/27/robot-recruiters-can-bias-be-banished-from-ai-recruitment-hiring-artificial-intelligence; »U.S. warns of discrimination in using artificial intelligence to screen job candidates«, *NPR* (12. Mai 2022), https://www.npr.org/2022/05/12/1098601458/artificial-intelligence-job-discrimination-disabilities.

2 De las Casas, *Kurzgefasster Bericht*; Pagden, *Lords of All the World*, Kapitel 5; Anthony Pagden, *The Fall of Natural Man* (Cambridge University Press, 1986).

3 Eine brillante Entgegnung zu dieser Position: Mike Savage, *The Return of Inequality* (Harvard University Press, 2021).

4 Salomé Viljeon, »A Relational Theory of Data Governance«, *Yale Law Journal* 131:2 (2021), S. 370–781.

5 Soziologen sind sich in diesem Punkt keineswegs einig: Judy Wajcman, *Pressed for Time: The Acceleration of Life in Digital Capitalism* (University of Chicago Press, 2015); Hartmut Rosa, *Social Acceleration: A New Theory of Modernity* (Columbia University Press, 2015).

6 Lauren Bridges, »Infrastructural Obfuscation: unpacking the carceral logics of the Ring surveillance assemblage«, *Information Communication & Society* 24:6 (2021), S. 830–849; Caroline Haskins, »Amazon's Home Security is Turning Everyone into Cops«, *Vice* (7. Februar 2019), https://www.vice.com/en/article/qvyvzd/amazons-home-security-company-is-turningeveryone-into-cops.

7 Kate Conger, »Give your nudes to Facebook«, *Gizmodo* (5. Juni 2018), https://gizmodo.com/give-your-nudes-to-facebook-1826545511.

8 https://safety.google/pixel/.

9 Benjamin Grosser, »What do Metrics Want? How quantification prescribes social interaction on Facebook«, *Computational Culture* 4 (2014), http://computationalculture.net/what-do-metrics-want/.

10 »Number of smartphone users in South Africa from 2014 to 2023 (in millions)«, *Statista* (2019), https://www.statista.com/statistics/488376/forecast-ofsmartphone-users-in-south-africa/.

11 Toussaint Nothias, »Access Granted: Facebook's Free Basics in Africa«, *Media, Culture & Society* 42:3 (2020), S. 329–348.

12 Nesrine Malik, »How Facebook took over the internet in Africa – and changed everything«, *Guardian* (20. Januar 2022), https://www.theguardian.com/technology/2022/jan/20/facebook-second-life-the-unstoppable-rise-of-thetech-company-in-africa.

13 »Accelerate your growth«, *Open Network for Digital Commerce* (n. d.), https://ondc.org/.

14 Mark Zuckerberg, »Building Global Community« (ursprünglich veröffentlicht am 16. Februar 2017), https://www.facebook.com/notes/3707971095882612/ [Zugriff am 16. Oktober 2023].

15 Karen Hao, »The Facebook whistleblower«; s. a. die Artikel des *Wall Street Journal* vom September/Oktober 2021, die sich auf die von Haugen angegebenen Dokumente stützen, z. B. Georgia Wells, Jeff Horwitz u. Deepa Seetharaman, »Facebook Knows Instagram is Toxic for Teen Girls, Company Documents Show«, *Wall Street Journal* (13. September 2021), https://www. wsj.com/articles/facebook-knows-instagram-is-toxic-for-teen-girls-company-documents-show-11631620739.

16 Dan Milmo, »Interview: I never wanted to be a whistleblower, but lives were in danger«, *Observer* (21. Oktober 2021), https://www.theguardian.com/technology/2021/oct/24/frances-haugen-i-never-wanted-to-be-awhistleblower-but-lives-were-in-danger.

17 Dan Milmo u. Clea Skopeliti, »Teenage girls, body image, and Instagram's perfect storm«, *Guardian* (18. September 2021), https://www.theguardian.com/technology/2021/sep/18/teenage-girls-body-imageand-instagrams-perfect-storm.

18 Kevin Kelly, *The Inevitable: Understanding the 12 Technological Forces That Will Shape Our Future* (Penguin, 2017).

19 Siebel, *Digital Transformation*, S. 18.

20 »Personal Data: The Emergence of a New Asset Class«, *Weltwirtschaftsforum* (Januar 2011), http://www3.weforum.org/docs/WEF_ITTC_PersonalDataNewAsset_Report_2011.pdf, S. 7; Soumira Dutta u. Beñat Bilbao-Osorio, »The Global Information Technology Report 2012: Living in a hyper-connected world«, *Weltwirtschaftsforum* (2012), http://www3.weforum.org/docs/Global_IT_Report_2012.pdf, S. 6, 102.

21 Siebel, *Digital Transformation*, S. 46.

22 Joseph Bradley, Joel Barbier u. Doug Handler, »Embracing the Internet of Everything to Capture Your Share of $ 14.4 trillion«, *Cisco* (2013), https://www.cisco.com/c/dam/en_us/about/ac79/docs/innov/IoE_Economy.pdf.

23 »Number of Internet of Things (IoT) connected devices worldwide from 2019 to 2021, with forecasts from 2022 to 2030«, *Statista* (Juli 2021),

https://www.statista.com/statistics/1183457/iot-connected-devices-worldwide/; »Cisco Annual Internet Report (2018–2023)«, *Cisco* (9. März 2020), https://www.cisco.com/c/en/us/solutions/collateral/executive-perspectives/annualinternet-report/white-paper-c11-741490.html.

24 Nathaniel Fick et al., »Confronting Reality in Cyberspace: Foreign Policy for a Fragmented Internet«, *Council on Foreign Relations* (Juli 2022), https://www.cfr.org/report/confronting-reality-in-cyberspace, S. 3.

25 Zu Haier s. Kokas, *Trafficking Data*, S. 178; zu Chinas jüngstem Fünfjahresplan siehe Rogier Creemers et al, »Translation: 14th five-year plan for national informatization – Dec. 2021«, *DigiChina* (24. Januar 2022), https://digi-china.stanford.edu/work/translation-14th-five-year-planfornational-informatization-dec-2021/.

26 Emily West, *Buy Now: How Amazon Branded Convenience and Normalized Monopoly* (MIT Press, 2022); Evan Selinger u. Darrin Durant, »Amazon's Ring: Surveillance as a Slippery Slope Service«, *Science as Culture* 31:1 (2021), S. 92–106.

27 Karl Polanyi, *The Great Transformation. Politische und ökonomische Ursprünge von Gesellschaften und Wirtschaftssystemen* (Suhrkamp, 1978), S. 89.

28 Asef Bayat, *Life and Politics: How Ordinary People Change the Middle East* (Stanford University Press, 2013).

29 Arda u. Akdemir, »Activist communication design on social media: The case of online solidarity against forced Islamic lifestyle«, *Media, Culture & Society* 43:6 (2021), S. 1076–1094.

30 Zitiert nach Malik, »How Facebook took over the internet in Africa«.

31 James C. Scott, *Weapons of the Weak: Everyday Forms of Resistance* (Yale University Press, 1990).

32 Zeynep Tufecki, *Twitter and Teargas: The Power and Fragility of Networked Protest* (Yale University Press, 2016).

33 Shakuntala Banaji u. Ramnath Bhat, *Social Media and Hate* (Routledge, 2022).

34 Eli Pariser, *The Filter Bubble: What the Internet Is Hiding from You* (Penguin, 2011).

35 Catherine Knight-Steele, *Digital Black Feminism* (New York University Press, 2021); Sarah Florini, *Beyond Hashtags* (New York University Press, 2019); Sarah Jackson, Moya Bailey u. Brooke Foucault Welles, *#Hashtag Activism* (MIT Press, 2020); Zitat Julie E. Cohen: https://juliecohen.com/wp-content/uploads/2021/08/CohenBTP_Ch3_InfoLaboratory.pdf, S. 10.

36 Jonathan Haidt, »Why the Past 10 Years of American Life Have Been Uniquely Stupid«, *The Atlantic* (11. April 2022), https://www.theatlantic.com/magazine/archive/2022/05/social-media-democracy-trust-babel/629369/; Cohen, *Between Truth and Power*, S. 86.

37 Axel Bruns, »Filter Bubble«, *Internet Policy Review* 8:4 (2019), S. 1–14; ders., *Are Filter Bubbles Real?* (Wiley, 2019); Richard Fletcher, Craig T. Robertson u. Rasmus Kleis Nielsen, »How Many People Live in Politically Partisan Online News Echo Chambers in Different Countries?«, *Journal of Quantitative Description: Digital Media* 1 (2021), S. 1–56.

38 Shanto Iyengar, Gaurav Sood u. Yphtach Lelkes, »Affect, not Ideology: A Social Identity Perspective on Polarization«, *Public Opinion Quarterly* 76:3 (2012), S. 405–431. Zu den Auswirkungen der Geschäftsmodelle der sozialen Medien siehe Ian Bogost u. Alexis Madrigal, »How Facebook Works for Trump«, *The Atlantic* (17. April 2020), https://www.theatlantic.com/technology/archive/2020/04/how-facebooksad-technology-helps-trump-win/606403/.

39 Maria Ressa, *How to Stand Up to a Dictator* (Ebury Publishing, 2022), S. 137.

40 Siehe z. B. die von Mark Littler u. Benjamin Lee herausgegebene Sammlung *Digital Extremisms: Readings in Violence, Radicalisation and Extremism in the Online Space* (Palgrave, 2020).

41 »Rabbit Hole«, *New York Times* Podcast (n. d.), https://www.nytimes.com/column/rabbit-hole.

42 Zeynep Tufekci, »YouTube, the Great Radicaliser«, *New York Times* (10. März 2018), https://www.niemanlab.org/reading/youtube-the-great-radicalizer/.

43 Julia DeCook u. Jennifer Forestal, »Of Humans, Machines, and Extremism: The Role of Platforms in Facilitating Undemocratic Cognition«, *American Behavioral Scientist* (2022), S. 1–20, https://doi.org/10.1177/00027642221103186; Chun, *Discriminating Data*.

44 Shanto Iyengar u. Sean J. Westwood, »Fear and Loathing Across Party Lines: New Evidence on Group Polarization«, *American Journal of Political Science* 59:3 (2014), S. 690–707.

45 Craig Silverman, Ryan Mac u. Pranav Dixit, »›I Have Blood On My Hands‹: A Whistleblower Says Facebook Ignored Global Political Manipulation«, *Buzzfeed* (14. September 2020), https://www.buzzfeednews.com/article/craigsilverman/facebook-ignorepolitical-manipulation-whistleblower-memo.

46 Craig Silverman et al., »How Google's ad business funds disinformation

around the world«, *ProPublica* (29. Oktober 2022), https://www.propub lica. org/article/google-alphabet-ads-funddisinformation-covid-elections.

47 Cohen, *Between Truth and Power*, Kapitel 3.

48 Bryan Harris u. Hannah Murphy, »Brazil's Lawmakers to Vote on ›Fake News‹ Bill Opposed by Tech Groups«, *Financial Times* (30. April 2023), https://www.ft.com/content/827326e9-7433-4fb4-9fb5-36a76658d106.

49 Meredith Broussard, *Artificial Unintelligence: How Computers Misunderstand the World* (MIT Press, 2019).

50 Eric Schmidt, »This is how AI will change the way science gets done«, *MIT Tech Review* (5. Juli 2023), https://www.technologyreview.com/2023/07/05/1075865/eric-schmidt-aiwill-transform-science/.

51 Emily Bender, Timnit Gebru, Angelina McMillan-Major u. Margaret Mitchell, »On the Dangers of Stochastic Parrots: Can Language Models Be Too Big?«, FaCCT 2021 (3.–10. März 2021), https://doi.org/10/1145/3442188.3445922, S. 617. Eine interessante Diskussion der tieferen philosophischen Zusammenhänge der Kritik am »stochastischen Papagei«: Alan Blackwell, *Modal Codes: Designing Alternatives to AI* (MIT, erscheint 2024), Kapitel 5.

52 Jim Bisbee, Joshua D. Clinton, Cassy Dorff, Brenton Kenkel u. Jennifer Larson, »Artificially Precise Extremism: How Internet-Trained LLMs Exaggerate Our Differences«, *SocArXiv* (2. Mai 2023), https://osf.io/pre prints/socarxiv/5ecfa/.

53 Francis Bacon, *Neues Organon*, Teilband 1 (Felix Meiner Verlag, 1990), Aphorismus 84, S. 180 f.

54 Rohan Deb Roy, »Western science long relied on the knowledge and exploitation of colonized peoples. In many ways, it still does«, *Smithsonian Magazine* (9. April 2018), https://www.smithsonianmag.com/science-nature/science-bearsfingerprints-colonialism-180968709/.

55 Claude Alvares, »Science, colonialism and violence: A luddite view«, in: Ashish Nandy, *Science, Hegemony and Violence* (Oxford University Press, 1988), S. 85.

56 Susan Bordo, *The Flight to Objectivity: Essays on Cartesianism and Culture* (SUNY Press, 1987); Evelyn Fox Keller, *Reflections on Gender and Science* (Yale University Press, 1985); Sandra Harding, *Whose Science? Whose Knowledge?* (Cornell University Press, 1991).

57 McQuillan, *Resisting AI* (2022), S. 10.

58 Rachel Withers, »Should Robots Be Conducting Job Interviews? A. I. is playing a new role in hiring«, *Slate* (5. Oktober 2020), https://slate.com/technology/2020/10/artificial-intelligence-job-interviews.html.

59 Jeffrey Dastin, »Amazon scraps secret AI recruiting tool that showed bias

against women«, *Reuters* (11. Oktober 2018), https://www.reuters.com/article/us-amazon-com-jobs-automation-insight/amazon-scraps-secret-airecruiting-tool-that-showed-bias-against-women-idUSKCN1MK08G.

60 McQuillan, *Resisting AI*, S. 29, 37.

61 Paola Ricaurte, »Ethics for the majority world: AI and the question of violence at scale«, *Media, Culture & Society* 44:4 (2022), S. 726–745.

62 Cathy O'Neil, *Angriff der Algorithmen* (Hanser, 2017).

63 Hannah Murphy u. Cristina Criddle, »Meta's AI-driven advertising system splits marketers«, *Financial Times* (27. Februar 2023), https://www.ft.com/content/fc95a0f7–5e4e-4616–9b17–7b72daee6c60.

64 Turkopticon, »Beware the Hype: ChaptGPT didn't Replace Human Data Annotators« (4. April 2023), https://news.techworkerscoalition.org/2023/04/04/ issue-5/.

65 Hao, »How the AI industry profits from catastrophe«.

66 Mateus Viana Braz, Paola Tubaro u. Antonio Casilli, »Microwork in Brazil: Who are the wokers behind artificial intelligence?«, https://diplab.eu/wp-content/uploads/2023/06/Viana-Braz-TubaroCasilli_Microwork-in-Brazil_EN.pdf.

67 Adrienne Williams, Milagros Miceli u. Timnit Gebru, »The exploited labor behind artificial intelligence«, *Noema* (13. Oktober 2022), https://www.noemamag.com/the-exploited-labor-behind-artificial-intelli gence/; Gray u. Suri, *Ghost Work*.

68 Elizabeth Culliford, »Rohingya refugees sue Facebook for $ 150 billion over Myanmar violence«, *Reuters* (8. Dezember 2021), https://www.reuters.com/world/asia-pacific/rohingya-refugees-sue-facebook-150-billion-overmyanmar-violence-2021–12–07/.

69 BSR Staff, »Human Rights due diligence of Meta's impacts in Israel and Palestine«, *Business for Social Responsibility* (22. September 2022), https://www.bsr.org/de/our-insights/report-view/meta-human-rights-israel palestine.

70 Alex Hern, »Facebook translates ›good morning‹ into ›attack them‹, leading to arrest«, *Guardian* (24. Oktober 2017), https://www.theguardian.com/technology/2017/oct/24/facebook-palestine-israel-translates-good-morningattack-them-arrest.

71 Noble, *Algorithms of Oppression*.

72 Nathan Benaich u. Ian Hogarth, »State of AI Report«, *State of AI* (12. Oktober 2021), https://www.stateof.ai/2021-report-launch.html.

73 Luke Munn, »The Uselessness of AI Ethics«, *AI and Ethics* (2022), https://doi.org/10.1007/s43681–022–00209-w, S. 1–9.

74 »Montreal Declaration for a responsible development of artificial intelli-

gence«, University of Montreal (2018), https://www.montrealdeclaration-responsibleai.com/the-declaration.

75 »Bericht über den Vorschlag für eine Verordnung des Europäischen Parlaments und des Rates zur Festlegung harmonisierter Vorschriften für künstliche Intelligenz, Erwägung 3«, Europäische Kommission (22. Mai 2023),https://www.europarl.europa.eu/doceo/document/A-9-2023-0188_DE.html.

76 Rechtsausschuss des Senats, »Estrutura Base do Projeto de Lei«, https://legis.senado.leg.br/sdleg-getter/documento/download/3a6b6ff7-f05d-4e72-aa09-a7cb8e28f0b4.

77 https://futureoflife.org/open-letter/pause-giant-aiexperiments/ (28. März 2023); https://www.safe.ai/statement-on-ai-risk (30. Mai 2023).

78 https://www.dair-institute.org/blog/letter-statement-March2023 (31. März 2023).

79 Zitiert in: Alex Hern, »›What Should the Limits Be?‹ The father of ChatGPT on whether AI will save humanity – or destroy it«, *Guardian* (7. Juni 2023), https://www.theguardian.com/technology/2023/jun/07/what-should-the-limits-be-the-father-of-chatgpt-on-whether-ai-will-save-humanity-or-destroy-it.

80 Sathnam Sanghera, *Empireland: How Imperialism Has Shaped Modern Britain* (Penguin, 2021).

Kapitel 4: Die neue Kolonialistenklasse

1 »Digital destroyers: How Big Tech sells war on our communities«, *Big Tech Sells War* (n. d.), https://bigtechsellswar.com.

2 Mizue Aizeki, Geoffrey Boyce, Todd Miller, Joseph Nevins u. Miriam Ticktin, *Smart Borders or a Humane World?*, The Immigrant Defense Project's Surveillance, Tech & Immigration Policing Project, and the Transnational Institute (6. Oktober 2021), https://www.tni.org/en/publication/smartborders-or-a-humane-world; Visiongain Reports, »Global Border Security market is projected to grow at a CAGR of 7.0 % by 2023: Visiongain Reports Ltd«, *GlobeNewswire* (18. November 2022), https://www.globenewswire.com/news-release/2022/11/18/2558941/0/de/Global-Border-Securitymarket-is-projected-to-grow-at-a-CAGR-of-7-0-by-2033-Visiongain-Reports-Ltd.html.

3 Etwas anders verwenden den Begriff »Klasse« in diesem Zusammenhang Jenna Burrell u. Marion Fourcade, »The Society of Algorithms«, *Annual Review of Sociology* 47 (2021), S. 213–237.

4 Mehr dazu: Couldry u. Mejias, *The Costs of Connection*, Kapitel 2.
5 Brian Duiuxcgnan, »5 Fast facts about the East India Company«, *Britannica* (n. d.), https://www.britannica.com/story/5-fast-facts-about-the-east-indiacompany; William Dalrymple, »The East India Company: the original corporate raiders«, *Guardian* (4. März 2015), https://www.theguardian.com/world/2015/mar/04/east-india-company-original-corporate-raiders.
6 Nutzerstatistiken: https://www.businessofapps.com/data/uberstatistics/; Mitarbeiterstatistiken: https://stockanalysis.com/stocks/uber/employees/.
7 Zur langen Vorgeschichte dieser Art von Marketing s. Josh Lauer, *Creditworthy: A History of Consumer Surveillance and Financial Identity in America* (Columbia University Press, 2017).
8 Gandy, *Panoptic Sort*.
9 Peter Drucker 1998, zitiert nach Davenport, *Big Data @ Work*, S. 21.
10 Christopher Ahlberg (CEO von Recorded Future), zitiert ebd.
11 Ondi Timoner, *We Live in Public* (Interloper Films, 2010).
12 Brandon Fischer von Group M Next Consultancy, zitiert in: Turow, *The Aisles Have Eyes*, S. 2.
13 Viktor Mayer-Schönberger u. Kenneth Cukier, *Big Data: A Revolution that Will Transform How We Live, Work and Think* (John Murray, 2013), S. 96; Cohen, *Between Truth and Power*, S. 72.
14 Andrew McAfee u. Erik Brynjolfsson, »Big Data: the Management Revolution«, *Harvard Business Review* (4. Oktober 2012), https://hbr.org/2012/10/big-data-the-management-revolution.
15 Davenport, *Big Data @ Work*, S. 28.
16 Alle genannten Marktkapitalisierungen beziehen sich auf den 16. Juni 2023. Quelle (sofern nicht anders angegeben): Yahoo, »GSPC Trending Tickers«, *Yahoo Finance* (n. d.), https:// uk.finance.yahoo.com/quote/.
17 Zahlen vom 30. Juni 2022, s. »Amazon.com Announces Second Quarter Results«, *Amazon* (28. Juli 2022), https://s2.q4cdn.com/299287126/files/doc_financials/2022/q2/Q2–2022-Amazon-Earnings-Release.pdf.
18 Michael Brown, »Apple sold more smart speakers in Q1 than Google did, but its lead might be short lived«, *TechHive* (21. April 2021), https://www.techhive.com/article/579347/apple-sold-more-smart-speakers-than-google.html.
19 Aaron Mok, »Amazon offers customers $ 2 per month for letting the company monitor the traffic on their phones«, *Business Insider* (5. Dezember 2022), https://www.businessinsider.com/amazon-offering-users-2-dollars-monthfor-track-phone-data-2022–12.

20 https://www.statista.com/chart/amp/18819/worldwide-market-share-of-leading-cloud-infrastructure-service-providers/.
21 S. Quelle in Anmerkung 18.
22 »Search Engine Market Share Worldwide – January 2023«, *Statcounter* (n. d.), https://gs.statcounter.com/search-engine-market-share.
23 Zitiert nach Turow, *Stimmenfänger*, S. 64.
24 Um genau zu sein 2989 Milliarden monatlich aktive Nutzer laut https://datare-portal.com/essential-facebook-stats.
25 »Meta earnings Presentation Q2 2022«, *Meta* (n. d.), https://s21.q4cdn.com/399680738/files/doc_financials/2022/q2/Q2–2022_EarningsPresentation.pdf.
26 Hannah Murphy u. Cristina Criddle, »Meta's AI-driven advertising system splits marketers«, *Financial Times* (28. Februar 2023), https://www.ft.com/content/fc95a0f7–5e4e-4616–9b17–7b72daee6c60.
27 Richard Waters, »Meta's Existential Risks Mount«, *Financial Times* (28. Juli 2022), https://www.ft.com/content/6ba3fa7b-502c-443d-94e5–1c785bb9b078.
28 Varun Mishra, »Apple takes 62 % of premium market in Q1 2022«, *Counter-Point* (23. Juni 2022), https://www.counterpointresearch.com/apple-takes-62-premium-marketq1–2022/.
29 Mishra, »Apple takes 62 % of premium market in Q1 2022«.
30 David Curry, »Apple statistics (2023)«, *Business of Apps* (11. Januar 2023), https://www.businessofapps.com/data/apple-statistics/.
31 Michael Bürgi u. Ronan Shields, »Apple is quietly pushing a TV ad product with media agencies«, *DigiDay* (12. Oktober 2022), https://digiday.com/media/apple-is-quietly-pushing-a-tv-ad-product-withmedia-agencies/.
32 Brandon Vigliarolo, »Apple sued for collecting user data despite opt-outs«, *The Register* (14. November 2022), https://www.theregister.com/2022/11/14/ apple_data_collection_lawsuit/.
33 Patrick McGee u. Ryan McMorrow, »Apple's bargain with Beijing: access to China's factories – and consumers«, *Financial Times* (8. November 2022), https://www.ft.com/content/31ab6e36-e683–490a-bf94-b83e031f3169.
34 »Digital Economy Report 2019 – Value Creation and Capture: Implications for Developing Countries«, *United Nations Conference on Trade and Development* (4. September 2019), https://unctad.org/system/files/officialdocument/der2019_de.pdf; Gurumurthy u. Chami, *Intelligent Corporation*.
35 Manuel Baigorri, Ben Bartenstein u. Dong Cao, »UAE Spy Chief's Firm Buys into ByteDance at $ 220 Billion Value«, *Bloomberg News* (15. März 2023), https://www.bloomberg.com/news/articles/2023–03–15/uae-spy-

chiefs-firm-buys-into-bytedance-at-220-billion-value?leadSource=uverify%20wall.

36 Der Aufstieg von TikTok hat dazu geführt, dass manche nun die Muttergesellschaft von TikTok, ByteDance, einbeziehen und statt von BATX von BATJ (ByteDance, Alibaba, Tencent und JD.com) sprechen: Jack Qiu, »The Return of Billiard Balls? US-China Tech War and China's State-Directed Digital Capitalism«, *Javnost – the Public* (2023), https://doi.org/10.1080/13183222.2023.2200695.

37 Yihan Ma, »Alibaba's annual segment revenue FY 2017-FY2022«, *Statista* (14. Juni 2022), https://www.statista.com/statistics/708630/revenue-ofalibabacom-segment/.

38 Katharina Buchholz, »China's most popular digital payment services«, *Statista* (8. Juli 2022), https://www.statista.com/chart/17409/most-popular-digitalpayment-services-in-china/.

39 »Baidu Announces Second Quarter 2022 Results«, *Baidu* (30. August 2022), https://ir.baidu.com/static-files/6a803761–2f5f-4e23-a573-b24c6a0e9d96.

40 Jonathan Dyble, »NXP, Baidu Sign New IoT Partnership«, *Technology Magazine* (17. Mai 2020), https://technologymagazine.com/ai-and-machine-learning/nxp-baidu-sign-new-iot-partnership; https://dueros.baidu.com/en/index.html.

41 Buchholz, »China's most popular digital payment services«.

42 »2022 Second Quarter Results Presentation«, *Tencent* (17. August 2022), https://static.www.tencent.com/uploads/2022/08/17/d0d74555dfe436e57a9a3c05a0ded87b.pdf.

43 Tom Mitchell, »What the eclipse of Tencent by a liquor company says about Xi's China«, *Financial Times* (17. Oktober 2022), https://www.ft.com/content/61ac1bb2–63ed-4655–88b1–5d968f15e357.

44 Mishra, »Apple takes 62 % of premium market in Q1 2022«.

45 https://finance.yahoo.com/quote/688036.SS/, Angaben in chinesischen Yuan.

46 Seyram Avle, »Hardware and Data in the Platform Era: Chinese smartphones in Africa«, *Media Culture & Society* 44:8 (2022), S. 1473–89.

47 Jason Wise, »How many people use Microsoft in 2023?«, *EarthWeb* (23. Juli 2022), https://earthweb.com/how-many-people-usemicrosoft/.

48 https://www.statista.com/chart/amp/18819/worldwide-market-share-ofleading-cloud-infrastructure-service-providers/.

49 Zitate in diesem und den folgenden Abschnitten aus: Satya Nadella, *Hit Refresh: The Quest to Rediscover Microsoft's Soul and Imagine a Better Future for Everyone* (Harper Business, 2017), S. 27, 69, 143, 156.

50 Paul N. Edwards, »Platforms are Infrastructures on Fire«, in: Thomas S. Mullaney et al. (Hg.), *Your Computer Is on Fire* (MIT Press, 2020).

51 Rafe Needleman, »Who Owns Transit Data?«, *CNET* (24. August 2009), https://www.cnet.com/tech/tech-industry/who-owns-transit-data/.

52 Thomas Davenport u. DJ Patil, »Data Scientist: The Sexiest Job of the 21st Century«, *Harvard Business Review* (Oktober 2012), https://hbr.org/2012/10/data-scientist-the-sexiest-job-of-the-21st-century; Jeff Hammerbacher, zitiert in: Robert Gehl, »Sharing, Knowledge Management and Big Data«, *European Journal of Cultural Studies* 18:4–5 (2015), S. 420.

53 Zitiert in: Gehl, »Sharing, Knowledge Management and Big Data«, S. 423, aus DJ Patil, *Building Data Science Teams* (O'Reilly Media, 2011).

54 Gurumurthy u. Chami, *Intelligent Corporation.*

55 Mirca Madianou, »Technocolonialism: Digital innovation and data practices in the humanitarian response to refugee crises«, *Social Media + Society* 5:3 (2019), S. 1–13; Linnet Taylor u. Dennis Broeders, »In the name of development: profit, power and the datafication of the Global South«, *Geoforum* (2015), S. 29–37.

56 Sky Ariella, »25+ Telling Diversity in High Tech Statistics« (7. November 2022), https://www.zippia.com/advice/diversity-in-high-tech-statistics/. Mehr hierzu: Noble, *Algorithms of Oppression*; Benjamin, *Race After Technology*; Charlton D. McIlwain, *Black Software: The Internet & Racial Justice, From the AfroNet to Black Lives Matter* (Oxford University Press, 2020).

57 https://www.statista.com/statistics/1256194/representation-of-gender-and-ethnic-minorities-tech/. Mehr dazu s.: D'Ignazio u. Klein, *Data Feminism*; Sasha Costanza Chock, *Design Justice* (MIT Press, 2020); Ben Little u. Alison Winch, *The New Patriarchs of Digital Capitalism* (Routledge, 2021).

58 Folgendes aus: Jon Keegan u. Alfred Ng, »Who Is Collecting Data from Your Car?«, *The Markup* (27. Juli 2022), https://themarkup.org/the-breakdown/2022/07/27/who-is-collecting-data-from-your-car.

59 Roger Lanctot von Strategic Analytics, zitiert in: Turow, *Voice Catchers*, S. 135.

60 Sam Hind, Max Kanderske u. Fernando van der Vlist, »Making the Car ›Platform Ready‹: How Big Tech Is Driving the Platformization of Automobility«, *Social Media & Society* (2022), https://doi.org/10.1177/20563051221098697, S. 8.

61 Alberto Cevolini u. Elena Esposito, »From pool to profile: social consequences of algorithmic prediction insurance«, *Big Data & Society* 7:2 (2020), S. 1–11.

62 »The Smart Mobility Data Platform«, *Otonomo* (n. d.), https://otonomo.io/.
63 Yannick Perticone, Jean-Christophe Graz u. Kunz Rahel, »Datanalysing the uninsured: the coloniality of inclusive insurance platforms«, *Competition & Change*, https://doi.org/10.1177/10245294221125849, S. 1–21, 14.
64 Keegan u. Ng, »Who Is Collecting Data from Your Car?«; Turow, *Voice Catchers*, S. 136.
65 Joann Muller, »What Tesla knows about you«, *Axios* (13. März 2019), https://www.axios.com/2019/03/13/what-tesla-knows-about-you.
66 Martin Landis, »Data monetization – Tesla's principles for data-driven success«, *USU* (19. August 2021), https://blog.usu.com/en-us/tesla-principles-for-data-driven-success.
67 Torben Iversen u. Philipp Rehm, *Big Data and the Welfare State* (Cambridge University Press, 2022).
68 Aitor Jiménez, »Datafying Islamaphobia in Catalonia«, *Medium – Data & Society: Points* (23. November 2022), https://points.datasociety.net/datafyingislamophobia-in-catalonia-b1a87f869cab.
69 »Global Trends 2022«, *Flüchtlingshilfswerk der Vereinten Nationen* (2022), https://www.unhcr.org/global-trends.
70 Samuel N. Chambers et al., »Mortality, Surveillance and the Tertiary ›Funnel Effect‹ on the U. S.–Mexico Border: A Geospatial Modeling of the Geography of Deterrence«, *Journal of Borderlands Studies* 36:3 (2019), S. 443–468; Mizue Aizeki et al., *Smart Borders or A Humane World?* (Transnational Institute, 6. Oktober 2021), https://www.tni.org/en/publication/smart-borders-or-a-humane-world.
71 Weronika Stryzyzynska, »Iranian authorities plan to use facial recognition to enforce new hijab law«, *Guardian* (5. September 2022), https://www.theguardian.com/global-development/2022/sep/05/iran-government-facial-recognition-technology-hijab-law-crackdown.
72 Max Chafkin, *The Contrarian* (Penguin Books, 2021), S. 266.
73 Zu PayPal s. Little u. Winch, *New Patriarchs*, Kapitel 5.
74 Dan Milmo, »Palantir: Trump-backer's data firm that wants a big NHS deal«, *Guardian* (21. Juni 2022), https://www.theguardian.com/society/2022/jun/21/palantir-concerns-over-data-firm-poised-to-be-operating-system-of- nhs; Ian Johnston, »NHS data specialists oppose Palantir's bid for £480mn contract«, *Financial Times* (16. April 2023), https://www.ft.com/content/2574c49d-2aa4–47e8–9923–35c7aeeb2d3f.
75 Johnston, »NHS data specialists«.
76 Cristina Alaimo u. Jannis Kallinikos, »Organizations Decentered: Data Objects, Technology and Knowledge«, *Organization Science* 33:1 (2022), S. 19–37.

77 »The War Against Immigrants: Trump's Tech Tools Powered by Palantir«, *Mijente* (August 2019), https://mijente.net/wp-content/uploads/2019/08/Mijente-The-War-Against-Immigrants_-Trumps-Tech-Tools-Powered-byPalantir_.pdf; »Comment submitted by the Center on Privacy & Technology at Georgetown Law«, *Federal Trade Commission* (21. November 2022), https://www.regulations.gov/comment/FTC-2022–0053–1234.

78 »Privacy advocates demand a European survey of Palantir«, *Stichting Onderzoek Marktinformatie* (n. d.), https://somi.nl/en/privacy-advocates-demand-a-european-survey-of-palantir.

79 Palantir, »Ensuring the resettling and safeguarding of refugees-fleeing-the-war-in-Ukraine«, *Palantir Blog* (20. Oktober 2022), http://blog.palantir.com/ensuring-the-resettling-and-safeguarding-of-refugees-fleeing-the-war-in-ukraine-5a5fcb306fa. Allgemeiner s.: Daniel Howden et al., »Seeing stones: Pandemic reveals Palantir's troubling reach in Europe«, *Guardian* (2. April 2021), https://www.theguardian.com/world/2021/apr/02/seeingstones-pandemic-reveals-palantirs-troubling-reach-in-europe.

80 Andrew Iliadis u. Kate Acker, »The Seer and the Seen: Surveying Palantir's Surveillance Platform«, *The Information Society* 38:5 (2022), S. 334–363. Die Zitate von Palantir stammen aus dem dort zitierten SEC-Filing.

81 David Ignatius, »Opinion: How the algorithm tipped the balance in Ukraine«, *Washington Post* (19. Dezember 2022), https://www.washingtonpost.com/opinions/2022/12/19/palantir-algorithm-data-ukraine-war/.

82 Ebd.

83 William Dalrymple, *The Anarchy: The Relentless Rise of the East India Company* (Bloomsbury, 2019), S. XXIV f.

84 Mariana Mazzucato, *The Entrepreneurial State* (Anthem Press, 2014); Andrew Keen, *The Internet Is Not the Answer* (Atlantic Books, 2015) S. 38; Juan O. Freuler, »The weaponization of private corporate infrastructure«, *Global Media and China* (2022), https://doi.org/10.1177/20594364221139729.

85 Felicia Schwartz u. Patrick McGee, »Pentagon splits $ 9bn cloud computing contract among tech giants«, *Financial Times* (7. Dezember 2022), https://www.ft.com/content/55e5675c-6803–48c0–85d9–2097af69c16e.

86 Turow, *Voice Catchers*, S. 53.

87 Yu Hong, »Pivot to Internet Plus: Moulding China's Digital Economy for Economic Restructuring«, *International Journal of Communication* 11 (2017), S. 1486–1506; Lianrui Jia u. Dwayne Winseck, »Political Economy of Chinese Internet Companies: Financialization, concentration, and ca-

pitalization«, *International Communication Gazette* 80:1 (2018), S. 30–59; [[https://www.researchgate.net/journal/International-Communication-Gazette-1748-0493?_tp=eyJjb250ZXh0Ijp7ImZpcnN0UGFnZSI6InB1YmxpY2F0aW9uIiwicGFnZSI6InB1YmxpY2F0aW9uIiwicHJldmlvdXNQYWdlIjoiX2RpcmVjdCJ9fQ]] Kokas, *Trafficking Data*.

88 Sun Yu, »China's central bank struggles to force tech groups to share data with the state«, *Financial Times* (4 November 2022), https://www.ft.com/content/75409a44-6cfb-43e9-be31-776eb814a919.

89 Kokas, *Trafficking Data*, S. 55.

90 Rogier Creemers, »Planning Outline for the Construction of a Social Credit System (2014–2020)«, *China Copyright and Media* (14. Juni 2014), https://chinacopyrightandmedia.wordpress.com/2014/06/14/planning-outline-for-the-construction-of-a-social-credit-system-2014-2020/.

91 Malavika Jayaram, »India's Big Brother Project«, *Boston Review* (19. Mai 2014), https://www.bostonreview.net/articles/malavika-jayaram-india-uniqueidentification-biometrics/.

92 Bruce Schneier, »Spy agencies are addicted to corporate data load: Bruce Schneier«, *Bloomberg UK* (31. Juli 2013), https://www.bloomberg.com/view/articles/2013-07-31/the-public-private-surveillance-partnership.

93 AWS, »The Trusted Cloud for Government«, *Amazon Web Services* (n. d.), https://aws.amazon.com/government-education/government/.

94 Paz Peña u. Joana Varon, »Not My AI« (2021), https://notmy.ai/news/case-study-plataforma-tecnologica-de-intervencionsocial-argentina-and-brazil/.

95 João Magalhães u. Nick Couldry, »Giving by Taking Away: Big tech, data colonialism, and the reconfiguration of social good«, *International Journal of Communication* 15 (2021), S. 343–362.

96 Silvia Masero, »Biometric Infrastructures and the Indian Public Welfare Distribution system«, *South Asia Multidisciplinary Academic Journal (SAMAJ)* 23 (2020), S. 1–21.

97 Linnet Taylor u. Dennis Broeders, »In the name of development: profit, power and the datafication of the Global South«, *Geoforum* 64 (2015), S. 229–237, 232.

98 Revati Prasad, »People as data, data as oil: The digital sovereignty of the Indian state«, *Information Communication and Society* 25:6 (2022), S. 801–815.

99 Nathan Heller, »Estonia, the Digital Republic«, *New Yorker* (11. Dezember 2017).

100 Susan Cahill, »Surveillance Frontierism«, *Helioscope* (10. November 2021).

101 Fabiano Maisonnave, »Musk brought internet to Brazil's Amazon. Criminals love it«, *AP News* (16. März 2023), https://apnews.com/article/amazon-musk-starlink-gold-mining-yanomami-7ab40c14375a9f1bb691a809dcc843b4.

102 Alex Horton, »Channeling ›The Social Network‹, lawmaker grills Zuckerberg on his notorious beginnings«, *Washington Post* (11. April 2018), https://www.washingtonpost.com/news/the-switch/wp/2018/04/11/channeling-the-social-network-lawmaker-grills-zuckerberg-on-his-notorious-beginnings.

103 Zitiert in: Kashmir Hill, »The Secretive Company that Might End Privacy as We Know It«, *New York Times* (18. Januar 2020), https://www.nytimes.com/2020/01/18/technology/clearview-privacy-facial-recognition.html.

104 Luke O'Brien, »The Far-Right Helped Create the World's Most Powerful Facial Recognition Technology«, *Huffington Post* (7. April 2020), https://www.huffpost.com/entry/clearview-ai-facial-recognition-alt-right_n_5e7d028bc5b6cb08a92a5c48?6p8.

105 Zum Patent aus dem Jahr 2019: Iliadis u. Acker, »The Seer and the Seen«.

106 Hill, »The Secretive Company«.

107 »Clearview AI Home«, *Clearview AI* (n. d.), https://www.clearview.ai/.

108 Alex Pentland, *Social Physics: How Social Networks Can Make Us Smarter* (Penguin Books, 2015), S. 6 f.

109 Pentland, *Social Physics*, S. 8, 220, 14.

110 Mehr zum Unternehmen: https://tracxn.com/d/companies/endor/__CS-LVvZ8AutpYKQzc7Xl34NS1toof2U8-yuLLemaA4wU.

111 Turow, *Voice Catchers*, S. 93 f.

112 Alex Pentland, Alexander Lipton u. Thomas Hardjono, *Building the New Digital Economy: Data as Capital* (MIT Press, 2021).

113 David Olusoga, »The Ties that Bind Us«, *Guardian* (28. März 2023), https://www.theguardian.com/news/ng-interactive/2023/mar/28/slavery-and-the-guardian-the-ties-that-bind-us.

114 Viljeon, »A Relational Theory of Data Governance«.

115 Srishti Jaswal, »Would you geotag your home for your government? 50 million Indians just did«, *RestofWorld* (15. September 2022), https://restofworld.org/2022/would-you-geotag-your-home-for-your-government-50-million-indians-did/.

116 Zitiert ebd.

Kapitel 5: Es regt sich Widerstand

1 John Feng, »Chinese Delivery Driver Sets Himself on Fire to Protest Unpaid Wages«, *Newsweek* (12. Januar 2021), https://www.newsweek.com/chinesedelivery-driver-sets-himself-fire-protest-unpaid-wages-1560805.

2 Unsere Darstellung stützt sich auf Hanke, *La humanidad es una*; Bartolomé de Las Casas, *Kurzgefaßter Bericht von der Verwüstung der Westindischen Länder* (Insel, 2006); Anthony Pagden, »Introduction«, in: Las Casas, *A Short Account of the Destruction of the Indies* (Penguin, 1992).

3 David Graeber u. David Wengrow, *Anfänge – Eine neue Geschichte der Menschheit* (Klett-Cotta, 2022).

4 Leanne Betasamosake Simpson, *As We Have Always Done* (University of Minnesota Press, 2021), S. 15, Hervorhebung im Original.

5 Ebd., S. 75, unter Bezug auf: Naomi Klein, »Dancing the World into Being: A Conversation with Idle No More's Leanne Simpson«, *Yes Magazine* (6. März 2013), https://www.yesmagazine.org/social-justice/2013/03/06/dancing-the-world-into-being-a-conversation- withidle-no-more-leanne-simpson/.

6 https://idlenomore.ca.

7 Simpson, *As We Have Always Done*, S. 222 f.

8 Ebd., S. 156.

9 Ebd., S. 19, 8.

10 Enrique Dussel, The Invention of the Americas: *Eclipse of the »Other« and the Myth of Modernity* (Continuum, 1995).

11 Malachy Postlethwayt, *The African Trade, the Great Pillar and Support of the British Plantation Trade in North America* (J. Robinson, 1745), zitiert nach: Eric Williams, *Capitalism and Slavery* (Penguin, 2023), S. 53.

12 Ebd., S. 6–7, 20.

13 Sven Beckert, *King Cotton* (C.H.Beck, 2014), S. 13.; zum allgemeineren Überblick s.: Sven Beckert u. Seth Rockman, *Slavery's Capitalism* (University of Pennsylvania Press, 2016); W. E. B. Du Bois, *Black Reconstruction in America* (Basic Books, 1998).

14 Wir fassen hier zusammen: Aníbal Quijano, »Coloniality and Modernity/Rationality«, *Cultural Studies* 21:2–3 (2007), S. 177 [ursprünglich 1989 auf Spanisch veröffentlicht].

15 Ramón Grosfoguel, »Del ›Extractivismo Económico‹ al ›Extractivismo Epistémico‹ y al ›Extractivismo Ontológico‹: una forma destructiva de conocer, ser y estar en el mundo«, *Tabula Rasa* 24 (2016), S. 123–143. Eine ausgezeichnete Kritik dieses Punktes in englischer Sprache: Kevin Ochieng Okoth, »Decolonisation and its Discontents: Rethinking the

Cycle of National Liberation«, *Salvage* (22. September 2021), https://salvage.zone/decolonisation-and-its-discontents-rethinking-the-cycleof-national-liberation/.

16 David Scott, »The Re-Enchantment of Humanism: An Interview with Sylvia Wynter«, *Serendip Studio* (2000), https://serendipstudio.org/oneworld/system/files/WynterInterview.pdf; Sylvia Wynter, »Unsettling the Coloniality of Being/Truth/Power/Freedom: Towards the Human, After Man, Its Overrepresentation – an Argument«, *CR: The New Centennial Review* 3:3 (2003), S. 257–337.

17 Wynter, »Unsettling the Coloniality«, 283 ff.

18 Scott, »The Re-Enchantment of Humanism«, S. 191, 195.

19 Norbert Wiener, *Kybernetik. Regelung und Nachrichtenübertragung im Lebewesen und in der Maschine* (Econ Verlag, 1963), S. 49 f.

20 Stuart Russell, *Human Compatible: Artificial Intelligence and the Problem of Control* (Allen Lane, 2019), S. 136–138.

21 Ebd., S. 137–139; vgl. Robin Mansell, *Imagining the Internet: Communication, Innovation, and Governance* (Oxford University Press, 2012).

22 Ian McEwan, *Machines Like Me* (Jonathan Cape, 2019); Rory Cellan-Jones, »Stephen Hawking warns artificial intelligence could end mankind«, *BBC* (2. Dezember 2014), https://www.bbc.com/news/technology-30290540.

23 Wiener, *Kybernetik*, S. 50 f.

24 Ebd., S. 52.

25 Joseph Weizenbaum, *Die Macht der Computer und die Ohnmacht der Vernunft* (Suhrkamp, 1978), S. 19.

26 Ebd., S. 63.

27 Ebd., S. 346.

28 Ebd., S. 28, Hervorhebung im Original.

29 Ebd., S. 326.

30 Ebd., Kapitel 1, »Über Werkzeuge«, S. 35 ff.

31 Achille Mbembe, *Postkolonie. Zur politischen Vorstellungskraft im gegenwärtigen Afrika* (Turia+Kant, 2020).

32 Mbembe, *Kritik der schwarzen Vernunft* (Suhrkamp, 2017), S. 11.

33 Mbembe, *Brutalisme* (La Découverte, 2023), S. 23 (im französischen Original heißt es »*devenir-artificiel de l'humanité*«).

34 Zur Kritik an Mbembes Thesen: David Marriott, »The Becoming-Black of the World? On Achille Mbembe's Critique of Black Reason«, *Radical Philosophy* 202 (Juni 2018), S. 62–71. Die umfassenderen Fragen, die Marriott aufwirft, berühren jedoch nicht den allgemeineren Punkt über Daten, den wir aus Mbembes Arbeit entwickeln.

35 Mbembe, *Kritik der schwarzen Vernunft*, S. 20 f., Hervorhebung im Original.
36 Ebd., S. 325.
37 Ebd., S. 325 f.
38 Ebd., S. 329 f.
39 Naomi Klein, *Die Schock-Strategie: Der Aufstieg des Katastrophen-Kapitalismus* (S. Fischer, 2007).
40 Naomi Klein, »Screen New Deal«, *The Intercept* (8. Mai 2020), https://theintercept.com/2020/05/08/andrew-cuomo-eric-schmidtcoronavirus-tech-shock-doctrine/.
41 Naomi Klein, *Die Entscheidung. Kapitalismus vs. Klima* (S. Fischer, 2015), S. 210.
42 Ebd., S. 212.
43 Klein, »Screen New Deal«.
44 Ebd.

Kapitel 6: Anleitung zum Widerstand

1 Nathan Sheard u. Adam Schwartz, »The movement to ban government use of face recognition«, *Electronic Frontier Foundation* (5. Mai 2022), https://www.eff.org/deeplinks/2022/05/movement-bangovernment-use-face-recognition.
2 Avi Asher-Schapiro, »California City Bans Predictive Policing in U.S. First«, *Reuters* (24. Juni 2020), https://www.reuters.com/article/us-usa-policetech-trfn-idUSKBN23V2XC; »Seattle Adopts Nation's Strongest Regulations for Surveillance Technology«, *ACLU Washington* (8. August 2017), https://www.aclu-wa.org/news/seattle-adopts-nation%E2%80%99s-strongestregulations-surveillance-technology.
3 »Reclaim your face«, *Reclaim Your Face* (n.d.), https://reclaimyourface.eu/.
4 Paresh Dave, »US cities are backing-off banning facial-recognition as crime rises«, *Reuters* (12. Mai 2022), https://www.reuters.com/world/us/us-cities-are-backing-off-banning-facial-recognition-crime-rises-2022–05–12/.
5 Cedric Whitney, Teresa Naval, Elizabeth Quepons, Simrandeep Singh, Steven Rick u. Lilly Irani, »HCI Tactics for Politics from Below: Meeting the Challenges of Smart Cities«, Protokoll der CHI 2021 Konferenz (8. bis 13. Mai 2021), https://doi.org/10.1145/3411764.3445314.
6 David Davidson et al., »The algorithm addiction« (20. Dezember 2022),

https://www.lighthousereports.nl/investigation/the-algorithm-addiction/.

7 Heather Stewart, »›We're not going away‹: UK strike trio bullish over battle for Amazon union«, *Guardian* (11. Juni 2023), https://www.theguardian.com/technology/2023/jun/11/amazon-coventry-strike-trio-bullish-union; Levi Sumagaysay, »This obscure band of Facebook workers is in the middle of a heated union fight«, *MarketWatch* (26. August 2022), https://www.marketwatch.com/story/this-small-largelyunknown-band-of-facebook-workers-is-in-the-middle-of-a-heated-unionfight-11661542994.

8 Nicole Carpenter, »The rise of the video game union«, *Polygon* (5. Dezember 2022), https://www.polygon.com/23485977/video-gameunions-guide-explainer.

9 Peter Guest, »›We're all fighting the giant‹: Gig workers around the world are finally organizing« (21. September 2021), https://restofworld.org/2021/gig-workers-around-the-world-are-finally-organizing/.

10 Lauren Kaori Gurley, »Union membership hit record low in 2022«, *Washington Post* (19. Januar 2023), https://www.washingtonpost.com/business/2023/01/19/union-membership-2022/.

11 Varsha Bansal, »Gig workers in India are uniting to take back control from algorithms«, *Rest of the World* (14. November 2022), https://restofworld.org/2022/gig-workers-in-india-take-back-cotrol-from-algorithms/; Karen Hao u. Nadine Freischlad, »The gig workers fighting back against the algorithms«, *MIT Technology Review* (21. April 2022), https://www.technologyreview.com/2022/04/21/1050381/the-gigworkers-fighting-back-against-the algorithms/.

12 Anjar Anwar u. Mark Graham, »Hidden transcripts of the gig economy: labour and the new art of resistance among African gig workers«, *Environment and Planning A: Economy and Space* 52:7 (2020) S. 1269–1291.

13 Claudia Irizarry Aponte, »Food Delivery Workers Veer Into Warfare Over Breakthrough Wage Proposal«, *The City* (5. April 2023), https://www.thecity.nyc/2023/4/5/23670441/appfood-delivery-workers-wage.

14 Udayan Tandon, Vera Khovanskaya, Enrique Arcilla, Mikaiil Haji Hussein, Peter Zschiesche u. Lilly Irani, »Hostile Ecologies: Navigating the Barriers to Community-Led Innovation«, Proc. ACM Hum.-Comput. Interact., S. 6, CSCW2, Article 443 (November 2022), https://escholarship.org/uc/item/6xj932f8.

15 Movimento dos Trabalhadores Sem Teto, *Homeless Worker Movement in Brazil and the struggle for digital sovereignty* (25. April 2023), S. 10, https://nucleodetecnologia.com.br/docs/Cartilha-MTSTec-ENG.pdf.

16 Nitasha Tiku, »Why tech worker dissent is going viral«, *Wired* (29. Juni 2018), https://www.wired.com/story/why-tech-worker-dissent-is-going-viral/.

17 »Automated Apartheid: How facial recognition fragments, segregates and controls Palestinians in the OPT«, Amnesty International (2. Mai 2023), https://www.amnesty.org/en/documents/mde15/6701/2023/en/.

18 »Israeli spyware facilitates human rights violations«, *BDS Movement* (n. d.), https://bdsmovement.net/israeli-spyware-facilitates-human-rights-violations#action.

19 Ebd.

20 Sebastián Lehuedé, »Big Tech's new headache: data centre activism flourishes across the world«, *LSE Blogs* (2. November 2022), https://blogs.lse.ac.uk/medialse/2022/11/02/big-techs-new-headache-datacentre-activism-flourishes-across-the-world/.

21 https://www.odbproject.org/.

22 Yásnava E. A. Gil, »A modest proposal to save the world«, *The Rest of the World* (9. Dezember 2020), https://restofworld.org/2020/savingthe-world-through-tequiology/.

23 S. z. B: Emma Tranter, »A new streaming platform offers a trove of Inuit content on-demand«, *Arctic Today* (22. Juni 2022), https://www.arctic-today.com/a-new-streaming-platform-offers-a-trove-of-inuit-content-on-demand/; Jens Korff, »30 Aboriginal apps you probably didn't know about«, *Creative Spirits* (25. April 2023), https://www.creativespirits.info/resources/apps; Kyle Keeler, »How Wikipedia Erases Indigenous History«, *Slate* (2. Februar 2023), https://slate.com/technology/2023/02/wikipedia-native-american-history-settler-colonialism.html.

24 Peter Austin u. Julia Sallabank, »Introduction«, in: Peter Austin u. Julia Sallabank (Hg.), *Cambridge Handbook of Endangered Languages* (Cambridge University Press, 2011), S. 2.

25 Karen Hao, »A new vision of artificial intelligence for the people«, *MIT Technology Review* (22. April 2022), https://www.technologyreview.com/2022/04/22/1050394/artificial-intelligence-for-the-people/.

26 Winthrop Rodgers, »The mission to preserve Sorani Kurdish by getting it on Google Translate«, *Rest of World* (15. Mai 2023), https://restofworld.org/2023/google-translate-sorani-kurdish-volunteers/.

27 Dokumentation des Projekts Rising Voices: »Digital Security + Language«, *Rising Voices* (n. d.), https://rising.globalvoices.org/digital-security-language/.

28 Vgl. Roger Mueller, »76 % Ignore Cookie Banners The User Behavior After 30 Days of GDPR«, *Advance Metrics* (20. Juli 2018), https://www.advance

metrics.com/de/blog/76-ignore-cookie-banners-the-user-behavior-after-30-days-of-gdpr/; Joe Nocera, »How cookie banners backfired«, *New York Times* (29. Januar 2022), https://www.nytimes.com/2022/01/29/business/dealbook/how-cookie-banners-backfired.html.

29 Soo Youn, »›I get better sleep‹: the people who quit social media«, *Guardian* (10. Februar 2021), https://www.theguardian.com/lifeandstyle/2021/feb/10/people-who-quit-social-media.

30 Felicia Hou, »Lush CEO says he's ›happy to lose‹ 13 million quitting social media. ›We're talking about suicide, not whether someone should dye their hair blonde‹«, *Fortune* (1. Dezember 2021), https://fortune.com/2021/12/01/lush-quit-social-media-executive/.

31 Alex Vadukul, »›Luddite‹ Teens don't want your likes«, *New York Times* (15. Dezember 2022), https://www.nytimes.com/2022/12/15/style/teens-social-media.html.

32 Jathan Sadowski, »I'm a Luddite. You should be one too«, *The Conversation* (9. August 2021), https://theconversation.com/im-a-luddite-you-should-be-one- too-163172.

33 Wie immer ist Wikipedia ein guter Ausgangspunkt für das Thema Dekolonisierung. Siehe: »Dekolonisierung«, [Der Artikel in der dtsch. Wiki heißt aber »Dekolonisation«!] *Wikipedia* (22. Februar 2023), https://en.wikipedia.org/wiki/Dekolonisierung [Zugriff am 25. Februar 2023].

34 Jenny Odell, *Nichts tun: Die Kunst, sich der Aufmerksamkeitsökonomie zu entziehen* (C.H.Beck, 2022), S. 18.

35 Verónica Gago, *Für eine feministische Internationale: Wie wir alles verändern* (UNRAST Verlag, 2021), S. 117, 172.

36 Ebd., S. 103.

37 Ivan Illich, *Selbstbegrenzung. Eine politische Kritik der Technik* (C.H.Beck, 1996), S. 59.

38 Ebd., S. 27.

39 »G8 Open Data Charter and Technical Annex«, *Cabinet Office* (18. Juni 2013), https://www.gov.uk/government/publications/open-data-charter/g8-open-data-charter-and-technical-annex.

40 »Using local data to address structural racism«, *Urban Institute* (n. d.), https://puttinglocaldatatowork.urban.org/using-local-data-address-structural-racism.

41 »Datos contra el feminicidio«, *Data Against Feminicide* (August 2019), https://datoscontrafeminicidio.net/.

42 Vgl. Graeber u. Wengrow, *Anfänge.*

43 Ignacio M. Cristi, »Autogestión Compleja en un Movimiento Urbano Popular: Prefigurando el Buen Vivir en una lucha contra, sin y desde el

EstadoMercado«, *RED Pilares 2018* (September 2018), https://www.researchgate.net/publication/327903249_Autogestion_Compleja_en_un_Movimiento_Urbano_Popular_Prefigurando_el_Buen_Vivir_en_una_lucha_contra_sin_y_desde_el_Estado-Mercado.

44 DS-GVO, Erwägungsgrund 1, https://eur-lex.europa.eu/legal-content/DE/TXT/PDF/?uri=CELEX:32016R0679.

45 Hannah Murphy u. Javier Espinosa, »Facebook owner Meta hit with record € 1.2 billion fine over EU-US data transfers«, *Financial Times* (22. Mai 2023), https://www.ft.com/content/d1607121–0a2e-4b74-b690-d368d0c290e8; Lisa O'Carroll, »MEPs to vote on proposed ban of ›Big Brother‹ AI facial-recognition on streets«, *Guardian* (10. Mai 2023), https://www.theguardian.com/technology/2023/may/10/meps-to-vote-onproposed-ban-on-big-brother-ai-facial-recognition-on-streets.

46 Jason Del Rey, »Amazon's antitrust settlement in Europe sure looks like a win for Amazon«, *Vox* (22. Dezember 2022), https://www.vox.com/recode/2022/12/22/23522734/amazon-eu-settlement-buy-box-sellers-anti trust.

47 Mitzi Lázsló, Gregory Narr, Velislava Hillman, Nick Couldry u. Russell Newman, 4 Ways the EU Digital Acts Fall Short and How to Remedy It, *Medium* (5. Juli 2022), https://medium.com/@gregerwinnarr/4-ways-the-new-eu-digital-acts-fall-short-and-how-to-remedy-it-d16b681a88bc; Tamar Sharon u. Raphael Gellert, »Regulating Big Tech expansionism? Sphere transgressions and the limits of Europe's digital regulatory strategy«, *Information Communication & Society* (erscheint in Kürze).

48 Ian Johnston, »NHS data specialists oppose Palantir's bid for £480mn contract«, *Financial Times* (16. April 2023), https://www.ft.com/content/2574c49d-2aa4–47e8–9923–35c7aeeb2d3f.

49 Emma Llansó, »Coalition Letter On Privacy and Free Expression Threats in Kids Online Safety Act«, *Center for Democracy and Technology* (28. November 2022), https://cdt.org/insights/coalition-letter-on-privacy-and-free-expression-threats-in-kids-online-safety-act/.

50 ACLU, *Submission to Federal Trade Commission on Commercial Surveillance.*

51 Jey Greene u. Rachel Lerman, »Amazon seeks recusal of FTC Chair Khan, a longtime company critic«, *Washington Post* (30. Juni 2021), https://www.washingtonpost.com/technology/2021/06/30/amazon-khan-ftc-recusal/.

52 Ulises Ali Mejias, »Why the Global South should nationalise its data«, *Al Jazeera* (14. Dezember 2019), https://www.aljazeera.com/opinions/2019/12/14/why-the-global-south-should-nationalise-its-data; Leonardo Fabián u. Sofía Scasserra, »La cuestión de la dependencia: estado empresario,

planificación constitucional de datos, cosejo económico y social inteligente«, *Friederich Ebert Stiftung* (November 2021), https://library.fes.de/pdf-files/bueros/argentinien/18548.pdf.

53 Ben Tarnoff, »Tech Workers Versus the Pentagon«, *Jacobin* (6. Juni 2018), https://jacobin.com/2018/06/google-project-maven-military-techworkers.

54 Nancy Skinner, »Act Locally: Using City Government for Social Change«, in: Brad Erickson (Hg.), *Call to Action: Handbook for Ecology, Peace and Justice* (Sierra Club Books, 1990), S. 19 ff.

55 Lilly Irani u. Khalid Alexander, »The Oversight Bloc«, *Logic* (25. Dezember 2021), https://logicmag.io/beacons/the-oversight-bloc/.

56 Andrea Miller, »How companies like Amazon, Nike and FedEx avoid paying federal taxes«, *CNBC* (14. April 2022), https://www.cnbc.com/2022/04/14/how-companies-like-amazon-nike-and-fedex-avoid-paying-federal-taxes-.html; Karen Weise, »Amazon's profit soars 220 percent as pandemic drives shopping online«, *New York Times* (12. Mai 2021), https://www.nytimes.com/2021/04/29/technology/amazons-profits-triple.html.

57 Mark Scott u. Emily Birnbaum, »How Washington and Big Tech won the global tax fight«, *Politico* (30. Juni 2021), https://www.politico.eu/article/washington-big-tech-tax-talks-oecd; Howard Gleckman, »Maryland's Digital Advertising Levy Sets Off a New Battle Over Taxing E-Commerce«, *Tax Policy Center* (25. Februar 2021), https://www.taxpolicycenter.org/taxvox/marylands-digital-advertising-levy-sets-new-battle-over-taxing-e-commerce.

58 Ressa, *How to Stand Up*, S. 267 f.

59 Dillon Reisman et al., »Algorithmic Impact Assessments: A Practical Framework for Public Agency Accountability«, *AI Now Institute* (April 2018), https://ainowinstitute.org/aiareport2018.html.

60 https://www.adalovelaceinstitute.org/resource/aia-user-guide/.

61 Audre Lorde, »Die Werkzeuge der Herrschenden werden das Haus der Herrschenden niemals einreißen«, in: Audre Lorde, *Sister Outsider. Essays* (Hanser, 2021), S. 7 ff.

62 »Chapter Sixty-Two: The colonial hangovers of India's new Telecommunications Bill«, *TypeRight – The Digital Nukkad* (3. Oktober 2022), https://typeright.stck.me/post/43411/Chapter-Sixty-Two-The-colonial-hangovers-of-India-s-new-Telecommunications-Bill.

63 Pablo Casanova, »Internal Colonialism and National Development«, *Studies in International Comparative Development* 1:4 (1965), S. 27–37.

64 Die Frage der Autonomie erörtern wir im Zusammenhang mit dem Kon-

zept des »Selbstraums« (*space of the self*) in Couldry u. Mejias, *Costs of Connection*, Kapitel 5.

65 »Solid: your data, your choice«, *Solid* (n.d.), https://solidproject.org/; Jaron Lanier, »Jaron Lanier Fixes the Internet«, *New York Times* (23. September 2019), https://www.nytimes.com/interactive/2019/09/23/opinion/data-privacy-jaron-lanier.html?searchResultPosition=1.

66 Thomas Stackpole, »What is Web3?«, *Harvard Business Review* (10. Mai 2022), https://hbr.org/2022/05/what-is-web3.

67 Ben Tarnoff, *Internet for the People: The Fight for Our Digital Future* (Verso Books, 2022); James Muldoon, *Platform Socialism: How to reclaim our digital future from Big Tech* (Pluto Press, 2021).

68 Scholz u. Schneider, *Ours to Hack and to Own.*

69 Jeremy Gilbert, *Twenty-first Century Socialism* (Verso Books, 2020); James Muldoon, *Platform Socialism: How to Reclaim our Digital Future from Big Tech* (Pluto, 2022); Jeremy Gilbert u. Alex Williams, *Hegemony Now: How Big Tech and Wall Street Won the World (And How We Win It Back)* (Verso Books, 2022).

70 Zu diesen Strategien s. Richard Grossman, »Introduction: Creating Cultures of Resistance«, in: Brad Erickson (Hg.), *Call to Action: Handbook for Ecology, Peace and Justice* (Sierra Club Books, 1990), S. 8–11.

71 »Algorithm Watch«, *AlgorithmWatch* (n.d.), https://algorithmwatch.org/en/ und »The Markup«, *The Markup* (n.d.), https://themarkup.org/.

72 Turow, *»Aisles Have Eyes«.*

73 https://en.wikipedia.org/wiki/Unionization_in_the_tech_sector (zuletzt geändert am 4. Juli 2023).

74 Karen Hao et al., »AI Colonialism«, Artikelserie, *MIT Technology Review* (April 2022), https://www.technologyreview.com/supertopic/ai-colonialismsupertopic; Rigoberto Lara Guzmán, Ranjit Singh u. Patrick Davison, »Parables of AI in/from the Majority World«, *Data & Society* (7. Dezember 2022), https://datasociety.net/library/parables-of-ai-in-from-the-majority-world-an- anthology/.

75 »Código doméstico in the flesh«, *Código Doméstico* (n.d.), http://www.codigodomestico.com.

76 »Educação Vigiada«, *Educação Vigiada* (n.d.), https://educacaovigiada.org.br.

77 »UK police fail to meet ›legal and ethical standards‹ in use of facial recognition«, *University of Cambridge* (n.d.), https://www.cam.ac.uk/research/news/uk-police-fail-to-meet-legal-andethical-standards-in-use-of-facial-recognition.

78 https://datajusticelab.org/.

79 Umberto Eco, *Apokalyptiker und Integrierte. Zur kritischen Kritik der Massenkultur* (Fischer Taschenbuch Verlag, 1984).
80 Ulises A. Mejias, *Off the Network: Disrupting the digital world* (University of Minnesota Press, 2013).
81 Paola Ricaurte u. Rafael Grohmann, »Data sovereignty and alternative development models«, *Bot Populi* (22. Oktober 2021), https://botpopuli.net/ data-sovereignty-and-alternative-development-models/.
82 »GeoComunes«, *GeoComunes* (n. d.), http://geocomunes.org/; »InfoAmazônia«, *InfoAmazonia* (n. d.), https://infoamazonia.org; »MariaLab«, *MariaLab* (n. d.), https://www.marialab.org/.
83 Paulo Freire, *Pädagogik der Unterdrückten* (Rowohlt, 1971).
84 Antonio Gramsci, *Gefängnishefte* (Argument Verlag, 1991–2002), Heft 28, § 11, S. 2232.
85 Sara Ahmed, *Feministisch Leben! Manifest für Spaßverderberinnen* (UNRAST Verlag, 2017).
86 Alison Powell, *Undoing Optimization: Civic action in smart cities* (Yale University Press, 2021).
87 Aber s. https://www.tierracomun.net/integrantes.

Fazit: Und wenn wir keinen Widerstand leisten?

1 Emily Tucker, »Our Future Inside The Fifth Column – Or, What Chatbots Are Really For«, *Tech Policy Press* (14. Juni 2023), https://techpolicy.press/our-future-inside-the-fifth-column-or-what-chatbots-are-really-for/.
2 Mira Murati, zitiert nach: Madhumita Murgia, »Open AI's Murati: the woman charged with pushing generative AI into the real world«, *Financial Times* (18. Juni 2023), https://www.ft.com/content/73f9686e-12cd-47bc-aa6e-52054708b3b3.
3 Ryan Calo u. Danielle K. Citron, »The Automated Administrative State: A Crisis of Legitimacy«, *Emory Law Journal* 70:4 (2020), S. 798–845.
4 Zitiert in Chan Ho-him, »AI-enabled teddies could tell children bedtime stories, says toymaker«, *Financial Times* (16. Juni 2023), https://www.ft.com/content/acf0307c-ca6d-445d-889a-50cbe64d61e2. Das sogenannte »Internet der Spielzeuge« befindet sich bereits seit einigen Jahren in der Entwicklung: Donell Holloway u. Leila Green (2016) »The Internet of Toys«, *Communication Research and Practice* 2:4 (2016), S. 506–519.
5 Wir können hier nicht auf die akademische Debatte über den Begriff »Autonomie« eingehen, s. hierzu: Couldry u. Mejias, *Costs*, Kapitel 5; Beate Rössler, *Autonomy* (Polity, 2021).

6 Allen W. Wood, Hegel's Ethical Thought (Cambridge University Press, 1990), S. 51.

7 Nita Farahany, *The Battle for Your Brain: Defending the Right to Think Freely in an Age of Neurotechnology* (St. Martin's Press, 2023).

Weiterführende Literatur

Unser Buch stützt sich auf eine umfangreiche Literatur zu verschiedensten aktuellen Debatten, zu der jedes Kapitel spezifische Hinweise enthält. Die folgenden Lektürevorschläge stellen thematisch geordnet einige Standardquellen zusammen, die sich als Ausgangspunkt für eine vertiefende Lektüre eignen.

Künstliche Intelligenz

Meredith Broussard, *Artificial Unintelligence: How Computers Misunderstand the World* (MIT Press, 2018).

Rick Claypool u. Cheyenne Hunt, »›Sorry in Advance!‹ Rapid Rush to Deploy generative AI Risks a Wide Array of Automated Harms« (18. April 2023), https://www.citizen.org/article/sorry-in-advance-generative-ai-artificial-intellligence-chatgptreport/.

Amba Kak u. Sarah Myers West, »AI Now 2023 Landscape: Confronting Tech Power«, AI Now Institute (11. April 2023), https://ainowinstitute.org/2023-landscape.

Paola Ricaurte, »Ethics for the Majority World: AI and the Question of Violence at Scale«, *Media, Culture & Society* 44:4 (1. Mai 2022), S. 726–745, https://doi.org/10.1177/01634437221099612.

Stuart Russell, *Human Compatible: Artificial Intelligence and the Problem of Control* (Viking, 2019).

Joseph Weizenbaum, *Die Macht der Computer und die Ohnmacht der Vernunft* (Suhrkamp, 1978).

Norbert Wiener, *Kybernetik. Regelung und Nachrichtenübertragung im Lebewesen und in der Maschine* (Econ Verlag, 1963) [Erstveröffentlichung 1948].

Adrienne Williams, Milagros Miceli u. Temnit Gebru, »The Exploited Labor Behind Artificial Intelligence«, *Noema* (13. Oktober 2022), https://www.noemamag.com/the-exploited-labor-behind-artificial-intelligence/.

Kolonialismus

Neben den klassischen Texten über den Kolonialismus (z. B. Chinua Achebe, Bartolomé de Las Casas, Aimé Césaire, Frantz Fanon, Eduardo Galeano, Albert Memmi, Edward Said, Ngugi Wa Thiong'o) hier einige neuere zum Einstieg in das Thema:

Gurminder Bhambra u. John Holmwood, *Colonialism and Modern Social Theory* (Routledge, 2022).

Naomi Klein, »Dancing the World into Being: A Conversation with Idle No More's Leanne Simpson«, *YES! Magazine* (5. März 2013), http://www.yesmagazine.org/peace-justice/dancing-the-world-into-being-a-conversation-with-idle-leanne-simpson.

Achille Mbembe, *Kritik der schwarzen Vernunft* (Suhrkamp, 2014).

Sathnam Sanghera, *Empireland: How Imperialism Has Shaped Modern Britain* (Penguin, 2021).

Sofia Scasserra u. Carolina Martínez Elebi, »Digitaler Kolonialismus: Analysis of Europe's Trade Agenda«, *Transnational Institute* (6. Oktober 2021), https://www.tni.org/de/publication/digital-colonialism.

Leanne Betasamosake Simpson, *As We Have Always Done* (University of Minnesota Press, 2017).

Datenextraktion

Mark Andrejevic, *Infoglut: How Too Much Information Is Changing the Way We Think and Know* (Routledge, 2013).

Nick Couldry u. Ulises A. Mejias, *The Costs of Connection: How Data Is Colonizing Human Life and Appropriating it For Capitalism* (Stanford University Press, 2019).

Christian Katzenbach u. Thomas Christian Bächle, »Defining Concepts of the Digital Society«, *Internet Policy Review* 8:4 (30. November 2019), https://policyreview.info/concepts/defining-concepts-digital-society.

Andrew Keen, *The Internet Is not the Answer* (Atlantic Books, 2016).

Aynne Kokas, *Trafficking Data: How China is Winning the Battle for Digital Sovereignty* (Oxford University Press, 2022).
Sarah Lamdan, *Data Cartels: The Companies That Control and Monopolize Our Information* (Stanford University Press, 2022).
Evgeny Morozov, *The Net Delusion: How Not to Liberate the World* (Allen Lane, 2011).
Nick Srnicek, *Platform Capitalism* (Polity, 2016).
Zoetanya Sujon, *The Social Media Age* (Sage, 2021).
Jose Van Dijck, Thomas Poell u. Martijn de Waal, *Platform Societies* (Oxford University Press, 2019).
Shoshana Zuboff, *Das Zeitalter des Überwachungskapitalismus* (Campus, 2018).

Datenextraktion in bestimmten Bereichen

Mizue Aizeki, Geoffrey Boyce, Todd Miller, Joseph Nevins u. Miriam Ticktin, »Smart Borders or a Humane World?«, *The Immigrant Defense Project's Surveillance, Tech & Immigration Policing Project, and the Transnational Institute* (Oktober 2021), https://www.tni.org/en/publication/smart-borders-or-a-humane-world.
Sarah Brayne, *Predict and Surveil: Data, Discretion and the Future of Policing* (Oxford University Press, 2020).
Kelly Bronson, *The Immaculate Conception of Data: Agribusiness, Activists and Their Shared Vision of the Future* (McGill-Queen's University Press, 2022).
Kelly Gates, *Our Biometric Future: Facial Recognition Technology and the Culture of Surveillance* (Oxford University Press, 2011).
Ilona Kickbusch, Anurag Agrawal, Andrew Jack, Naomi Lee u. Richard Horton, »Governing health futures 2030: Growing up in a digital world – a joint The Lancet and Financial Times Commission«, *The Lancet* 394, Nr. 10206 (20. September 2019), https://www.thelancet.com/journals/lancet/article/PIIS0140-6736(19)32181-6/fulltext.
Joseph Turow, *The Voice Catchers* (Yale University Press, 2021).
Ben Williamson, *Big Data in Education* (Sage, 2017).

Demokratie und Menschenrechte

Lina Dencik, Arne Hintz, Joanna Redden u. Emiliano Treré, *Data Justice* (Sage, 2022).

Juan Ortiz Freuler, »Datafication and the Future of Human Rights Practice«, *Just Labs* (2021), https://www.openglobalrights.org/datafication-report/.

Tarleton Gillespie, *Custodians of the Internet: Platforms, Content Moderation, and the Hidden Decisions That Shape Social Media* (Yale University Press, 2018).

Maria Ressa, *How to Stand Up to a Dictator: The Fight for Our Future* (W. H. Allen, 2022).

Sarah Roberts, *Behind the Screen: Content Moderation in the Shadows of Social Media* (Yale University Press, 2019).

Siva Vaidhyanathan, *Antisocial Media: How Facebook Disconnects Us and Undermines Democracy* (Oxford University Press, 2018).

Wirtschaft

Sven Beckert u. Seth Rockman (Hg.), *Slavery's Capitalism: A New History of American Economic Development* (University of Pennsylvania Press, 2016).

Matthew Desmond, »In order to understand the brutality of American capitalism, you have to start with the plantation«, *New York Times* (18. August 2019), https://www.nytimes.com/interactive/2019/08/14/magazine/slavery-capitalism.html.

Jeremy Gilbert u. Alex Williams, *Hegemony Now: How Big Tech and Wall Street Won the World (And How We Win It Back)* (Verso, 2022).

Anita Gurumurthy u. Nandina Chami, »The Intelligent Corporation«, *Transnational Institute* (16. Januar 2020), https://longreads.tni.org/stateofpower/the-intelligent-corporation-data-and-the-digital-economy.

Sandra Mezzadra u. Brett Neilson, *The Politics of Operations: Excavating Contemporary Capitalism* (Duke University Press, 2019).

Jason Moore, *Capitalism and the Web of Life* (Verso, 2016).

Eric Williams, *Capitalism and Slavery* (Penguin, 2022) [Erstveröffentlichung 1944].

Umwelt

Benedetta Brevini, *Is AI Good for the Planet?* (Polity, 2021).

Mel Hogan, »Big Data Ecologies«, *Ephemera* 18:3 (August 2018), https://ephemerajournal.org/sites/default/files/2022-01/18-3hogan.pdf.

Naomi Klein, *Die Entscheidung. Kapitalismus vs. Klima* (S. Fischer, 2015).

Richard Maxwell u. Toby Miller, *Greening the Media* (Oxford University Press, 2012).

Petr Spelda u. Vit Stritecky, »The Future of Human-Artificial Intelligence Nexus and its Environmental Costs«, *Futures* 117 (1. März 2020), https://doi.org/10.1016/j.futures.2020.102531.

Julia Velkova, »Thermopolitics of data: cloud infrastructures and energy futures«, *Cultural Studies* 35:4–5 (2021), https://www.tandfonline.com/doi/full/10.1080/09502386.2021.1895243.

Feminismus

Catherine D'Ignazio u. Lauren F. Klein, *Data Feminism* (MIT Press, 2020).

Verónica Gago, *Für eine feministische Internationale: Wie wir alles verändern* (UNRAST Verlag, 2021).

Ben Little u. Alison Winch, *The New Patriarchs of Digital Capitalism* (Routledge, 2021).

Paola Ricaurte, »Data Epistemologies, The Coloniality of Power, and Resistance«, *Television & New Media* 20:4 (2019), S. 350–365, https://doi.org/10.1177/1527476419831640.

Julia Ticona, *Left to Our Own Devices: Coping with Insecure Work in a Digital Age* (Oxford University Press, 2022).

Joana Varon u. Paz Peña, *Not My A.I.: Towards Critical Feminist Frameworks to Resist Oppressive A.I. Systems* (Carr Center for Human Rights Policy, Harvard Kennedy School, 2022).

Gesellschaftliche Ungleichheit

Payal Arora, *The Next Billion Users: Digital Life Beyond the West* (Harvard University Press, 2019).

Virginia Eubanks, *Automating Inequality: How High-Tech Tools Profile, Police, and Punish the Poor* (St. Martin's Press, 2018).

Oscar Gandy, *The Panoptic Sort: A Political Economy of Personal Information* (Oxford University Press, 2021) [Erstveröffentlichung 1993].
Mary Madden, Michele Gilman, Karen Levy u. Alice Marwick, »Privacy, Poverty and Big Data: A Matrix of Vulnerabilities for Poor Americans«, *Washington University Law Review* 95:1 (2017), S. 53–125.
Cathy O'Neil, *Angriff der Algorithmen* (Hanser, 2017).

Recht, Governance und Regulierung

Ryan Calo u. Danielle Citron, »The Automated Administrative State: A Crisis of Legitimacy«, *Emory Law Journal* 70:4, S. 798–845.
Julie Cohen, *Between Truth and Power: The Legal Constructions of Informational Capitalism* (Oxford University Press, 2019).
Louise Hooper, Sonia Livingstone u. Krakae Pothong, »Problems with Data Governance in UK schools: the cases of Google Classroom and ClassDojo«, *Digital Futures Commission and 5Rights Foundation* (August 2022), https://digitalfuturescommission.org.uk/wp-content/uploads/2022/08/Problems-with-data-governance-in-UK-schools.pdf.
Stephanie Russo Carroll, Desi Rodriguez-Lonebear u. Andrew Martinez, »Indigenous Data Governance: Strategies from United States Native Nations«, *Data Science Journal* 18:1 (8. Juli 2019), https://doi.org/10.5334/dsj-2019-031.
Bruce Schneier, *Click Here to Kill Everybody: Security and Survival in a HyperConnected World* (W. W. Norton & Company, 2019).

Ethnische Herkunft

Ruha Benjamin, *Race After Technology: Abolitionist Tools for the New Jim Code* (Polity, 2019).
Wendy Chun, *Discriminating Data: Correlation, Neighborhoods, and the New Politics of Recognition* (MIT 2021).
Jane Chung, »Racism In, Racism Out: A Primer on Algorithmic Racism«, *Public Citizen* (August 2021), https://www.citizen.org/article/algorithmicracism/.
Seeta Peña Gangadharan, »Digital Inclusion and Data Profiling«, *First Monday* 17:5 (7. Mai 2012), https://journals.uic.edu/ojs/index.php/fm/article/view/3821/3199.

Catherine Knight Steele, *Digital Black Feminism* (New York University Press, 2021).

Safiya Umoja Noble, *Algorithms of Oppression: How Search Engines Reinforce Racism* (New York University Press, 2018).

Widerstand

Andre Brock, *Distributed Blackness: African American Cybercultures* (New York University Press, 2020).

Sasha Costanza-Chock, *Design Justice: Community-Led Practice to Build the Worlds We Need* (MIT Press, 2020).

Ivan Illich, *Selbstbegrenzung. Eine politische Kritik der Technik* (C.H.Beck, 1996) [Erstveröffentlichung 1972].

Geert Lovink, *Sad by Design: On Platform Nihilism* (Pluto Press, 2019).

Charlton McIlwain, *Black Software* (Oxford University Press, 2020).

Katherine McKittrick (Hg.), *Sylvia Wynter: On Being Human as Praxis* (Duke University Press, 2015).

Alison B. Powell, *Undoing Optimization: Civic Action in Smart Cities* (Yale University Press, 2021).

Beate Roessler, *Autonomy: An Essay on the Life Well Lived* (Polity, 2021).

Trebor Scholz u. Nathan Schneider, *Ours to Hack and to Own: The Rise of Platform Cooperativism, A New Vision for the Future of Work and a Fairer Internet* (OR Books, 2017).

Ben Tarnoff, *Internet for the People: The Fight for Our Digital Future* (Verso, 2022).

Informationsquellen über Widerstandskampagnen: https://consentofthenetworked.com/get-involved

https://edri.org/about-us/our-network/

https://en.wikipedia.org/wiki/Category:Digital_rights

https://rankingdigitalrights.org/get-involved/

Arbeitswelt

Ifeoma Ajunwa, *The Quantified Worker: Law and Technology in the Modern Workplace* (Cambridge University Press, 2023).

Mary Gray u. Siddharth Suri, *Ghostwork: How to Stop Silicon Valley from Building a New Global Underclass* (Harper Business, 2019).

Karen Hao, »AI Colonialism«, *MIT Technology Review* (20. April 2022), https://www.technologyreview.com/supertopic/ai-colonialism-supertopic.

Karen Levy, *Data Driven: Truck Drivers, Technology and the New Workplace Surveillance* (Princeton University Press, 2023).

Milagros Miceli u. Julian Posada, »The Data-Production Dispositif«, *Proc. ACM Hum.-Comput. Interact.* 6, CSCW2, Article 460 (November 2022), https://doi.org/10.1145/3555561.

Trebor Scholz, *Uberworked and Underpaid: How Workers Are Disrupting the Digital Economy* (Polity, 2016).

Register